北京大学中国教育财政科学研究所
教育财政理论与实践研究丛书

中国教育财政政策咨询报告
(2005—2010)

ZHONGGUO
JIAOYU CAIZHENG
ZHENGCE ZIXUN BAOGAO (2005—2010)

王 蓉 主 编
魏建国 副主编

教育科学出版社
·北 京·

“北京大学中国教育财政科学研究所教育财政理论与实践研究丛书”出版说明

党的十七大报告指出：“优先发展教育，建设人力资源强国。”教育事业的发展离不开教育财政的有力支持和保障。十七大报告特别提到：“坚持教育公益性质，加大财政对教育投入，规范教育收费，扶持贫困地区、民族地区教育，健全学生资助制度，保障经济困难家庭、进城务工人员子女平等接受义务教育。”应该说，我国当前的教育财政状况与十七大报告所强调的教育优先发展的要求相比还有相当大的距离。因此，在这一时代背景之下，立足中国国情、借鉴国际经验、理论与实践相结合，加强对教育财政问题的研究具有强烈的必要性和紧迫性。

北京大学中国教育财政科学研究所是我国第一所专门致力于教育财政研究的学术机构。研究所的发展目标是努力成为中国教育财政领域最重要的思想库和能力建设基地，以推动中国公共财政改革和教育财政改革为己任，为中央有关部门和各级地方政府的重大决策提供参考依据；组织与推动研究者、政策制定者和各类教育利益相关者进行有效的交流与对话，提高国内教育财政领域的整体研究水平。

自成立以来，研究所承担了财政部、教育部和国际组织的若干重大课题，内容涉及公共教育支出统计、学前教育财政、义务教育财政、职业教育财政、高等教育财政和学生资助体系等教育财政的诸多领域。在完成这些课题的过程中，研究人员撰写了大量的研究报告，翻译了很多有价值的参考资料。为了向社会展示研究所的科研成果，也为广大的教育财政政策制定者和实践者提供参考依据，同时听取学界同行的批评和建议，研究所和教育科学出版社决定联袂推出“北京大学中国教育财政科学研究所教育财政理论与实践研究丛书”。该“丛书”将陆续推出研究所的系列研究成果。在党的十七大强调教育优先发展的大好形势下，我们期待本“丛书”能够为我国教育财政学术研究的繁荣、为我国教育财政体制机制的建立健全、为我国教育事业的蓬勃发展作出我们自己应有的贡献！

北京大学中国教育财政科学研究所
教育科学出版社
2009 年春

序

成立伊始，北京大学中国教育财政科学研究所（后简称“财政所”）即是一个“创新政府与大学合作机制的实验”。由财政部、教育部和北京大学共同成立，由三个部门的主管领导亲自担任该所的指导委员会主任，财政所被她的建立者给予了“深入研究公共财政在教育事业发展，并进而在促进国民经济高速增长和社会和谐发展中的重要作用，将最新的理论研究成果和国际成功经验提供给政府部门，参与决策咨询和政策设计”的职能。成立五年来，财政所的同仁直接或间接地参与了数个我国中央政府的重大教育财政政策的咨询工作，为此向政府部门提供了逾400万字的政策咨询报告和外文资料汇编。在财政所成立五周年之际，特选编了二十余篇政策咨询报告结集出版、与广大的学界同仁分享。

这些咨询报告或是因应政府要求、根据政府制定的政策重点问题所作的咨询研究，或者是因应政府要求进行的政策效果监测实地调研报告，或者是研究者在理论研究和田野调查过程中有所感而自发的建言献策。这些咨询报告背后有过去五年中我国中央政府采取的几个重大教育财政政策，包括农村义务教育经费保障机制改革、建立健全普通本科高校高等职业学校和中等职业学校家庭经济困难学生资助政策体系、央属高校拨款制度改革等，也有引起广泛关注的汶川地震中大量校舍倒塌等诸如此类的重大社会事件。

为什么公开出版这些政策咨询报告？学界普遍认同这样的观点，就是一位学者的“段位”首先体现在他/她提出的研究问题，其次才体现在其分析这些问题过程中所使用的理论工具和研究技术。在以学科为组成基石的大学之中，学者提出的研究问题更加为理论的建设、学科的发展、国际学术界的前沿潮流所左右。而直接因应政府要求所从事的政策咨询研究，其针对的问题往往是从政府和社会的角度来说需要优先得以分析、甚而需要优先得以采取举措的现实问题。学者的自发研究和政府主导的需求方驱动的研究的差异还在于，在自发研究中，我们或出于自己的兴趣，或囿于自身学科背景及理论工具不足的局限，或出于对研究方法与程序的严格要求，对于现实的急迫问题和突出矛盾可以选择回避。面对中国今日之教育现实的纷繁复杂与变化多端，面对因其体量巨大而导致的独特的矛盾和挑战，我们自觉或者不自觉地画出了自己宽阔的回避领地，因此也可能失去了提出与我们这个时代相称、与我们这个世界上最为庞大的教育体系相称的高段位的研究问题的机会。在从事政府主导的需求方驱动的研究时，回避的领地不得不大大压缩，政策咨询研究的问题的演变脉络较之学者的自发研究往往更加能直接地折射出这个时代的突出矛盾和问题，给予置身其中的人们更加广阔和真切的风景。

财政所成立五年来的实验使我们切实感受到，学者自发的研究和政府需求主导下的研究，可谓视域有所不同，风景有所不同。借助本书，希望将我们五年来看到的一些风景与更多的学界同仁分享。虽然今日看来，当日的部分观点与发现不乏需校正与完善之处，唯希望通过此书为2005年至2010年中国重大的教育财政政策问题研究留存一片面的记录。

王　蓉

2010年10月

目　　录

第一篇
义务教育财政专题

第二篇

高等教育预算拨款制度专题

第三篇

高等教育学生资助体系建设专题

第四篇

学前和职业教育财政专题

第五篇

其　他

第一篇

义务教育财政专题

农村义务教育经费保障机制改革：政策设计的若干问题

王　蓉*

（2006 年 2 月）

引　言

纵观历史，中国促进农村地区义务教育发展的模式具有两个基本特点：首先，通过广泛采取降低教育成本的措施，解决物质保障的基础问题，扩大教育供给。这一方面最为突出的就是非公办教师的制度安排。这一过程的可行性源于像教育这样的社会服务是劳动密集程度极高的，因此在低工资经济中成本相对较低。其次，通过广泛地分散经费供给责任，提高经费供给水平。其核心的制度安排就是横向上向广大的农村家庭和社区分散责任，它们直接担当了重要的义务教育经费供给责任；在纵向上由基层政府承担重要的财政和管理责任。这些制度安排有其历史贡献，但是最终加重了农村家庭的教育负担，不利于切实保障农村落后地区的教育超前发展。

审视历史，实际上主导过去十几年中国农村义务教育财政制度不断完善和改革的主要驱动力与上述的两个特点密切相关，特别是不断纠正过度分散义务教育经费供给责任导致的问题，而 2005 年 12 月实施的农村义务教育经费保障机制改革正是这种不断加速的政策发展的结果。

---

* 作者简介：王蓉，北京大学中国教育财政科学研究所所长、教授。

一、农村义务教育：中央政府的财政作用

在中国，义务教育财政责任由县、乡基层政府承担所产生的问题早在20世纪90年代中期就已引起研究者的关注。1994年有学者指出，中国义务教育财政体制“在管理的分散上走得太远了”，特别是：（1）不能适应我国城乡典型二元经济和地区间发展不平衡的基本国情；（2）不适应我国地方政府行为非规范的现状，缺乏对地方政府的有效制约；（3）不利于切实保障落后地区的经济利益、保障落后地区义务教育的超前发展；（4）加重了低收入家庭的经济负担，不利于贯彻机会平等的义务教育原则等[1]。加大上级政府的基础教育投入被认为是解决这些问题的关键所在，中央和省级政府应承担更多的义务教育财政责任这一观点很快成为具有共识的政策建议[2]。

对于增加农村义务教育财政投入的相关制度改进而言，最为重要的决定性因素之一是中国的财政体制。1994年中国实施了分税制改革，其主要内容包括划定各级政府的支出责任，按税种划分中央和地方政府的收入权限边界，建立规范的财政转移支付制度。在中国的财政体制内，财政转移支付制度是促进基本公共服务均等化和区域协调发展的重要制度安排。目前，中央对地方财政转移支付制度体系由财力性转移支付和专项转移支付构成。

财力性转移支付是指为弥补财政实力薄弱地区的财力缺口，均衡地区间财力差距，实现地区间基本公共服务能力的均等化，中央财政安排给地方财政的补助支出。财力性转移支付资金由地方统筹安排，目前财力性转移支付包括一般性转移支付、民族地区转移支付、县乡财政奖补资金、调整工资转移支付、农村税费改革转移支付等。专项转移支付是指中央财政为实现特定的宏观政策及事业发展战略目标，以及对委托地方政府代理的一些事务进行补偿而设立的补助资金。地方财政需按规定用途使用资金。

与此相应，中央政府支持农村义务教育的财政手段主要有以下两方面。

第一，在财力性转移支付方面，其中较为重要的一般性转移支付以公式为基础分配资金。这些公式按照客观因素计算确定标准财政收入和标准财政支出，以各地标准财政支出大于标准财政收入的差额为分配依据。计算标准财政支出的因素指标包括人口、城市化程度等，而其中和教育有关的学校及

学生数等变量也包括在内。另外，中央政府通过调整工资转移支付、农村税费改革转移支付等直接补助地方政府在支付公务员和事业单位人员（包括学校教师）工资方面的支出。

第二，在专项转移支付方面，1994 年中央政府通过这一方式支持基础教育的资金总量仅为 2.2 亿元。1995 年至 2000 年，中央政府投入专项资金实施了新中国成立以来的最大教育专项资金工程“国家贫困地区义务教育工程”。2001 年，中央政府决定再从中央财政中投入专款 50 亿元（其中部分资金用作免费提供教科书经费），实施第二期“国家贫困地区义务教育工程”，集中投入到 2000 年底尚未普及义务教育的 522 个县。到了 2003 年，由财政部、教育部主管的与农村义务教育发展相关的专项资金项目还包括中小学危房改造工程、中小学布局调整专项、寄宿制学校改造等大型项目。

在 1995－2006 年期间，中央政府对基础教育的专项资金支持具有如下几个特点。第一，这些专项项目都是明确地为促进贫困地区、少数民族地区和边疆地区普及九年制义务教育发展而实施的，根据地理性单位——县域——界定资助目标。第二，这些教育专项的主体组成部分是一些大的、周期性的项目，它们不是以平衡经常性的教育事业性经费为目的，而是以集中解决农村地区义务教育的急迫问题为目的。第三，这些教育专项的支出结构不断变化，但是总的来说，改善学校办学条件是中央资金支持的重点。随着学校办学条件不断改善，“上学贵”的问题得到了越来越多的重视。2001 年中央政府明确提出了“两免一补”（免杂费、免书本费、补助寄宿生生活费）的政策，计划每年拿出 1 亿元，作为家庭经济困难学生上学的补助。此外，中央财政每年还另安排 1 亿元（2002 年为 2 亿元，2003 年为 4 亿元），用于向未完成“普九”任务的国家扶贫开发工作重点县和中西部农村地区贫困中小学生免费提供教科书。

二、农村义务教育经费保障机制的政策设计

2001 年国务院确定对农村义务教育实行“在国务院领导下，由地方政府负责，分级管理，以县为主”的管理体制。各级财政按照要求加大了投入；但是，一些关键的问题仍然没有解决，包括各级政府投入责任不明确，经费供需矛盾比较突出，教育资源配置不合理，农民教育负担较重等。在这

种背景下，农村义务教育经费保障机制改革的核心政策设计工作于2005年春季开始启动。

至此，中国教育领域的实践者和研究者已经提出了几种完善农村义务教育经费保障机制的方案。主要有：第一种方案是所谓的“生均经费标准方案”，也就是在省级或全国范围内首先建立生均经费标准，测算各县经费需求总量，然后按照各县级政府的财力，计算其教育投入的规范支出，在此基础上计算资金缺口，并由县以上各级政府提供资金填平补齐。第二种方案是所谓的“中央财政承担西部教师工资方案”。对中西部经济欠发达地区，中央财政承担农村中小学教师的工资等支出，概而言之，“国家把这些地方的基础教育完全包下来，其经费由中央财政直列预算”[3]。第三种方案是在已实施的“两免一补”政策基础上，进一步扩大资助力度和覆盖范围，由中央和地方政府按照“分项目、按比例”承担所需经费，在中西部农村地区率先实施免费义务教育。

农村义务教育经费保障机制改革最后的决策方案具有如下几个特点：

第一，这一方案以“学生为本”的政策理念为指导。这一改革方案的设计贯彻了使广大农村儿童及其家庭更加直接、更加广泛地受益的原则，其核心的内容是确定由中央财政直接承担中西部地区免除学杂费和提高公用经费标准所需的大部分经费，将以往由学生及其家庭分担的教育投入责任转为主要由中央财政承担，使这些地区的学生直接而明确地受益于中央财政。在诸多不确定性因素存在的情况下，中央财政直接而强有力地保障“让每一个农村孩子上得起学”的主要政策目标的实现。这与中国政府当前提出的“以人为本”、“建设和谐社会”的执政理念高度一致，而这是该政策设计的最重要的决定因素。换言之，最终采纳的政策方案将直接降低受教育者的私人教育成本、解决由此引发的受教育者和政府间的矛盾作为当前中国农村义务教育发展最亟待解决的问题。

从这个角度来看，三种政策备选方案的核心区别在于其背后的对于中国农村义务教育需要优先解决的问题和矛盾的判断不同。

第二，这一方案是兼顾了现实约束和未来改革的必要性的方案。这其中最为重要的约束性因素是中国的财政体制。中国式的财政分权曾经被认为促进了中国的经济增长，但现在，人们越来越认识到，地方政府因横向财政竞争，偏向于投入生产性的公共项目，而对于公共教育、公共卫生等公共支出项目投入不足，最终导致公共服务的供给不足[4]。因此不仅是针对教育领域，对于其他公共服务领域，建议中央和省级财政承担更加重要的财政责任的呼吁也此起彼伏。然而，中国的财政转移支付制度十分不完善，当前对于是否应主要增加财力性转移支付还是依靠专项转移支付来解决这样的问题存在严重的争议。加大专项转移支付的弊处在于割裂地方政府财政资源的完整性，助长相关部门利益主导决策的现象，进一步混淆各级政府之间的事权和财权划分，最终影响整个转移支付制度的促进地区间财力均等化的目标达成。而主要依靠财力性转移支付的问题在于地方政府——特别是贫困地区的地方政府——的公共财政行为缺乏有效的民主监督与决策机制，不能确保民众的公共服务需求得到满足。需要指出的是，这种制度缺陷，与第一种方案的可行性相关。也就是在现行体制下，无法确保地方政府确实按照政策设计提供足额的教育财政投入，从而影响整个政策的有效性。

在最后的政策中，教师工资保障体制不变，也就是上级政府主要采用财力性转移支付补助地方政府的教师工资支出。实际上，第二种建议方案没有被采纳的原因，不在于现实中教师工资问题是否存在，而在于其政策设计与现行财政体制的兼容性。如果教师工资责任上划，由于这是地方财政支出的重点，这种改变必然要求重新设计财力性转移支付制度，甚至导致各级政府的财权和事权的重新划分。其次，教师工资上划意味着上级政府也必须对于地方学校有着非常细节化、动态化的了解，信息十分可靠和科学，否则没有办法解决其中的信息不对称和道德风险问题，这也将可能导致严重的效率损失。

概而言之，中国农村义务教育经费保障机制的改革受到诸多的局限。考虑到发展农村义务教育的迫切性和重要性，改革政策的及时出台势在必行，因此兼顾现实条件的约束性和长远改革的必要性是必然的选择。

三、结　　论

农村义务教育经费保障机制改革政策的出台，并不意味着中国农村义务教育财政问题已经得到彻底解决；实际上，正如前文所述，一些亟待解决的问题还未有成熟的对策，包括教师配置的均等化和相关的教师工资待遇问题等，正在实施的改革方案实际上具有极强的过渡性。在未来的几年中，中国的决策者和研究者亟待更加广泛地借鉴国际经验、深入严谨地分析农村现实，来面对这些更加具有挑战性的问题。

参考文献

[1] 苌景州．建立有利于义务教育均衡发展的资金保障体系［J］．贵州社会科学，1994（1）．

[2] 王蓉等．努力建设中国公共教育财政体制［M］//中国教育与人力资源问题报告课题组编．中国教育与人力资源问题报告——从人口大国迈向人力资源强国．北京：高等教育出版社，2003．

[3] 范先佐．构建“国家办学、分类承担”的农村义务教育财政体制［J］．教育发展研究，2004（4）．

[4] 张晏，龚六堂．分税制改革、财政分权与中国经济增长［J］．中国经济学（季刊），2005（总 19）．

义务教育教师与公务员的收入比较

杨建芳[*] 王 蓉

（2008 年 3 月）

一、引 言

近 30 年来，教育系统的工资水平在国民经济各行业中一直排名靠后。1978 年教育文化系统职工的平均工资在国民经济十二大行业中位居倒数第一，之后多年都在倒数第一和倒数第三之间徘徊。[1]根据京津陕皖等 11 个省市调查数据，1988 年教育系统职工平均工资与全民所有制职工平均工资的差距大体在 150 元以上。[2]1990 - 1999 年间，在 15 个社会行业中教育系统平均工资一直处于第十至第十三之间，并且在大多数年份教育系统平均工资都达不到社会平均工资水平。[3]根据国家统计局统计数据[4]，2001 - 2006 年教育系统平均工资都超过了社会平均工资水平，但是在国民经济各行业排名中依然比较靠后，2001 - 2002 年教育系统在 15 个行业中都排在第九，2003 - 2006 年在 19 个行业中排在第十一或第十二。

关于教师收入的重要性，在联合国于 1966 年召开的关于教师地位的政府间专门会议上通过的《联合国教科文组织关于教师地位的建议书》就指出，在影响教师社会地位的众多因素中，教师薪水是极为重要的一项，因为当今世界对一个职业社会地位的评价基本上取决于其所处的经济地位。

我国在立法方面对教师待遇有着明文规定。自 1994 年 1 月 1 日起施行的《中华人民共和国教师法》（以下简称《教师法》）第 25 条规定："教师的平均工资水平应当不低于或者高于国家公务员的平均工资水平，并逐步提

---

* 作者简介：杨建芳，中国社会科学杂志社理论部，经济学、教育学编辑。

高。”第26条规定“中小学教师和职业学校教师享受教龄津贴和其他津贴”。新修订的自2006年9月1日起施行的《中华人民共和国义务教育法》（以下简称《义务教育法》）第31条规定：“教师的平均工资水平应当不低于当地公务员的平均工资水平。”从《教师法》规定的“应当不低于或者高于”，到《义务教育法》规定的“应当不低于”，意在保障义务教育教师的工资水平，避免由于高校教师平均工资水平较高而掩盖中小学教师工资较低的情况。

然而，《教师法》与《义务教育法》关于教师与公务员之间的工资水平比较在以下两个方面是不明确的。

首先，比较的内容不明确，用于比较的“工资水平”是指基本工资还是指工资总额是不清楚的。自2006年1月1日起施行的《中华人民共和国公务员法》（以下简称《公务员法》）第74条规定：“公务员工资包括基本工资、津贴、补贴和奖金。公务员按照国家规定享受地区附加津贴、艰苦边远地区津贴、岗位津贴等津贴。公务员按照国家规定享受住房、医疗等补贴、补助。公务员在定期考核中被确定为优秀、称职的，按照国家规定享受年终奖金。”依据此条法律规定，除基本工资之外，津贴、补贴和奖金都属于公务员工资的组成部分。那么，是否可以由此推理，在教师与公务员之间进行比较的“工资水平”也应该包括基本工资、津贴、补贴和奖金等部分呢？

其次，比较的人员群体不明确，即在哪些教师与哪些公务员之间进行比较是不明确的。《公务员法》第19条规定“公务员的职务应当对应相应的级别”与“公务员的职务与级别是确定公务员工资及其他待遇的依据”。第73条规定：“公务员实行国家统一的职务与级别相结合的工资制度。”然而，教师属于事业单位人员，有专业技术等级而无行政级别，1993－2006年间实行专业技术职务等级工资制，2006年工资改革以后实行（专业技术）岗位绩效工资制。也就是说，教师与公务员分别对应于两个不同的职务等级序列，教师的哪一级专业技术岗位适于与公务员的哪一个行政级别进行比较在法律上是没有依据的。假如不考虑教师与公务员之间的级别比较，“平均工资水平”是指一个地区的教师人均工资与当地公务员人均工资进行比较，那么，由于教师与公务员之间人员结构的差异，将会导致这种人均水平的工资比较对具体的特定的教师个人而言没有实际意义，这种法律规定对教师待遇也就起不到有效的保障作用。

以上两个不明确之处为认识教师与公务员之间的收入差距造成了困难，也为衡量教师工资水平“应当不低于”公务员这一目标是否实现带来了困难。

由于客观上存在的教师与公务员收入比较的困难，以及数据收集的不易，所以尚未有文献对教师与公务员收入进行系统的比较研究。本研究利用我国28个省（自治区、直辖市）83个县（市、区）的义务教育教师和公务员收入数据，把总收入划分为基本工资与津补贴两部分，从收入结构的角度考察了当前义务教育教师与公务员之间的收入差距。

本文结构安排如下：第二节对本研究所用数据作了详细说明，第三、四、五节分别考察了全国、分地区、分省的义务教育教师与公务员收入差距，第六节初步分析了2006年的工资改革对义务教育教师与公务员收入差距的影响，第七节对义务教育教师与公务员的津补贴差异进行了纵向分析，第八节作了本文总结并指出了本研究的不足之处。

二、数据说明

本研究所用数据基于2007年对全国各省义务教育教师与公务员收入情况进行的一次调查，这次调查在每个省的高、中、低三个不同经济发展水平县（市、区）收集了各职级教师和公务员的月收入数据。① 其中，教师职级包括初中高级、一级、二级、三级与小学高级、一级、二级、三级，公务员级别包括正处级、副处级、正科级、副科级、科员和办事员。对于每个职级的教师和公务员，分别选取了工龄处于平均水平人员的月收入数据。因为除了与工龄有关的那部分工资以外，同一职级教师的工资是一样的，所以各职级的工龄处于平均水平教师的月收入大致上相当于该职级教师的平均收入；公务员的情况也是如此。月收入数据包括总收入、基本工资、津补贴，其中总收入是基本工资与津补贴之和。由于个别省份数据缺失或数据存在错误，最后能够利用的数据仅有28个省（自治区、直辖市）（北京、天津、河北、内蒙古、辽宁、吉林、黑龙江、上海、江苏、浙江、安徽、福建、江西、山东、河南、湖北、湖南、广东、广西、海南、重庆、四川、贵州、云南、陕西、甘肃、宁夏和新疆）83个县（市、区）。

需要说明的是，此次义务教育教师与公务员收入情况调查不是随机抽样，因此，本研究是在不考虑各地教师和公务员实际人员规模的情况下，对教师和公务员的月收入标准进行的比较分析。

还有一点需要说明，此次调查未能采集教师和公务员除收入和职级之外的其他信息，因此，本研究是在未控制学历和工作表现等因素的情况下，对

① 浙江省只收集了高、低两个不同经济发展水平县（市、区）的数据。

教师和公务员月收入差距进行的现状分析。

由于多数地区没有小学三级教师，初中三级教师与办事员、副处级、正处级等公务员数据缺失比较严重，所以本文的研究对象未包含小学三级和初中三级教师以及办事员、副处级和正处级公务员。具体而言，本文的研究对象包括初中高级、一级和二级教师，小学高级、一级和二级教师，以及正科级、副科级和科员公务员。

三、全国情况

全国平均而言，公务员的津补贴高于教师津补贴，基本工资和总收入的比较结果则取决于公务员的职务级别和教师的职称等级。

表 1　全国义务教育教师与公务员月收入差距

（单位：元）

教师职称				副高级	中级		初级		
				中高	中一	小高	中二	小一	小二
公务员职务	正科级	总收入	最大值	2 899	3 822	3 722	4 537	4 605	4 874
			最小值	-1 056	-422	-419	-256	-256	30
			平均值	-230	311	296	696	710	941
		基本工资	最大值	114	450	555	742	762	909
			最小值	-2 396	-1 068	-1 022	-723	-481	-318
			平均值	-429	6	-17	297	297	494
		津补贴	最大值	3 065	3 431	3 360	3 867	3 893	4 032
			最小值	-333	-190	-143	-41	-36	-30
			平均值	198	305	313	399	413	447
	副科级	总收入	最大值	1 926	2 849	2 749	3 564	3 632	3 901
			最小值	-1 530	-716	-696	-357	-445	-71
			平均值	-564	-29	-39	356	370	595
		基本工资	最大值	-71	433	334	627	569	770
			最小值	-2 459	-1 131	-1 085	-786	-544	-381
			平均值	-638	-203	-221	91	94	283
		津补贴	最大值	2 459	2 825	2 754	3 261	3 287	3 426
			最小值	-447	-400	-353	-45	-40	-34
			平均值	74	174	182	265	276	311

续表

教师职称				副高级	中级		初级		
				中高	中一	小高	中二	小一	小二
公务员职务	科员	总收入	最大值	947	1 527	1 427	2 242	2 310	2 579
			最小值	-1 889	-1 111	-1 393	-541	-700	-220
			平均值	-849	-299	-312	94	109	358
		基本工资	最大值	-163	86	86	352	352	570
			最小值	-2 540	-1 212	-1 166	-867	-625	-462
			平均值	-816	-373	-394	-75	-73	123
		津补贴	最大值	1 762	1 908	2 027	2 344	2 480	2 563
			最小值	-995	-1 070	-1 023	-532	-638	-38
			平均值	-33	74	81	170	182	234

注：1. 收入差距为公务员收入与教师收入之差，例如，表中左上角的 2 899 元/月，表示正科级公务员总收入减去初中高级教师总收入之差的（全国）最大值为 2 899 元/月。

2. 表中的平均值是公务员收入与教师收入之差的（全国）算术平均值。

如表 1 所示，除了科员公务员津补贴比初中高级教师仅低了 33 元/月之外，各职级公务员津补贴都高于教师津补贴，其中，正科级公务员与小学二级教师的津补贴差额最大，前者比后者高 447 元/月。公务员职级越高，其津补贴就越高，比教师津补贴高出的也就越多。例如，与初中一级教师津补贴相比，正科级、副科级和科员公务员的津补贴分别高出了 305 元/月、174 元/月和 74 元/月。

基本工资的比较结果取决于公务员和教师的职级。副高级教师基本工资远远高于正科级及以下级别公务员，比正科级、副科级和科员公务员分别高出了 429 元/月、638 元/月和 816 元/月。中级教师基本工资与正科级公务员相近，但高于副科级和科员公务员。例如，初中一级教师基本工资比正科级公务员低 6 元/月，但比副科级高 203 元/月，比科员高 373 元/月。至于初级教师，初中二级和小学一级教师的基本工资低于正科级和副科级公务员，但高于科员公务员，介于副科级和科员之间；而小学二级教师的基本工资比所有级别公务员都要低。

总收入是基本工资与津补贴之和。受基本工资的影响，总收入的比较结果也取决于公务员和教师的职级。副高级教师的总收入仍然高于正科级、副科级和科员公务员，分别高出230元/月、564元/月和849元/月。中级教师的总收入低于正科级公务员，但高于副科级和科员公务员，在数额上接近于副科级公务员。例如，初中一级教师的总收入比正科级公务员低311元/月，但比副科级高29元/月，比科员高299元/月。初级教师的总收入比所有级别公务员都要低。可见，由于公务员的津补贴高于教师，所以相对于基本工资的比较结果而言，教师的总收入与公务员相比就下降了一个档次。虽然副高级教师的总收入仍然高于正科级及以下级别公务员，但是，中级教师已经低于正科级公务员，变为接近于副科级公务员，且所有级别的初级教师都低于科员公务员。

四、分地区情况

分地区来看，东部地区的教师与公务员收入差距明显不同于中、西部地区。[①]（具体数字详见表2）

首先，津补贴差距不同。在东部地区，各职级公务员的津补贴都比教师高。例如，正科级公务员的津补贴比初中高级教师高494元/月，比小学二级教师高916元/月；甚至科员公务员的津补贴都比初中高级教师高68元/月，比小学二级教师高516元/月。而在中、西部地区，正科级公务员的津补贴比所有教师都高；副科级公务员的津补贴比中级和初级教师高，但是低于副高级教师；科员公务员的津补贴低于副高级和中级教师，但是比初级教师高。从数额上看，中、西部地区副高级教师津补贴都比较接近于正科级公务员，中部地区的中级教师津补贴接近于科员公务员，西部地区的中级教师津补贴接近于副科级公务员。

其次，总收入差距也不同。在东部地区，正科级公务员总收入高于所有教师；副科级公务员总收入高于中级和初级教师，但低于副高级教师；科员公务员的总收入高于初级教师，但低于副高级和中级教师。在中、西部地区，正科级公务员总收入高于中级和初级教师，但低于副高级教师；副科级公务员的总收入高于初级教师，但低于副高级和中级教师；科员公务员的总

① 东、中、西部地区包括的省份如下：东部地区包括北京、天津、河北、辽宁、上海、江苏、浙江、福建、山东、广东和海南，中部地区包括吉林、黑龙江、安徽、江西、河南、湖南和湖北，西部地区包括内蒙古、广西、重庆、四川、贵州、云南、陕西、甘肃、宁夏和新疆。

收入仅高于小学二级教师。

表2 东、中、西部地区义务教育教师与公务员月收入差距

（单位：元）

教师职称				副高级	中级		初级		
				中高	中一	小高	中二	小一	小二
公务员职务	正科级	东部地区	总收入	28	651	656	1 109	1 124	1 374
			基本工资	–466	0	–20	291	277	457
			津补贴	494	651	677	818	847	916
		中部地区	总收入	–346	83	62	404	414	635
			基本工资	–366	1	–14	282	290	499
			津补贴	20	82	77	122	124	136
		西部地区	总收入	–425	108	74	459	475	711
			基本工资	–433	16	–17	315	324	527
			津补贴	8	92	91	145	151	184
	副科级	东部地区	总收入	–377	219	229	674	685	917
			基本工资	–651	–191	–211	103	91	258
			津补贴	274	410	440	570	594	658
		中部地区	总收入	–594	–165	–186	156	166	390
			基本工资	–572	–205	–220	76	84	291
			津补贴	–22	40	34	80	82	99
		西部地区	总收入	–749	–202	–225	155	173	408
			基本工资	–673	–214	–233	89	103	303
			津补贴	–76	12	8	66	70	104
	科员	东部地区	总收入	–805	–175	–172	285	301	580
			基本工资	–873	–395	–416	–101	–112	64
			津补贴	68	220	245	386	413	516
		中部地区	总收入	–758	–329	–349	–7	2	228
			基本工资	–692	–325	–340	–44	–36	171
			津补贴	–66	–4	–9	36	38	57
		西部地区	总收入	–970	–418	–445	–46	–30	214
			基本工资	–848	–386	–409	–71	–58	151
			津补贴	–122	–32	–36	25	28	63

注：收入差距为公务员收入与教师收入之差的（各地区）算术平均值。

五、分 省 情 况

为了观察分省情况，对各职级教师与公务员分省的收入差距分别作图，每个省的数据都是该省高、中、低三个（浙江为两个）不同经济发展水平县（市、区）相应职级公务员与教师收入之差的算术平均值。限于篇幅，在此仅给出了初中一级教师与正科级公务员、小学高级教师与副科级公务员的收入差距图（图 1 和图 2）。

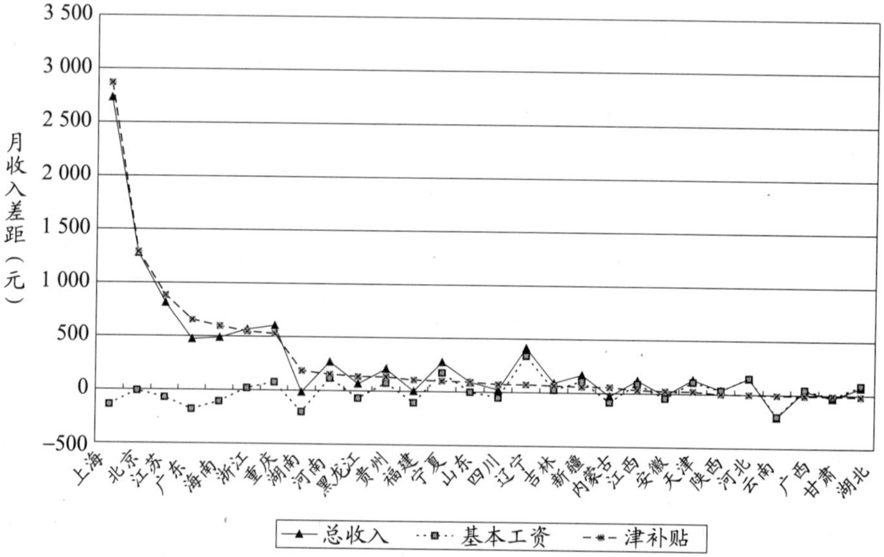

图 1　各省初中一级教师与正科级公务员月收入差距

观察这些收入差距图可以发现，教师与公务员的基本工资差距在各省之间相差不大，在图上显示出基本工资差距线在一个不大的范围内上下起伏；然而，教师与公务员的津补贴差距和总收入差距在各省之间却存在巨大悬殊。

如表 3 所示，中级和初级教师与公务员基本工资差距的省际总落差约在 400－600 元/月，副高级教师与公务员基本工资差距的省际总落差则比较大。实际上，副高级教师的情况是上海市经济发展水平高的区副高级教师基本工资水平异常高引起的，如果剔除上海市，那么副高级教师与公务员基本

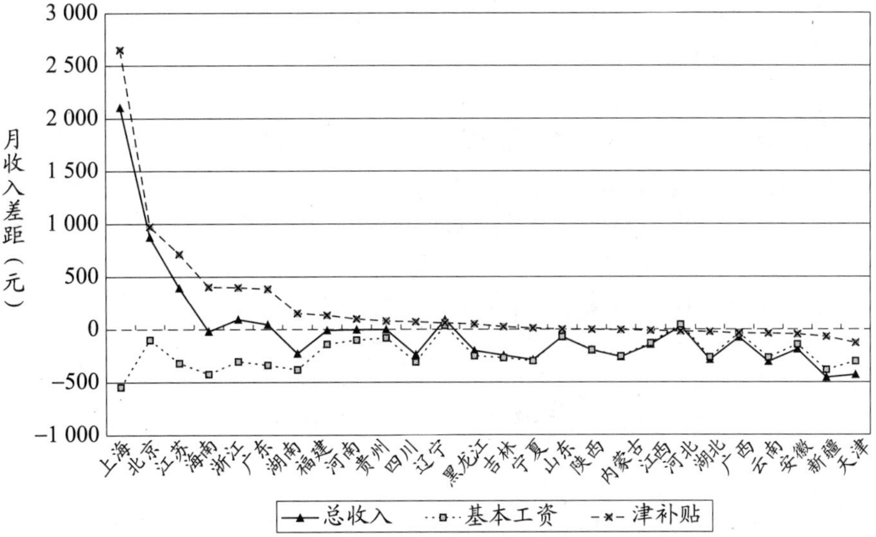

图 2　各省小学高级教师与副科级公务员月收入差距

工资差距的省际总落差就在 500 - 700 元/月之间了。

表 3　义务教育教师与公务员月收入差距的省际总落差

（单位：元）

教师职称			副高级	中级		初级		
			中高	中一	小高	中二	小一	小二
公务员职务	正科级	总收入	2 371	2 942	3 088	3 162	3 550	3 719
		基本工资	851	548	570	523	529	456
		津补贴	2 854	2 884	3 038	3 286	3 575	3 774
	副科级	总收入	2 153	2 172	2 560	2 536	3 028	3 046
		基本工资	1 240	638	590	554	442	554
		津补贴	2 731	2 453	2 778	2 802	3 155	3 256
	科员	总收入	1 370	1 414	1 665	1 671	1 998	2 151
		基本工资	926	416	484	470	404	484
		津补贴	1 576	1 567	1 760	1 856	2 128	2 313

注：省际总落差是根据各省不同经济发展水平县（市、区）相应级别公务员与教师收入之差的算术平均值，通过计算其最大值与最小值之差所得。

从收入差距图上可以看出，上海、北京、江苏、广东、海南、浙江和重庆7个省份的教师与公务员津补贴差距比较大，特别是上海、北京和江苏非常大；而其他省份的教师与公务员津补贴差距则都比较小。教师与公务员的总收入差距是由基本工资差距和津补贴差距共同造成的。在大多数情况下，上海、北京、江苏、广东、海南、浙江和重庆7个省份的教师与公务员津补贴差距比基本工资差距大，津补贴差距是影响总收入差距的主要因素；对于其他21个省份而言，基本工资差距比津补贴差距大，影响教师与公务员总收入差距的主要因素是基本工资差距，而不是津补贴差距。

六、2006年工资改革的影响

如果希望从实证角度分析2006年启动的工资改革对义务教育教师与公务员的收入差距产生了怎样的影响，就需要考察教师与公务员收入差距在改革前后的变化，从而需要收集此次工资改革之前和之后的教师和公务员收入数据。然而，本研究所用数据都是2007年某一时点上的数据，对于特定的县（市、区），要么是工资改革之后的数据，要么是尚未工资改革的数据，而不是改革前后之数据皆有。不过，数据显示已实行工资改革的县（市、区）并没有聚集性，既没有集中于经济发达地区，也没有集中于经济不发达地区，因此，把已工资改革地区的教师与公务员收入差距与尚未工资改革的地区进行比较，还是能够大致反映出2006年工资改革对教师与公务员收入差距的一些影响的。

2006年启动的工资改革尚在进行当中，表4中的已工改地区也仅是完成了基本工资改革，津补贴还是沿用以前的政策，因此，本节主要观察基本工资差距的变化。

如表4所示，与未工改地区相比，已工改地区副高级和中级教师与公务员的基本工资差距下降了，这表明在此次工资改革中副高级和中级教师基本工资的提高幅度相对较大，大于公务员基本工资的提高幅度。具体而言，与工资改革之前相比，改革后副高级教师的基本工资比公务员高得更多了，中级教师的基本工资由低于正科级公务员变为不低于甚至高于正科级公务员，并且比副科级和科员公务员高得更多了。例如，工资改革之前和之后，初中高级教师基本工资比正科级公务员分别高248.8元/月和469.2元/月；工资改革之前初中一级（小学高级）教师基本工资比正科级公务员低45.2元/

月（41.2 元/月），而工资改革之后变为比正科级公务员高 0.4 元/月（29.9 元/月）。

表 4　2006 年工资改革对义务教育教师与公务员月收入差距的影响

（单位：元）

教师职称				副高级	中级		初级		
				中高	中一	小高	中二	小一	小二
公务员职务	正科级	已工改地区	总收入	-271.2	304.1	284.4	719.1	736.4	963.5
			基本工资	-469.2	-0.4	-29.9	318.5	318.1	518.0
			津补贴	198.0	304.5	314.3	400.6	418.3	445.5
		未工改地区	总收入	-35.0	374.6	370.6	633.1	632.6	868.0
			基本工资	-248.8	45.2	41.2	215.9	218.4	382.9
			津补贴	213.7	329.4	329.5	417.1	414.2	485.0
	副科级	已工改地区	总收入	-626.0	-57.7	-70.2	359.5	376.3	596.1
			基本工资	-693.8	-223.2	-246.5	100.3	102.8	294.5
			津补贴	67.8	165.5	176.3	259.2	273.5	301.6
		未工改地区	总收入	-292.5	117.2	113.2	375.7	375.1	614.1
			基本工资	-397.3	-103.3	-107.4	67.4	69.9	236.4
			津补贴	104.8	220.5	220.6	308.3	305.3	377.7
	科员	已工改地区	总收入	-908.3	-327.8	-344.0	94.9	112.2	363.3
			基本工资	-872.5	-401.3	-426.1	-77.4	-76.6	124.8
			津补贴	-35.8	73.4	82.1	172.3	188.8	238.5
		未工改地区	总收入	-563.9	-145.4	-153.8	110.6	111.9	340.2
			基本工资	-543.9	-230.8	-235.5	-58.4	-49.4	108.2
			津补贴	-20.0	85.4	81.7	169.1	161.3	232.0

注：收入差距为公务员收入与教师收入之差的（各地区）算术平均值。

然而，初级教师与公务员的基本工资差距并未缩小，甚至还增大了。具体而言，与工资改革之前相比，初中二级和小学一级教师的基本工资比正科级和副科级公务员低得更多了，但是却比科员公务员高得更多了；小学二级教师与公务员的基本工资差距则是增大了，其基本工资比正科级、副科级和科员公务员都低得更多了。

由于津补贴改革尚未到位，所以这次工资改革对教师与公务员总收入差距的影响目前还是未知的。随着工资改革的推进，教师与公务员的收入差距将会发生怎样的变化还需要拭目以待。

七、津补贴差距纵向分析

从前文的分析可以看出，对于教师与公务员的收入差距，津补贴扮演着重要角色，因此有必要对津补贴进行更为深入的分析。本节对津补贴进行纵向分解，考察教师与公务员津补贴差距的纵向结构。

目前，对于津补贴项目及其标准，出台政策的政府不一定负责提供相关资金。一个津补贴政策出台之后，可能有以下几种资金提供方式：出台政策的政府提供全部资金；出台政策的政府提供一部分资金，其余部分由各地方政府筹措；出台政策的政府负责某些地区的津补贴资金，其他地区的津补贴资金则由当地政府筹措；出台政策的政府不提供资金，所需资金完全由各地方政府筹措；出台政策的政府不提供资金，所需资金由各机关单位自行解决。

本研究所用数据关于津补贴项目的政策出台政府与资金来源的信息是不完全的，在83个县（市、区）中仅有37个提供了津补贴政策出台政府的信息，（几乎）所有县（市、区）都缺乏津补贴资金来源信息，因此，本节仅从政策出台的角度作津补贴纵向分析。表5和表6中的各级津补贴是指相应级别政府出台的教师与公务员每月津补贴标准，并不代表由哪级政府提供了教师与公务员津补贴资金，也不代表依据哪级政府出台的津补贴政策所发放的教师津补贴总额与公务员津补贴总额。

如表5所示，教师和公务员津补贴标准的纵向结构是相似的，都是省级津补贴所占比例最高，其次是县级津补贴，再次是地级津补贴，中央津补贴所占比例最低。教师的省级津补贴所占比例约为50%，省级与县级津补贴之和约占70%；公务员的省级津补贴所占比例在55%以上，省级与县级津补贴之和所占比例接近80%。由此可见，对教师和公务员而言，省级津补贴政策的影响都是最大的；在各级政府出台的津补贴政策中，省级与县级津补贴政策的影响占据了主导地位。

表5　各级政府出台的津补贴标准在津补贴合计中所占百分比（%）

	教师职称						公务员职务		
	中高	中一	小高	中二	小一	小二	正科	副科	科员
中央津补贴	7.6	7.7	7.8	7.9	7.9	9.9	6.1	3.7	5.6
省级津补贴	51.2	49.7	50.4	50.5	50.8	48.3	55.1	56.1	55.0
地级津补贴	16.3	15.8	15.1	13.8	13.7	16.8	16.6	16.8	16.2
县级津补贴	16.6	17.1	17.9	18.8	19.4	25.0	22.2	23.4	23.3
学校补贴	8.3	9.7	8.8	9.0	8.3				
合计	100	100	100	100	100	100	100	100	100
县市区（个）	37	37	37	37	37	34	37	35	35

注：表中比例是根据37个县相应津补贴标准之和计算而得。

如表6所示，对于不同级别政府出台的津补贴标准，教师与公务员的津补贴差距是不同的。在多数情况下，教师的中央津补贴高于公务员，但高出的额度不大。例如，副高级和中级教师的中央津补贴高于正科级及以下公务员；初级教师的中央津补贴虽然低于正科级和副科级公务员，但高于或不低于科员公务员。各职级教师的县级津补贴都远远低于公务员。至于省级和地级津补贴，除了科员公务员的省级津补贴低于初中高级教师、地级津补贴低于初中高级和一级教师，以及副科级公务员的地级津补贴低于初中高级教师之外，在其他情况下，公务员的省级和地级津补贴都远远高于教师。

表6　义务教育教师与公务员津补贴差距的纵向结构

（单位：元/月）

教师职称			副高级	中级		初级		
			中高	中一	小高	中二	小一	小二
公务员职务	正科级	中央津补贴	-336	-95	-112	106	102	179
		省级津补贴	2 451	4 622	4 525	6 078	5 992	2 716
		地级津补贴	471	1 164	1 390	2 184	2 211	2 469
		县级津补贴	2 244	2 654	2 493	2 812	2 672	2 675
		合计	2 237	5 644	5 883	8 970	8 944	8 038
		县市区（个）	37	37	37	37	37	34

续表

教师职称			副高级	中级		初级		
			中高	中一	小高	中二	小一	小二
公务员职务	副科级	中央津补贴	-259	-121	-116	17	10	72
		省级津补贴	866	3 037	2 940	4 493	4 405	1 829
		地级津补贴	-55	638	864	1 658	1 685	1 943
		县级津补贴	1 943	2 324	2 163	2 472	2 332	2 414
		合计	-97	3 177	3 438	6 430	6 399	6 258
		县市区（个）	35	35	35	35	35	32
	科员	中央津补贴	-446	-245	-262	-69	-73	2
		省级津补贴	-1 135	1 036	939	2 492	2 404	1 010
		地级津补贴	-739	-46	180	974	1 001	1 259
		县级津补贴	1 388	1 750	1 599	1 896	1 742	1 874
		合计	-3 525	-207	43	3 083	3 040	4 144
		县市区（个）	35	35	35	35	35	32

注：表中数字是对37个县公务员与教师相应津补贴标准之差求和而得。

由此可见，只有中央津补贴政策是向教师倾斜的，省级、地级和县级津补贴政策则都是向公务员倾斜的，其中县级津补贴政策对公务员的倾斜力度最大。实际上，即使省级、地级和县级津补贴政策本身没有向公务员倾斜，也可能由于教师津补贴资金不到位，而导致教师的相应津补贴低于公务员。此外，虽然中央津补贴政策向教师倾斜，但是由于中央津补贴在教师津补贴和公务员津补贴中所占比例都很低，不超过10%，所以这种政策倾斜对教师与公务员津补贴差距的影响就很小，在消弭二者津补贴差距方面所发挥的作用也是微小的。

八、结　　语

本研究从教师工资“应当不低于”公务员工资这一法律规定出发，从收入结构的角度考察了义务教育教师与公务员的收入差距，重要的发现包括：(1) 公务员的津补贴高于教师津补贴；(2) 教师与公务员的基本工资差距在各省之间相差不大，但是，津补贴差距和总收入差距存在巨大悬殊；(3) 2006 年工资改革之后，与公务员相比，副高级和中级教师基本工资提高幅度相对较大，基本工资水平已经超过了正科级及以下公务员；但是初级教师的基本工资提高幅度相对较小，不但基本工资水平仍然低于公务员，而且与公务员的基本工资差距变得更大了；(4) 教师和公务员津补贴标准的纵向结构是相似的，在各级政府出台的津补贴政策中，省级与县级津补贴政策对教师和公务员津补贴的影响都占据了主导地位；只有中央津补贴政策是向教师倾斜的，但这种政策倾斜对教师与公务员津补贴差距的影响很小。

本研究所用数据决定了本研究存在的不足之处。本研究是在未控制学历和工作表现等因素的情况下，对教师和公务员月收入差距进行的现状分析，因此，本研究未能针对教师和公务员的诸多相关因素，解释收入差异是由哪些因素分别在何种程度上导致的，也未能论证教师与公务员的收入差距保持在何种程度上才是合理的。

由于本文引言中谈到的法律规定不明确之处，本研究未能说明当前的教师与公务员收入差距距离法律规定的“应当不低于”这一目标还有多远。

参考文献

[1] 孙喜亭. 教育原理 [M]. 北京：北京师范大学出版社，1993.
[2] 朱永新. “老九”咏叹调 [M] //朱永新. 困境与超越——教育问题分析. 北京：人民教育出版社，2004.
[3] 陈赟. 20 世纪 90 年代教师工资问题研究 [J]. 清华大学教育研究，2003，24 (1)：92-96.
[4] 国家统计局. 中国统计年鉴 [Z]. 北京：中国统计出版社，2002-2007.

西部农村教育财政改革与人事权力结构变迁

李小土　刘明兴　安雪慧*

（2008 年 9 月）

一、导　　论

农村税费改革以来，中央确立了"在国务院领导下，由地方政府负责，分级管理，以县为主"的农村义务教育管理体制，逐步将农村义务教育纳入公共财政保障范围。同时，实施了农村教师工资县级统筹、义务教育"一费制"、农村贫困家庭中小学生"两免一补"等教育财政改革措施。在 2005 年《国务院关于深化农村义务教育经费保障机制改革的通知》的精神指导下，2006 年从西部地区开始免除农村义务教育阶段中小学生的全部学杂费。至 2010 年，中国将建立中央与地方分项目、按比例分担的农村义务教育经费保障机制，全国农村义务教育阶段中小学公用经费基准定额全部落实。2007－2008 年，这一改革的进程进一步加快，不仅全国义务教育阶段的农村公立学校纳入了全免学杂费的范围，而且城市的公立学校也都纳入到这一范围之内。

上述改革措施无疑对于促进农村义务教育的发展有着重要的意义。不过，这些措施基本上都带有财政集权的特征。虽然短期内会确保教师队伍的稳定，减轻学生的负担，但其对教育质量的长期影响，尚需进行深入的研究。我们在调查中注意到一个现象：在一些地区，"以县为主"的体制通过

---

* 作者简介：李小土，北京大学政府管理学院博士研究生；刘明兴，北京大学中国教育财政科学研究所副教授；安雪慧，国家教育发展研究中心副研究员。作者感谢世界银行、东亚发展研究网络（EADN）和北京大学中国教育财政研究所对本项研究的资助。文责自负。

确保更为稳定的教育投入，促进了教育的发展；在另外一些地区，虽然教师工资得以确保，但新体制的建立反而导致乡村教育管理的松弛。① 即使是在经济发展水平非常相近的两个国贫县之间，这种差异也照样存在。因此，单纯强调教育财政投入不足，或者将财政投入的责任进一步上移（由中央和省级来承担）②，并不能够解释农村基础教育发展的深层动因。

教育绩效与教育体制的变化存在着密切而复杂的联系，深入分析包括财政体制在内的农村教育管理体制的内部结构及运行模式，将是回答上述问题的基础。目前，实行“以县为主”的教育财政体制已有七年，伴随着财政资源控制权的上移，教育系统的其他管理权力划分也产生了一定的变化。事实上，无论是在财政改革之前或者之后，农村教育的行政、人事和业务管理体制在县域之间存在着明显的差异。即使是在同一县内部，不同乡镇内学区的人事权力以及教学管理方式也各有不同。同样，教育财政改革对于农村教育体制的影响，也存在较大的地区差异。

尽管关于农村教育行政、人事管理体制方面的学术文献还比较欠缺，但已经有不少研究表明，行政和人事管理权力的配置会直接影响到教学业务的管理方法、教师的激励机制和教育绩效。例如，康宁[5]分析了教师聘用和人事管理制度对教育效率的影响；赵爽[6]强调教育部门的事权与财权不统一是阻碍农村教育发展的重要原因；郭晓东[7]主张应当将管理权集中到教育行政部门；刘茗等[8]通过对河北农村贫困地区626所中小学的调查发现，贫困地区的教师人力资源在城镇普遍超编而在边远学校又极为短缺，他们强调“必须深化教育人事制度改革，应将校长任免、师资管理、人事调配等人事管理权收归县管”；吕丽艳[9]和张新平[10]分别以东北和湖北为案例进行研究，结果都显示出农村基层教育管理权力在县政府、教育局、乡镇政府之间争夺不清，结果阻碍了教育的发展。

在关于教育管理体制的国际学术文献之中，多数研究结论对于教育分权

---

① 类似现象在发达国家也同样存在。Hanushek[1][2]表明，美国增加教育的财政投入对于教育质量的提高并没有显著的作用。同时，跨国数据中的基础教育投入和学生成绩之间也没有线性关系。

② 张德元[3]的研究认为发展农村义务教育按“以县为主”的管理模式难以奏效，应该采取“中央统筹、分级管理、以国为主”的管理模式。范先佐[4]则提出应建立“以省为主”的农村教育财政体制。这一结论也是许多研究者的观点，其主要理由是因为贫困县的财政也难以保障对教育的投入，现行的转移支付制度还是难以解决农村义务教育中存在的经费缺口，因此建议教育财政投入责任进一步向上移。这些主张实际上在目前所执行的农村义务教育经费保障新机制的改革之中，均得到了体现。农村公立学校的公用经费已经基本上是由中央和省两级财政来负担。

改革都比较支持。Faguet 和 Sánchez[11]分析了玻利维亚和哥伦比亚的教育财政分权，发现当地方政府在教育财政支出上获取更大的自主权，公立学校的入学率将会高于中央集权的情况。Galiani 和 Schargrodsky[12]的研究说明，阿根廷的教育行政体制分权改革起到了积极作用。Behrman、Deolalikar 和 Soon[13]则提供了东亚的实践经验。不过，中国在分级管理时期，教育财政分权的体制却引起了农村教育的一系列问题。因此，分权体制本身就需要多方面因素的配合。例如，Gropello[14]以拉美国家的教育分权改革为例，讨论了教育分权改革中所需要满足的一些条件。

尽管研究文献已经充分认识到了教育分权的复杂性，但关于权力结构动态演变的实证分析依然非常缺乏。比如，OECD[15]发展了一套指标体系来测度教育管理体系在教育内容、行政和财政等方面的分权程度。King 和 Guerra[16]应用这个指标体系，对东亚国家的教育分权程度进行了比较。但是，他们并没有解释各种管理权力之间究竟如何相互影响。此外，这套指标体系过于粗略，无法识别地方政府内部的权力划分。Baicker 和 Gordon[17]分析了美国教育财政体系的集权所带来的不利影响，但主要是对于地方财政行为的影响，没有考虑对其他权力结构的作用。Falleti[18]分析了拉美国家的财政分权或集权对于其他政府权力结构的影响。Falleti 通过分析指出，分权改革如果不在政治、行政和财政之间相互配合，那么财政或行政的分权改革都不一定会增强地方政府的自主权。这项实证研究虽然独到，但是其假定各项权力的集中或者下放均由中央政府决定，并未考虑到权力变化的内生性问题。此外，该研究同样也没有分析地方政府内部的权力变动。

本文的研究视角强调，需要先理解农村教育管理体制的权力结构与变迁逻辑，才能分析农村教育财政制度、教育管理与教育绩效之间的关系。而在教育体系内部的各种管理权限中，本文将人事权力作为问题的关键。教育财政体制和人事权力结构对教育发展的影响是复杂并且互相关联的，财政权力的集中会引起各个行政部门之间对人事权力的博弈，权力的重新配置将会影响学校的教学管理绩效。① 为此，本文将对“以县为主”前后（2000－2007年）农村教育人事权力结构及其演变过程进行测度和跨地区的比较，并以此揭示农村教育管理如何受到财政体制的影响。

① 李小士等[19]分析了教育人事权力结构与教师激励之间的关系。该研究对农村学区校长的任命权以及学区校长对学区内人事的控制权进行了测度，并按这两层权力的组合将农村学区分成不同类型。研究表明，人事权力配置的差异会显著改变教师的激励机制，进而影响教学成绩。

本文所依据的调查资料，是2006年在西部甲省随机抽样的50个乡镇进行的问卷调查与深入访谈（包括2007－2008年的跟踪调查）中获得的，这些乡镇分布于20个不同的县（区）。调查涉及223位学区校长或中小学校长、910位教师和518位家长。由于是按照人口的分布情况对乡村进行抽样，因此在每个样本县抽取的学区数量（以及每个学区内部的学校数量）是不相同的。由于甲省将近半数的县都属于国定贫困县，因此抽样调查的结果对于中国西部的贫困地区具有一定的代表性，但不应当将结论推广到更大的范围之内。限于篇幅，本文仅选取部分关键的教育人事管理权力指标来描述和分析农村学区的权力结构。不过，这些指标在学区之间存在较大差异，基本能反映出农村教育人事体制的状况。

二、西部农村教育的人事权力结构特征

“以县为主”等农村教育财政体制改革促使教育系统的整体权力结构逐渐产生了相应变化。在甲省的50个样本乡镇中，72%的乡镇是在2002－2003年间（或更早）由乡镇财政发教师工资变为县区财政发工资，也有8%直到2006年才变为县财政发工资。“以县为主”之前，乡镇分管教育的职能部门是乡镇教委或教育辅导站，乡镇教委的工作受乡镇政府和县教育局的“双重领导”。乡镇教委基本在2003－2006年间被撤销，取而代之的是学区或乡镇中心学校，也有少数乡镇教委并入乡镇社会发展办。这里，学区是一个教学管理机构，负责管理所在乡镇范围内的学校。学区的主要负责人称为学区校长。不过，学区在许多乡镇都合并到乡镇中心学校，学区校长也由中心学校的校长兼任。变更管理机构的过程是简单的，而实际的权力归属的变化或管理方式的调整却相对复杂。我们的研究将对实际权力的变迁过程进行测度与比较。

为了分析农村基层教育管理体制，首先需要说明县域范围的教育管理组织及其人事权力层级关系。这里以任命权为例，列出任命各级学校校长权力的可能归属。如图1所示，箭头所指即表示任命关系。其中，实线箭头表示行政管理关系和任命权保持一致，虚线箭头表示没有直接的行政管理关系，但却有任命关系：如村小校长可能由学区任命，也可能由教育局或乡镇任命；学区校长则可能由教育局、组织部或乡镇政府任命；坐落于乡镇的农村初中，如果划归县教育局管则称为县直管初中，其校长可能由组织部或教育

局任命，否则仍属当地学区管理，其校长可能由教育局或乡镇、学区任命。教师分配、调动等人事管理体制也大致与任命权的归属层次类似。

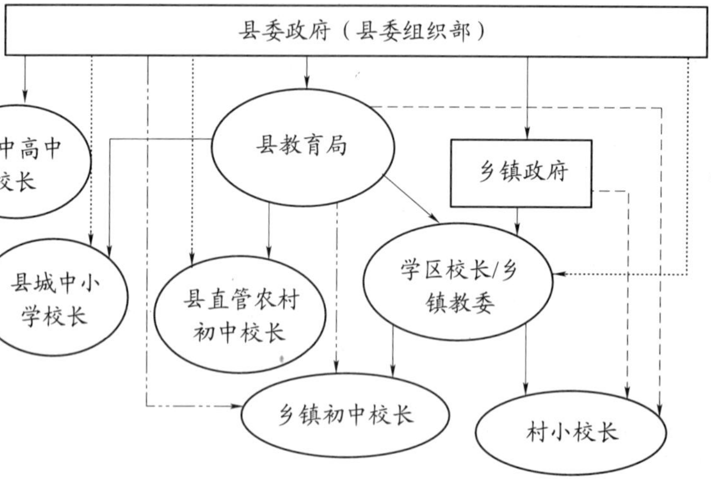

图 1　校长任命权的各种配置

为了简明起见，我们选取了四个指标来测度农村教育的人事权力配置状况。这四个指标分别是：学区校长任命权、村小校长任命权、学区内新任教师的分配权、学区内教师的调动权。针对每一项具体的权力，我们又根据实际调查的结果，将之再细分为若干种归属状况。表 1 列出了样本学区在 2000 年、2003 年、2005 年和 2007 年的基层教育人事权力结构的变动状况。为了便于跨时期对比，我们将乡镇教育业务管理的实际负责人，统称为学区校长。尽管在不同的地区或时期，学区校长可能是乡镇教委的副职领导（乡镇教委主任一般由乡镇党委政府的主管领导兼任）、乡镇辅导站站长、学区的校长、乡镇中心小学的校长、乡镇初中的校长，等等。

如表 1 所示，乡镇政府在 2000 年的时候掌握了大部分的对农村校长和教师资源的控制权。例如，在 70% 的学区，乡镇政府控制了村小校长的任命权和教师在学区内的调动权（学区校长本身只有较小的建议权）。并且，乡镇政府控制学区内新任教师分配的比例达到了 80% 。乡镇政府对学区校长的任命权控制能力相对较弱。有 14% 的学区校长，是由乡镇政府推荐并任命的；另外的 22% ，是由乡镇政府推荐、县教育局任命。不过，我们在这里并没有区分乡镇政府推荐权的差异，因为实地调研显示，多数情况下乡镇政府都有较大的推荐权，县教育局很少否决乡镇政府提议的人选。这种权力结构和“以县为主”之前乡镇政府支持农村教育投入的财政体制是相对应的。

表1　2000－2007年学区管理权力配置变迁

（学区数量变化，单位：个）

	2000年	2003年	2005年	2007年
任命学区校长：				
（1）由县委组织部任命	4	4	8	15
（2）由教育局推荐教育局任命	28	30	32	31
（3）由乡镇推荐教育局任命	11	9	6	4
（4）由乡镇推荐乡镇任命	7	7	4	0
学区数量合计：	50	50	50	50
任命村小校长：				
（1）由学区任命，或学区意见为主报教育局任命	0	9	14	17
（2）学区建议权较大，由乡镇任命	14	13	7	6
（3）学区建议权较小，由乡镇任命	35	19	15	7
（4）由教育局批准任命	1	9	11	16
（5）学区、乡镇和教育局共同任命	0	0	3	4
学区数量合计：	50	50	50	50
教师分配：				
（1）教师由教育局直接分配到学校	4	9	14	18
（2）教师在学区内分配以乡镇为主	40	16	8	8
（3）教师在学区内分配由学区建议乡镇审批	6	16	18	11
（4）教师在学区内分配以学区为主	0	9	10	13
学区数量合计：	50	50	50	50
教师在学区内调动：				
（1）由学区或学校批准调动	0	9	14	16
（2）由教育局批准调动	1	10	9	13
（3）学区建议权较小，乡镇批准调动	35	10	7	4
（4）学区建议权较大，乡镇批准调动	14	18	15	14
（5）学区建议、乡镇批准、教育局批准才能调动	0	3	5	3
学区数量合计：	50	50	50	50

数据来源：作者根据调查数据整理。下列各表相同。

在2000年，虽然56%的学区校长是由教育局推荐并任命，但这些学区校长仅负责管理教学业务、教师考核、职称评定等。在学区内人事管理上，无论是任命小学校长还是分配、调动教师，都没有决定权。县教育局的影响力同样弱小。不过，学区的建议权在各乡镇之间仍然有所不同，有的学区建议权较大，有的就完全由乡镇政府控制。这种权力结构的差异事实上与以后的体制变迁路径有明显的关联。

“以县为主”改革之后，原来以乡镇政府为主的权力结构逐渐解体。① 但是，解体的速度和方向存在一定的区域差异。有的乡镇政府随财政改革发生了分水岭式的变化，有一些则保持着持续的影响力。到2007年，乡镇已经难以控制学区校长的人选，但这项权力也并没有完全转移到县教育局手中。大约60%的学区校长由教育局任命，而由县委组织部或县级领导控制任命的学区从2000年的8%增加到2007年的30%。尽管如此，教育局或者学区校长对村小校长和教师的分配、调动的控制能力却不断增强。教师直接从县教育局分配到学校的学区由4个增加到18个，教育局控制村小任命的学区从1个增加到了16个。这两项权力控制在学区校长手里的学区从0分别增加到13个和17个。目前，无论学区校长由谁任命，学区内的村小校长任命、教师分配调动等权力都可能在学区校长、乡镇政府和教育局之间存在不同的分划。

尽管在财政体制改革的过程中，各县各乡镇人事权力结构的变迁进度和程度都有差异，但乡镇政府主要是在2005年前后才失去对学区校长任命权的控制，这慢于其他三项权力。同时，县委组织部集中权力的步伐在2005年以后明显加快。总之，从2007年的情况来看，乡镇政府对于学区校长任命权的控制在四项人事权力之中是最弱的。

本研究在上述四项权力之中，进一步选取两个指标，“学区校长的任命权”和“学区内教师的调动权”。按照这两个指标的组合将样本学区分成五种类型：学区主管、乡镇主管、学区和乡镇共管、县主管、教育局和乡镇共管。表2给出了详细的分类定义，有助于我们更为简洁地分析农村教育体系权力结构的变迁。

---

① 乡镇政府权力的削弱与财政体制的变化相关，但乡镇政府退出后人事权力往往没有回到教育管理者手中。例如，某样本县在1996年之前是乡镇发工资，但由于乡镇财政困难，就从县财政拨款补助乡财政，因此乡镇早在1996年后就渐渐没有教育人事管理的决定权。这个县偏远山区的学区校长有学区内的人事权，而靠近城市和公路的学区，人事管理权力则被集中到县委县政府手中。“以县为主”实行几年后，此县所有中小校长的任命全部由教育局统一考察任命，因此学区对村小校长人选完全没有决定权，学区对教师分配调动的控制相应也变得更为困难。

表2　按学区校长任命权和学区内教师调动权对学区分组

	(1) 由县委组织部任命学区校长	(2) 由教育局推荐任命学区校长	(3) 由乡镇推荐教育局任命学区校长	(4) 由乡镇推荐任命学区校长
(1) 学区或学校批准调动	D	A	C	—
(2) 教育局批准调动	D	D	—	—
(3) 学区建议权较小，乡镇批准调动	—	E	B	B
(4) 学区建议权较大，乡镇批准调动	D	C	C	B
(5) 学区建议、乡镇批准、教育局批准才能调动	D	E	—	—

注：表中字母含义是：A＝学区主管；B＝乡镇主管；C＝学区和乡镇共管；D＝县主管；E＝教育局和乡镇共管。没有定义的组合是因为在实际抽样调查之中没有出现的类型。

(1)“学区主管”类型，是指“由教育局任命学区校长，并且学区校长能决定学区内调动”。这意味着学区校长不受“双重领导”，直接受教育局考核，并且在学区内人事权方面有较强的自主能力。

(2)“乡镇主管”类型，是指“由乡镇政府任命学区校长”，或“乡镇政府推荐、教育局任命学区校长，且学区内调动由乡镇政府批准”。对于前者，乡镇政府一般也掌握着学区内的教师调动权；而对于后者，从实际调查结果来看，教育局仅仅是发文任命学区校长，很少能够否决乡镇政府推荐的人选，因此这两种学区都可归为“乡镇主管”类。

(3)“县主管”类型，是指“县委组织部任命学区校长”，或者“教育局批准学区内的调动”。当由县委组织部任命学区校长时，就意味着县委政府主要领导可能直接干预农村校长的人选，而对学区工作情况更为了解的县教育局却没有任命决定权，只有或大或小的建议权①；当由教育局决定学区

① 县级领导干预学区任命是普遍存在的事实，将权力归到组织部，只是一个较为极端的表现。即使是教育局控制学区校长任命，类似干预也同样存在。但如果组织部仅仅是发文认可教育局提议的人选，即教育局实际上完全掌握了任命权，这种情况在本文的统计中归为教育局任命，而不是组织部任命。

内调动时，村小校长往往也要教育局审批，熟悉教师和村小的学区校长却没有调配教师的决定权。这两种情况的共性是：县委领导并不熟悉学区一级管理人员的业务能力，教育局也不熟悉村小一级人员的教学情况。直接管理学区校长或教师的业务部门对人事配置没有决定权，而由更上一级的不熟悉实际业务的管理层来作决定。此外，这两类学区有很高的相关性。县委组织部集权的学区，教育局一般都会把基层管理权上划。两组分类的学区之间有很大的重合性。在上级领导的干涉下，农村教育体系中更可能出现人员配置与业务管理需求不一致的情况①，从而对教学绩效产生不良影响。

（4）“学区和乡镇共管”类型，是指“乡镇政府批准教师调动（学区校长有较大的建议权），且由教育局推荐任命学区校长，或者由乡镇推荐教育局任命学区校长”，或者“学区校长、学校批准调动，且由乡镇推荐教育局任命学区校长”。这个类型包含了三个子类，其共同的特点是学区校长控制了教师的调动权或者有较大的建议权，教育局不直接参与学区内的教师调动。该类型属于“学区主管”型和“乡镇主管”型的中间类型。

（5）“教育局和乡镇共管”类型，是指“教育局任命学区校长，且乡镇政府控制学区内教师调动，或者学区校长、乡镇政府和教育局都有权干预调动”。对于此类学区，县教育局和乡镇政府都掌握了一定的人事权力，权力结构处于混合的状态。这与“学区和乡镇共管”不同，因为学区校长的人事权力很小，权力的争夺主要是在不同的行政机构之间。

如表 3 所示，从 2000 年到 2007 年，原来是“乡镇主管”、“学区和乡镇共管”、“教育局和乡镇共管”三种类型各占约三分之一，逐渐变化为“学区主管”和“县主管”两种类型为主。目前大约三分之一的学区有较大的自主管理权，但有 50% 的学区变为“县主管”的状态，并且有不断增加的趋势。②

---

① 例如某学区校长说：“县教育局规定学区调动人数不能超过 2% –5%，相反在教育局那一方，却想调谁就调谁，这种调动往往一个人就影响了整个学校，大家都看到不好好工作只要有关系就能调进城。”另一位学区校长也表示，由于县级政府在人事权方面过度集权，自己经常不清楚本学区教师的调配变化。甚至是，一位教学表现很差的教师刚刚被学区调到偏远山区，但是他很快就被调到城里。

② 如果按学区校长和村小校长的任命权来分组，也可以看到类似的变化规律。

表 3　2000－2007 年五组学区的数量变化
（按任命学区校长和学区内调动权分组）

分组类型	2000 年学区数	2003 年学区数	2005 年学区数	2007 年学区数
学区主管	0	9	11	14
乡镇主管	16	9	6	2
学区乡镇共管	14	11	11	5
县主管	5	10	14	25
教育局乡镇共管	15	11	8	4
合计	50	50	50	50

总之，“以县为主”不仅引起了财政制度的变化，而且也导致县级政府开始加强校长和教师人事的管理，因此许多原来由乡镇或学区控制的权力转移到了县政府。由县委组织部任命学区校长后，教育局原来的任命权、调动控制权被削弱，例如不能批准教师调动进城，必须要由县委或县级领导批示。有些样本县进行教育人事改革，公开选拔所有的学区校长，但选拔考核领导小组里教育局只有局长一人，其他都是县委政府的领导。与此同时，县教育局可能插手基层学区的管理，比如规定学区任命村小校长要报教育局批，学区内调动也要报教育局批，只有教育局才有决定权，这都显示出权力集中、层层递进的特征。①

三、人事权力结构的变迁路径

虽然教育财政改革基本上采取了相似的操作步骤，但不同学区的人事权力结构变迁在方向和路径上显现出了较大的差异。即使是在同一个县内部的各个学区之间，变迁路径可能也会各自不同②。为了揭示权力结构变迁的特

① 例如某学区校长表示，2002 年后人事权过度集中到县后，教师调配更不合理、更长官意志化，学区对于差的教师没有办法，必然会引起城乡师资差距加大以及乡村学校质量下滑。

② 例如在访谈中有学区校长说：“乡镇发工资的时候，分配调动都管，发几个月工资、分配到哪、安排教师去计划生育收粮收税等等都是乡镇说了算。县发工资后就是个分水岭，如果学区跟乡镇关系处理得好，则学区较有权，如果学区校长手段不硬，就还是乡镇说了算。”

征，本部分分析了不同类型学区各自的演变状况。由于“以县为主”的农村教育财政体制从2002年开始实施，为了识别短期和长期的改革效应，我们把数据样本分成两部分：2000－2003年，2003－2007年。

1. 学区校长任命权的变化

如表4所示，2000－2003年各地学区校长的任命权基本无变化，所有样本中只有两个学区从“乡镇推荐、教育局任命”变为教育局任命。2000年，由组织部任命、教育局任命和乡镇政府任命学区校长的地区，到2003年都没有变化。2003－2007年，由组织部任命学区校长的4个学区任命权归属没有变化。原教育局任命学区校长的学区有20%变为组织部任命，其余未变。原乡镇任命学区校长的学区有57%变为组织部任命，其余成为了教育局推荐并任命。原“乡镇推荐、教育局任命”的学区则有11%变为组织部任命，另外44%变为教育局任命，还有44%无变化。

表4　学区校长任命权的变化：2000－2007年

学区分类	由组织部任命	由教育局推荐任命	由乡镇推荐教育局任命	由乡镇推荐任命	合计
2000年学区数：	**4**	**28**	**11**	**7**	**50**
2003年由县委组织部任命	4	0	0	0	4
2003年由教育局推荐、任命	0	28	2	0	30
2003年由乡镇推荐、教育局任命	0	0	9	0	9
2003年由乡镇推荐、乡镇任命	0	0	0	7	7
2003年学区数：	**4**	**30**	**9**	**7**	**50**
2007年由县委组织部任命	4	6	1	4	15
2007年由教育局推荐、任命	0	24	4	3	31
2007年由乡镇推荐、教育局任命	0	0	4	0	4
2007年由乡镇推荐、乡镇任命	0	0	0	0	0

注：本表纵列数据表示，四种不同的学区任命权的学区在2000－2003年、2003－2007年的变化方向。以下各表基本类似。

作为一项农村教育系统的关键人事权力，学区校长任命权的变化是一个比较缓慢的过程。教育财政改革的初期，对于学区校长任命的归属结构影响很小。并且，学区校长任命权的重新配置，受制于其初始权力归属的主体。组织部可以从教育局和乡镇政府手里集中权力，但却不会将所掌握的权力再移交给下级单位。如果是教育局控制任命权，那么权力可以转移到组织部手里，但一般不会交给乡镇政府。

2. 村小校长任命权的变化

"以县为主"前，大部分学区都是乡镇为主（即"学区建议权较小、乡镇任命"）任命村小校长（35 个学区），到 2003 年其中 17% 变为"学区建议权较大、乡镇任命"，21% 变为教育局任命，54% 没有变化。2000 - 2003 年，"学区建议权较大、乡镇任命"的 14 个学区中有 43% 已经变化为学区任命，但其中有两个学区 2003 年后又变为教育局批准任命。

表 5　村小校长任命权的变化：2000 - 2007 年

学区分类	学区任命	学区建议权大、乡镇任命	学区建议权小、乡镇任命	教育局任命	学区、乡镇、教育局任命	合计
2000 年学区数：	**0**	**14**	**35**	**1**	**0**	**50**
2003 年学区任命	0	6	3	0	0	9
2003 年学区建议权较大、乡镇任命	0	7	6	0	0	13
2003 年学区建议权较小、乡镇任命	0	0	19	0	0	19
2003 年教育局任命	0	1	7	1	0	9
2003 学区、乡镇、教育局共同任命	0	0	0	0	0	0
2003 年学区数：	**9**	**13**	**19**	**9**	**0**	**50**
2007 年学区任命	4	7	5	1	0	17
2007 年学区建议权较大、乡镇任命	0	3	3	0	0	6
2007 年学区建议权较小、乡镇任命	0	0	7	0	0	7
2007 年教育局任命	5	1	2	8	0	16
2007 年学区、乡镇、教育局共同任命	0	2	2	0	0	4

学区任命村小校长的学区到 2003 年是 9 个，但有 5 个学区的权力到 2007 年又被教育局集中。[①] 不过，乡镇政府的控制力在 2003 年以后继续下降，学区任命村小校长的学区到 2007 年增加到了 17 个。虽然，教育局任命村小校长的学区到 2007 年达到了 16 个，但是要乡镇政府完全放弃权力也并非易事。2003 年由乡镇任命的两类学区中（学区建议权较大或较小），到 2007 年一共出现了 4 个“学区、乡镇政府、教育局共同插手任命权”的学区。

与学区校长任命权的演变不同，村小校长的任命权在改革之初就已经发生了比较大的变化。如果权力从乡镇政府的控制转变为学区校长控制，那么一般不会再回到乡镇政府手中。但是，掌握在学区校长手中的权力并不稳定，教育局还可能集中这一任命权。只要该项权力被县教育局集中，同样也很难再被乡镇政府控制。当然，教育局也基本上不会把自己已经掌握的权力交回给学区校长。

3. 学区内调动权的变化

虽然乡镇政府在 2000 年时控制了 70% 学区的教师调动权，但是伴随着教育财政体制的改革，其控制能力迅速下降。2000－2003 年之间，乡镇政府掌握控制权的学区，有 40% 变为“学区建议权较大、乡镇批准”，23% 变为教育局批准，9% 变为“学区、乡镇、教育局共同任命”，28% 未变。到 2003 年，以乡镇为主批准调动的学区只有 10 个，在以后的 4 年里，有 40% 变为“学区建议权较大、乡镇批准”，20% 变为教育局批准，10% 变为学区批准，30% 没有变化。

学区自主批准调动的学区到 2003 年从 0 增加到 9 个，到 2007 年增加到 16 个，其中一共有 11 个在 2000 年属于“学区建议权较大、乡镇批准”的情况，只有 5 个学区来自于“学区建议权较小、乡镇批准”的学区。由于像这样由乡镇主管调动的学区在 2000 年有 35 个，可见从建议权较小转变为有决定权的学区仍然是少数，而实现这种艰难转变的样本学区所在的区县都曾进行过全面的县教育体制改革。此外，从乡镇批准变为学区批准，多数都要经过“学区建议权较大、乡镇批准”的中间状态。不过，与村小校长任命权相似的是，学区校长一旦控制了教师的调动权，乡镇政府就很难再次插手。

---

① 这其中，有两个学区是在全县中小学校长公开选拔的改革中，改为教育局拥有所有农村中小学校长的选拔任命权。

表6　学区内调动权的变化：2000－2007 年

学区分类	学区批准	教育局批准	学区建议权较小、乡镇批准	学区建议权较大、乡镇批准	学区乡镇教育局批准	合计
2000 年学区数：	**0**	**1**	**35**	**14**	**0**	**50**
2003 年学区批准	0	0	0	9	0	9
2003 年教育局批准	0	1	8	1	0	10
2003 年学区建议权较小、乡镇批准	0	0	10	0	0	10
2003 年学区建议权较大、乡镇批准	0	0	14	4	0	18
2003 年学区、乡镇、教育局批准	0	0	3	0	0	3
2003 年学区数：	**9**	**10**	**10**	**18**	**3**	**50**
2007 年学区批准	9	0	1	6	0	16
2007 年教育局批准	0	9	2	0	2	13
2007 年学区建议权较小、乡镇批准	0	1	3	0	0	4
2007 年学区建议权较大、乡镇批准	0	0	4	10	0	14
2007 年学区、乡镇、教育局批准	0	0	0	2	1	3

2003 年，教育局控制学区内调动的学区从 1 个增加到 10 个。2003 年后，教育局除了在一个学区将权力又移交给乡镇政府之外，其余学区的控制权都没有发生变化。因此，教育局一旦集中了调动权，也就难以再放弃。教育局集中权力的路径大致有三种：一是从乡镇批准直接变为教育局批准，这是最主要的演变路径；二是“从学区建议权较大、乡镇批准”变化为教育局批准；三是先从乡镇批准转变为“学区、乡镇、教育局共同批准”，再变为教育局批准。但是，教育局一般不会从“学区校长控制”的学区集中权力。此点和村小校长任命权的变迁特征有一定的差异。

4. 五种基本类型学区的变迁

2003 年，“学区主管类”学区有 9 个，这 9 个学区在 2000 年时全部是“学区乡镇共管类”，这类学区在撤销乡镇教委后就主要由学区负责人事管理。2003 年之后又有 4 个“学区主管”类学区也是从“学区乡镇共管”类中转变而来。只有 1 个学区是从“以县为主”前的“乡镇主管”类型变化为“学区自主管理”类型。

“县主管”类型主要是从“学区乡镇共管”类型及“教育局乡镇共管”类型的学区转变而来。至 2003 年，27% 的原“教育局乡镇共管”类学区和 7% 的原“学区乡镇共管”类型变为“县主管”，2003 年之后的 4 年里则有 55% 的“教育局乡镇共管”和 45% 的“学区乡镇共管”变为“县主管”。“以县为主”的前两年，没有学区是从“乡镇主管”直接转变为“县主管”。至 2003 年，原“乡镇主管”的 31% 变化为“学区乡镇共管”，12% 变为“教育局乡镇共管”，其余未变。2003 – 2007 年，则有 44% 转变为“县主管”型，36% 转变为“学区乡镇共管”类型。注意，虽然有 4 个“乡镇主管”类学区直接变为“县主管”类型，但都是在 2005 年之后才发生的。

表 7　五类学区变化：2000 – 2007 年

学区分类	学区主管	乡镇主管	学区、乡镇共管	县主管	教育局、乡镇共管	合计
2000 年学区数：	**0**	**16**	**14**	**5**	**15**	**50**
2003 年学区主管	0	0	9	0	0	9
2003 年乡镇主管	0	9	0	0	0	9
2003 年学区、乡镇共管	0	5	4	0	2	11
2003 年县主管	0	0	1	5	4	10
2003 年教育局、乡镇共管	0	2	0	0	9	9
2003 年学区数：	**9**	**9**	**11**	**10**	**11**	**50**
2007 年学区主管	9	1	4	0	0	14
2007 年乡镇主管	0	1	0	0	1	2
2007 年学区、乡镇共管	0	3	0	0	2	5
2007 年县主管	0	4	5	10	6	25
2007 年教育局、乡镇共管	0	0	2	0	2	4

在财政集权的过程中，“县主管”类型不断被强化，乡镇主导类型和权力混合类型的学区逐渐减少。在财政改革的早期和中期，“县主管”类型的增加主要是从权力混合类型的学区中产生。直到最近几年，才出现了“乡镇主管”类型直接转变为县主管的情况。这是因为，“县主管”类型的增加在2003年前后不是因为学区校长任命权的转变，而主要是由于学区内的调动权逐步从原来乡镇控制变为教育局控制。

“学区主管”型学区的增加基本上是源于这些学区一直都保持了在人事权上的强势地位。“学区”从完全的弱势地位转变为主导地位，是非常困难的。我们的实地调查表明，少数出现这种转变的地区，都是在经历了全县范围的教育人事体制改革之后，才得以成功的。同时，调查样本中没有出现“学区主管”型转变为“县主管”的情况。因此，教育财政体制改革使得教育人事权力的配置出现了两极分化的现象。这个问题的深层原因还需要进一步的研究。

四、结　论

伴随着财政体制的系列改革，西部地区农村教育人事权力结构也在渐进地变化，并且在县域之间存在着明显的差异，乡镇一级亦如此。目前看来，“以县为主”、农村教育经费保障新机制等改革在改善农村教育经费不足的同时，也使甲省许多地区的基层管理权力配置出现向上集中的趋势。我们根据任命学区校长和学区内调动权的配置对学区分类后可以更清楚地看到农村基层教育管理权力的变化。在2000年时教委（学区）主任任命大约是一半地区教育局为主、一半地区乡镇为主，不过学区内人事管理全部都需要乡镇批准同意。“以县为主”后，学区管理权力结构的变迁一共有三个方向：第一种是权力从乡镇转移到学区；第二种是从乡镇转移到教育局或县政府；第三种是学区和乡镇共管或教育局和乡镇共管的状态。①

经过五六年的改革变迁，“县主管”类型的学区大约占一半并有不断增

① 国务院办公厅在“关于完善农村义务教育管理体制的通知”（国办发［2002］28号）中要求，“县级教育行政部门依法履行对农村中小学教师的资格认定、招聘录用、职务评聘、培养培训、调配交流和考核等管理职能，乡（镇）、村无权聘任农村中小学教职工。农村中小学校长的选拔、任用、培训、考核、交流由县级教育行政部门归口管理。”现实中，农村教育人事体制的演变显然与国务院的要求存在一定的差距。

加的趋势，“学区主管”类学区只占28%。这种格局并不利于教育体系的运转，因为实际的业务主管部门，即教育局、学区、学校等缺少必要的权力来支配教育资源，进而难以建立起有效的激励体制和竞争性体制。李小土等[19]的研究发现教育管理人事权配置与教学业务管理模式有着内在的关系，基层学区如果对学区内人事管理有一定的自主权，则会更积极地激励教师和进行教学管理。权力过度集中所产生的一个后果是，权力的掌控方与教育管理方完全分离，拥有支配权的领导往往对教学业务和教学第一线的工作者并不熟悉。换言之，对于教育绩效的评估者却无法掌握对于教师激励的权力，结果可能会逐渐不再愿意进行严格的管理。人事权过度集中，也会导致教师调配更不合理，学区对差的教师难以管理，这都可能引起教学质量下滑。

教育财政体制改革在部分地区，也促使乡镇的控制权转移到学区。原来需要乡镇党委会议讨论并以镇党委名义发文，现在学区只需告知乡镇主管领导或口头协商后就可以任命、调动。相比之下，这些学区比“以县为主”之前有了更多的控制权。但也有少数地区一直维持乡镇主管教育的格局到2005年，或至今如此。这些地区的乡镇教委转变机构名称后，职能与人员都没有什么变化，任命分配调动仍由乡镇政府做主，有的乡镇政府领导甚至于连评职称和年终考核都要参与。

人事权力的配置也有可能出现反复变化的情况。调查样本中就有乡镇政府在退出一年后又要求管理学区，县政府则发文规定农村学区恢复受教育局和乡镇双重领导的局面。换言之，这个政治谈判过程的结果是不确定的，权力分配的最终格局要视具体情况而定。乡镇政府控制权的大小和乡镇的财政能力、乡镇领导个人的影响力及其与教育局领导的私人关系均有关系。一种比较糟糕的情况是，政治谈判最终难以达成一致，权力的实际划分也变得非常模糊。如任命村小校长要经由学区推荐、乡镇同意、再报县教育局批准，学区内分配调动也要学区、乡镇同意后，教育局再批准。各个管理部门的领导也往往陷入到权力的争夺之中，任何一方都没有动力对教育的具体业务负责。总之，无论是权力的过度集中，还是权力配置的不确定，都会对教育管理产生负面的影响。

财政集权所带来的负面影响也并非完全无法避免。各级行政领导不断争夺人事权力，无非是因为师资配置本身提供了一定的权力租金。租金的实际来源是多方面的，但其中的一个重要来源是县域内部不同教学岗位的“实际待遇”存在巨大的差距，未能做到同工同酬。在目前的财政体制之下，县域内部诸多农村学校偏远的地理位置和恶劣的交通条件，既不会带来更多的公用经费拨款，也不会增加任课教师的津补贴。结果，控制了师资的配置权就等于掌握了教育系统“实际待遇”的分配权。由此，人事体制分权化改革的障碍就显而易见了。如果要降低这种障碍或“权力租金”，就要建立更为公平的教育财政投入机制，平衡教师待遇和办学条件的“实际差距”。这其中的重点是，深化公用经费的拨款机制和教师的津补贴制度的改革。同时，在财政管理权限上，要尽量给基层的教学管理者一定的自由度，例如对教师津补贴的二次分配权和公用经费的支配权。从这个意义上讲，以平等为首要目的的财政改革和以效率为基本目标的人事改革之间并不是相互排斥的。

参考文献

[1] Hanushek, Eric A. Publicly Provided Education, in Alan J. Auerbach and Martin Feldstein (ed.), *Handbook of Public Economics*, Amsterdam: North-Holland, 2002: 2045 - 2141.

[2] Hanushek, Eric A. The Failure of Input-based Schooling Policies, *Economic Journal*, 113 (February), 2003: F64 - F98.

[3] 张德元. “以民为主”、“以县为主”与“以国为主”——论我国农村义务教育体制的变迁与现实选择 [J]. 重庆工商大学学报（西部经济论坛），2003(8): 66 - 69.

[4] 范先佐. 构建“以省为主”的农村义务教育财政体制 [J]. 华中师范大学学报（社科版），2006（3）: 113 - 118,

[5] 康宁. 优化教师激励机制与约束机制的制度分析 [J]. 教育研究，2001(9): 22 - 26.

[6] 赵爽. 对“以县为主”政策实施的分析：东北某农业县的调查 [J]. 教育发展研究，2002（12）: 42 - 45.

[7] 郭晓东. 农村义务教育“分级管理”体制问题探析 [J]. 教学与管理，2003（11）: 9 - 13.

[8] 刘茗，姚冰，王大民. 农村贫困地区义务教育的调查与思考 [J]. 当代教育论坛，2005（2）: 9 - 14.

[9] 吕丽艳. “以县为主”的农村义务教育管理体制运行状况个案调查 [J]. 东北师范大学报（哲学社会科学版），2004（1）: 123 - 128.

[10] 张新平. 教育行政组织的发展与创新——对基层教育行政的个案研究 [M]. 江苏：南京师范大学出版社，2003.

[11] Faguet, Jean-Paul and Sánchez, Fabio. “Decentralization's Effects on Educational Outcomes in Bolivia and Colombia,” World Development, Elsevier, 2008, 36 (7): 1294 - 1316.

[12] Galiani, Sebastian, Ernesto Schargrodsky. "Evaluating the Impact of School Decentralization on Education Quality", Working Paper, SSRN, 2001. http://papers.ssrn.com/sol3/papers.cfm?abstract_id=297829

[13] Behrman, Jere R., Anil B. Deolalikar, Lee-Ying Soon. "Promoting Effective Schooling through Education Decentralization in Bangladesh, Indonesia, and. Philippines", ERD Working Paper No. 23, ADB, 2002.

[14] Gropello, Emanuela Di. "Education Decentralization and Accountability Relationships in Latin America", World Bank Policy Research Working Paper No. 3453, 2004.

[15] OECD. Education at a Glance: OECD Indicators, Paris: OECD, Centre for Educational Research and Innovation, 1998.

[16] King, Elizabeth M., Susana Cordeiro Guerra. "Education Reforms in East Asia: Policy, Process, and Impact", in *East Asia Decentralizes: Making Local Government Work*, Published by World Bank, 2005.

[17] Baicker, Katherine, Gordon, Nora. "The effect of state education finance reform on total local resources", Journal of Public Economics, Elsevier, 2006, 90 (8-9): 1519-1535.

[18] Falleti, Tulia G. "A Sequential Theory of Decentralization: Latin American Cases in Comparative Perspective", American Political Science Review, 2005, 99 (3): 327-346.

[19] 李小土，刘明兴，安雪慧．西部农村教育人事与教师激励体制的测度与比较［Z］．北京大学中国教育财政科学研究所，2008.

“以县为主”背景下的西部农村教育人事体制和教师激励机制*

李小土　刘明兴　安雪慧

（2009 年 2 月）

一、教育行政管理与教师激励机制

多数实证研究都支持教师激励机制对于教育绩效的积极作用。① “奖勤罚懒、奖优罚劣”制度是激励教师努力的基本方式。尽管这对于教育管理者来说是一个普遍接受的道理，但是在现实中仍然有大量的学校处于“干好干坏一个样”、甚至“教学业绩不如社会关系管用”的状态。我们在西部甲省农村 20 个县的调查发现，不仅县与县之间教师管理状况存在很大差异，而且一县之内也可能既有严格管理、重奖重罚的乡镇学区，也有统考不严、奖罚不明、甚至连考勤也不抓的乡镇学区。如何解释农村基层教育管理中存在如此不同的激励机制？什么样的环境下乡镇教育管理者会更积极地实施对学校和教师的激励？影响基层管理者采取不同激励制度的因素是

* 作者感谢国家自然科学基金（编号：70573028）和“世界银行 - CIEFR‘中国教育研究网络’年轻学者支持计划”（编号：7137639）对本项研究的资助。

① Lavy[1][2] 对以色列高中教师的统计研究表明，集体性和个人性的奖励均有助于提高学生的成绩。Eberts、Hollenbeck 和 Stone[3] 与 Figlio 和 Kenny[4] 对美国的数据研究，也支持教师的个人性奖励能够显著影响学生成绩。不过，这些研究在统计上都无法排除教师激励体制的内生性问题，因为激励体制和学生成绩都会受到学校其他特性的影响。Glewwe、Ilias 和 Kremer[5] 通过对肯尼亚小学教师的集体性奖励实验，认为奖励机制使得教师追求短期内的学生成绩提高，对学生的长期学习效果没有帮助。Muralidharan 和 Sundararaman[6] 在印度的实验结果显示，对于教师的集体性和个人性物质奖励显著提高了学生的成绩。他们认为，如果将奖励办法制度化，会有助于增强教师在长期内的工作努力程度，且可以吸引优秀的人才加入教师队伍。

什么？

许多文献分析了教师激励机制存在的决定因素。巴罗（Ballou）[7]的分析表明，在美国的公立学校中（1993 年），大概有 13% 的学区使用了对教师的物质奖励。同时，美国的私立学校远比公立学校更为广泛应用教师激励计划，也更倾向于解雇不称职的教师。[8]①为什么公立学校的激励体制比较弱化？汉纳谢克（Hanushek）[10][11]指出，学校没有采取有效的教师激励机制，并非由于学校没有意识到激励的重要性，而是因为缺乏外部的竞争压力。要解释学校外部竞争压力的差异，就需要更为深入地理解学校所处的社会结构特点。楚布和莫（Chubb，Moe）[12]详细地对比了美国公立和私立学校的外部政治、社会组织环境，研究结果表明学校的外部环境会对学校的管理体制产生重要的影响，这是私立学校更为有效率的原因。波葛斯基（Podgursky）[13]通过对美国公立、私立和特许学校的对比，指出在放松管制和分权的体制之下，市场竞争会促使学校采取灵活的教师激励机制和聘用机制②。本文的研究则结合中国西部农村社会现实，揭示学校与地方行政部门之间的关系，及其所产生的影响。研究发现，乡镇基层人事权力结构影响了教育管理者采取什么样的措施来激励乡村学校和教师。

在中国西部农村教育体制之中，学校和教师的管理依然带有浓厚的行政色彩。择校竞争和家长的意见尚难以对学校形成足够压力。教师的流动或配置主要由行政机构而不是人才市场来决定；教师长期收入（职称级别）和短期收入（奖金）的确定，也依靠上级行政管理者的评判决策。正是地方行政部门对教育资源支配权有着不同的划分，决定了基层教育管理者处于不同的环境，进而影响其管理策略以及最终的教学成绩。行政支配权之中的人事支配权在基层管理中极为关键。换句话说，制定并执行教师激励制度的管理者必须具有一定程度的师资配置权力。在现行体制下，要达到这个目的并不容易，因为这会相应地削弱行政部门的实际权力。

本文的研究视角强调需要先了解农村教育人事管理体制内的权力配置结构与运行逻辑，才能深入解释教师激励机制与教育绩效的差异。目前国内关于县级或乡镇教育管理体制的研究多为个案类研究。吕丽艳[15]在东北某县的调查和张新平[16]对湖北某县的深入研究，都对农村现行教育管理体制进

① 关于美国以绩效激励为基础的教育财政改革情况，参见 Hanushek[9]。

② Ballou 和 Podgursky[8]及 Ballou[7]也得出了相似的结论。Boyd、Lankford、Loeb 和 Wyckoff[14]的实证分析表明，教师的选拔与聘用体制对于教育绩效有显著影响。

行了具体的分析，他们描述了农村基层教育管理权力在县政府、教育局、乡镇政府中间争夺不清并阻碍教育发展的典型个案。葛新斌[17]在珠江三角洲的调查研究揭示了县乡两级政府对教育系统的人事控制及政府行政权力对学校管理的诸多影响，提出政府应当转变职能给学校更多自主管理权。尽管这些研究与本文的主张有许多相近之处，但是既有的研究均没有对基层教育体制进行系统的抽样调查和测度比较。在国际学术文献中，目前也尚无专门针对中国义务教育人事体制的实证研究。

本文试图在西部甲省20个县50个乡镇的调查基础上，描述县乡两级教育人事管理体制的指标特征，揭示人事权力配置与教师激励机制之间的关系，同时对不同类型的人事权力结构与学生成绩间关系进行横向比较。根据我们对调查数据和访谈资料的统计分析，本文选取了几个指标来描述农村基层教育人事权力配置与教师激励方式：学区校长由谁选拔任命；学区内调动由谁批准；中级职称的评聘原则；学区组织的小学统考频率；与教师工作业绩挂钩的奖惩强度，等等。除特别注明，本文表中数据均指2005年的情况，数据来源为作者根据调查数据整理。

二、基层教育人事管理权力配置的不同类型

在农村教育“分级管理”时期①，乡镇分管教育的职能部门是乡镇教委或教育辅导站，其工作受乡镇政府和县教育局的双重领导。甲省的乡镇教委在实行“以县为主”后逐步撤销，大部分转变为学区或将管理职能合并到乡镇中心学校中。为叙述简便，本文统一称乡镇教育主管机构为“学区”，其主管领导则为“学区校长”，尽管在不同的地区或时期，“学区校长”可能是乡镇教委副主任、乡镇辅导站站长、学区校长、乡镇中心小学校长或乡镇初中校长，等等。②

我们将乡镇学区人事体制分成学区及学区以内两个层次，即学区校长的任命权与学区校长自身的人事控制权两个层次，后者又包括乡镇中心小学校

① 1985年《中共中央关于教育体制改革的决定》和1986年《义务教育法》确定了我国基础教育实行地方政府负责，分级管理的制度，由乡镇政府负责基础教育。从1986年至2001年“以县为主”体制之间可称为“分级管理”时期。

② “学区”是甲省当地目前对乡镇教育管理机构的普遍称呼，农村基层教育管理都是以学区为单位进行。村小校长一般只负责学校的日常管理。

长（或副校长、教导主任）和村小校长的任命权、教师在学区内调动的决定权、教师在学区内分配的决定权等。本文为简化起见，仅仅重点考察教师在学区内调动的决定权。两个层面的权力之间有密切的关联，进而组成了不同的人事权力结构。例如，由乡镇政府推荐任命学区校长的学区，基本上也是由乡镇政府任命村小校长及批准调动和分配教师；由县委组织部任命的学区校长的学区中，大约3/4的学区内教师分配都是县教育局直接决定的；而对于教育局任命学区校长的学区，学区校长的人事权力就呈现出多种情况：学区校长既可能充分掌握了学区内的人事决定权，也可能几乎没有任何决定权。为了探讨各种权力配置与教育管理模式之间的关系，我们按照不同的人事权力配置对50个样本学区进行分组，以尽量明确基层学区人事体制的基本类型。

表1中按照四种不同的分组方法，对学区的人事体制进行分类。按学区校长的任命权对学区分组时（见“分组一”），50个学区可以大致被分为四种类型。其中，最多的一组是由“教育局推荐教育局任命”的学区，实际上这一组学区的学区内人事权力配置尚存在较大差异。按照学区内教师调动权进行分组（见“分组二”），则可以将样本学区分成五种类型，各个类型的数量分布相对比较平衡。总体上，学区内的教师调动权主要掌握在学区校长或者乡镇政府手中。

表1　学区人事体制分类：四种不同分类方法

分组一		分组二		分组三		分组四	
按任命学区校长分组	学区数量（个）	按学区内教师调动分组	学区数量（个）	按任命学区校长＋学区内调动分组	学区数量（个）	按任命学区＋任命村小校长分组	学区数量（个）
（1）由县委组织部任命	8	（1）学区或学校批准	14	（1）学区主管	11	（1）学区主管	13
（2）由教育局推荐教育局任命	32	（2）学区建议，教育局批准	9	（2）乡镇主管	6	（2）乡镇主管	7

续表

分组一		分组二		分组三		分组四	
按任命学区校长分组	学区数量（个）	按学区内教师调动分组	学区数量（个）	按任命学区校长＋学区内调动分组	学区数量（个）	按任命学区＋任命村小校长分组	学区数量（个）
（3）由乡镇推荐教育局任命	6	（3）学区建议权较小，乡镇批准	7	（3）学区和乡镇共管	11	（3）学区和乡镇共管	5
（4）由乡镇推荐乡镇任命	4	（4）学区建议权较大，乡镇批准	15	（4）县主管	14	（4）县主管	13
		（5）学区建议，乡镇和教育局批准	5	（5）教育局和乡镇共管	8	（5）教育局和乡镇共管	12

注：各组学区数量合计都是 50 个。

如果同时按学区校长任命权和学区内教师调动权两项权力的组合对学区分组，两项权力组合下有 14 种不同类型的学区。本文将 14 种学区合并为五个基本类型，合并的原则还是从对学区校长的控制权和学区校长自身的控制权两个层次来考虑，其名称大致概括了这一类学区的人事权力配置特点，这一分组方式在表 1 中称为“分组三”，其五个基本类型的具体定义见表 2。类似地，如果按任命学区校长和任命村小校长这两项权力的组合对学区分组，在表 1 中称为“分组四”，也可以得到与表 2 相似的五种基本类型，并且其对于学区教师激励机制的影响也大致一样，篇幅所限，本文没有列出这种分组的具体定义。

表 2 中所谓“学区主管”是指教育系统内基层学区有相当自主权的人事体制类型；“县主管”则代表了县政府较多干涉县教育局、同时县教育局较多干涉学区管理的权力配置类型；“乡镇主管”即基层教育人事权基本由乡镇政府控制；“学区和乡镇共管”表示学区和乡镇政府都有一定的控制权；“教育局和乡镇共管”则表示学区基本没有人事管理权，乡镇政府和县教育局在分享或争夺对基层人事的控制权。对于五种类型的后两类，教育局、乡镇政府或学区的控制权孰强孰弱并不确定，这可能是权力结构变迁时的过渡状态，也可能反映了当地权力竞争的不确定性。

表2　按学区校长任命权和学区内教师调动权对学区分组

	（1）由县委组织部任命学区校长	（2）由教育局推荐、任命学区校长	（3）由乡镇推荐、教育局任命学区校长	（4）由乡镇推荐、任命学区校长
（1）学区或学校批准调动	1（D）	11（A）	2（C）	0
（2）学区建议，教育局批准调动	3（D）	6（D）	0	0
（3）学区建议权较小，乡镇批准调动	0	4（E）	2（B）	1（B）
（4）学区建议权较大，乡镇批准调动	3（D）	7（C）	2（C）	3（B）
（5）学区建议、乡镇同意、教育局批准后才能调动	1（D）	4（E）	0	0

注：表中数字即学区数量，括号内字母含义是：A＝学区主管；B＝乡镇主管；C＝学区和乡镇共管；D＝县主管；E＝教育局和乡镇共管。调查中未出现的类型则没有定义。

“学区和乡镇共管”类型所包含的11个学区，是由三个子类合并而成：第一子类：有7个学区属于“教育局任命学区校长，学区校长对教师调动有较大的建议权”，因此，比较接近“学区主管”的类型；第二子类：有2个学区属于“乡镇推荐教育局任命学区校长，乡镇政府控制教师调动权（学区的建议权较小）”，这已经非常接近“乡镇和教育局共管”的类型；第三子类：有2个学区属于“乡镇推荐教育局任命学区校长，学区校长对教师调动有较大的建议权”，这一子类也比较接近“学区主管”的类型。

此外，调查的结果显示，即使是在同一个县内部，不同的乡镇学区也可能属于不同的类型。这往往因乡镇而异或因人而异，例如条件较好的学区（靠近县城）经常采取“县主管”的类型，而乡镇党委政府领导在政治上较强势时则往往采取“乡镇主管”的类型。[18]

三、基层教育人事管理权力结构与激励机制的关系

教育管理部门对教师的激励可以通过多种方式来实现，激励的手段包括：（1）短期收入激励，比如奖金、结构工资；（2）长期收入激励，如职称晋级；（3）教师的调动；（4）政治激励，如从教师提拔为教导主任、校

长。其中，教师的调动和提拔作为师资配置的重要手段，也是教师激励的重要手段。① 但调动和提拔本身受到多种因素的限制，操作规则相对比较复杂，因此本文暂不讨论后两种激励手段，重点关注教师收入的激励机制。同时，教师的调动和提拔的操作规则都是教师人事管理体制的重要组成部分。而本文所论的人事权力结构则既会影响到教师的收入激励机制，也会影响到调动、提拔的规则。

要比较公平地确定教师待遇或对教学绩效进行评估，必须要将之与可观测的绩效指标挂钩。通常使用的绩效指标主要包含三类：统考考试成绩指标；过程管理指标，例如教师出勤率、教案撰写、作业批改、教研成果等；以及相关领导、同事、家长或者学生的主观评价指标。这其中最为节约的信息显示方式是统考，除了统考成绩，教育管理部门也可以在一定程度上采取过程管理和主观评价的方法。下文将会说明，这些指标会在不同的激励方式中得到运用。

本节按照学区校长任命权和学区内调动权对学区分组，将不同人事管理权力结构下基层学区的激励机制进行比较，可以发现二者之间的内在关联。这里，我们具体比较了学区的年终考核、评职称、统考和奖罚等几项制度措施。我们也利用跨乡镇学区的统考数据，比较了不同的人事管理权力结构下教育绩效的差异。

（一）人事权力结构与年终考核、评职称制度的关系

教师技术职称评定关系到每一位正式教师（临时聘用教师除外）。一般情况下，教师只要符合学历与教龄条件即可评定中级以下职称，而中级职称（即小教高级和中教一级职称）则有名额限制，需要从符合基本条件的教师中按照一定规则评定。除了属于县教育局直管的学校，乡村中小学教师的职称名额通常分配到学区一级，由学区组织测评。学区在符合中级职称基本条件的教师中确定人选，教育局通常都会批准学区推荐上报的教师。本文不讨论高级职称的评选，尽管在政策上，甲省已经在 2001 年之后容许小学教师

① 对于一些地处偏远的农村学校，将教师调动到靠近乡镇和交通便利的学校，无疑是一项重要的激励手段。即使在发达国家，学校的地理位置和工作条件同样是影响教师流动的重要因素，甚至超过了工资水平的影响程度（Scafidi，Sjoquist 和 Stinebrickner[19][20]；Boyd，Lankford，Loeb 和 Wyckoff[21]；Podgursky，Monroe 和 Watson[22]）。对于美国公立学校的教师，高水平教师的流动性要高于低水平的教师（Podgursky，Monroe 和 Donald Watson[23]）。

参加中教高级职称的评选，但现实中多数农村学区都无法得到相应的评审名额，因此该项政策基本上形同虚设。另一方面对于西部地区的农村中学教师，能够评上高级职称的比例也很微小，不具一般意义。

中级职称评聘的基本资格要求在省内各地区都相同，但谁先谁后的排队规则在各县各乡镇都可能有所不同，因而对教师产生的激励也不同。大多数学区的中级职称评定的先后次序依赖于教师的学历、教龄、近几年的年终考核成绩、发表论文的等级数量、得奖情况，等等，综合计算的公式往往复杂多变。这里，我们以“最重要的影响因子”为准，根据学区校长问卷及教师问卷相关回答，把职称评定的诸多规则简化为三大类，代表了三种不同的激励取向：（1）以教龄或取得前一级技术职称的年度长短（专业年限）为侧重；（2）以年终考核成绩、统考成绩或论文发表、评优选先奖励等考核成绩因素为侧重；（3）以学区和其他领导的个人意见或领导与教师的私人关系因素为侧重。其中，第一类属于论资排辈的激励，教师的职称晋升主要靠“熬年头”，而不是业务成绩；而第三类则脱离了客观评价体系，存在一些领导滥用职权的嫌疑。

表3列举了人事权力结构与职称评定激励机制之间的关系，“县主管”类型的学区主要按教龄因素评职称；“学区和乡镇共管”及“乡镇主管”类型的学区则侧重于考核成绩因素；“学区主管”类型的学区则基本一半以教龄因素为重、一半以考核成绩因素为重；“教育局和乡镇共管”类型，也即教育局任命学区校长，但学区内调动权或任命权属于乡镇政府的学区中，评职称较少根据成绩，且有不少学区是要靠私人关系才能评上职称，此时对教师的激励非常不利于教学工作的顺利开展。

表3　评职称侧重于不同因素的学区比例

分组类型	评职称以教龄因素为重	评职称以成绩因素为重	评职称以关系因素为重	分组小计
（1）学区主管	45.45%（5）	54.55%（6）	0	100%（11）
（2）乡镇主管	33.33%（2）	66.67%（4）	0	100%（6）
（3）学区和乡镇共管	9.09%（1）	81.82%（9）	9.09%（1）	100%（11）
（4）县主管	71.43%（10）	28.57%（4）	0	100%（14）
（5）教育局和乡镇共管	37.50%（3）	25%（2）	37.50%（3）	100%（8）

注：括号内为学区数量。

单凭"评职称的侧重因素"还不能充分说明教师职称评定体制的优劣。现实中，评职称所依赖的各项因子比较复杂模糊，例如年终考核等级（一般要求在规定的年份里必须曾有一年评为优或两年评为良）、评先进教师、受各级奖励等各种必要条件的评定过程都可能有不同的取向。即使是对于"以考核成绩为重"的类型，年终考核本身也受到各种因素的影响。比如，一些学区仅仅公布教师最终的考核等级（优、良、称职、不称职），却不公布考核的具体分数以及计算过程，或者，考核分数的评定并不充分考虑教师所在学校的意见。由于考核过程的信息不对称，考核结果的公正性也就打了折扣。

作为补充信息，我们调查了教师个人对于评职称及年终考核的主观认识。表 4 报告了教师本人"是否清楚地知道年终考核等级是如何评定的"以及"是否认为评职称公平"的统计结果。如果年终考核规则公开、透明，则多数教师清楚地知道本人年终考核结果是如何评定的。如表 4 所示，"教师清楚地知道年终考核如何评定"的比例越高，则越少比例的教师认为评职称不公平。600 名教师样本中一共 148 名认为职称评定不公平或很不公平，即认为不公平的平均比例为 24. 7% 。

当然，被认为"公平"的体制不一定有利于教学业务管理。"县主管"类型的学区主要是论资排辈地评职称（表 3），调查显示大多教师觉得公平（表 4），但从激励教师角度看这不利于促进教师尤其是年轻教师努力工作。这从另一个侧面说明，当基层人事权过度集中的时候，由于上级领导直接干预学区内部的管理，所以学区校长在评职称中搞论资排辈，是对现实利益关系的平衡。对于"乡镇主管"和"乡镇和学区共管"的学区，评职称最看重教师的考核成绩（表 3），但教师认为职称评定不公的比例却相对偏高（表 4）。这个现象的深层成因还需要进一步的研究。不过，我们在实地访谈中发现，一些乡镇政府领导片面追求考试成绩，忽视对教育过程的管理，对教师采取行政高压的激励方式。结果导致了一些不良后果，如教师劝退差等生，在考试中跨学校"买卖"优等生，等等。这可能是引起上述现象的一个原因。

值得强调的是，"学区主管型"的职称评定原则虽然在"以教龄长者优先"和"考核成绩高者优先"之间比较平衡，但学区对教师的年终考核相对最透明，73. 5% 的教师清楚地知道年终考核是如何评定的，评职称的满意度也最高，只有 17. 11% 的教师认为职称评定不公平。因此，这种体制模式可能是现实中一个较为可取的选择。五组学区中最难以激励教师努力教学的是“教育局和乡镇共管”类型，只有47.9%的教师知道年终考核如何评定，有42.11%的教师认为职称评定不公平，是最不满意的。由于人事权力处于争夺不定的状态，学区对教师和教学的管理显然较为混乱。

表4　教师对年终考核与职称评定的看法

分组类型	知道如何评定年终考核	不知道如何评定年终考核	每组小计	认为评职称不公平	认为评职称公平	不确定评职称是否公平	每组小计
（1）学区主管	73.53%	26.47%	100%（136）	17.11%	66.45%	16.45%	100%（152）
（2）乡镇主管	63.79%	36.21%	100%（58）	29.79%	53.19%	17.02%	100%（47）
（3）学区和乡镇共管	70.44%	29.56%	100%（159）	23.19%	49.28%	27.54%	100%（138）
（4）县主管	68.07%	31.93%	100%（166）	21.43%	64.29%	14.29%	100%（168）
（5）教育局和乡镇共管	47.96%	52.04%	100%（98）	42.11%	40.00%	17.89%	100%（95）

注：括号内为教师样本数量。

（二）人事权力结构与统考、奖惩制度的关系

年终考核和评职称是对教师“德能勤绩”的综合评价，而对教师的奖金或罚金则大多与考试成绩挂钩，或者完全由成绩决定，这是两套并行不悖的激励机制。统考是学区控制教学质量的直接方法，也是学区奖惩教师的主要依据。①

我们将学区奖惩强度大致分为三个等级，其中有明确奖罚制度的学区一般是进行某种“二次分配”，即所有教师的统考成绩分科分年级排名，学区按照排名将一部分工资或津贴用于奖励成绩优良的教师、扣罚成绩差的教师，也有少数学区是用额外奖金来奖励教师。另一类学区不以学区单位进行

① 学校对教师的物质奖励是否应当主要以学生的考试成绩为标准？在学校之间竞争不充分的前提下，学校的教育目标并不一定能够充分反应家长和学生的要求。而标准化的考试作为一种次优的替代，既可以测度教育的绩效，也可以促进学校之间的竞争。近年来，美国的公立学校也在增强标准化考试的要求。研究表明，统考体制不仅是执行教师激励计划的重要基础，其本身就对学生成绩的提高有积极作用。[24][25]

奖惩，而是部分学校自行奖惩，或者仅对毕业班教师、考试成绩突出的个别教师有奖励，不涉及全体教师。调查也发现取消了学区统考的地区管理松散，从表5可以看到乡镇主管类型和县主管类型的学区统考频度较小，也正是这两类学区的奖惩强度也较弱。

表5 学区奖罚制度

分组类型	对学区全体教师有明确奖罚	仅部分学校或仅对毕业班奖罚	学区和学校都不奖罚	分组小计
(1) 学区主管	81.82% (9)	18.18% (2)	0.00%	100% (11)
(2) 乡镇主管	50.00% (3)	16.67% (1)	33.33% (2)	100% (6)
(3) 学区和乡镇共管	54.55% (6)	45.45% (5)	0.00%	100% (11)
(4) 县主管	21.43% (3)	50.00% (7)	28.57% (4)	100% (14)
(5) 教育局和乡镇共管	50.00% (4)	37.50% (3)	12.50% (1)	100% (8)

注：括号内为学区数量。

由于学区奖罚制度基本以考试成绩为主要依据，因此还需要将每个学区的统考频度与奖罚强度结合起来分析，我们将学区统考的频度也分为二个等级：“学区统考一学期一次”包括了一学期统考一次以上的学区，“学区统考一学年一次”则包括了每学期抽考一到二个年级的学区。统计显示，教育局任命学区校长并且学区校长有人事管理权时，所有学区一学年至少组织统考一次，交叉监考统一阅卷，比其他类型的学区明显更为积极（表略）。

为了将统考频度与奖罚强度结合分析，将每个学期统考并且对全体教师有奖罚制度的学区归类为“统考奖罚程度较强”，将每学年统考并奖惩或每学期统考但仅有部分奖惩的学区归类为“统考奖罚程度中等”，其他的情况归类为“统考奖罚程度较弱”，这样得到的人事体制与统考奖罚激励之间的关系就更为明确了。表6列出人事权配置与统考奖惩之间的关系，两种分组都显示出“学区主管”的学区统考奖惩程度更强，而“乡镇主管”和“县主管”类型有较大比例的学区都是统考奖惩较弱。

表 6　统考奖惩强度

分组类型	统考奖惩较强	统考奖惩中等	统考奖惩较弱
（1）学区主管	45.45%（5）	45.45%（5）	9.09%（1）
（2）乡镇主管	0	50.00%（3）	50.00%（3）
（3）学区和乡镇共管	18.18%（2）	63.64%（7）	18.18%（2）
（4）县主管	14.29%（2）	14.29%（2）	71.43%（10）
（5）教育局和乡镇共管	25.00%（2）	37.50%（3）	37.50%（3）
总体比例	22.00%（11）	40.00%（20）	38.00%（19）

注：括号内为学区数量。

（三）人事权力结构与考试成绩的关系

如前所述，不同的人事权力结构下，学区倾向于采取不同的激励机制和奖惩强度，这些不同激励机制是否真的带来相应不同的成绩呢？我们利用2004 年在样本学区抽样进行的统考考试数据（跨县分年级统考），计算样本学区的标准化学生成绩，以比较不同的人事管理体制下教育绩效的差异（表 12）。注意，表 7 中的人事体制分类是样本学区 2003 年时的情况。不同的学区类型下，抽样学生的平均成绩的差距是非常明显的。“学区主管”的学区明显占据优势，而“学区和乡镇共管”、“县主管”与“教育局和乡镇共管”类学区则低于整体平均水平。

表 7　抽样学生的考试成绩（按 2003 年人事权力结构分组）

分组类型	二至六年级语文标准化成绩	二至六年级数学标准化成绩	学生样本数
（1）学区主管	0.279	0.358	82
（2）乡镇主管	0.111	0.106	65
（3）学区和乡镇共管	-0.154	-0.095	83
（4）县主管	-0.133	-0.186	60
（5）教育局和乡镇共管	-0.168	-0.289	97

注：由于不同年级的学生使用不同的测试内容，因此学生成绩首先需要进行标准化处理，而后再以学区为单位取平均值。

如果同时观察2003年时的人事体制与统考奖惩强度，可以看到成绩最好的"学区主管"类学区的统考奖惩强度也是最强的。如果比较表6与表8，还可以发现总体上2005年时统考奖惩程度较强的比例比2003年增加了，但变化不太大；"学区主管"与"学区和乡镇共管"类型的学区在2005年都比两年前有更强的统考奖惩，因此弱激励学区的比例明显减少；与此"发展趋势"相反的是"县主管"类型的学区，2005年比2003年有更大比例的弱激励学区。

表8　统考奖惩强度（按2003年人事权力结构分组）

分组类型	统考奖惩较强	统考奖惩中	统考奖惩较弱	分组小计
（1）学区主管	44.44%（4）	55.56%（5）	0	100%（9）
（2）乡镇主管	22.22%（2）	55.56%（5）	22.22%（2）	100%（9）
（3）学区和乡镇共管	9.09%（1）	45.45%（5）	45.45%（5）	100%（11）
（4）县主管	10.00%（1）	30.00%（3）	60.00%（6）	100%（10）
（5）教育局和乡镇共管	9.09%（1）	27.27%（3）	63.64%（7）	100%（11）
总体比例	18.00%（9）	42.00%（21）	40.00%（20）	100%（50）

注：括号内为学区数量。

四、进一步的分析

制约农村地区教育发展水平的因素很多，除了财政投入、尊师重教的传统、学校硬件条件、师资力量等，教育人事和教师激励制度也有重要的影响。本文利用甲省50个乡镇的调查数据，对农村教育人事与教师激励机制进行测度与比较分析，描述出二者之间的关系及其对教育绩效的影响。本文对人事权力的配置按照学区校长的任命权和学区内教师的调动权两者的组合对学区进行分类，分析人事权力配置和教师激励机制之间存在一定的联系。如果采取其他的分组方式也能看到相似的关联性，只是用两种权力的组合进行分组时，这种关系表现得更为明确。在这一发现之上，还有两方面的问题需要进一步的明确：一是人事权力结构会通过怎样的途径来影响教师激励机制的建立；二是人事权力结构的变异究竟受到哪些因素的影响。

相对而言，"学区主管"以及"乡镇主管"的教师激励机制和考试成绩均优于其他类型的学区。这大致可以概括为两个因素，一是教学业务管理中的信息成本；二是教学业务管理者自身的激励约束问题。具体来讲，有如下几方面的因素：(1) 无论在何种权力格局下，学区校长都是乡镇范围内教学业务的实际管理者，最熟悉教师和学校的情况。业务管理者同时掌握人事权力，有利于建立合理的教师激励制度和有效配置教育资源。(2) 在县域管理范围较大的情况下，乡镇政府和村两委的干部通常比教育局的干部更熟悉村小的情况。因此，乡镇学区内部的人事管理权集中到教育局，会劣于归乡镇政府管理的情况。(3) “学区主管”或者“乡镇主管”的模式，有利于展开在乡镇学区之间的教育竞争。县级基础教育的竞争主要是在乡镇之间，这种竞争的压力也只有对乡镇一级的管理者才有效。如果是县级领导干预基层学校的话，那么乡镇之间的竞争就被破坏了。(4) “学区主管”的绩效之所以突出，还有一个重要的原因是，学区校长仅仅是事业编制的领导，不是公务员，通常没有正式的“行政级别”。教育绩效下滑，教育局可以直接将学区校长撤职。但是，乡镇政府的领导是县委组织部管的干部，教育局是没有权力干预其任命的。同时，县组织部考察乡镇干部，要综合考虑各方面的政治、业务情况，教育绩效的优劣仅仅是其中的一个因素。县教育局主管领导在政治上的角色也基本与此类似。因此，教育绩效的好坏对学区校长的压力，要大于其他行政部门的领导。这种压力既来源于上级主管部门，也来源于学生家长和社区。(5) 在人事权力过度集中，或者不同行政主体之间交叉控制的情况下，学区校长可以将成绩下滑的责任推卸到其他行政部门身上，教育绩效失去了被问责的实际对象。同时，在教师调配权被扭曲的情况下，学区校长的任命权也会被滥用，这无疑将进一步破坏教育的绩效激励。所以，这两种情况都不利于教师的管理和教育的发展。

人事权力的配置首先取决于地方的政治结构。在不同的县以及一个县内的不同乡镇之间，县委县政府、县教育局、学区和乡镇政府实际掌握的教育人事权力均有所不同。在多数的调查样本县中，教育系统往往不能有效地控制教师人事的管理权限，实际权力的划分取决于县乡各个行政部门之间的权力对比。换言之，地方政治之中的权力集中或分散的程度，也决定了教育系统内部的权力结构。除了地方政治自身的特性之外，中央政策的变动也会改变基层的权力配置。伴随着“以县为主”改革的深入，在许多被调查的学区，教育财政投入体制的集权也引起了教师人事权力的不断集中[18]。到2007年，本文的样本学区之中，已经有50%属于“县主管”的模式。按照前文的逻辑，这种趋势必然对教育的绩效带来负面的影响。尽管近年来，政府不断增加对农村教育的财政投入，但这也在一定程度上扭曲了教育人事权力的结构，从而部分地抵消了财政投入的积极作用。

参考文献

[1] Lavy, V. Evaluating the Effect of Teachers' Group Performance Incentives on Pupil Achievement [J]. Journal of Political Economy 2002, 110: 1286 - 1317.

[2] Lavy, V. Paying for Performance: The Effect of Financial Incentives on Teachers' Effort and Students' Scholastic Outcomes. Hebrew University working paper, 2003.

[3] Eberts, R., K. Hollenbeck, and J. Stone. Teacher Performance Incentives and Student Outcomes [J]. Journal of Human Resources 2002, 37: 913 - 27.

[4] Figlio, David N. & Kenny, Lawrence W. Individual teacher incentives and student performance [J]. Journal of Public Economics, 2007, 91 (5 - 6): 901 - 914.

[5] Glewwe, Paul, and Michael Kremer. Teacher Incentives. Cambridge, MA: NBER Working Paper 9671, 2003.

[6] Muralidharan, Karthik, and Venkatesh Sundararaman. Teacher Incentives in Developing Countries: Experimental Evidence from India. Working Paper, Harvard University, 2006.

[7] Ballou, D. Pay for Performance in Public and Private Schools [J]. Economics of Education Review. 2001, 20: 51 - 61.

[8] Ballou, D. and M. Podgursky. Teacher Pay and Teacher Quality, Upjohn Institute 1997.

[9] Hanushek, Eric A. Incentive-based financing of schools. Working Paper, Stanford University, 2007.

[10] Hanushek, Eric A. Publicly Provided Education [M] //Alan J. Auerbach and Martin Feldstein. Handbook of Public Economics. Amsterdam: North-Holland, 2002: 2045 - 2141.

[11] Hanushek, Eric A. The Failure of Input-based Schooling Policies [J]. Economic Journal 2003, 113: F64 - F98.

[12] Chubb, John E., and Terry M. Moe. Politics, Markets, and the Organization of Schools [J]. The American Political Science Review, 1988, 82 (4): 1065 - 1087.

[13] Podgursky, Michael. Teams versus Bureaucracies: Personnel Policy, Wage-Setting, and Teacher Quality in Traditional Public, Charter, and Private Schools. Prepared for the National Conference on Charter School Research at Vanderbilt University, 2006.

[14] Boyd, D., Lankford, H., Loeb, S., Wyckoff, J. How Changes in Entry Requirements Alter the Teacher Workforce and Affect Student Achievement. NBER Working Paper 11844.

[15] 吕丽艳．“以县为主”的农村义务教育管理体制运行状况个案调查［J］．东北师

范大学报（哲学社会科学版），2004（1）：123-128.

[16] 张新平．教育行政组织的发展与创新——对基层教育行政的个案研究［M］．江苏：南京师范大学出版社，2003.

[17] 葛新斌．政府与学校关系的现状与变革——以珠江三角洲地区公立中小学为例［J］．华南师范大学学报：社科版，2001（6）：86-92.

[18] 李小土，刘明兴，安雪慧．西部农村教育财政改革与人事权力结构变迁［J］．北京大学教育评论，2008（4）：62-77.

[19] Scafidi, Benjamin, David Sjoquist, and Todd Stinebrickner. Do Teachers Really Leave for Higher Paying Jobs in Alternative Occupations? [J]. Advances in Economic Analysis & Policy, Berkeley Electronic Press, 2006, 6 (1): 1604.

[20] Scafidi, Benjamin, David Sjoquist, and Todd Stinebrickner. Race, poverty, and teacher mobility [J]. Economics of Education Review, 2007, 26 (2): 145-159.

[21] Boyd, D., Lankford, H., Loeb, S., Wyckoff, J. The draw of home: How teachers' preferences for proximity disadvantage urban schools [J]. Journal of Policy Analysis and Management, 2005, 24 (1): 113-132.

[22] Podgursky, Michael, Monroe, R., Watson, D. The academic quality of public school teachers: An analysis of entry and exit behavior [J]. Economics of Education Review 2004, 23 (5): 507-518.

[23] Podgursky, Michael, Ryan Monroe, and Donald Watson. Teacher Mobility, Pay, and Academic Quality. Working Paper, University of Missouri-Columbia, 2008.

[24] Bishop, J. H., F. Mane, M. Bishop and J. Moriarty. The role of end-of-course exams and minimal competency exams in standards-based reforms [M] //D. Ravitch. Brookings Papers in Education Policy 2001. Brookings, Washington, 2001: 267-345.

[25] Hanushek, Eric A. and Steven G. Rivkin. Teacher Quality [M] //Eric A. Hanushek and Finis Welch. Handbook of the Economics of Education. Amsterdam: Elsevier, 2006.

农户的税费和教育费负担的地区差异及其变动趋势

马　岩　刘明兴　陶　然*

（2009 年 12 月）

一、前　　言

从 20 世纪 90 年代到 21 世纪初，在我国内地很多农村，农民税费负担问题已成为基层治理体制面临的重大挑战，并导致了一系列社会不稳定事件。为解决农民负担问题，21 世纪初政府开始推行农村税费改革。作为继家庭联产承包责任制改革以来我国农村实行的又一项重大举措，此项改革旨在通过减税和相关配套改革，遏制面向农民的各种乱收费，通过切实减轻农民负担来改善干群关系，并促进农村基层政府转变职能。从 1999 年开始，农村税费改革逐步在部分省市进行试点、推广。2000 年中央明确提出了对现行农村税费制度进行改革，2005 年国务院进一步加快了税费改革的进程，至 2006 年，农业税和“三提五统”等已在全国范围内被全部取消。

在基层财政体制改革的同时，义务教育财政体制也进行了重大调整。中央在 2002 年确立了“在国务院领导下，由地方政府负责，分级管理，以县为主”的农村义务教育管理体制，逐步将农村义务教育纳入公共财政保障范围。同时，逐步实施了农村教师工资县级统筹、义务教育“一费制”、农村贫困家庭中小学生“两免一补”等教育财政改革措施。按照 2005 年《国务院关于深化农村义务教育经费保障机制改革的通知》的精神，2006 年从

* 作者简介：马岩，中国科学院地理科学与资源研究所农业政策研究中心硕士研究生；刘明兴，北京大学中国教育财政科学研究所副教授；陶然，中国人民大学经济学院和北京大学林肯研究院城市发展与土地政策研究中心教授。

西部地区开始免除农村义务教育阶段中小学生全部学杂费。至2010年，中国将逐步建立中央与地方分项目、按比例分担的农村义务教育经费保障机制，全国农村义务教育阶段中小学公用经费基准定额全部落实。2007－2008年，这一改革的进程进一步加快，不仅全国义务教育阶段的农村公立学校纳入了全免学杂费的范围，而且城市的公立学校也纳入了这一范围。

上述改革措施的目的是从根本上解决农民负担[①]问题，事关广大农民群众的切身利益，是中央改革城乡收入分配制度的基石，对于维护社会稳定、改善党群关系等方面具有重大意义。那么，农村税费改革后农民税费负担以及义务教育阶段教育费负担究竟发生了怎样的变化？农村税费改革有没有实现其预期的政策目标？本文利用一项在6个省份60个乡镇的120个村庄的调查数据[②]，初步总结和对比了2000年（税改前）、2004年（税改中期）以及2007年（税改后）的农民税费和教育费负担的总量、结构以及分布的变化特征。本报告以下内容将分成三部分：第二部分将报告农民的税费负担水平、负担结构、负担率以及累退性变化情况；第三部分报告农民的生均教育费负担及其分布的变化情况；第四部分为简要结论。

二、税费改革前后农民税费负担变化

（一）农民税费负担水平变化及特征

农村税费改革后，农民税费负担绝对水平明显降低，但是总负担水平的

---

① 传统意义上的农民负担主要包括三方面内容，一是国家法定的农业税、农业特产税，以及后来增加的农业税附加；二是乡统筹、村提留，以及劳动积累工、义务工（包括以资代劳部分）；三是各种集资、摊派、行政事业性收费、罚款等社会性负担。不同的学者对这些负担有不同的区分方式。本文的定义方法同于刘明兴等（2007a）的做法，称法定的农业税金、“三提五统”和“两工”的这几种税费为“政策内负担”，集资、摊派、行政事业性收费和罚款等为“政策外负担”。本文讨论的农民负担问题，不仅包括传统的政策内负担、政策外负担等税费负担问题，同时也包括义务教育阶段教育费负担问题。

② 本文数据来自于中国科学院农业政策研究中心先后于2001年、2005年和2008年进行的大样本调查。调查首先在全国范围内随机选取了6个省，分别是吉林、河北、陕西、四川、江苏和福建；然后，按照每个省随机抽取5个县的原则，共确定了30个样本县；之后，每个样本县随机抽取了2个乡镇又确定了60个样本乡镇；最后，在样本乡镇，按照每个乡镇随机选取2个村，每个村庄随机抽取18个左右村民的原则进行了村和村民抽样。通过实地问卷调查，调查最终收集了58个镇，116个村，1 949名村民的有关信息。

降低仅仅来自于政策内负担的大幅下降。随着税改的深入，政策外负担不降反升，对总负担水平的下降产生了较大的制约作用。同时，税费改革对降低政策内负担的作用是直接而迅速的，刺激政策外负担的作用是间接而具有时滞性的。

从表1中我们可以看出，农民税费总负担绝对水平由2000年的人均145元下降到了2004年的人均72元，此后，在2007年又上涨到人均79元，但是，与税改前相比仍然下降了将近一半。其中，政策内负担从税改前的人均103元下降到2007年的人均2元；而政策外负担2000年和2004年均为人均42元，2007年迅速上涨到人均77元。在政策内负担中，下降最明显的是农业税和农业税附加，从人均63元下降到几乎为零；其次是乡统筹村提留，绝对水平也从人均32元下降到了人均0.6元；值得注意的是义务工和积累工，“两工”金额从2000年到2004年只降低了25%，从人均8元下降到人均6元，而2004年到2007年从人均6元下降到人均1元。在政策外负担中，集资从人均15元上涨到人均24元；而行政事业性收费从人均27元上涨到人均53元，几乎上涨了一倍。税改前期集资和行政事业性收费均无明显变化，而税改后期二者同时上涨，使得政策外负担迅速增加，抵消了政策内负担的进一步下降的作用，使得总负担水平在税改后期不减反增。

表1　农村税改前后农民税费负担水平及变化情况

	2000年（元/人）	2004年（元/人）	2007年（元/人）	2000－2007年变化（%）
总负担	145.39	71.63	78.75	－45.83
政策内负担	103.23	29.56	1.73	－98.32
农业税及附加	63.01	18.67	0.02	－99.97
乡统筹村提留	32.07	4.76	0.59	－98.16
义务工和积累工	8.15	6.13	1.12	－86.23
政策外负担	42.16	42.07	77.02	82.69
集资	15.21	15.85	23.82	56.62
行政事业性收费	26.95	26.22	53.20	97.39

税改前后，农民税费负担都存在比较显著的区域差异。税改使得不同地区农民总体税费负担都有了一定程度的下降，但是各地减负程度却相差甚

远。表2列出了税改前后六省农民负担水平和变化幅度。2000年，农民负担最高的吉林人均负担高达214元，比较低的陕西和福建不到80元；2007年，负担较高的江苏和吉林人均负担为136元和116元，最低的河北只有33元。从2000年到2007年，河北农民负担绝对水平下降幅度最大，降幅接近80%，而下降最小的福建只有11%，江苏和陕西的下降幅度也低于六省46%的平均水平。

表2　农村税费改革前后六省农民税费负担水平和变化幅度

地区		年份	总负担	政策内负担	政策外负担		
					小计	集资	行政事业性收费
江苏	负担水平(元/人)	2000	191.22	146.89	44.33	14.60	29.73
		2007	136.33	0.33	136.00	52.81	83.19
	2000－2007变化(%)		－28.71	－99.78	206.77	261.72	179.79
四川	负担水平(元/人)	2000	138.45	96.28	42.16	27.34	14.82
		2007	69.30	0.80	68.50	48.15	20.35
	2000－2007变化(%)		－49.94	－99.17	62.46	76.11	37.29
陕西	负担水平(元/人)	2000	73.74	55.55	18.19	6.41	11.79
		2007	46.24	2.91	43.33	11.35	31.98
	2000－2007变化(%)		－37.29	－94.76	138.15	77.03	171.39
吉林	负担水平(元/人)	2000	214.47	157.16	57.30	13.08	44.22
		2007	115.87	2.81	113.06	22.12	90.94
	2000－2007变化(%)		－45.97	－98.21	97.31	69.17	－44.35
河北	负担水平(元/人)	2000	161.31	121.11	40.20	6.62	33.58
		2007	32.88	3.34	29.53	1.39	28.14
	2000－2007变化(%)		－41.72	－61.82	18.83	－4.88	23.51
福建	负担水平(元/人)	2000	77.63	32.32	45.31	21.50	23.81
		2007	69.07	0.04	69.03	9.60	59.43
	2000－2007变化(%)		－11.03	－99.86	52.34	－55.37	149.60

随着2006年全国全面免征农业税政策的落实，各省政策内负担及变化趋于一致，不仅农业税降为零，乡统筹村提留和“两工”也基本取消，因

而政策内负担基本消除。2000 年，各省政策内负担参差不齐，较高的吉林和江苏在人均 150 元左右，最低的福建也有人均 32 元；到 2007 年，江苏、四川和福建的政策内负担都下降到了人均 1 元以下，而陕西、吉林和河北也降至人均 3 元左右。

总负担的区域差异来自于各省政策外负担的变化差异。税改后政策外负担的地区差异程度明显增大。除河北外，其余五省税改后政策外负担均有所上涨，但是上涨幅度差异巨大。2000 年，除陕西政策外负担为人均 18 元外，其余五省均在人均 50 元上下；2007 年，政策外负担最高的江苏为人均 136 元，次之的吉林为 113 元，陕西上涨到 43 元，而最低的河北为 30 元。税改后，江苏的人均政策外负担上涨 207%，原本绝对水平最低的陕西上涨了 138%，吉林上涨近一倍，四川和福建分别上涨 62% 和 52%，而只有河北下降 27%。税改前，六省中按政策外负担由高到低排序依次是：吉林、福建、江苏、四川、河北、陕西；税改后变为：江苏、吉林、福建、四川、陕西、河北。江苏和河北排名变化明显，其余各省排位基本不变。值得注意的是，除了负担下降的河北外，其余各省政策外负担的大幅上升并不是从税改开始便立即显现的，而是普遍集中在税改后期，这也说明了政策外负担对税改的反应具有时滞性。进一步分集资和行政事业性收费来看，二者变化方向和幅度的区域差异更加突出。河北是唯一的两种政策外负担都下降的省份；福建则是唯一的集资负担下降，而行政事业性收费负担上升的省份；其余四省二者均有所上升，江苏和四川是前者涨幅大于后者，而陕西和吉林则是后者涨幅大于前者。

（二）农民税费负担结构变化及特征

农村税费改革前后各税费负担项目的不同变化使得税费结构明显变化，税改后政策内负担基本被消除，政策外负担成为了税费总负担的主要部分。2000 年，在税费总负担中，政策内、政策外负担所占比例分别是 71% 和 29%，大致为 7∶3（表 3）；到了 2007 年，政策内负担大幅下降到 2%，几乎被消除，而政策外负担占到总负担的 98%，几乎等同于总负担。就政策内负担而言，结构的变化主要来自农业税及附加的全部消除，使得乡统筹、村提留和“两工”占政策内负担而言比例均上升到 50%，而后者较前者上升幅度更大。就政策外负担而言，集资和行政事业性收费的相对比例基本维持在 3∶7 左右，行政事业性收费占有较大比例，且税改后比例稍有增大。

表3　农村税费改革前后六省农民税费负担结构

地区	总负担（%）	政策内负担（%）				政策外负担（%）		
		小计	农业税及附加	乡统筹村提留	“两工”	小计	集资	行政事业性收费
2000 年								
六省	100	71.00	61.04	31.07	7.89	29.00	36.07	63.93
江苏	100	0.77	0.23	0.67	0.28	0.05	0.33	0.67
四川	100	0.70	0.30	0.49	0.37	0.14	0.65	0.35
陕西	100	0.75	0.25	0.65	0.25	0.10	0.35	0.65
吉林	100	0.73	0.27	0.56	0.35	0.09	0.23	0.77
河北	100	0.75	0.25	0.68	0.28	0.04	0.16	0.84
福建	100	0.42	0.58	0.66	0.31	0.03	0.47	0.53
2007 年								
六省	100	2.20	1.20	34.04	64.77	97.80	30.92	69.08
江苏	100	0.00	1.00	0.00	0.91	0.09	0.39	0.61
四川	100	0.01	0.99	0.00	0.00	1.00	0.70	0.30
陕西	100	0.06	0.94	0.00	0.64	0.36	0.26	0.74
吉林	100	0.02	0.98	0.00	0.27	0.73	0.20	0.80
河北	100	0.10	0.90	0.04	0.16	0.80	0.05	0.95
福建	100	0.00	1.00	0.00	0.00	1.00	0.14	0.86

税改前后税费负担结构存在很明显的地域同质性。2000 年，除了福建以外，其他五省的税费负担结构非常相似，政策内、政策外负担的相对比例大致都在 7∶3 左右；2004 年，由于各省税费改革进行的程度不同，各省税费结构差异明显；到 2007 年，除了河北和陕西以外，其他四省的政策外负担都几乎等于总负担水平，而政策内、政策外负担相对比例较高的河北和陕西也仅有不到 1∶9 的比例，河北是由于政策内和政策外负担同时减小，使得二者比例下降较小，陕西则是由于政策外负担绝对水平上升较小造成的。

（三）农民税费负担率变化及特征

税费改革后农民税费负担率明显下降，其原因除税费负担水平本身下降外，收入增长也起到了重要作用。农民税费总负担率从2000年的6.52%下降到了2007年的2%，下降了69%（4.52个百分点），其中，政策内负担下降幅度更明显，几乎达到了100%，负担率从4.63%下降到了0.04%；政策外负担则几乎没有变化，甚至稍有上升（表4）。不过，由于2000－2007年期间被调查地区农民收入增长了35%（人均纯收入从2 230元上升到了3 911元），增加收入大致相当于2007年收入的26%，因此，实际上税费总负担率的下降（负担率下降4.52个百分点，降幅69%）中大约有40%来自于农民收入提高，可见，扣除收入增长影响，纯粹因为税负减轻，农民负担率下降约2.7个百分点，幅度约40%。同样，如果扣除收入提高的作用，税负水平下降导致政策内负担率减轻约70%，而政策外负担率事实上增加约30%。

表4　农村税费改革前后六省农民税费负担率

地区	总负担		政策内负担		政策外负担	
	绝对数(元)	负担率(%)	绝对数(元)	负担率(%)	绝对数(元)	负担率(%)
			2000年			
六省	145.39	6.52	103.23	4.63	42.16	1.89
江苏	191.22	6.42	146.89	4.93	44.33	1.49
四川	138.45	7.29	96.28	5.07	42.16	2.22
陕西	73.74	8.68	55.55	6.54	18.19	2.14
吉林	214.47	12.05	157.16	8.83	57.30	3.22
河北	161.31	9.82	121.11	7.38	40.20	2.45
福建	77.63	1.94	32.32	0.81	45.31	1.13
			2007年			
六省	78.75	2.01	1.73	0.04	77.02	1.97
江苏	136.33	2.33	0.33	0.01	136.00	2.32
四川	69.30	2.24	0.80	0.03	68.50	2.21
陕西	46.24	1.98	2.91	0.12	43.33	1.86
吉林	115.87	3.04	2.81	0.07	113.06	2.97
河北	32.88	1.18	3.34	0.12	29.53	1.06
福建	69.07	1.25	0.04	0.00	69.03	1.25

由于各地农民人均纯收入不同，农民负担率表现出的地区差异与负担绝对水平的地区差异并不完全一致。税费改革使得农民税费负担率的地区差异明显减小，同时地区累退性特征有所减弱。税改前，除福建负担率特别低外（1.94%），其他省农民负担程度都比较高并且差异很大（最低和最高分别为6.42%和12.05%）；税改后，各省农民负担程度都明显下降，地区之间差异随之下降（最低和最高分别为1.18%和3.04%）。2000年六省负担率按高低排序为：吉林、河北、陕西、四川、江苏、福建；2007年按高低排序为：吉林、江苏、四川、陕西、福建、河北。其中，福建因为税改前后负担程度一直比较低，尽管总负担绝对数变化不大，但负担率一直处于较低水平；而河北则由于负担下降幅度特别大，税费负担率明显下降，从税改前的最高9.82%下降到了税改后的1.18%，甚至低于福建；虽然吉林税改后负担率仍为最高，但是其下降幅度最大；江苏由于负担下降幅度较小，税改后负担率迅速上升到第二位。由于江苏税费负担率的相对上升和陕西、河北税费负担率的相对下降，税费负担的地区累退程度有所下降。

（四）农民税费负担的累退性变化及特征

本节通过计算Suits指数①来分析税改前后农民负担的累退特征及其变化。考察农民负担的累退性最好有农户水平的指标，但由于数据的缺乏，本文在村级水平分析农民负担程度与其收入水平的关系。

表5列出了税改前后农民税费负担Suits指数及变化情况。税改前农民负担存在明显累退性，税改后累退性变化复杂，累退程度明显降低，甚至呈现微弱累进特征。税改前税费负担各项目总体上看都存在累退性，但不同税费负担项目的累退程度有很大差异，税改后各种负担的累退程度都有明显下降，总负担和政策外负担甚至呈现出累进特征。2000年，政策内负担的累

① Suits指数，即“税收累进指数”（The Index of Tax Progressivity）（Suits，1977），用以测量税费的分布情况，其计算方法和Gini系数很相似。与Gini系数有Lorenz曲线图对应类似，Suits指数对应于税费分布曲线图。该图横轴是累计村人均收入，纵轴是累计村人均负担额。45度线表示负担绝对公平。根据样本数据可以描绘出一条曲线，即税费分布曲线，该曲线可能在45度线左上方，也可能在45度线右下方。定义45度线右下方的区域为K，曲线右下方的区域为L，Suits指数即为面积L与面积K差额占面积K的比例，即$S=(K-L)/K$。S可正可负，取值范围从-1到$+1$。该指数大于0表示税种为累进税，反之，该税种为累退税（负值越小，累退性越大）。$S=-1$表示全部负担加诸于收入最低家庭；$S=1$则表示全部负担都由收入最高家庭承担；对于比率税，$K=L$，因此$S=0$。

退性要比政策外负担强，两者的 Suits 指数分别为 -0.28 和 -0.15。政策内负担中，乡统筹村提留和“两工”的累退性比较高，Suits 指数分别为 -0.31 和 -0.38，农业税及附加的累退性较前两者低一些，Suits 指数为 -0.25，但仍明显高于政策外负担及其细分项目的累退性指数。政策外负担中，集资的累退性较行政事业性收费偏高，Suits 指数为 -0.2。2007 年，农民税费负担累退性变化复杂，其中，政策内负担累退特征明显加强（Suits 指数从 -0.28 变为 -0.44），而同时总负担和政策外负担却都表现出了一定的累进特征（前者 Suits 指数从 -0.24 变为 +0.04，后者从 -0.15 变为 +0.05）。在政策内负担中，尽管农业税及附加表现出一定的累进特征（Suits 指数从 -0.25 变为 +0.17），但是乡统筹村提留和“两工”的累退性加强，因而使得政策内负担累退性增强，这可能是因为落后地区乡统筹村提留仍然较高，同时发达地区需要农民出工的公共事业正逐渐减少。在政策外负担中，相对于集资，行政事业性收费的累退性明显下降，并表现出一定累进特征（Suits 指数从 -0.12 变为 +0.14），这可能是因为发达地区的行政事业性收费上升比较多，而落后地区的行政事业性收费几乎没有变化。

表 5　农村税费改革前后六省农民税费负担累进指数及其变化情况

	累进指数（Suits）			2000 - 2007 年变化
	2000 年	2004 年	2007 年	
总负担	-0.24	-0.10	0.04	0.28
政策内负担	-0.28	-0.10	-0.44	-0.16
农业税及附加	-0.25	-0.07	0.17	0.42
乡统筹村提留	-0.31	0	-0.41	-0.10
义务工和积累工	-0.38	-0.29	-0.46	-0.08
政策外负担	-0.15	-0.10	0.05	0.20
集资	-0.20	-0.11	-0.14	0.06
行政事业性收费	-0.12	-0.10	0.14	0.26

为了比较直观地理解农民税费负担累退性变化的原因，本文给出了三个样本年总负担和政策外负担的税收分布曲线。根据税改前后税收分布曲线的

变化可以看出：总负担和政策外负担的累退性①均在下降，且累退程度下降最快的是中等收入地区（图1）。累退性下降的原因是比较复杂的。例如，各种行政事业性收费都比较容易“瞄准”较为富裕的地区和农户，这种倾向在税改后被强化。各类集资摊派的行为也更容易出现在靠近城镇的村庄，这与政府近年来极力推动城镇化建设速度的政策是相关的，因为对于城镇周边地区的基础设施、住房的财政投入在增加，村庄所需的配套建设费用随之上升。一个比较典型的例子是，地方政府为了增加建设用地指标，强行推广农户集中居住的政策，这致使新村建设的投入大量增加，农户的负担也会相应上升。

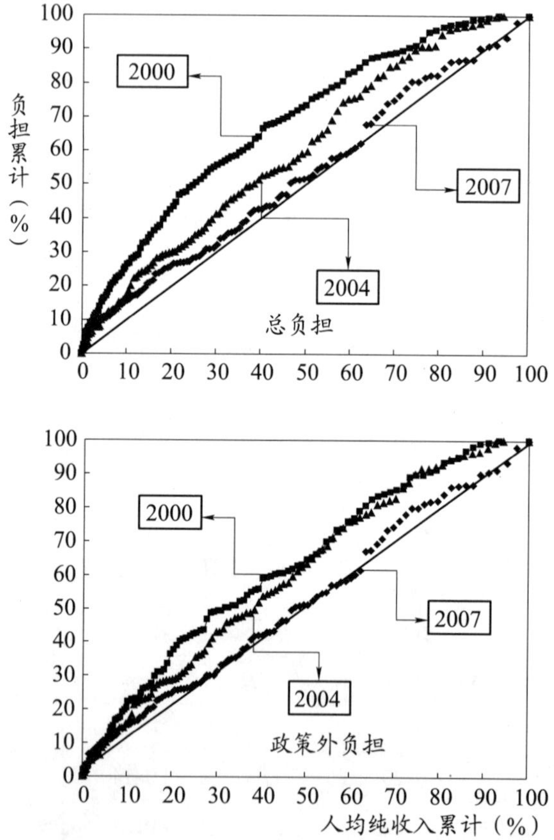

图1　农村税费改革前后六省税费总负担和政策外负担的分布曲线

① 由于税改后政策内负担基本被消除，这里不再给出政策内负担的税收分布曲线。

三、税费改革前后农民教育费负担变化

（一）农民生均教育费负担的变化及特征

为了分析农户教育费①负担的情况，我们了解了样本农户中处于义务教育阶段的学生的情况。小学生均教育费是用特定年份所有样本或者各省小学教育费总和除以相应的小学生数得到。同理可以得到初中的生均教育费。在税改前后，义务教育阶段生均教育费的增长速度比较快。总体上，2007 年，小学生均教育费比 2000 年增长了 69%，初中生均教育费比 2000 年增长了 78%（表 6）。同时，初中教育费的绝对数额普遍高于小学。

表 6　农村税费改革前后六省生均教育费负担及变化情况

地区	小学生均教育费（元/学生，年）				初中生均教育费（元/学生，年）			
	2000 年	2004 年	2007 年	2000－2007 年变化（%）	2000 年	2004 年	2007 年	2000－2007 年变化（%）
六省	447	606	757	69	970	1 226	1 730	78
江苏	811	1 100	1 303	61	1 674	1 996	3 343	100
四川	406	578	586	44	765	933	945	24
陕西	366	412	380	4	819	960	1 259	54
吉林	384	502	936	144	998	1 148	1 781	78
河北	269	310	882	228	760	1 056	1 719	126
福建	442	683	398	－10	802	1 241	1 237	54

不同省份之间，农民教育费负担的变化存在比较大的差异。小学的生均教育费河北、吉林上升最快，上升幅度分别达到 228% 和 144%；江苏、四川涨幅排名第三、第四，分别为 61%、44%；陕西和福建的小学生均教育费涨幅最低，都在 5% 以下，福建不升反降 10%。初中的生均教育费，则是

① 本文中的教育费是指一个学生每年交给学校的全部费用的总和，包含学杂费、课本费、补课费、教辅费、班费、住宿费、伙食费、借读费、择校费等，其中择校费和借读费等跨学期或跨年度一次性缴纳的费用要折合到每年计算。

河北和江苏的涨幅最高，分别为 126% 和 100%；其次是吉林，上涨 78%；陕西和福建紧随其后，分别上涨了 54%；河北上涨了 24%，涨幅最低。尽管江苏省小学和初中的生均教育费涨幅都不是最高，但无论是 2000 年、2004 年还是 2007 年，该省的生均教育费均是最高水平，超出全国平均水平将近一倍。而其他五省都是在全国平均水平附近波动。河北和吉林的小学和初中生均教育费的涨幅都非常高。四川的两者涨幅都居中，且绝对水平也相对较低。陕西和福建的小学生均教育费几乎没有上涨，但初中的生均教育费则以 50% 左右的速度上涨。

（二）农民生均教育费负担分布的变化

为了更直观地观察生均教育费在税费改革以后的变化情况，图 2 和图 3 给出了生均教育费的概率密度分布图和密度分布曲线。税改前，无论是小学生均还是初中生均教育费都集中在较低水平的区域；税改后，二者的密度分布曲线均明显地右移，高额教育费的分布密度增加，教育费分布的集中程度减弱，教育费的差距拉大。

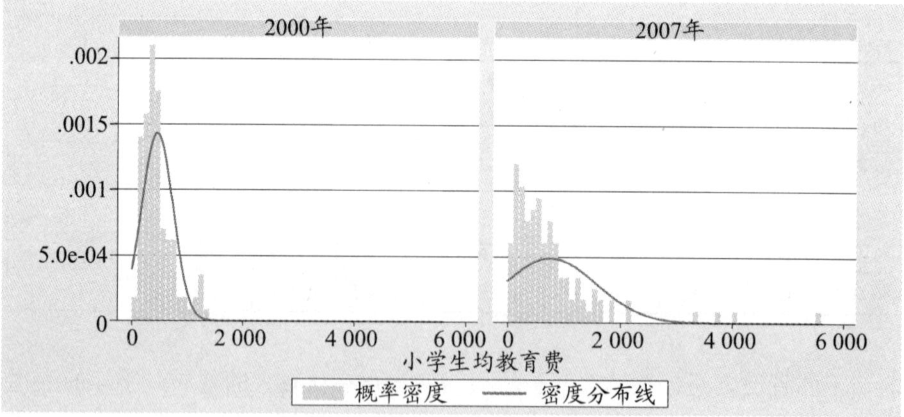

图 2　农村税费改革前后小学生均教育费概率密度分布图

图 4 和图 5 给出了分省的教育费分布情况。除福建外，其他五省无论是小学生均还是初中生均教育费的密度分布曲线在税改后都出现一定的右移和扁平趋势，其中江苏、吉林和河北三省的变化最为明显。这种变化的原因可能是：无论是小学还是初中，样本农户中都存在着不同程度的学生择校现

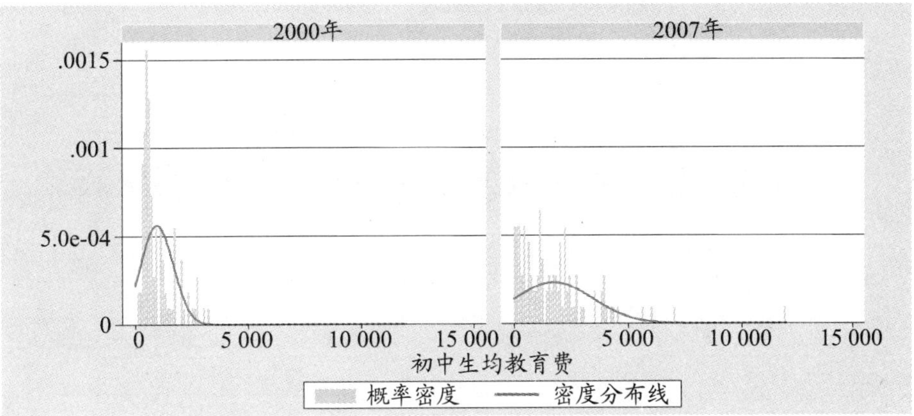

图3 农村税费改革前后初中生均教育费概率密度分布图

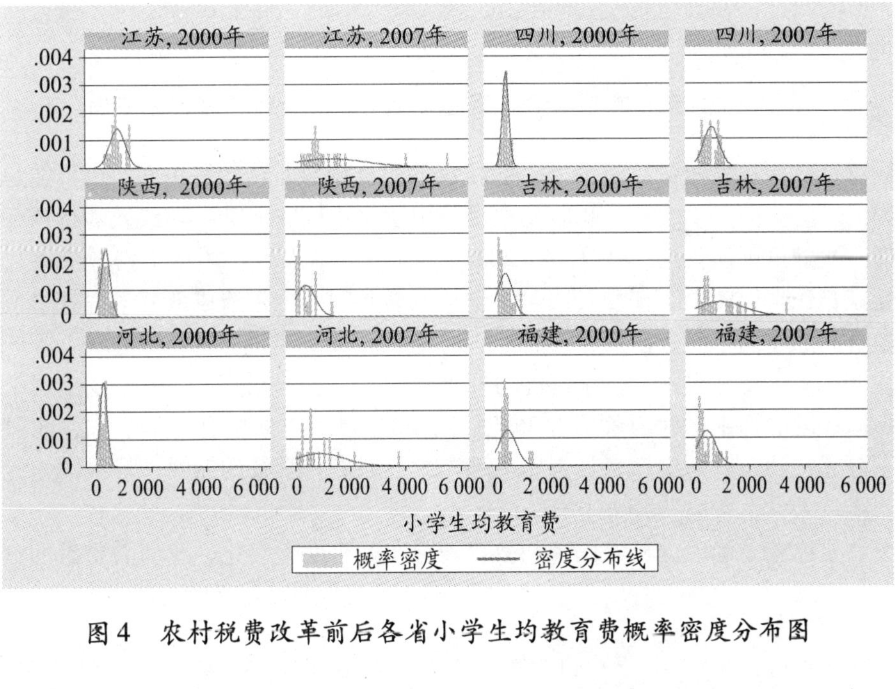

图4 农村税费改革前后各省小学生均教育费概率密度分布图

象。2007年，在584个小学生有效样本中，择校生为85人，择校比率达14.6%；在348个初中生有效样本中，择校生为70人，择校比率20.1%。择校现象的存在，一方面是由于农村家庭对学校教育质量的要求提高，于是出现跨村、跨乡，甚至到县城、市区择校的现象，择校的对象可以是公立学

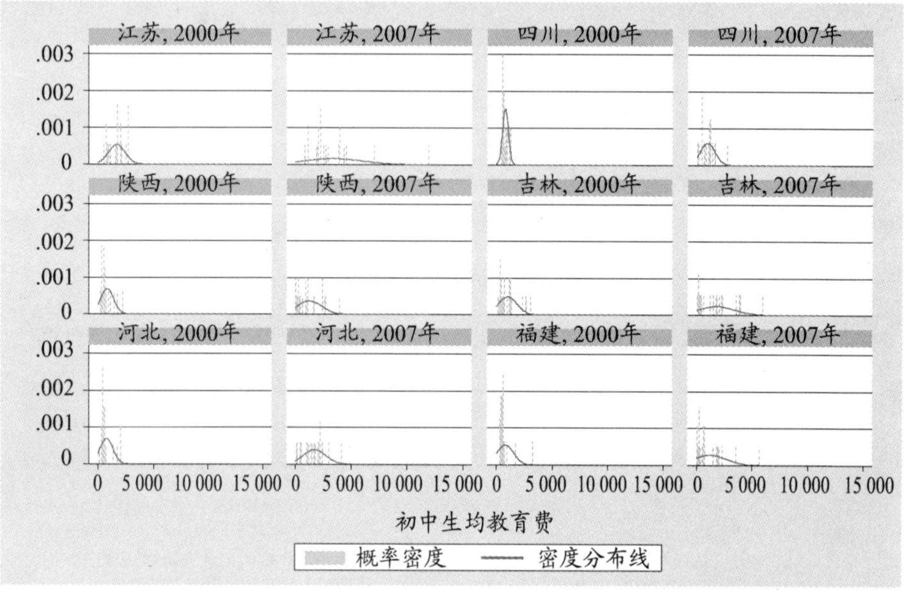

图5　农村税费改革前后各省初中生均教育费概率密度分布图

校也可以是私立学校，农民家庭的教育负担也随即上升。另一方面也可能是因为，一些公立学校在停止收费之后，由于自主权的下降，导致教师待遇下降、激励机制弱化（李小土等，2008，2010），结果教育质量下滑，最终迫使家长让学生转学、择校。同时，学校的撤并问题也是造成部分学生就学成本升高的原因。税改前后，六省 58 个样本乡①中，共有 32 个乡出现了不同程度的小学撤并现象，占全部配对样本乡的 55. 17% 。同时，21 个乡出现了不同程度的初中撤并现象，占 36. 21% ，即超过一半的乡有小学撤并，超过三分之一的乡有初中撤并。近年来地方政府对农村学校的撤并，导致学生无法就近入学，寄宿费开支上升。

要比较准确地分析农民生均教育费分布是否发生变化，我们需要借助更

① 本文首先在村级水平上求出生均教育费水平，进而由中心极限定理可知，省内生均教育费近似服从正态分布，故对分布参数的检验可以使用经典的参数检验方法。对于分布变化，本文检验村级生均教育费样本的一阶矩（均值）和二阶矩（方差）的变化。对于均值是否变化，我们使用方差不相等的两样本 t 检验，即 H_0：diff = mean（2000） − mean（2007） = 0，H_1：diff < 0，进行单边 t 检验；对于方差是否变化，我们使用方差比检验，即 H_0：ratio = sd（2000）/sd（2007） = 1，H_1：ratio < 1 进行单边 F 检验。

加严格的统计检验。表7列出了税改前后义务教育阶段生均教育费分布的参数检验[①]。总体上看，税改前后六省总的小学生均和初中生均教育费分布都发生了明显变化。其中，在小学生均教育费的分布方面，江苏、四川、吉林和河北的变化明显，陕西教育费水平变化不大，但结构发生变化，福建基本没有变化；初中生均教育费的分布方面，江苏、陕西、吉林和河北变化明显，四川和福建教育费水平基本不变，但结构发生变化。

表7　农村税费改革前后六省生均教育费分布的参数检验

地区	小学生均教育费		初中生均教育费	
	均值差检验(p value)	方差比检验(p value)	均值差检验(p value)	方差比检验(p value)
六省	0.000 1	0.000 0	0.000 0	0.000 0
江苏	0.056 4	0.000 0	0.006 3	0.000 0
四川	0.009 6	0.000 2	0.161 2	0.000 1
陕西	0.440 4	0.001 9	0.066 8	0.007 3
吉林	0.003 3	0.000 0	0.041 4	0.001 9
河北	0.003 4	0.000 0	0.001 1	0.013 2
福建	0.666 8	0.438 9	0.128 7	0.007 5

四、简要结论

农村税费改革比较显著地降低了农民负担，特别是政策内负担的水平。但是与此同时，随着税改的深入，政策外负担不降反升，对总负担水平的下降产生了比较大的制约作用。税费改革对降低政策内负担的作用是直接而迅速的，刺激政策外负担的作用是间接而具有时滞性的。税改后，农民的政策内负担基本被消除，政策外负担成为了税费总负担的主要部分，同时，农民税费负担率明显下降，且负担率的地区差异明显减小。税改前税费负担各项

① 由于连续暴雨导致道路堵塞等自然因素，2000年和2007年调查收集到样本资料和信息稍有差异，使得四川的两个乡不完全匹配。

目总体上看都存在累退性，税改后各种负担的累退程度都有明显下降，总负担和政策外负担甚至显现出累进特征。

义务教育财政体制改革对于农户的教育费负担的影响是异质性的，部分农户的教育费负担（无论小学还是初中）出现快速上涨的趋势。并且，不同省份之间，农民教育费负担的变化存在比较大的差异。税改后，生均教育费的密度分布曲线明显地右移，高额教育费的分布密度增加，教育费分布的集中程度减弱，农户间的差距拉大。这为下一阶段的义务教育财政改革提出了新的挑战。

参考文献

[1] Suits and Daniel B, "Measurement of Tax Regressivity", American Economic Review, 1997, 67, (4): 747 - 752.

[2] 刘明兴，徐志刚，陶然，苏雪燕. 农村税费改革前后农民负担及其累退性变化与区域差异 [J]. 中国农村经济，2007 (5): 41 - 51.

[3] 刘明兴，徐志刚，陶然，苏雪燕. 农村税费改革前后农民教育费负担变化研究 [J]. 中国农业经济评论，2007，5 (3): 238 - 254.

[4] 苏雪燕，刘明兴，陶然. 税费改革与农民负担变化的新趋势 [J]. 农业经济问题，2007 (4): 71 - 76.

[5] 李小土，刘明兴，安雪慧. 西部农村教育财政改革与人事权力结构变迁 [J]. 北京大学教育评论，2008 (4): 62 - 77.

[6] 李小土，刘明兴，安雪慧，"以县为主"背景下的西部农村教育人事体制和教师激励机制 [J]. 教师教育研究，即将发表.

关于我国流动儿童[①]接受义务教育的现状及“两为主”政策的总体分析思路

宋映泉*

（2007年7月）

流动儿童是我国都市化和现代化进程中伴随着农村剩余劳动力转移和城乡二元经济结构的转型而出现的一个特殊群体。由于我国户籍制度和相关的公立教育体制的限制，这些因随父母离开户籍所在地而流动到城镇的儿童的教育成了一个严重的问题。同在一个蓝天下，他们却无法享受与城镇孩子一样的教育。自20世纪90年代中后期以来，由于流动儿童规模越来越大，这个群体的教育问题受到越来越多教育工作者、新闻工作者、国际机构甚至国际人权组织的高度关注。关于如何为这样一群孩子提供合适的教育的问题，我国政府及各级教育部门在这方面已经做了大量工作。自1996年4月原国家教委制定了《城镇流动人口中儿童少年就学暂行办法（试行）》到2006年6月新修订的《义务教育法》，国务院以及中央各部委在如何解决流动儿童接受义务教育的问题上制定的政策和下发的文件不少于十数份。这些政策的核心是，国家决定“以流入地政府为主、以全日制公办学校为主”（以下简称“两为主”政策）来解决农民流动儿童接受义务教育的问题。然而，中央的“两为主”政策效果如何？各地方政府对“两为主”政策的反应如何？它们有什么样的政策创新？总体来看，我国流动儿童接受义务教育的问题被解决得如何？有多少或多大比例的流动儿童享受到了与城镇儿童同等的

① “流动儿童”，“农民工子女”，“流动人口子女”，“外来务工经商从业人员子女”等概念略有区别，在有的时候，流动少年（通常是指15－18岁的群体）也属于讨论的范畴，统称为“流动儿童和少年”，但出于行文的方便，本文不严格区分这些用法。

* 作者简介：宋映泉，北京大学中国教育财政科学研究所副研究员。

教育？有多少还在全日制公办学校体系之外？在这个大的政策框架下，我国流动儿童接受义务教育还面临什么样的挑战？此外，流动儿童接受教育也不仅仅是中国的问题，国际上的哪些做法和经验对我国有所启示？有哪些是可以借鉴的？我国政府还可以有怎样的政策选择？

本报告试图对上述问题作些初步回答。首先，本文勾画了我国流动儿童接受义务教育的现状。据粗略估计，现阶段我国适龄流动儿童规模在 1 200 万以上，而其中 120 万以上处于失辍学状态；流动儿童的分布有极大的地区差别，北京、上海以及广东的深圳等主要城市可能是流动儿童最密集的地区，而中西部地区中小城市流动儿童相对要稀疏一些。此外，流动儿童数量正在以惊人的速度增长。流动儿童与义务教育阶段在校生之比例引人注目，有些地方达到三分之一甚至一半以上。

其次，在简要回顾了中央“两为主”政策演变形成之后，本文对该政策的一些效果和产生的问题进行了初步的评价。在“两为主”的政策框架下，各地方政府和教育部门都在解决流动儿童接受义务教育的问题上作出了许多努力，不少地方还有一些创新的举措。然而，在不少流动儿童分布密集的城市，还有相当比例的流动儿童在农民工举办的简易学校上学（比如北京近三成，10 余万；深圳有一半以上，20 余万）。根据有关研究和调查报告分析，本文综述了如此大规模、高比例的流动儿童之所以没有到公立学校上学的可能原因，包括：（1）费用问题；（2）程序问题；（3）交通问题；（4）信息问题；（5）心理问题。此外，公立学校资源紧张也是一个重要原因，但本文不认为是最重要的原因。更重要的原因是地方政府、教育部门以及传统公办中小学在解决流动儿童教育问题上的内在激励不足。

流动儿童教育问题非中国独有，一些发展中国家和发达国家同样面临类似的问题。本文试图简述一些美国经验对我国解决流动儿童接受义务教育问题的政策启示。美国联邦政府 1966 年通过的“移民教育项目”（Migrant Education Program）以及 1982 年联邦法院通过的 Plyer vs Doe 的判案分别从财政和法律方面奠定了解决流动儿童接受义务教育问题之基础。一些州在处理流动儿童转学问题上的一些做法以及大量社会工作者参与到学校工作帮助移民和流动儿童的做法也值得借鉴。

最后，本文提出了一些较为宏观的政策选择。政府大体上有三种类型的政策大方向可供选择：第一种是更加趋于保守的，第二种是更加趋于开放的，第三种就是保持现状、无所作为的。政府可以组织专家研究并测算三种政策选择的短期和长期社会成本和经济成本。

本文分为五部分：第一部分是关于我国流动儿童规模及发展趋势，第二部分分析“两为主”政策的得失，第三部分介绍国际经验及其对我国的借鉴意义，第四部分提出三种宏观政策方向，第五部分是小结。

一、关于流动儿童接受义务教育的现状及趋势

1. 我国流动人口和流动儿童的规模多大？

据估计，我国目前的流动人口规模大约在1.5亿–2.0亿之间，而18岁以下的流动儿童和少年大概在2 000万，其中适龄流动儿童（6–14岁）大约在1 200万。

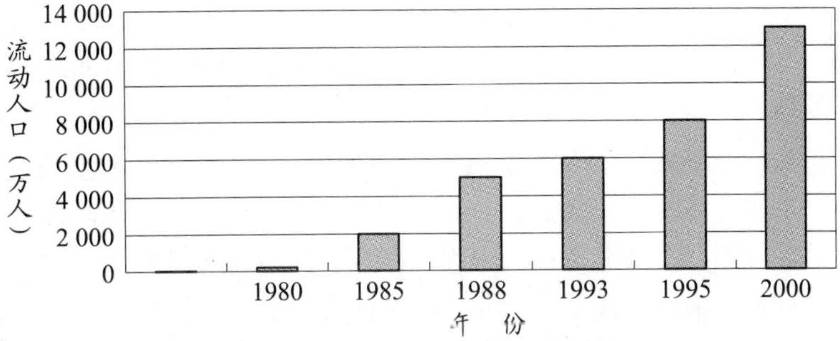

资料来源：段成荣，2004.

图1　我国流动人口规模变动趋势

期望得到关于流动人口和流动儿童规模的精确数据不太可能，目前有三个渠道可以对此进行粗略的估计。一是2000年全国人口普查数据，二是国家统计局对流动人口的抽样数据，三是有关部门（如公安部门、教育部门、研究机构等）的一些统计数据和研究报表等。根据2000年人口普查数据对我国流动人口和流动儿童规模的估计可能是最可靠的。2000年11月1日，我国流动人口总数超过1亿，而18岁以下流动儿童规模在1 982万左右。据中国人民大学人口所的估计，14周岁及以下流动儿童为1 410万，占全部流动人口的13.78%，其中，6–14周岁义务教育阶段学龄流动儿童占62.3%，约为878万。另据国家统计局有关资料显示，农村外出务工的劳动力已超过1亿人，2003年该数据为1.14亿人，2004年1.18亿人，2005年1.26亿人，2006年1.32亿人，年平均增长率为5%。6–14岁义务教育阶

段适龄流动儿童约占 43. 8%，即约为 643 万人①。适龄流动儿童是 643 万还是 878 万或是更高？如果以 2000 年人口普查数据为定点数据，经过 6 - 7 年之自然人口增长，流动儿童总规模达到 2 000 万也许是可以接受的。如果 60% 的流动儿童为 6 - 14 岁的话，我们可以粗略估计义务教育阶段适龄流动儿童（6 - 14 岁）在 1 200 万以上②。

2. 适龄流动儿童中有多少在校接受义务教育？有多少处于失辍学状态？

在 1 200 万的适龄流动儿童中，有多大比例在校接受义务教育呢？对此，本文也很难给出一个精确的数字。如果根据 2000 年我国对联合国教科文组织（UNESCO）提交的一份关于全民教育的报告中的数据③，96. 2% 适龄流动儿童在学，那么 1 200 万适龄流动儿童中大约有 45. 6 万没有在学。如果根据 2000 年人口普查资料的估计，适龄流动儿童的失学率是 4%，辍学率是 0. 8%，两者相加失辍学率是 4. 8%④，我国失辍学适龄流动儿童为 57. 6 万。如果根据 2003 年国务院妇儿工委组织的对 9 城市流动儿童现状的抽样调查结果，有 9. 3% 的适龄流动儿童处于失辍学状态⑤，那么，大约有 120 万适龄流动儿童处于失辍学状态。而据 2002 年一个国际组织的估计，大约有 180 万适龄流动儿童处于失辍学状态⑥。在四个估计中，国务院妇儿工委的数据可能相对可靠一些，因为这次调查从抽样的技术和调查范围的角度来看是目前全国所有关于流动儿童教育问题的研究中最好的。但这个比例是不是能反映目前的情况，需要打一个问号，因为该次调查是在 2002 年进行的。至于全国人口普查数据对流动儿童失辍学率的估计，很有可能是低估，因为流动儿童中失辍学的这个群体，可能是往往不易被调查到的；另外，该人口数据是 2000 年 11 月 1 日的时点数据。

---

① 我们并不太清楚 643 万人是如何估计出来的，是根据 2000 年人口普查数据估计还是 2003 年国家统计局数字，但无论如何这是一个被广泛引用的数字。

② 关于 2 000 万人的规模也许需要更精确一点的估计，如果有 0 - 14 人口之增长率，这个估计不难。

③ Education for All: the year 2000 Assessment Final Country Report of China, available at http: www2. unesco. org/wef/countryreports/china/contents. html.

④ 段成荣，梁宏（2004），"我国流动儿童现状"，《人口研究》，2004 第 1 期。

⑤ 国务院妇女儿童工作委员会办公室、中国儿童中心：《让我们共享阳光——中国九城市流动儿童状况调查报告》（2003）.

⑥ HRIC（2002）Shutting out the poorest: discrimination against the most disadvantaged migrant children in city schools, ERIC ED 467360.

其实，这些数据可能远远低估了流动儿童的实际规模以及不能接受义务教育的适龄流动儿童的实际规模，因为近一些年来流动儿童规模增长的速度惊人。同时，这些数据还不能体现不同省/市、同一省份的不同区/县流动儿童的规模及其接受义务教育的差异情况。

3. 地区差异与发展趋势如何？

流动儿童在全国的分布有很大差异，同时流动儿童的规模还在以惊人的速度增长。流动儿童分布于我国 31 个省、自治区和直辖市，在东部经济发达省市流动儿童会多得多，而在中西部省份城市会相对少一些。据本文得到的数据，广东等沿海经济发达省份的主要城市以及北京、上海等城市可能是流动儿童最多的地区。比如，据统计，截至 2006 年年底，在深圳的适龄流动儿童超过 50 万，北京的规模在 40 万左右，天津市 10 万左右；而在乌鲁木齐有 8 万左右，重庆 6 万左右。据学者对 2000 年全国人口普查数据的研究，流动儿童最多的省份是广东，占全部流动儿童的 11.8%；其次是江苏（5.3%）、山东（4.8%）、四川（4.7%）、浙江（4.6%）、新疆（4.4%）和湖北（4.2%）；流动儿童最少的省份是西藏（0.2%），其他较少的省份有青海（0.7%）、天津（0.7%）、宁夏（1.1%）、海南（1.2%）。此外，其余省份的流动儿童比例都分布在 1.5% –3.8% 之间。

不同类型流动儿童在全国各地区的分布明显不同。从分布的均匀程度来看，省内跨地区流动儿童更多地集中在广东（17.6%）、江苏（4.5%）、湖北（4.4%）、河南（4.3%）和黑龙江（4.3%），这五个省合计达 35.1%。

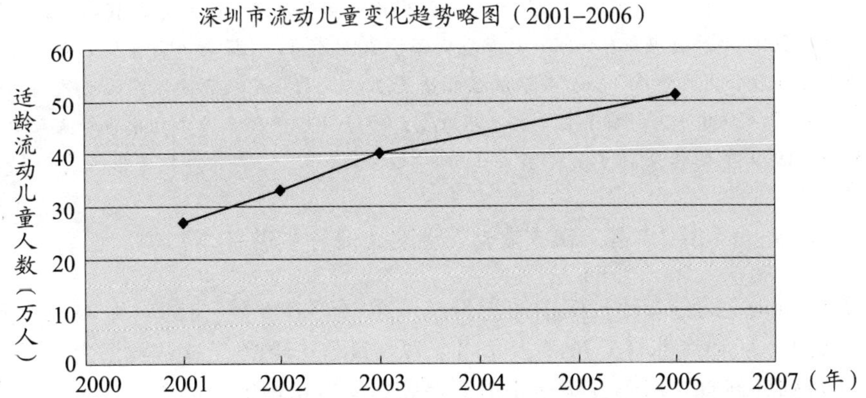

图 2　若干城市流动儿童变化趋势略图（一）

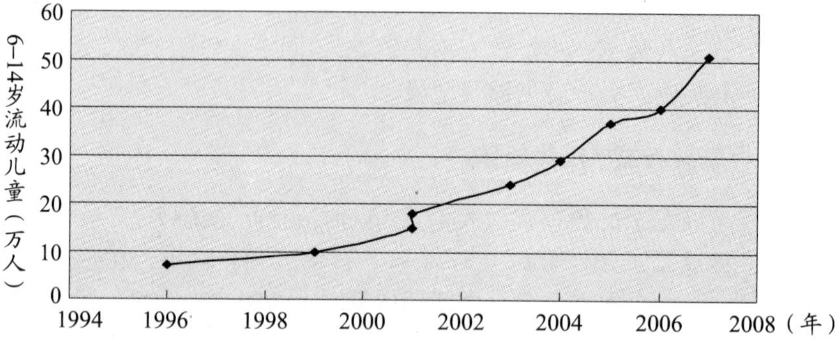

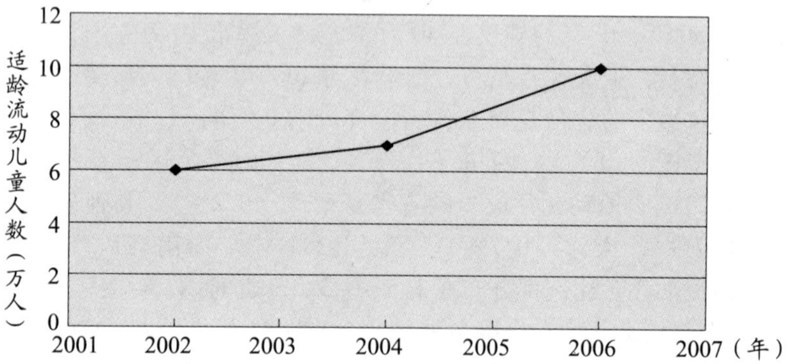

资料来源：1. 深圳市 2001－2003 年的数据来自深圳市妇女儿童工作委员会于 2004 年 11 月提交给国务院妇女儿童工作委员会和联合国儿童基金会公共组织召开的关于“流动儿童教育问题经验交流暨研讨会”之报告，2006 年的数字来自深圳市教育局；2. 北京市 2001－2004 年的数据来自北京市教育委员会于 2004 年 11 月提交给国务院妇女儿童工作委员会和联合国儿童基金会公共组织召开的关于“流动儿童教育问题经验交流暨研讨会”之报告；2006 年的数据来自于北京市教委；1997 年的数据来源于北京市外来人口普查资料；1999 年数据来自于吕绍青、张守礼之估计；3. 天津市的数据根据有关媒体报道。

图 2　若干城市流动儿童变化趋势略图（二）

跨省流动儿童的分布比较集中的省份是广东（13. 1%）、上海（9. 7%）、新疆（9. 3%）和江苏（6. 7%），这四个省总量将近 40%。这些数据表明，流动儿童到处都有，但跨省流动儿童则主要流向发达地区，如广东、上海、江苏等地。

同时，本文还注意到流动儿童在各城市的增长速度也极为惊人。在深圳，自2001年起，流动儿童的年增长速度是20%－30%；在北京，2000年的增长率是8%左右，而2005－2006年，增长率为17%。表1是这两个城市流动儿童增长率的情况。

表1　北京与深圳流动儿童年增长率（2001－2006）

年　份	北　京	深　圳
2000	7.77%	59.2%
2001	4.54%	26.8%
2002	3.80%	27.7%
2003	—	18.6%
2006	17.25%	26.8%

资料来源：北京2000年和2006年的数字引自段成荣（2007）；北京2001年和2002年的数字是作者根据北京市教委发布的数据计算；深圳2000－2003年的数字来自深圳市妇女儿童工作委员会于2004年11月提交给国务院妇女儿童工作委员会和联合国儿童基金会公共组织召开的关于“流动儿童教育问题经验交流暨研讨会”之报告。

4. 流动儿童在义务教育阶段学生规模中的比例有多大?

就流动儿童占义务教育阶段在校学生的百分比来看，各地也有不同，但比例相当高。在深圳，2001－2006年间，这个数字达到60%－70%；在北京，随着义务教育阶段在校生规模的减少而适龄流动儿童规模的迅速增长，2001年是11%，2003年这个数字大约是23%，而到2006年可能已经达到40%。表1是关于北京和深圳在这个百分比上的变化。据报道，在新疆乌鲁木齐市①，这个数字也达到30%以上。而在2007年6月对江苏省无锡、常熟等地的调研发现，即使在乡镇一级的中小学校，流动儿童也已经占了三分之一的比例。

表2　北京与深圳适龄流动儿童占义务教育阶段学生百分比（2001－2006）

年　份	北　京	深　圳
2001	11%	59.2%
2002	20%	63.3%

① 《中国教育报》2005年9月15日第1版“新疆减免进城务工农民子女费用3亿元”。

续表

年　份	北　京	深　圳
2003	23%	65.7%
2006	40%	67.7%

数据来源：北京2001－2003年的数据是作者根据北京市教委的有关流动儿童数量及相关年份北京市义务教育阶段中小学在校生数目计算；2006年的数字是作者根据流动儿童数量与估计的义务教育阶段中小学在校生估算；深圳的数据来源于深圳市妇女儿童工作委员会于2004年11月提交给国务院妇女儿童工作委员会和联合国儿童基金会公共组织召开的关于“流动儿童教育问题经验交流暨研讨会”之报告，2006年数据是作者之估算。

二、关于“两为主”政策之得失分析

1.“两为主”政策的演变与确立

对于流动儿童教育问题，我国中央政府和各级教育主管部门已做了大量工作。早在1996年4月，原国家教委就制定了《城镇流动人口中儿童少年就学暂行办法（试行）》，提出解决流动人口中适龄儿童、少年的就学问题是政府、学校和家庭义不容辞的责任。流入地政府要为流动人口中适龄儿童、少年入学创造条件，提供接受义务教育的机会，并建立严格的管理制度。这标志着我国政府开始正视农民工子女教育问题，明确将城市民工子女受教育的责任归入民工所在地政府承担。

1998年3月2日，原国家教委、公安部发布了《流动儿童少年就学暂行办法》，强调流入地人民政府应为流动儿童少年创造条件，提供接受义务教育的机会。但是，此时对流动儿童进城上学仍采取限制政策，要求流动儿童少年常住户籍所在地人民政府应严格控制义务教育阶段适龄儿童少年外流，凡常住户籍所在地有监护条件的，应在常住户籍所在地接受义务教育。常住户籍所在地没有监护条件的，可在流入地接受义务教育。该办法还允许招收流动儿童少年就学的全日制公办中小学收取“借读费”。

2001年5月，国务院出台了《基础教育改革与发展的决定》，确定了流动儿童教育以流入地政府管理为主和以全日制、公立中小学为主的“两为主”原则。

2003年1月，国务院办公厅发布了《关于做好农民进城务工就业管理和服务工作的通知》。同年9月，国务院办公厅又转发了教育部、中央编办、公安部、发展改革委、财政部、劳动保障部六部委《关于进一步做好进城务工就业农民子女义务教育工作的意见》，规定由流入地人民政府负责进城务工就业农民子女接受义务教育工作，接收的学校以全日制公办中小学为主。流入地政府要制订进城务工就业农民子女接受义务教育的收费标准，减免有关费用，做到收费与当地学生一视同仁。同时，针对大多农民工子女选择在打工子弟学校就读、但许多打工子弟学校没有办学许可证、一些打工子弟学校办学不规范等问题，《意见》强调，教育部将会同有关部门，加强对打工子弟学校扶持和管理。各地也要采取一系列措施，将打工子弟学校纳入民办教育管理范畴，制订审批办法和设置标准，设立条件酌情放宽，符合标准的及时予以审批；达不到标准的限期整改，到期仍达不到标准的予以取消。与此同时，将加强对这类学校的督导，规范其办学行为，促进其办学水平和教育质量的提高。

2004年2月，中共中央、国务院发布了《关于进一步加强和改进未成年人思想道德建设的若干意见》，提出：“要高度重视流动人口家庭子女的义务教育问题。进城务工就业农民流入地政府要建立和完善保障进城务工就业农民子女接受义务教育的工作制度和机制。流出地政府要积极配合做好各项服务工作。”

2004年3月，有关部门下发了《关于在全国义务教育阶段学校推行“一费制”收费办法的意见》，明确提出，除按规定标准收取杂费、教材费、作业本费外，禁止收取其他任何费用。同时规定，“对进城务工就业农民子女接受义务教育的收费与当地学生一视同仁”。农民工子女到公立学校上学不再收取借读费、择校费或要求农民工捐资助学及摊派等其他费用。

2004年12月，国务院办公厅发布了《关于进一步做好改善农民进城就业环境工作的通知》，要求“各地教育部门和学校对进城就业农民子女接受义务教育，在入学条件等方面与当地学生同等对待，不得违反国家规定乱收费”。

2006年1月，《国务院关于解决农民工问题的若干意见》提出，要保障农民工子女平等接受义务教育，将农民工子女义务教育纳入当地教育发展规划，列入教育经费预算，以全日制公办中小学为主接收农民工子女入学，并按照实际在校人数拨付学校公用经费；城市公办学校对农民工子女接受义务教育要与当地学生在收费、管理等方面同等对待，不得向农民工子女加收借读费及其他任何费用。

2006年5月，教育部下发了《关于教育系统贯彻落实〈国务院关于解决农民工问题的若干意见〉的实施意见》，具体提出了农民工输入地教育行政部门要将农民工子女义务教育纳入当地教育规划之中，根据本地农民工子女输入情况，合理配置公办义务教育资源，充分挖掘公办学校潜力，保证以公办学校为主接收农民工子女就学，确保农民工子女义务教育的普及程度达到当地水平。农民工输入地教育行政部门要按就近免试入学的原则，安排农民工子女就读公办学校。凡经教育行政部门安排进入公办学校学习的农民工子女，一律按照当地政府规定的项目和标准收费，不得加收借读费及其他任何费用。要将家庭经济困难的农民工子女纳入“两免一补”的范围。教育部门要会同财政等部门，将农民工子女义务教育经费纳入教育经费预算。同时提出加强农村寄宿制学校建设，满足包括“留守儿童”在内的广大农民子女寄宿需求。加强对民办农民工子女学校的扶持和管理，将其纳入民办学校的管理范畴。

2006 年 6 月，新修订的《义务教育法》规定：“父母或者其他法定监护人在非户籍所在地工作或者居住的适龄儿童、少年，在其父母或者其他法定监护人工作或者居住地接受义务教育的，当地人民政府应当为其提供平等接受义务教育的条件。具体办法由省、自治区、直辖市规定”，这一规定为解决好农民工子女接受义务教育问题奠定了法律依据。

2. 各地政策

从上述内容可看出，各地政府在处理流动儿童接受义务教育的问题时有不少共同之处，也有不少各自的创新之处。本文收集了一些城市在解决流动儿童接受义务教育问题上的做法。这些做法归纳起来大致有：① 不收或少收借读费；② 要求一定的证件（三证、五证或八证）；③ 尽量把流动儿童安排到有关学校；④ 改建、扩建或新建公办学校；⑤ 对民工子弟学校予以一定补贴，等等。也有个别地方在户籍问题上做文章，即给符合条件的一些流动人口转户口；同时也只有极少地方采取措施处理流动儿童义务教育之后即高中阶段教育的问题。

根据各地对处理流动儿童和对民工子弟学校问题的指导思想和具体做法，本文将各地策略大体分为三类①：第一类：以疏为主，鼓励民办、公办并举；第二类：堵疏结合、多元模式；第三类以堵为主、公办为主。广东的深圳、东莞等城市的做法属于第一类（可以简称为广东模式）。由于这些城

---

① 这种三分之做法只是便于归类，而没有丝毫评论褒贬之用意。同时，这种分类也非泾渭分明。

市往往流动人口超过本地人口，现有公办学校不可能解决流动儿童上学问题，所以地方政府通过批地、解决民办教师户口等多种优惠政策，积极鼓励外来人口自行办学。武汉、成都等属于第二类（可以称之为江浙中西部模式）。比如，武汉在一些公立学校辐射不到的地方，扶持一些条件好的民工子弟学校，到2003年就基本消除了无证简易学校。北京的做法属于第三类，先期无为，后期强控[①]（可称之为北京模式）。政府早期对流动儿童教育问题没有系统的战略目标，试图通过“两减少”（减少流动儿童和农民工子弟学校）的策略来解决。对民工子弟学校的管理没有稳健的政策，先期是默许，后来强行关闭。

以北京为例，各区县教育部门对流动儿童教育和农民工学校的政策做法也极不相同。丰台区和朝阳区就代表两个极端[②]：前者对农民工子弟学校的态度是强硬和保守的，其政策是一刀切，全面取缔农民工子弟学校；后者对流动儿童的做法是开放的、富有建设性的，其政策积极稳健。

3. “两为主”政策之效果

“两为主”政策和各地的努力措施效果如何？通过对下面几个问题的研究可以有一些答案。那就是：① 有多大比例的流动儿童学生在公办学校就学？② 有多大比例的流动儿童在民办学校就学？③ 有多大比例的流动儿童根本没有机会上学？④ 有多大比例的流动儿童真正享受到平等的高质量的教育？关于问题①和②本研究能找到一些公开的数据，但这些数据有些是2－3年前的，所以，必须承认，本文对于最近一两年尤其是去年以来的情况所知不多。关于第③和第④个问题，本文更无法给出定量的回答，但根据一些随访可以作一些定性的推测。如果现行的“两为主”政策不能确保每个农民工子女有接受义务教育的机会，那么，哪些因素是根本性的障碍呢？

(1) 有多大比例的流动儿童在公办学校？有多少在农民工子弟学校？

尽管公办学校确实成了解决流动儿童接受义务教育的主渠道，但还有相当大规模的适龄流动儿童在农民工子弟学校上学。据北京市教委的统计，截止到2006年年底，北京市有超过四分之一（10余万）的适龄流动儿童在未经批准的200多所农民工子弟上学。根据深圳市教育局2004年的一份报告，

---

① 北京理工大学教育科学研究所（2006），《北京市打工子弟学校调研报告》，第9页。

② 北京理工大学教育科学研究所（2006），《北京市打工子弟学校调研报告》，第9－11页。

该市一半以上（多于 20 万）的适龄流动儿童在民办学校上学。而据上海市人民政府新闻办提供的公开资料，到 2003 年年底，有近 6 成（19 万多）的适龄流动儿童在 500 多所民办简易学校学习。据广州市社会力量办学协会统计，截止到 2002 年 12 月，广州市 75% 的外来学龄儿童在 250 余所农民工子弟学校上学，25% 以借读生的形式就读于公办学校。必须指出，本研究目前还没有广州、上海等大城市最近年份尤其是 2004 年之后的数据①。在天津、石家庄、乌鲁木齐、武汉②、重庆等流动人口压力较小的城市，公立学校吸收了绝大多数的适龄流动儿童。这些数据与 2003 年 9 城市流动儿童抽样调查的结论相一致：在中小城市，公办学校解决了 90% 以上的流动儿童入学问题。

表 3　若干城市适龄流动儿童在公办学校和简易民办学校就读的比例

	适龄流动儿童规模（万人）	在公立学校就读百分比（%）	在简易学校就读百分比（%）	数据年份
北京	40	63	26	2006
上海	32	38.4	59.8	2004
深圳	40	49.7	50.3	2004
广州	—	25	75	2002
武汉	14	67	33	2005
石家庄	5	90	—	2004
天津	10	95	—	2006
乌鲁木齐	8	90	—	2007

资料来源：北京市的数据来自于北京市教委的统计资料；深圳的资料来自深圳市妇女儿童工作委员会于 2004 年 11 月提交给国务院妇女儿童工作委员会和联合国儿童基金会公共组织召开的关于“流动儿童教育问题经验交流暨研讨会”之报告；上海市的数据来自上海市人民政府新闻办提供的公开资料，转引自华东师范大学历史系教授李蓓蓓“上海外来民工子女义务教育调研”（载于《历史教育研究》2004 年第 6 期）；广州的数据来自广州社会力量办学协会，转引自中山大学社会学系沈小革“广州市外来人员子女教育模式的社会学分析”（《青年研究》2004 年 12 期）；武汉、石家庄、天津和乌鲁木齐的数据根据《中国教育报》等媒体的报道。

① 2005 年底，上海市共有 37.9 万适龄流动儿童，在公办小学就读的 18.7 万，约占 50.7%；其中 19.2 万学生在 291 所农民工子弟学校就读。《文汇报》，2006 年 12 月 3 日。摘引自杨东平等（2006）《北京市打工子弟学校调研报告》。

② 武汉市将流动儿童在公办学校就读的目标定在 65% 以上，2006 年已达 81.5%。

以北京市为例来观察其2000－2006年在公办学校和民办学校中就读的流动儿童的百分比。表4可以看到这几年的细微变化情况。从中可以看出，在未经批准的民工子弟学校中上学的比例基本上有一个升高的趋势（21%－26%），而在公办学校和被批准合法的民工子弟学校的比例呈下降趋势（79%－74%）。这里有三点需要说明：① 本文不太清楚为什么2002年在未经批准的民办学校就读的流动儿童比例突然达到近4成（38.3%），当年在公办学校的则只有一半①。② 本文不太清楚北京市教委关于流动儿童少年总数的年龄范围和统计时段。③ 流动儿童和少年中似乎没有统计处于失学或辍学状态的人数，这样容易让人误解为100%的流动儿童都在学，无论是公办学校或者合法的民工学校或者是未经批准的农民工学校。

表4 北京市适龄流动儿童在公办学校和简易民办学校就读的比例

年份	流动儿童少年总数（万人）②	在未经批准的民工学校的百分比（%）	公办与合法民办学校就读人数（人）及百分比（%）		公办中小学就读人数（人）及百分比（%）	
2000	9.8	21.1	77 275	78.9	64 248	65.6
2001	14.25	21.9	111 298	78.1	92 176	64.7
2002	23	38.3	141 901	61.7	115 321	50.1
2003	23	23.8	178 883	76.2	144 571	61.6
2006	40	25.9	296 785	74.1	250 118	62.5

资料来源：北京市2000－2003年的数据来自于北京市教委于2004年11月提交给国务院妇女儿童工作委员会和联合国儿童基金会公共组织召开的关于“流动儿童教育问题经验交流暨研讨会”之报告；2006年的数据来自北京市教委的最新统计数据。

（2）有多少流动儿童根本无法在公办学校接受义务教育？

目前，本研究根本无法估计到底有多少流动儿童是因为何种原因选择民工子弟学校或者处于失辍学状态，但根据各地的政策规定可以推断：还有大量的流动儿童无法进入城市公办学校。比如，那些属于计划生育之外的超生

① 一种解释是2002年前后农民工子弟学校在北京发展到高峰，而且得到北京理工大学教育科学研究所（2006）的《北京市打工子弟学校调研报告》之证实。

② 北京市教委关于流动儿童少年总数的统计似乎只包括了在学的人数，那么总规模上一定是低估的。

的孩子、那些父母没有暂住证的孩子、那些父母居住不到半年的孩子。对于这些孩子，他们的选择有二：要么是进民工子弟学校；要么失学。关于流动儿童失辍学的规模和比例本研究没有可靠数据可资估计，但关于某个地区根本无法选择公办学校的比例可以估计。根据中央教科所 2006 年 9 月对北京海淀区 6 所未被批准的民工子弟校和 3 所公办学校的研究发现，45% 的孩子与父母一起来北京①，而只有 41% 的学生是父母安顿好后才把孩子接过来。那么，有 4 成多的学生至少在刚到北京的半年内没有资格上公办学校。

（3）有多大比例的流动儿童能享受优质教育资源？

从各地政策举措来看，在公办学校上学的流动儿童大多不能享受真正平等的优质教育资源。他们多被安置在专门的为民工子弟建设的学校，或者是一些教学质量相对较差的学校。这一方面是因为优质学校资源紧缺，另一方面，学校有关部门甚至学校家长也不会欢迎农民工子女到这样的好学校。至于多大比例的流动儿童能进到设备、师资、管理都很好的公办学校，目前没法估计，要进行这方面的研究不难。

（4）为什么那么多的孩子不去上公立学校？

如上面数据显示，在许多城市还有大量流动儿童不上公办学校而选择农民工子弟学校，这背后的原因值得研究。从大的方面讲，在某些流动人口压力大的城市，现有公办学校已经难以满足外来流动儿童的就学需求。从公立学校方面看，他们不愿主动承担接受流动儿童的教育任务，即使拨给他们相应的办学经费。此外，根据一些已有研究报告和本研究的访谈可以发现，还有如下因素可能是众多流动儿童不得已到民工子弟学校的原因。

① 借读费和学费问题

尽管 2004 年 3 月中央有关部门的文件明确规定任何公立学校不能收取歧视性的“借读费”，但据实地调研，不少学校还是变相提出要求流动儿童必须一次性交一笔可观的费用，而这笔费用对大多数流动儿童家庭来说是难以负担的。在北京昌平区一个城乡结合部农民工聚居地的一所公办小学要求流动儿童家长一次性交清 6 000 元方可入学；在江苏南部某市的一所初中也要求外地学生一次性交 6 500 元的费用。据 2003 年公布的中国流动儿童状

① 《北京市海淀区打工子弟学校调研报告》中央教科所教育发展研究部和海淀区教科所，中央教育科学研究所《科研与决策》，2006 总 266，第 33 期。

况抽样调查（即九城市调研）结果显示，流动儿童平均每年比所在城市当地学生多交 856 元[①]。本研究想知道 2004 年关于禁止收“借读费”之后，公办学校收取借读费的情况有多普遍，收取的额度是多大，但这方面的研究目前还欠缺。同时，到公办学校入学所需的各种费用在多大程度上是流动儿童家庭可以负担的，多大程度上是他们无法承受的等信息也不太清楚。[②]

② 入学程序和证件问题

繁琐的入学程序和对各种证件的要求也是许多流动儿童无法上公办学校的原因。有的地方要求三证（即暂住证、务工证、计生证）。有的地方要求五证（户口簿、暂住证、务工证明、居住证明、户口所在原籍无人监护证），还有的地方要求八证（暂住证、务工证、计生证、居住证、户口所在原籍无人监护证、父母健康证、孩子健康证、孩子出生证）。对于许多家长来说，获得这所有的证件不是一件容易的事情。比如，对一个自谋职业者或者是在一个不正规的单位工作的家长来讲，办务工证就是一件难事[③]。

③ 交通问题

许多流动儿童住在城乡结合部，交通不方便，这也是他们无法上公立学校的原因，于是他们便选择在他们周围建立的民工学校。目前本研究并不清楚在多大程度上这个原因影响了他们的选择[④]。

④ 信息问题

也有流动儿童家长根本不知道他们的孩子有选择上公立学校的可能，他们也不懂什么“两为主”的政策。本研究目前也不知道这样的家长有多大比例。

⑤ 心理问题

有研究表明，不少农民工孩子到公立学校被歧视，与城镇孩子合不来，也有学生因此从公办学校转学回农民工子弟校的案例。还有研究表明，在农民工学校就读的流动儿童，孤独感低些。[⑤]

---

① 国务院妇女儿童工作委员会办公室、中国儿童中心：《让我们共享阳光——中国九城市流动儿童状况调查报告》(2003)。

② 据北京理工大学教育科学研究所（2006）的《北京市打工子弟学校调研报告》，北京海淀、大兴和石景山区的学校在“五证”齐全之后还收赞助费从 200 元到 10 000 元不等。

③ 据北京理工大学教育科学研究所（2006），《北京市打工子弟学校调研报告》，公办学校办借读证每学期一次，增加了上学难度，而且有的地方办证还需要钱。

④ 同③，但比例多大我们不清楚。

⑤ 周皓（2004），“流动儿童应该在哪儿上学”，国务院妇女儿童工作委员会和联合国儿童基金会公共组织召开的关于“流动儿童教育问题经验交流暨研讨会”论文。

除此之外，还有种种因素可能都会把流动儿童排除在公办学校之外，比如，不同家庭背景特征如何影响流动儿童的选择行为，但本文在这方面的研究还很不够。

4. “两为主”政策的制度性障碍

从上面的数据（尽管不完全）可以看到，在目前“两为主”政策的框架下，还有大量流动儿童游离在公办学校体系之外。许多城市在以公办学校为主渠道根本解决流动儿童教育问题上还存在一定困难，城市教育资源短缺和迅速增长的流动儿童规模之间看上去有很大矛盾。因此可以认为：公立学校资源紧张是当前政策实施起来在地方上遇到阻力的一个重要原因，但并不是最重要的原因。更重要的原因是地方政府、教育部门以及传统公办中小学在解决流动儿童教育问题上内在激励不足。现行政策也没有强制执行机制，地方政府的内在激励机制没有被调动起来。

本研究试图用北京市义务教育阶段在校生规模的变化来说明这一问题。和全国的情况类似，北京市处于义务教育阶段的在校生人数一直在递减。从图3的上图可以看到：北京市小学在校生规模从1991年的101万人下降到2003年的55万人，初中在校生规模在1996年达到53万人的高峰后也基本上维持在40万-50万人的水平。而把处于义务教育阶段的在校生（小学和初中）合并起来看（图3之下图），趋势则更为明显：在1994年、1995年、1996年这三年北京市义务教育阶段在校生规模达到150万人左右的高峰，自此以后，一直递减到2003年，规模为100万人左右。据王善迈等预测，到2008年北京市义务教育阶段在校生规模为83万人左右。这就是说，北京市公办学校承担义务教育使命的容量至少还有50万-70万人的空余。

而这段时期（1995-2005年）正好是流动儿童增长的时期，从规模上来讲，大约是40万-50万人的增量。如果只是看规模数量，北京市公办学校系统吸收当前的流动儿童不是问题。

如果公办学校容量不是根本性的问题，那问题出在哪里？问题出在如何把这些没有北京户籍的流动儿童安放在公办学校的教室里！在讨论具体如何做之前，可能需要从理论和实证的角度研究为什么要这样做？这样做是否值得？无论从公平还是从效益的角度，确保这些流动儿童受到良好的义务教育是理所应该的。先从效益角度讲，让这些流动儿童在农村成为“留守儿童”可能代价会更大（这需要实证研究），而且他们在城镇受教育的收益一定会比农村高；如果从国家人力资源的积累来看，充分利用城镇教育资源也是较

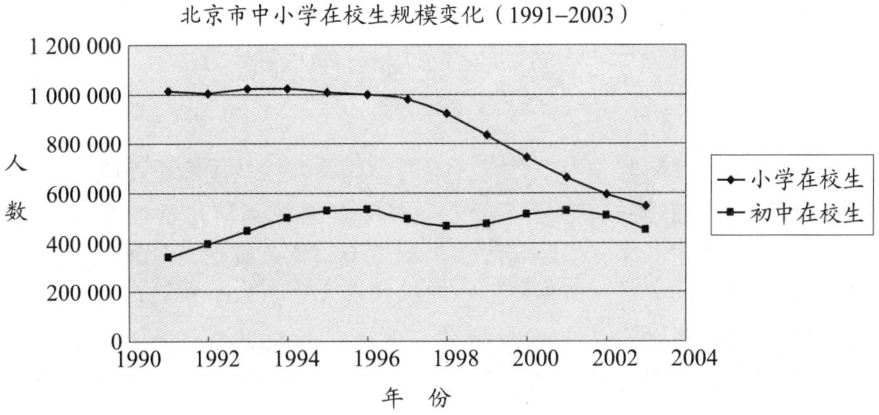

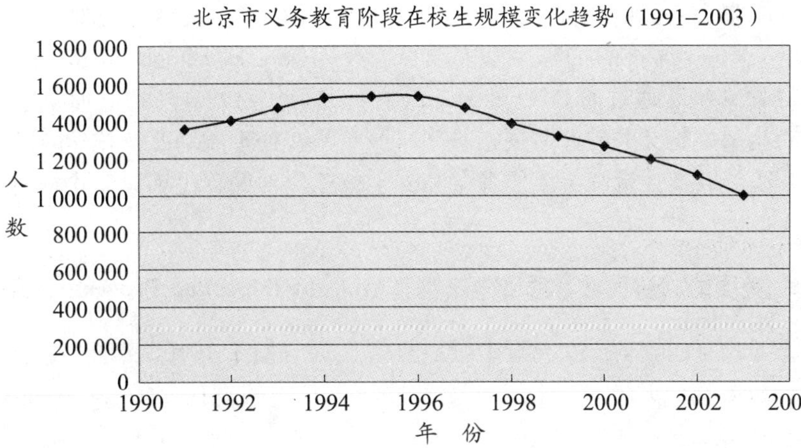

图3　北京市义务教育阶段在校生变化趋势（1991－2003）

好的选择。尽管从投入方面，流动儿童的教育需要大量的成本（因为频繁的流动性、家庭收入低、父母的文化程度低等因素），但如果整个社会不能为他们提供很好的教育，那么潜在的社会成本更为昂贵（包括无知、犯罪、生产力低下、缺乏爱、教育不好下一代，等等）。从公平角度讲，一方面本研究不必重复关于农民工对城市建设贡献论的老调；一个促进社会更加和谐和公平的最重要的手段就是公平教育机会的提供，而教育机会应该是最基本的权利。

三、国际经验与中国国情

流动儿童教育问题非中国独有，发展中国家和发达国家也面临类似的问题。由于我们目前还没有掌握印度、墨西哥等国在流动儿童教育方面的资料，本文试图简述一些美国经验对我国解决流动儿童接受义务教育问题的政策启示。尽管美国流动儿童规模没有我国这么大，但对于数以百万计的非法移民或者合法移民的孩子的教育问题与我国的流动儿童教育有共同之处：（1）频繁流动，尤其是那些季节性流动的农民工的孩子一年可能流动几次；（2）家庭贫穷；（3）父母教育程度不高。此外，尽管在美国他们没有户口问题，但非法移民的“身份”问题也与我国的户口问题情况类似。美国联邦政府 1966 年通过的“移民教育项目”（Migrant Education Program）以及 1982 年联邦法院通过的 Plyer vs Doe 的判案分别从财政和法律方面奠定了解决流动儿童接受义务教育问题之基础。一些州在处理流动儿童转学问题上的一些做法，以及大量社会工作者参与到学校工作帮助移民和流动儿童也值得借鉴。

1. 美国的“移民教育项目”法案（Migrant Education Program，MEP）

联邦政府在流动子女教育中可以有何作为？始于 1966 年的“移民教育项目”法案就是美国联邦政府在流动儿童教育中的直接作为。其目的是使每一个流动儿童受到高质量的义务教育，获得高中毕业证书并成为负责任的公民，为继续学习和就业做好准备。该法案每 5 年修订一次，最近一次是 2001 年，作为“不让一个孩子掉队”法案的一部分。据 2003 年美国教育部公布的数据：现在每年大约有 82 万学生受到这个项目的资助；从 1998 - 1999 学年度到 2001 - 2002 学年度，3 - 21 岁符合资格的流动儿童和青少年增加了 11% 。2001 - 2002 年有 77 万人左右，有一半以上集中在加州、得州和佛罗里达州。

流动儿童/青年的范围界定：过去 3 年内随父母或直系亲属在农业、渔业和食品加工业就业跨区或跨州流动的 3 - 21 岁的儿童或青年。美国的流动儿童和青年的界定比我国的适龄儿童 6 - 14 岁宽泛得多。

在解决流落于校园之外的流动儿童时，美国也还有许多需要改进之处。比如，据 2007 年 4 月加州公共政策研究所一份研究报告：在加州，13 - 21

岁流落在学校之外的流动儿童和青少年就有 26.5 万人。20% –30% 的流动儿童英语不是母语。只有 30% 符合 MEP 资格；在合格的流动儿童和青年中，只有 2 万人接受 MEP 服务。

由于有联邦之“移民教育项目”，各州都采取了各种创新性的措施帮助这些流动儿童。有学校开设双语项目、配备双语教师。不少学校还专门雇用社会工作者从事对流动儿童的学业、心理、文化等方面的专门工作。得克萨斯州流动学生转学卡（Migrant Student Record Transfer）与 46 个流入的州共享信息。

2. Plyer vs Doe 的判案：受教育之权利高于“合法”身份

“非法移民”或者是“未登记流动人口”的子女是否有接受公立教育的权利？公立学校是否有义务为这类流动儿童/青年的义务教育买单？1982 年，美国联邦最高法院在 Plyer vs Doe 的判案给出了答案：流动儿童受教育之权利高于他们“身份”是否合法之争论。该案裁定公立学校不得根据学生家长是否拥有合法居留身份而将学生拒之于学校之外，否则就是犯法！该判例引起美国许多狭隘国家/地方主义者的反对；同时在一些非法移民压力大的社区也引起反弹。但是直到今天，该判例依然是美国公立学校为流动儿童提供义务教育保障的法律基础。

尽管美国的政治体制、法律体制以及各级政府对教育的责任与我国极不相同，而且我国流动人口规模及流动儿童规模也是美国难以比拟的，但是可以认为美国联邦政府在流动儿童教育问题上的稳健政策和关于教育权利高于“人口管制”制度的理念值得借鉴，这些政策和理念无论对讨论我国目前“两为主”的流动儿童教育政策之大方向还是具体的措施策略都有重要的指导意义。

四、政策选择方向

本文认为政府大体上有三种类型的大方向上的政策选择[①]：第一种是更加趋于保守的，第二种是更加趋于开放的，第三种就是保持现状的。关于这三种政策选择的短期和长期社会成本以及经济成本，政府可以组织专家系统

① 这三个方向的划分也只是概念性的，而不是绝对的。

研究并估计。至于每一种政策方向中的具体措施还可以一一论证其可行性、成本、可能的风险和效果，也可以先在一些地方小范围试行，将政策建立在实证的基础之上。

第一种“趋于保守”的政策可以包括：（1）彻底关闭所有的农民工子弟学校；（2）加强户籍管理和强调户口对在城镇公办中小学上学的重要性；（3）通过高收费、复杂的入学程序这样的门槛来阻止过多的儿童流入城镇等。类似政策的好处是一定会减少流动儿童规模，同时对城市教育资源不会构成挑战和威胁。但是这种政策可能会增加大量的“留守儿童”。

第二种“趋于开放”的政策措施是将流动儿童教育问题作为一项长期的系统工程来抓，鼓励更为多元化的创新模式。可以包括：（1）中央财政建立类似于美国“移民教育项目”的专项，鼓励公办学校组织力量、创新性地帮助流动儿童融入主流、健康成长；（2）通过立法或者其他行政手段更加明确接受免费义务教育是所有中国儿童不可剥夺的基本权利，而且由儿童居住地政府负责，强调流入地政府的责任，淡化并逐步消除户口制度对学生在哪里上学的制约作用；（3）各地方政府测算各区县以公办学校为主渠道解决流动儿童教育所需要的财政负担规模，根据地方差异制订不同的支持方案，使经费不再是公办学校拒绝流动儿童的借口；（4）充分挖掘公办学校资源，教育主管部门把解决流动儿童教育问题作为评价学校绩效的一个指标，鼓励融合教育，开设补课性质的特殊课程，而不是单独编班；（5）在农民工密集的地方建立新学校（或寄宿学校），通过竞争而不是行政手段关闭条件差的农民工子弟学校；（6）根据全国各地差异性，鼓励地方性政策创新，明确以公办学校为主并不意味着由公办学校包办解决流动儿童入学问题，鼓励对有一定基础的农民工子弟学校予以扶持；（7）对于一些公立学校资源压力大的城市，多利用社会力量，政策性地发掘社会资源和非政府组织（NGO）、非营利组织、慈善团体的资源；（8）建立全国性的关于流动儿童问题的信息库和数据库：鉴于目前本研究对流动儿童问题的情况了解支离破碎，因此还需要整合信息和资源，建议与国家统计局合作，组织高水平的定期（一年一次或两年一次）的流动儿童抽样调查。这种政策可能会导致更大规模的流动子女。这种政策方向需要中央专项财政投入，必要的时候需要动用国家行政手段和法律程序，使各地政府和教育部门认识到建设性的解决流动儿童教育问题是责无旁贷的，是建设和谐社会的重要内容。

第三种政策就是保持现状，即目前的“两为主”政策，对某些地方政府和教育部门的创新性做法没有激励，同时对另一些地方不作为（或者是明显错误的做法）采取默认态度。这种政策方向的好处是中央财政暂时不必有专项投入，也会节省不少管理成本。但由于对地方政府缺少内在激励机制，也没有外在监督机制，有的地方可能阳奉阴违，在处理此问题时缺少创造性和想象力，缺少怀柔手段。长此以往，有可能在某些地方引发社会冲突甚至是国际媒体的批评。

关于三种政策方向的选择①，可以通过深入调研全国主要省会和大中城市的现行做法（广东模式、江浙中西部模式以及北京模式），总结和比较不同策略之得失。同时北京市各区县的不同做法（比如丰台模式、朝阳模式）也值得比较分析，不同的策略方向必然产生不同的社会、经济和政治效果。

五、结　　论

我国流动儿童规模正以惊人的速度增长，“两为主”政策在解决这个特殊群体接受义务教育难题时起到了基础性的作用。然而由于该政策过于粗放，各地方政府和教育部门在解决该问题时缺乏内在激励机制和外在监督机制，在政策实施过程中发现还有相当大比例和规模的流动儿童无法进入公办学校就学。本文认为美国在解决“非法移民”子女和流动儿童方面的财政和立法方面的措施对解决我国流动子女教育问题富有启发。我国政府至少有三种政策选择方向：更为保守强硬的、更为开放怀柔的以及保持现状无所作为的。三种类型的政策选择有不同的经济和社会甚至政治成本和价值，而一种更为积极稳健、更富有创造性和想象力的政策选择可能具有长远意义。

参考文献

[1] 北京市教育委员会. 提高认识，扎扎实实做好流动人口中适龄儿童少年接受义务教育工作. 国务院妇女儿童工作委员会和联合国儿童基金会公共组织召开的“流动儿童教育问题经验交流暨研讨会”报告，2004.

[2] 北京理工大学教育科学研究所. 北京市打工子弟学校调研报告（内部资料）(2006).

[3] 成都市政府妇女儿童工作委员会. 立足保障完善政策，重视和促进流动儿童权益保

① 我们在上述提到的任何一个措施都只是概念性的，而具体的措施需要细致的研究和设计，充分论证其实施后的可能成本和成效。

护．国务院妇女儿童工作委员会和联合国儿童基金会公共组织召开的“流动儿童教育问题经验交流暨研讨会”报告，2004.

[4] 段成荣．关于流动儿童的几个问题．国务院妇女儿童工作委员会和联合国儿童基金会公共组织召开的“流动儿童教育问题经验交流暨研讨会”论文，2004.

[5] 段成荣．北京流动人口面临的困难与对策［J］．北京社会科学，2003（3）：68－72.

[6] 段成荣，梁宏．我国流动儿童状况［J］．人口研究，2004（1）.

[7] 段成荣，周皓．北京市流动儿童少年状况分析［J］．人口与经济，2001（1）.

[8] 范先佐．“流动儿童”教育面临的财政问题与对策［J］．教育与经济，2004（4）.

[9] 韩嘉玲．北京市流动儿童义务教育状况调查报告［J］．青年研究，2001（8）：1－7.

[10] 韩嘉玲．北京市流动儿童义务教育状况调查报告（续）［J］．青年研究，2001（9）：10－18.

[11] 湖北教育厅．湖北省农民工子女接受义务教育情况汇报．国务院妇女儿童工作委员会和联合国儿童基金会公共组织召开的“流动儿童教育问题经验交流暨研讨会”报告，2004.

[12] 李雅儒，等．北京市流动人口及其子女教育状况调查研究（上）［J］．首都师范大学学报（社会科学版），2003（1）：118－122.

[13] 李雅儒，等．北京市流动人口及其子女教育状况调查研究（下）［J］．首都师范大学学报（社会科学版），2003（2）：110－114.

[14] 吕绍青，张守礼．城乡差别下的流动儿童教育——关于北京打工子弟学校的调查［J］．战略与管理，2001（4）.

[15] 史柏年．城市流动儿童少年就学问题政策分析［J］．中国青年政治学院学报，2002（1）：31－35.

[16] 石家庄教育局．发挥职能作用，保护流动儿童受教育权利．国务院妇女儿童工作委员会和联合国儿童基金会公共组织召开的“流动儿童教育问题经验交流暨研讨会”报告，2004.

[17] 深圳市妇女儿童工作委员会．深圳市外来人口子女教育现状及面临的难题．国务院妇女儿童工作委员会和联合国儿童基金会公共组织召开的“流动儿童教育问题经验交流暨研讨会”报告，2004.

[18] 国务院妇儿工委办公室与中国儿童中心．中国流动人口中儿童状况抽样调查．妇女儿童工作调研报告集（2003－2004）.

[19] 国务院妇女儿童工作委员会办公室，中国儿童中心．让我们共享阳光——中国九城市流动儿童状况调查报告，2003.

[20] 杨进．坚持科学发展观，做好流动儿童少年义务教育工作．国务院妇女儿童工作委员会和联合国儿童基金会公共组织召开的“流动儿童教育问题经验交流暨研讨会”

报告，2004.
[21] 中央教科所教育发展研究部课题组．北京市海淀区打工子弟学校调研报告．http：//www. cnier. ac. cn/kyc/juece/kyc_20061018150818. html.
[22]《中国教育报》2005 年 9 月 15 日第 1 版“新疆减免进城务工农民子女费用 3 亿元”。
[23] 邹泓，屈智勇，张秋凌．我国九城市流动儿童生存和受保护状况调查［J］. 青年研究，2004（1）.
[24] 张秋凌，屈志勇，邹泓．流动儿童发展状况调查——对北京、深圳、绍兴、咸阳四城市的访谈报告［J］. 青年研究，2003（9）.
[25] 赵树凯．边缘化的基础教育——北京外来人口子弟学校的初步调查［J］. 管理世界，2000（5）.
[26] 邹泓，屈智勇，张秋凌．中国九城市流动儿童发展与需求调查［J］. 青年研究，2005（2）.
[27] 周皓. 流动儿童应该在哪儿上学. 国务院妇女儿童工作委员会和联合国儿童基金会公共组织召开的“流动儿童教育问题经验交流暨研讨会”论文，2004.
[28] Education for All：the year 2000 Assessment Final Country Report of China，available at http：//www2. unesco. org/wef/countryreports/china/contents. html.
[29] ED 467360，HRIC. Shutting out the poorest：discrimination against the most disadvantaged migrant children in city schools，ERIC，2002.
[30] ED482918，ERIC Development Team. Providing highly mobile students with an effective education，2003.
[31] ED471490，ERIC Development Team. Identification and recruitment of migrant students：strategies and resources，2002.
[32] Public Policy Institute of California. California's out-of-school Immigrant Youth：A vulnerable minority. Research Brief，2007.
[33] Green，P. The undocumented：Educating the children of migrant workers in America，*Bilingual Research Journal*，27：1，Spring 2003.

校舍安全何以保障

宋映泉

（2008 年 9 月）

引　言

2008 年 5 月 12 日四川汶川发生 8.0 级地震。在这次地震中大面积校舍倒塌，数以千计的学生罹难。面对如此惨烈的悲剧，人们自然会问：大量校舍倒塌的原因何在？关于这个问题，四川省教育厅、建设厅、国家教育部、住房和城乡建设部都给出了一些解释和回答①；在部分灾区，死难学生家长打出了“地震不杀人，是危房”的横幅；国内外各种新闻媒体对大量校舍垮塌现象进行了报导并分析背后的原因。人们提出很多关于大量校舍倒塌的原因，其中包括地震烈度过大、校舍有先天结构缺陷、校舍施工质量有问题、国家在农村的教育经费投入不足，等等。这些看上去都是重要的原因，但似乎还不是根本性的原因。因为除了地震烈度这个因素我们无法控制外，其他因素诸如校舍结构、校舍施工质量和国家教育经费问题都是可以控制的。灾后学校重建已经开始，我国作为一个地震多发国家，地震一定还会再发生，只是不在这里就在那里。当如何从根本上控制上述因素以避免悲剧的

① 四川教育厅于 5 月 28 日对倒塌校舍作了初步调查和评估，将校舍倒塌的原因归结为“地震超过了预计强度”、“教学楼面负荷大”、“校舍陈旧落后”，以及学校建筑设计的“先天性缺陷”等；四川省建设厅的说法是“此次地震灾害中，学校、医院、机关等公共建筑倒塌严重，重要原因在于抗震标准不达标、结构设计不合理、施工质量不合格”。教育部新闻发言人在教育部的例行新闻发布会上表示，四川汶川特大地震造成的校舍倒塌原因是很复杂的，校舍建筑时间比较长、校舍陈旧落后是导致部分校舍垮塌的重要原因。

重演，使我们的孩子们（和他们的老师）能在安全的校舍中学习生活？当如何制度性地构造一套校舍安全保障体系使他们的生命不被地震（或其他自然灾害）所威胁？为了能够建设一套校舍安全保障制度，我们应当从汶川地震校舍垮塌的惨痛教训中学到应有的功课，同时我们也应该从国际校舍安全建设的成功范例中学习宝贵的经验。

汶川地震引发了各界人士对我国学校校舍安全问题的热烈讨论，这些讨论[1]中不乏真知灼见，然而却难免有诸多局限。比如，大多讨论由新闻记者和网民发起，而少见教育界、建筑界学者参与。这必然使讨论不是带有血气的言论就是对现象之陈述或是对国际经验的简单介绍，而较少对我国校舍建设制度性保障体系进行系统的深入探讨。另外，大多讨论见诸网络媒体或是报刊杂志而非严肃的学术性刊物，这是否暗含了我国教育界学者对这个问题的根本忽视，或者是对这一课题的价值判断：校舍安全问题并非一个有学术价值的课题？何种原因不得而知。不过可以肯定的是：在地震发生以前，除了几篇关于“危房改造工程”或是“中小学建设标准”的文章[2][3]中顺便提及校舍建设安全质量之外，我国教育刊物上关于校舍安全的文献十分稀少。与此形成对比的是，在英文文献中关于校舍安全（包括校舍地震安全）和学校建筑与规划的文章和研究报告却比比皆是，有地震学家和建筑工程师对学校校舍在地震中的抗震表现的研究[4]；有对学校地震安全法案及影响的综述[5]；有对学校规划中学区功能作了分析的探讨[6]；也有国际专家对全球学校地震安全的问题与经验的总结[7][8]。

我国并不缺少关于校舍建设质量方面的法律规章制度，政府和有关部门对校舍建设安全历来就十分重视。那么，汶川地震暴露的我国校舍建设质量问题背后的体制性根源到底是什么？我国现行的校舍建设质量制度体系有什么缺陷？当如何借鉴国际经验建设一套行之有效的校舍建设保障体系？这些都是十分有意义的问题。本文意在抛砖引玉，拟就这些问题进行初步探讨，以引发更多学者对我国校舍安全制度性建设的深入讨论。本文分为四个部分。第一部分从法律规章制度体系、财政供给机制和质量监理三个方面分析我国现有校舍安全保障体系中的体制性缺陷；第二部分简要介绍加州“非尔德法案”及相关确保校舍安全的制度框架和财政保障机制，尤其是州建筑师处（Division of State Architect，DSA）对学校校舍建设规划与设计以及质量监理的作用以及州拨款委员会（State Allocation Board，SAB）的功能和角色变迁；第三部分是关于“非尔德法案”对我国校舍安全尤其是地震安全保障体系的借鉴意义；第四部分是结论。

一、我国中小学校舍安全建设的制度体系及体制性缺陷

客观地说，我国有关部门对学校安全问题包括校舍安全历来十分重视。首先，我国已经建立一系列与校舍建设安全有关的制度和规章。自 1986 年颁布《中小学校建筑设计规范》（GB J99—86）以来，《农村普通中小学校建设标准》（1996）、《城市普通中小学校校舍建设标准》（2002）相继颁布。其次，中央政府已经对中小学尤其是校舍建设和改造投入大量的建设经费。自 20 世纪 90 年代中后期以来，中央财政通过开展几个著名的“工程”在我国义务教育阶段投入数以百亿计的经费，改善农村中小学办学条件，其中大量经费用于校舍建设。这些工程包括两期“国家贫困地区义务教育工程”（1995 - 2000，2000 - 2005）、“全国中小学危房改造工程”（2001 - 2005）、“西部地区农村寄宿制学校建设工程”（2004 - 2007）和“中西部农村初中校舍改造工程”（2007 -　）。在这一系列工程实施方案中有专门的《土建项目管理办法》，对建设质量管理有明确的规定。此外，各级教育部门还就校舍安全问题不遗余力地三令五申。然而，校舍建筑质量和校舍安全一直是困扰教育部门的一个问题。即使不发生地震，我国中小学校舍垮塌事件也时有发生①；而这次四川汶川大地震中大量校舍垮塌只不过是把我国校舍建设中的质量问题暴露出来而已。

那么，问题出在哪里？除了地震本身作为天灾之外，汶川地震中校舍大面积垮塌的制度性根源何在？我们从以下三个方面予以初步探讨：（1）现有与学校校舍安全有关的法律规章制度体系；（2）校舍建设的财政供给体制；（3）校舍建设的审批程序与质量监理。

---

① 见 2004 年《教育部　国家发展改革委 财政部关于中小学危房改造和校舍安全工作有关问题的紧急通知》提及 2004 年 4 月 26 日内蒙古自治区通辽市科尔沁区义庆和镇回民村小学教室垮塌学生死伤事件；2005 年 10 月 12 日《平昌县教育局关于澌岸小学和白衣小学校舍垮塌事故责任追究情况的通报》提及四川巴中地区平昌县在没有地震的情况下校舍垮塌事件。2006 年 11 月 14 日《教育部关于进一步加强中小学校校舍建设与管理工作的通知》。

（一）制度体系

与我国学校校舍建筑地震安全有关的法律与规章制度可以粗略地分为三类：（1）国家级的法律及条例和标准，这类法律、规章与学校校舍地震安全没有直接的联系；（2）与学校校舍建筑设计安全有关的标准、规范、条例；（3）由教育部或有关部委发布的有关学校建设“工程”实施办法中有关质量管理与监督的条文，比如《全国中小学危房改造工程土建项目管理暂行办法》，或者是专门就校舍建设质量发布的通知、办法等，比如2006年11月4日《教育部关于进一步加强中小学校校舍建设与管理工作的通知》。以下将简述三种类型制度规章中存在的问题。

考察第一种类型的主要法律规章之条款（见表1），会显而易见地发现：我国没有系统的专门针对学校校舍建筑以及抗震设防规范的标准，学校建筑并没有特别的抗震设防要求①，唯一规定见于《建筑工程抗震设防分类标准》（GB 50223）。2008年8月新版本中，关于学校的规定如下：“教育建筑中，幼儿园、小学、中学的教学用房以及学生宿舍和食堂，抗震设防类别应不低于重点设防类。”[9]同样属于重点设防类的建筑还有：大型体育建筑、大型影剧院、大型博物馆、档案馆、商场、展览馆、会展中心、旅馆、办公建筑、科学实验建筑等[9]。

表1 我国与有关地震安全、建筑抗震设计方面的主要法律与规范

法律规范名称	发布日期	生效日期	发布部门
《中华人民共和国防震减灾法》	1997/12/29	1998/3/1	国务院
《地震安全性评价管理条例》	2001/11/15	2002/1/1	国务院
《建筑抗震设计规范》GB 50011—2001 《建筑抗震设计规范》（局部修订）2008	2001/7/20 2008/8/4	2002/1/1 2008/8/4	建设部 住房与城乡建设部

① 新版的《建筑工程抗震设防分类标准》对2004年版中扩大了教育建筑中提高设防标准的范围，对2004年版“人数较多”的规定予以修改，所有幼儿园、小学和中学（包括普通中小学和有未成年人的各类初级、中级学校）的教学用房（包括教室、实验室、图书室、微机室、语音室、体育馆、礼堂）的设防类别均予以提高。鉴于学生的宿舍和学生食堂的人员比较密集，也考虑提高其抗震设防类别。

续表

法律规范名称	发布日期	生效日期	发布部门
《建筑工程抗震设防分类标准》GB 50223—2004	2004/6/18	2004/10/1	建设部
《建筑工程抗震设防分类标准》GB 50223—2008	2008/7/30	2008/7/30	住房与城乡建设部

第二种类型的标准、规范与学校建设和安全直接相关，仔细研究这些设计规范的文本和条款及适用范围，会发现如下问题：

（1）关于各类学校校舍没有统一的建筑设计规范：特殊教育学校与普通中小学校不同，从幼儿园到中小学不同，农村与城市中小学建设标准也不同。

（2）在与校舍安全有关的建筑结构条文中，有不一致的内容，比如：在《中小学校建筑设计规范》（GB J99—86）中对楼层的规定是“小学教学楼不应超过四层；中学、中师、幼师教学楼不应超过五层”[10]，而《农村普通中小学校建设标准（试行）》（1996）中的第32条第一款规定“除初小校舍为平房外，完小和初中的主要建筑物应尽可能建造楼房。完小的教学办公楼不宜超过三层，初中的教学图书实验楼不宜超过四层”[11]。

（3）真正与地震安全有关的应该是建筑设计与结构，但这方面的条款反而不被重视，比如在《特殊教育学校建筑设计规范》（2003）中，第4.1.2（1）（2）（3）、4.3.4（3）、4.3.9（11）条（款）为强制性条文，必须严格执行，而这些条款都无关乎建筑结构和建筑材料。[12]

（4）各类标准与规范尽管多由教育部和建设部公布发行实施，但编写单位各不相同。《中小学校建筑设计规范》（GB J99—86）由天津市建筑设计院编写；《托儿所、幼儿园建筑设计规范》（1987）由黑龙江省建筑设计院编写；《农村普通中小学校建设标准（试行）》由上海市教育局建筑设计室编写；《城市普通中小学校校舍建设标准》由国家教育部主编。由不同部门或者由同一部门不同地区机构编写的标准自然难免有不一致之处。

（5）由十位部长同时签署的《中小学幼儿园安全管理办法》（2006）可谓包括了中小学幼儿园安全的方方面面，但对校舍建筑质量也不太可能有针对性和具体约束力。

（6）某些标准中是否存在专业性的致命错误，有待建筑专家和结构专家评说。查考《农村普通中小学校建设标准（试行）》中与建筑结构有关的条文，第三十三条规定“墙（柱）体：宜采用砖（石）混承重结构”[13]。但是采用“砖混结构”的校舍在本次汶川地震中大量倒塌，以至于国家教育部和建设部在2008年《关于做好学校校舍抗震安全排查及有关事项的通知》中专门指出“对学校的每栋建筑物、构筑物等设施进行逐项检查，特别是要将2001年以前建设的砖混结构的学校校舍，作为此次排查工作的重点”①。

表2　我国主要与校舍建设/校园安全有关的规范与标准

法律规范名称	发布日期	生效日期	发布部门
《中小学校建筑设计规范》GB J99—86	1986/12/25	1987/10/1	国家计委
《托儿所、幼儿园建筑设计规范》	1987/9/3	1987/12/1	建设部、国家教委
《农村普通中小学校建设标准（试行）》	1996/12/20	1997/6/1	建设部、国家计委、国家教委
《城市普通中小学校校舍建设标准》	2002/4/17	2002/7/1	建设部、国家计委、教育部
《特殊教育学校建筑设计规范》	2003/12/18	2004/3/1	建设部、教育部
《中小学幼儿园安全管理办法》	2006/6/30	2006/9/1	教育部、公安部、司法部、建设部、交通部、文化部、卫生部、国家工商行政管理总局、国家质量监督检验检疫总局、新闻出版总署

① 据有关结构工程师的意见，砖混结构的建筑不见得一定不防震，重要的是房屋结构，见《中国教育报》2008年6月27日第8版。所以，这种指导性却不专业化的通知是否得当也值得商榷。

第三种类型是关于校舍安全/校舍建筑具体的建设项目或者是凸显的问题而临时发出的通知、通告、管理办法等。这样的文件数量很多，通常是由中央部委（比如教育部、财政部、建设部、国家发改委）单独或联合发出，各省、市、县相应（厅、局）会转发或制定发布类似文件。比如，关于“全国中小学危房改造工程”的文件有《关于印发〈全国中小学危房改造工程实施管理办法〉的通知》、《关于印发〈全国中小学危房改造工程土建项目管理暂行办法〉①的通知》。这些政策文本对校舍建筑质量管理的条款往往包括：（1）规定从中央到省、市、县、项目学校的质量管理责任；（2）要求遵守有关《学校建筑设计规范》和《建设标准》；（3）由于《建筑设计规范》和《建设标准》本身并不能保证建设质量，教育部门又制定校舍建设安全的要求，这些要求要么过于具体，要么就是过于宽泛，或者超出专业范围之外，由中央到地方层层往下转发，具体解释与操作就可能出现很大偏差。

综上所述，我国现有学校校舍建设安全尤其是校舍地震安全方面的制度体系中存在以下缺陷：（1）没有统一的专门针对所有学校的建筑设计规范；（2）没有特别针对地震安全的制度规范，地震设防没有得到特别的重视；（3）现有规范、标准由不同部门编写，有不协调不一致的地方；部分由教育系统内部的建筑部门编写。

（二）财政保障体制

我国设有五级政府（中央、省、地市、县、乡/镇），各级政府在义务教育管理体制中所扮演的角色也处在演变之中。2001 年 5 月《国务院关于基础教育改革与发展的决定》指出，农村义务教育管理体制“实行在国务院领导下，由地方政府负责，分级管理，以县为主的体制”[14]，这是我国义务教育管理体制的重要转变：我国的义务教育管理体制经历了把农村义务教育的责任从主要由农民承担转到主要由政府承担，把政府对农村义务教育的责任从以乡镇为主转到“以县为主”。同时，中央和省级人民政府通过财政转移支付，加大对贫困地区和少数民族地区义务教育的扶持力度。

财政投入体制是学校校舍安全建设保障体系的重要内容之一。2001 年以前，我国农村义务教育“以乡镇为主”，人民教育人民办。我国中小学校

① 配套的文件还有《关于印发〈全国中小学危房改造工程专项资金管理办法〉的通知》。

舍建设长期缺少规划，形成大量危房，严重威胁师生生命安全。2001 年以后，随着农村义务教育管理体制向“以县为主”的体制转变，中央和省一级政府投入大量资金，系统解决中小学校舍建设问题。表 3 是 1995 年以来几个重要工程的情况简述。仅中央财政就投入 500 亿 – 600 亿元，加上省级地方政府的配套，估计这些工程（多与校舍建设有关）总投入近 1 000 亿元。

表 3　1995 年以来与我国中小学校舍建设有关的几个重要工程

	覆盖范围	总投入（元）	
1. 国家贫困地区义务教育工程	1995 – 2000 年，工程实施范围集中在 852 个贫困县，其中国家扶贫开发工作重点县 568 个；2000 – 2005 年，522 个项目县共新建、改扩建中小学 10 663 所	超过 200 亿	一期：中央 39 亿，地方配套 87 亿；二期：中央 50 亿，地方配套 26.3 亿
2. 全国中小学危房改造工程	2001 年开始，重点补助中西部 26 个省份（包括新疆生产建设兵团），尤其是国务院确定的纳入西部开发的 12 个省份	超过 90 亿	2001 年教育部、国家计委和财政部各安排 10 亿元，共 30 亿元；2003 年，国家发改委 20 亿；2004 – 2005 年教育部与财政部共同承担 40 亿。
3. 西部地区农村寄宿制学校建设工程	2004 – 2007 年，以 2002 年底西部地区尚未实现“两基”的 372 个县和新疆生产建设兵团的 38 个团场为主；130 万初中学生和 20 万小学生	100 亿	国家发展改革委、财政部各承担 50 亿元
4. 中西部农村初中校舍改造工程	2007 – 2010 年	100 亿	财政部 发改委

尽管上级财政资金投入巨大，但由于我国幅员辽阔，地区经济和教育发展水平差异很大，目前的投入力度与根本性地解决中小学校舍建设所需资金还有一段距离。该财政体制有如下几个问题。

（1）由于 2001 年以前义务教育财政责任长期由最底层的乡镇负责，我国农村中小学校舍建设欠账很多，目前许多校舍靠中央转移支付以“工程”方式解决，还没有形成良好的可持续发展的危房与新建房之间的动态解决机制。比如，危房改造工程只解决2000年以前的校舍，但显然，要一次性解决校舍旧债也不是容易的事情。很明显，以上提到的4个工程之间有重叠之处，也难免有覆盖不周之处。

（2）没有固定机构长期负责校舍建设财政投入。拿“危房改造工程”来说，中央经费的投入由财政部、国家发改委、教育部三部委共同负责，由部委主要负责人组成“工程”部际协调小组，下设“全国中小学危房改造工程部际协调小组办公室”（简称“全国危改办”），作为部际协调小组的日常办事机构，具体负责“工程”实施的组织管理和检查监督等工作。[15]

（3）中央按地方大类划分决定投入的比例，这样的划分（比如一片/二片/三片）过于粗放，因为有研究[16]表明，省内生均教育资源的差别大于省际差异，所以目前这种大片按比例的投入方式无法保证其效率与公正。

（4）对于一些经济落后地区，“以县为主”的义务教育投入体制仍有困难。各级政府对校舍投入的财政责任划分还是不清楚。由于数据缺陷等多种原因，我们现在还没有全国县级政府教育财政负担能力的整体图画。

由于上述诸多原因，我国校舍建设财政投入还需要制订明确长远的规划，以公平、透明为原则，以效益为主要目标。没有充足的建设资金而导致建设质量不高，这被认为是汶川地震中某些乡镇小学垮塌的原因[17]；由于缺乏具体的数据，我们无法得出结论其中有多少是属于这种情况。

（三）建设项目审批与监理程序

有充足的财政投入，在一定程度上可以保证建设质量。但如果有了资金，而没有科学合理的建筑设计和严格的施工监理，校舍建设往往可能是致命的。缺乏严格的校舍建设项目审批和专业的独立监理是我国许多校舍出现质量问题、无法抗震的重要原因。

1. 关于项目申报审批程序

对于自筹经费的校舍建设项目，获得建设部门的开工许可多由县一级的城建部门象征性地批准；而在上级转移支付的建设项目的审批中，对建筑设计方面的要求显然没有作为前提。我们以“全国中小学危房改造工程”建设项目的审批程序（图1）为例，这种建设项目的审批程序是由下而上提交申报资料，然后由上而下下拨专款。中小学危房的排查和核实是在县一级，并且以县教育局牵头。这里可能有以下几个方面的问题：

（1）是否划为“危房”的标准不一，因建设部门的专业人员的角色在不同的地区作用不一样。

（2）危房面积和项目学校的确定可能与对地方财政配套的比例有关系；对于不要求地方配套的县，申报的项目学校数量必然多。

（3）国家、省、市一级危改办对县一级的危房客观情况的信息掌握不太可能充分。

（4）国家、省、市一级危改办对县一级的危房改造项目的审批并没有以建设规划设计为前提。

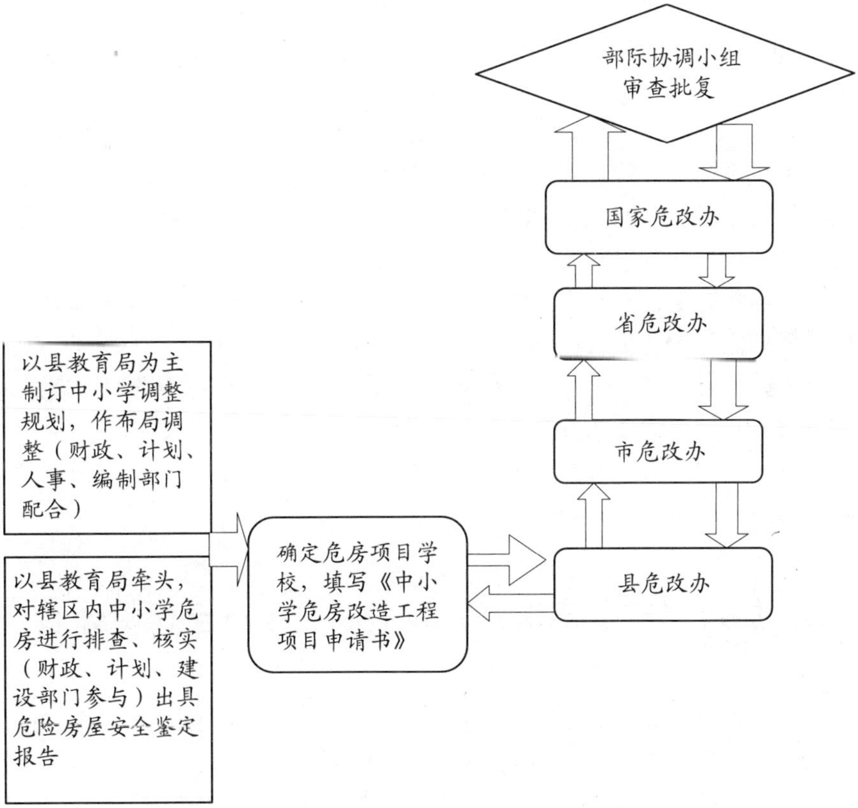

图1　“危房工程”项目的申报审批程序①

① 本图由作者根据2001《全国中小学危房改造工程实施管理办法》绘制。

2. 建筑设计与质量监理

校舍建筑设计规划与工程质量监理没有太统一的规定，但基本一致的是设计和监理的主要责任在县一级。《全国中小学危房改造工程实施管理办法》规定："工程项目设计，由县级'危改办'通过招（议）标或委托符合认证等级并有信誉的县级或县级以上勘察设计单位承担；施工单位的选择要按照相关规定，通过招（议）标方式确定；施工过程中，县级'危改办'要组织或委托专门机构对工程质量进行监理；项目竣工时，要按照规定程序验收。""各地危房鉴定、校园规划、工程立项、勘察设计、招（议）标、施工监理、资金管理、预决算审计、竣工验收、档案管理等方面，要严格执行国家现行有关法律、法规和部门规章、行业标准。"[16]

项目学校被要求派出质量监理员。在西部某县《关于加强教育基建工程的监督检查确保工程质量的通知》中有这样的规定："每个项目工程必须选派 1 -2 名文化程度中专以上人员经县'工程'办确认并组织培训后出任甲方施工现场代表，对工程建设从用料到操作及监理人员的到场情况等进行全天候的监督。"工程监理是极具专业性的行业，不是具有中专以上文化程度的人略加培训就可以胜任的。

可以预料的是，不同县份的建筑设计规划人员、项目办聘用的监理师或学校派出的监理人员在设计和监理质量方面必然参差不齐。

总之，没有一个统一的专门针对学校校舍建筑安全的法律制度体系，校舍建设的财政保障责任在各级政府和各个部门间划分不清楚，以及没有一个专门对校舍建设的规划与设计严格质量监理、严格把关的机构是导致校舍安全隐患的体制性因素。

二、加州"非尔德法案"及有关校舍安全保障体系

美国加州的"非尔德法案"（Field Act）为这个地震频发的世界提供了一个制度性保障校舍安全的成功范例。1930 年 3 月 10 日，加州长滩 6.3 级地震导致 70 所学校校舍垮塌，120 多所学校校舍受损。1930 年 4 月 10 日，即在短短一个月之后，专门针对学校地震安全的"非尔德法案"通过[4]。该法案授权州建筑师处（Division of State Architect，DSA）负责所有中小学和社区学院校舍的设计规划审批和建筑施工过程的质量监理。在过去 70 多

年里，加州发生过若干次大地震，凡遵从“非尔德法案”建成的校舍没有发生过一起垮塌以致压死学生的事件[5]。以至于加州已故参议员格林尼（1918－2002）骄傲地宣称：“当大地震来临时，在这个地球上最安全的地方就是在加州的公立学校里面。”[5]

加州的公立学校何以在地震中是地球上最安全的地方？“非尔德法案”之所以如此成功，在于：（1）此法案与一系列其他法案构成完整的校舍质量保障体系；（2）该法案授权州一级专门化的机构专司校舍建设安全之职；（3）该法案与州教育财政拨款体制强有力地配合。

（一）“非尔德法案”及有关法律体系

“非尔德法案”成功的核心秘密

秘密之一：“非尔德法案”授权一个州一级的建筑设计机构——州建筑师处全权负责加州所有公立学校①校舍建筑安全尤其是地震安全，无论其建设资金来自哪里。

秘密之二：“非尔德法案”抓住建筑中两个最重要的环节：设计和监理。在设计阶段，DSA负责所有学校建筑规划设计的结构审查；在施工阶段，DSA确保有合格资质的独立监理人员全时间进行质量监理。

秘密之三：“非尔德法案”并没有提出具体的建筑设计规范，但却授权DSA撰写学校建筑规范。因为严格的审批和监理，“非尔德法案”在建筑设计方面的要求比加州通用的建筑规范要严格得多[5]。

秘密之四：“非尔德法案”与相关法律体系使学校校舍建设问题得到系统性地有序解决。从1933年“非尔德法案”通过至今，在校舍安全方面通过了许多法案（见表4）[5]。这些法案包括对新建学校设立标准；对旧房（即实施“非尔德法案”以前的校舍）进行改造（设定日程、提供资金）；在选择学校地址时必须避开地震带；把私立学校包括在必须服从该法案的范围中，等等。

① 后来私立学校校舍建设设计规划也在其中。

表4 “非尔德法案”及有关与地震安全的法律

年份	法　案	影　响
1933	非尔德法案（Field Act）	为新建公立学校建筑设置地震安全标准
1939	加里森法案（Garrison Act）	要求对现存公立学校危房进行大修
1967	第一格林尼法案（First Greene Act）	为非尔德法案颁布前的公立学校建筑安全排查设立截止日期
1968	第二格林尼法案（Second Greene Act）	为非尔德法案颁布前的公立学校建筑提升设立截止日期
1972	学校建筑选址法案（School Building Sites Act）	要求学区在校址选择中考虑地震因素
1972	地震安全要素法案（Seismic Safety Element Act）	要求市县在总体规划中包括地震安全要素
1972	Alquist-Priolo Act	禁止在已知的地震带上建新的建筑
1973	医院地震安全法案（Hospital Seismic Safety Act）	为新建医院设置地震安全标准
1977	地震危害法案（Earthquake Hazard）	设置宽泛的地震降灾目标（联邦）
1985	地震降灾法案（Earthquake Hazards Reduction Act）	要求加州地震安全委员会制订一个全州范围内的地震防灾规划
1986	核心服务建筑法案（Essential Services Building Act）	为核心设施制定地震安全标准
1990	加州地震灾害地图法案（California Seismic Hazards Mapping Act）	要求在总体规划中使用和设计地震灾害地图
1990	私立学校法案（Private Schools Act）	将非尔德法案的要求延伸到私立学校
1992	特许学校法案（Charter Schools Act）	将非尔德法案作为特许学校的选择性条款
1998	格林尼学校设施法案（Leroy Greene School Facilities Act）	通过发行债券为学校校舍建设提供资金

说明：该图转自 Barclay，D.（2004），本文作者略作补充。

（二）校舍建设财政保障体系

“非尔德法案”的成功也与加州政府在中小学校校舍建设中的财政责任的变迁有关。纵观加州与校舍建筑有关的机构，我们会发现决策者们将监督的职责交给了州一级最有经验的专门机构。1927 年，州教育部承担为校舍建设设立标准的职责。但 6 年之后，即 1933 年 3 月 10 日长滩地震带来大面积校舍垮塌和损失，这次地震也震动了加州人的良心。州总务部下属的建筑师处被授命负责加强学校建筑标准以保护学校学生的生命安全。1947 年，当州政府决定为学校校舍建设买单时，州拨款委员会（the State Allocation Board，SAB）成立，由财政部部长任委员会主席，而财政部的工作人员任成员。后来这个责任转移给总务部下面的公立学校建设办公室（the Office of Public School Construction，OPSC）。

州拨款委员会主要负责全州学校建设财政保障。1947 - 1998 年的 50 余年中，该机构通过类似于贷款的方式支持学校校舍建设。随着州政府在教育财政方面的角色越来越重要，1998 年以后，SAB 的角色变为拨款分配机构[18]。表 5 是加州有关学校建设法案资助的一些基本情况，从中可以注意到州政府的财政保障体系是长时间、持续地形成的。

表 5　加州学校建设资助法案

投票时间	债券法案名称	资金量（美元）
1949/11/8	1949 年学校建筑资助法	2.50 亿
1952/11/4	1952 年学校建筑资助法	1.85 亿
1954/11/2	1952 年学校建筑资助法	1.00 亿
1958/11/4	1952 年学校建筑资助法	2.20 亿
1960/6/7	1952 年学校建筑资助法	3.00 亿
1962/6/7	1952 年学校建筑资助法	2.00 亿
1964/11/3	1952 年学校建筑资助法	2.60 亿
1966/6/7	1952 年学校建筑资助法	2.75 亿
1972/6/6	1952 年学校建筑资助法	3.50 亿
1974/11/5	1952 年学校建筑资助法	1.50 亿

续表

投票时间	债券法案名称	资金量（美元）
1976/11/4	1976 年学校建筑租赁与购买资助法（没通过）	2.00 亿
1978/6/6	1978 年学校建筑资助法（没通过）	3.50 亿
1982/11/2	1982 年学校建筑租赁与购买资助法	5.00 亿
1984/11/6	1984 年学校建筑租赁与购买资助法	4.50 亿
1986/11/4	Green Hughs 学校建筑租赁与购买资助法	8.00 亿
1988/6/7	1988 年学校设施资助法	8.00 亿
1988/11/8	1988 年学校设施资助法	8.00 亿
1990/6/5	1990 年学校设施资助法	8.00 亿
1990/11/6	1990 年学校设施资助法	8.00 亿
1992/6/2	1992 年学校设施资助法	19.00 亿
1992/11/3	1992 年学校设施资助法	9.00 亿
1994/6/7	1994 年安全学校法（没通过）	10.00 亿
1996/03	1996 年公立教育设施法*	30.00 亿
1998/11	1998 年降低班级规模法案**	92.00 亿

说明：1. 数据来源，Cohen，J.（1999）

2. *：其中 10 亿高等教育专项；**：其中 21.5 亿高等教育专项。

（三）校舍建筑审批及质量监理

由建筑师处严格控制校舍建筑结构设计与规划方面的审批和质量监理是“非尔德法案”成功的最重要的因素之一，但是没有州拨款委员会（SAB）的配合，DSA 是无法成功的。图 2 是学校建设规划审批程序。从中可以看到：在规划阶段，DSA 对学校建设规划是否批准是学校建设项目能否得到拨款的前提；在施工阶段，DSA 认定的独立监理人员以及对特定建筑材料的测试都对建筑质量起到了绝对的保证作用。

（四）“非尔德法案”所遭到的批评

由于 DSA 对校舍建设设计的严格把关，要求在施工过程中派出独立工程

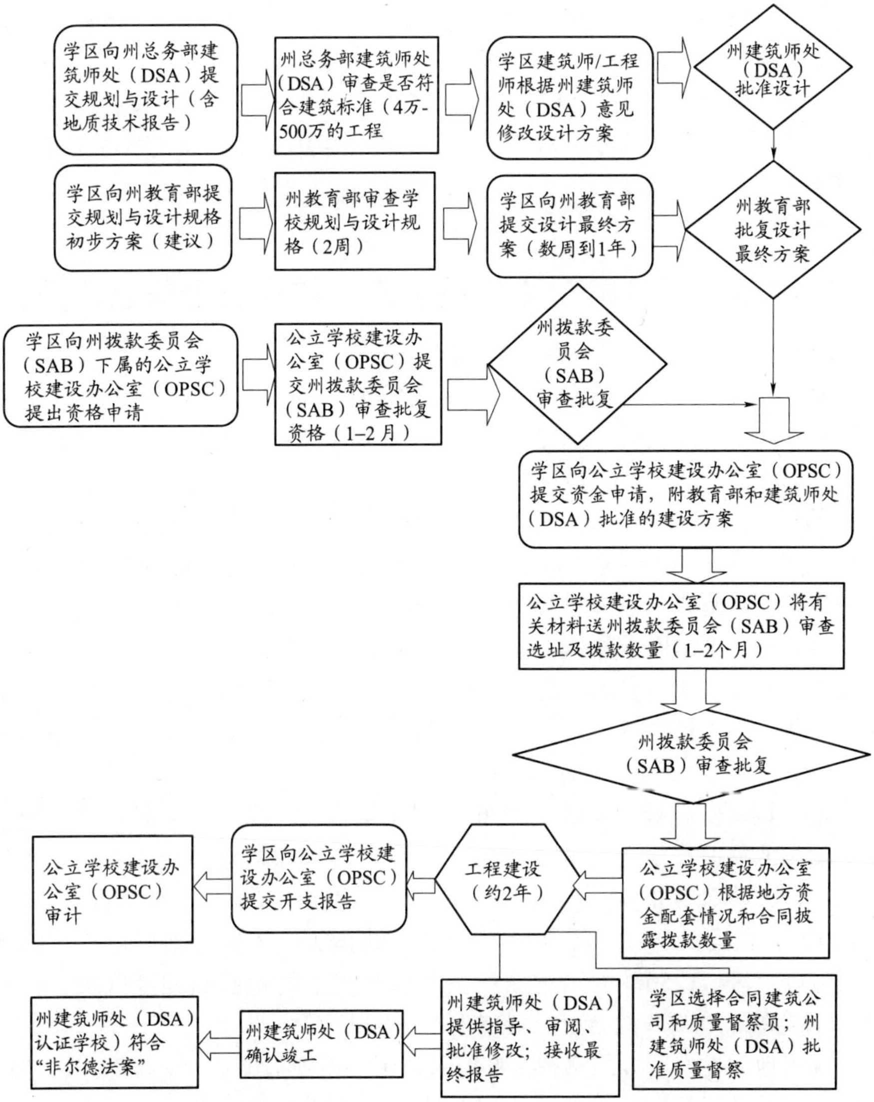

图 2　学校建设规划审批程序①

监理，对学校抗震设计有较高的标准，该法案也受到许多批评，比如建设成本增加、审批程序冗长、工期延长，等等。有不少地方学校不愿遵从该法

① 来源：Little Hoover Commission，2001.

案，总是寻求豁免。但加州地震委员会的一份报告[19]显示，成本只会增加建设项目总预算的1.5%–4%。据一个独立研究机构对州长和立法机构提交的报告[20]，有关审批程序已经大大简化。目前州社区学院建筑就试图不受此法案约束。尽管有这些反对，但该法案确保中小学校和幼儿园校舍的抗震质量这一点无人否认。[5]

三、"非尔德法案"之借鉴意义：校舍安全何以保障？

校舍地震安全也是一个国际性的问题。如何通过建设制度性的校舍安全体系避免悲剧再度发生，这是许多地震多发国家政府和教育部门面临的课题。在2004年经济合作与发展组织发表的一份题为《在地震中确保学校安全》的报告[21]指出：在世界范围内的地震中，总会发生学校倒塌导致学生死亡事件。近几年，在意大利、阿尔及利亚、摩洛哥和土耳其都发生过灾难性的地震校舍倒塌。最惨烈的例子是：2005年10月8日，在巴基斯坦靠近印度边界的一个山区强烈地震中，至少17 000个孩子因7 000多所学校倒塌而死亡。地震破坏引发世界范围内对学校校舍安全的思考。各国政府也都采取了一些措施，提高校舍安全。有国家试图引进"非尔德法案"，但也不见得有效[5]。

据《国家防震减灾规划（2006–2020年）》，"我国是世界上地震活动最强烈和地震灾害最严重的国家之一。我国占全球陆地面积的7%，但20世纪全球大陆35%的7.0级以上地震发生在我国；20世纪全球因地震死亡120万人，我国占59万人，居各国之首。我国大陆大部分地区位于地震烈度Ⅵ度以上区域；50%的国土面积位于Ⅶ度以上的地震高烈度区域，包括23个省会城市和2/3的百万人口以上的大城市。"[22]

汶川地震发生后，国家有关部门采取了一系列措施：面对废墟中的残垣断壁，有关部门领导提出对造成校舍建设质量的腐败行为"一旦查出，决不姑息"，同时提出我们要建设"震不倒的学校"；2008年6月8日，教育部、住房与城乡建设部迅速出台文件《关于做好学校校舍抗震安全排查及有关事项的通知》，要求9月1日前完成危房排查和整治工作；住房与城乡建设部对国家标准《建筑工程抗震设防分类标准》和《建筑抗震设计规范》进行了修订，于2008年8月4日正式发布实施；……这一系列的措施是否行之有效？这一系列措施本身能否确保悲剧不再发生？

对照前述我国在校舍保证体系中的制度性缺陷和美国加州“非尔德法案”的成功范例，我们可以在制度体系、财政体制、专业机构等方面得到有意义的启示：

（1）我国需要一部统一的《学校建筑（地震）安全法》。该法需要把保证学校建筑的安全尤其是（地震）安全作为其基本目标。

（2）我国也需要一个专门的长久机构负责中小学校舍建设方面的财政投入。这个机构应该由财政部、发改委、教育部有关人员组成。

（3）我国需要授权一个专业机构专门负责学校校舍建设质量。注重设计和规划的审批以及建设施工监理；该机构宜统一设在省级而非县级；该机构宜设在建筑设计部门而非教育部门。

（4）我国各级政府（中央、省、市、县、乡镇）和多个部门（教育、建设、计划、财政）对校舍建设的财政和质量管理责任划分须进一步明确。校舍建筑的质量管理在建设部门；财政投入在计划和财政部门。

四、结　　论

本文简要分析和描述了我国现有校舍地震安全及学校建设的制度体系、财政供给体制、建筑工程项目审批和质量监理程序，并指出其中存在的体制性缺陷；同时也介绍了美国加州的“非尔德法案”及相关校舍质量保障体制：州建筑师处和州拨款委员会在学校校舍建设质量保障中有不可取代的作用，前者全权负责所有学校建设中的建筑规划设计与施工质量方面的职责；后者专门负责全州公立学校校舍建设的财政投入。除了要有制度和财政投入之外，还需要有致力于学校建筑安全的专业人士。只有这样，才可以保证校舍是安全的；只有这样，孩子们的生命安全才能得以保障；只有这样，汶川地震中大量校舍倒塌的悲剧才不会重演。

参考文献

[1] 杨彬彬，赵何娟．校舍忧思录［N］．财经．2008－06－25.

[2] 吴昊，王斌斌．我国中小学建设标准现状及问题研究［J］．现代中小学教育，2007（11）：1－3.

[3] 张仲启．对实施全国中小学危房改造工程的初步思考与建议［J］．基建优化，2001（5）.

[4] Jephcott D. K, Hudson D. E. The Performance of Pubic School Plants during San Fernando Earthquake, Pasadena, CA: California Institute of Technology, California Seismic Safety Commission, 1974.
[5] Barclay, D. Assessing seismic safety policy MURJ, 2004 (10): 23.
[6] Bingler, S., Quinn, L. & Sullivan, K. *Schools as centers of community: A citizens' guide for planning and design*, the National Clearinghouse for Educational Facilities, Washington D. C., 2003.
[7] OECD. Recommendation concerning earthquake safety in schools. www.oecd.org/edu/schoolsafety.
[8] OECD. Keeping Schools Safe in Earthquakes. OECD publication, 2004.
[9] 中华人民共和国住房和城乡建设部．中华人民共和国国家标准：建筑工程抗震设防分类标准［Z］. 2008.
[10] 中华人民共和国计划委员会．中小学校建筑设计规范［Z］. 1986.
[11] 中华人民共和国教育委员会计划建设司．农村普通中小学校建设标准（试行）［Z］. 北京：人民教育出版社，1997.
[12] 中华人民共和国建设部．中华人民共和国国家标准：特殊教育学校建筑设计规范［Z］. 2004.
[13] 中华人民共和国教育委员会计划建设司．农村普通中小学校建设标准（试行）［Z］. 北京：人民教育出版社，1997.
[14] 国务院．国务院关于基础教育改革与发展的决定［L］. 2001.5.
[15] 教育部　国家计委财政部关于印发《全国中小学危房改造工程实施管理办法》的通知［Z］. 2001-04-18.
[16] 王蓉．十五期间国家贫困地区预研究——我国义务教育经费的地区性差异研究［EB/OL］. 教育部网页，2001.
[17] 丁补之，朱红军．垮塌校舍是怎样建成的［N］. 南方周末，2008-06-05.
[18] Cohen, J. School facility financing: A history of the role of the State Allocation Board and options for the distribution of Proposition 1A funds (Sacramento: California Research Bureau), Feb. 1999, 9.
[19] Alfred E. Alquist California Seismic Safety Commission, *The Field Act and public school construction*: A 2007 *Perspective*, 2007, Sacramento, California.
[20] Little Hoover Commission, To build a better school, A report to the Governor of California and the California State Legislature. 2000.
[21] OECD, 2004. Keeping Schools Safe in Earthquakes. OECD publication.
[22] 国务院办公厅《关于印发国家防震减灾规划（2006—2020 年）的通知》（国办发［2006］96 号）［Z］.

田野调查报告一：

我国农村地区“普九”债务问题调查与研究

北京大学中国教育财政科学研究所课题组

（2006 年 4 月）

一、问题与挑战

在全国范围内，清理、核实与偿还“普九”债务具有三个方面的问题与挑战。

第一，在“欠债”清理方面，由于缺乏常规性的相关统计系统，农村地区普遍缺乏学校债务方面的基础数据。学校的债务债权关系复杂，学校校舍与土地的产权属性模糊，债务难以认定、核实。更棘手的问题还在于，基层政府和学校与上级政府之间存在着信息不对称问题，前者掌握更多信息，尤其是在后者计划分担债务的情况下，信息失真的可能性增强。

表 1　清理、核实与偿还“普九”欠债的问题与挑战

“欠债”清理	（1）缺乏基础数据 （2）信息不对称 （3）债务债权关系不清 （4）学校校舍与土地的产权属性模糊
“欠债”偿还	（1）偿还责任不清 （2）财政资金有限 （3）激励机制扭曲
避免债务发生的长效机制	缺乏农村学校的基建投入保障机制

第二，对还债责任归属的认识不一致。这首先是各级政府之间的责任分担问题，其次是学校与政府之间的责任分担问题。基层政府财力紧张，农村地区又普遍存在初中和高中扩容带来的基建投资压力。在这种情况下，解决“普九”欠债困难首先是思想认识的问题。最后，政府实施“还债”政策还可能引发和加剧新一轮的学校欠债，如何建立正确的激励机制是这一政策设计的关键问题。

第三，我国农村地区长期以来依靠乡村政府和农村居民捐集资修建学校，其基建投入在现实中从未规范化地、全面地纳入公共财政体制，这是“普九”欠债问题出现的根本原因。因此，为了从根本上解决这一问题，未来必须考虑逐步建立农村学校的基建投入保障机制。

中国教育财政科学研究所课题组①分别于 2005 年 9 月和 2006 年 3 月在重庆市、湖北省、陕西省和浙江省进行了调研。本报告总结了实地调研的主要发现。

二、重　庆　市

（一）债务清理与偿还的做法和经验

重庆市从 2003 年 8 月起，由市财政局、市教委、市监察局、市审计局联合开展了全市 2002 年底以前的“普九”欠债清理核实工作。在此工作完成的基础上，开始实施债务偿还的政策。根据表 1 提出的分析框架，重庆市此项工作具有如下的特点和经验。

第一，思想认识统一，领导高度重视。2003 年，重庆市市委、市政府决心摸清全市“普九”欠债的基本情况，并计划逐步解决欠债问题。根据研究者的访谈，触发重庆市解决这一问题的原因主要是市委、市政府高度重视中共中央、国务院《关于做好农业和农村工作的意见》（中办发［2003］3 号）和国务院办公厅《关于完善农村义务教育管理体制的通知》（国办发［2002］28 号）的有关要求，在思想认识上努力树立科学的发展观和政绩观，把教育当作政府的主要责任。

---

① 课题组成员包括王蓉、周光稷、倪俊。王蓉，北京大学中国教育财政科学研究所所长、教授；周光稷，北京大学教育学院 04 级硕士研究生；倪俊，北京大学教育学院 05 级硕士研究生。

表2 重庆市的实践与经验

<table>
<tr><td rowspan="3">“欠债”清理</td><td>(1) 缺乏基础数据</td><td rowspan="3">(1) 扎实严谨的前期数据采集和债务核实工作；
(2) 制订符合本地区情况的债务统计和分析框架；
(3) 借助专业化的社会中介机构；
(4) 以最基础的债务统计单位——债务项目——为债务管理和偿还单位；
(5) 采用信息化管理系统。</td></tr>
<tr><td>(2) 信息不对称</td></tr>
<tr><td>(3) 债务债权关系不清</td></tr>
<tr><td rowspan="3">“欠债”偿还</td><td>(1) 偿还责任不清</td><td>(1) 统一认识，领导重视；
(2) 按照各区县不同情况，制定各级政府分担政策。</td></tr>
<tr><td>(2) 财政资金有限</td><td>有效利用上级转移支付资金（“三奖一补”资金和农村税费改革转移支付资金），优先解决“普九”欠债问题。</td></tr>
<tr><td>(3) 激励机制扭曲</td><td></td></tr>
<tr><td>避免债务发生的长效机制</td><td>缺乏农村学校的基建投入保障机制</td><td></td></tr>
</table>

第二，制订符合地方实际的、较为严谨的债务统计与分析口径。重庆市财政厅和教育厅的具体负责人员为债务清理进行了扎实的事先摸底调查，制订了既较为严谨、又符合地方情况的债务债权清理分析口径（详见表3）。这一债务分析清理口径分为三个维度：欠债来源、欠债级次和欠债用途。这一分析统计口径具有一定的借鉴意义。

第三，借助专业化的社会中介机构，提高采集数据的准确性和客观性。市财政厅和教育厅招标聘请了12家会计师事务所，对这些事务所的近200人进行了业务和口径培训。这些事务所深入各县，逐笔对区县申报的债务进行了全面审核。社会中介机构的深入参与提高了清理工作的效率、专业性、公正性。

表3　重庆市区县“普九”欠债申报汇总表

项　目		欠　债　来　源									
		国内银行贷款	世行贷款	向“三金三乱”借款	欠工程队款	向其他单位借款	向其他单位职工借款	向学生家长借款	向教职工借款	其他	贷款借款利息
级次	区县财政										
级次	区县教委										
	乡镇财政										
	学校										
用途	校舍修建										
	设备购置										
	土地征用费										
	世行贷款培训及管理费										
	其他										

另外，以债务项目——最为基础的债务统计单位——作为债务清偿与管理的基本单位。有时一所学校具有数个债务项目，甚至一个土建项目由于具

有多个债权人而表现为几个债务项目。区县的债务申报、会计事务所的审核、市政府和区县政府债务的分别承担都是以项目为单位进行的。根据最后审核，纳入市级资金补助的债务项目共计9 000多个。在债务清理审计的基础上，重庆市建立了统一的教育债务项目数据库，将这9 000余个项目全部进行计算机管理，通过网络和移动存储实现市与区县数据库的对接，为后续的欠债资金销号制管理奠定了基础。这大大减少了工作程序，提高了工作效率。

第四，抓住机遇，妥善解决偿还资金的来源问题。首先是市委市政府统一要求各区县将中央补助的“三奖一补”资金的80%以上要用于偿还县乡债务①，先偿还农村九年义务教育债务，然后偿还县乡其他债务。其次，在调研的各区县，农村税费改革转移支付资金中的教育部分被用于“普九”欠债偿还。这两项转移支付资金是偿债的主要来源；在此基础上，市财政和各区县多方筹集资金。

另外，重庆市“普九”欠债的偿还根据各区县财力状况实行市与区县按照一定比例分别负担。渝东南五区（县）按市与区县5∶5分担的比例，近郊九区按市与区县2∶8分担，其余区县按市与区县4∶6分担。

第五，实施销号制，保证欠债资金的有效落实。“销号制”就是坚持单笔“普九”欠债项目，先由区县配套资金全额清偿，市级再对另一单笔“普九”欠债项目全额清偿，市对区县的总体偿还“普九”债务的金额，仍按规定的比例分担。这一机制的目的在于：第一，保证债务偿还资金如数落实到债权人/单位。第二，激励基层政府及时、足额地偿付其责任下的资金。

（二）重庆市“普九”欠债的基本情况

重庆市统一进行清理核实并有数据可查的是各区县2002年12月31日之前为“普九”目的欠下的债务。债务清查涵盖其所有区县。关于债务总额，有三个统计数字。

第一个是重庆市42个区县自主申报数，为262 968万元。

第二个是中介机构（12个会计事务所）逐笔核实后的统计数，为200 958万元，平均每区县“普九”债务达到4 785万元。这一数字比上一数字核减62 010万元，减幅23.6%。核减的主要因素：一是欠债资料不

① 根据市财政厅，这笔转移支付资金全部拨付给了区县财政。

充分，有关手续不齐备或用途不明的欠债以及难以确定债权人的欠债；二是承担九年义务教育的高完中和职业中学用于初中教学的校舍基建、设备购置、高初中共用设施、设备的欠债，没有严格按清理文件规定的高初中学生人数进行分摊，以及教职工宿舍修建欠债未在欠债中如实剔除；三是中央、市、区（自治县、市）各级政府安排的专项资金被调剂、挪用或未在欠债中如实剔除；四是非教育公办的民营学校、农校、职中等不属“普九”的项目欠债；五是2002年12月31日未完工并交付使用的在建工程；六是超过同期银行贷款利息或未挂账的利息欠债未在欠债中如实剔除。

第三个是纳入重庆市市级财政分担范围的统计数，为16.1亿元。从债务用途方面，它只包括校舍修建欠债和土地征用欠债。从债权人方面，剔除了“三金三乱”欠款和世行贷款项目。最后，按各级政府分别负担原则，市级应补助资金6.9亿元，区县应安排偿还资金9.2亿元。

根据调研中所了解到的情况，最易发生债务的年限为各区县“普九”的前一年和当年。由于要完成上级下达的“普九”指标，很多学校在区县、乡镇财力投入不足的情况下，不得不在“普九”验收前举债进行基础设施建设和教学设备添置。

重庆市42个区县2003年前共有经市财政核实的教育债务20.1亿元。总体看来，各区县债务数目与人口数量大小成正相关关系（在0.01显著性水平下R方为0.831），往往是人口大县或者大区负债总数大。同时，债务大小和经济发展程度（人均GDP）成负相关关系（在0.05显著性水平下R方为-0.385），即经济发展程度低的地区负债较为严重。此外，债务也与地方财政状况（人均预算内财政支出）成负相关关系（在0.05显著性水平下R方为-0.320），也即地方财力弱的区县负债较高。

重庆市各区县债务中欠债最多的前五个区县（万州、云阳、奉节、合川、江津），欠债额都在9 500万以上，债务总数达5.967 5亿元，占总债务的29.7%。但是这几个区县都是人口大区县，比如负债额最高的万州区，债务总量达到1.883 5亿元，拥有人口168.84万人，是重庆人口第一大区。这五个区县的债务额虽然达债务总数的29.7%，其人口总数也达到690.19万，占了重庆市总人口的22.2%。除了少数经济状况很好的区县以外，从总体的趋势来看是人口数越多的区县欠债额越大，债务额与人口数成强烈的正相关关系。而且这几个区县的“普九”时间均在1998-2003年间，正好是重庆市核实债务的时间（2003年）之前的这一段，可能是“普九”的压力造成了大规模举债或者是“普九”后时间太短，债务尚未来得及消解。

在欠债最多的五个区县中，万州区的人均 GDP 为 4 844 元，在重庆市处于第 22 位，云阳、奉节的人均 GDP 只有 2 449 元和 2 788 元，均处于倒数几位。合川、江津的经济发展水平稍微好些，在 42 个区县中处于中上游，但是，合川、江津的人均财政内预算支出却并不高，分别排在 42 个区县中的第 40 位和第 32 位。而人均 GDP 处于最后几位的县：酉阳、巫溪、城口，欠债额并不是很高。这几个县的“普九”时间都比较晚，分别在 2005 年、2006 年、2007 年，可能是因为“普九”的压力还没有到来，学校还未曾大力举债来完成达标任务，所以债务额还比较小。

三、浙 江 省

（一）浙江省基础教育债务的基本情况

据浙江省统计，2003 年末全省教育部门举办的学校负债 93.02 亿元（不含高等学校、中等专业学校、技工学校、成人中小学），详见表 4。

因基建形成的负债额为 88.82 亿元，占负债总额的 95.4%，设备购置形成的负债额为 3.46 亿元，占 3.7%。

在负债总额中，小学负债 12.16 亿元，占 13%，初中（含九年一贯制学校）负债 18.60 亿元，占 20.0%，普通高中负债 45.08 亿元，占 48.4%，职业高中负债 10.85 亿元，占 11.6%，完全中学负债 4.17 亿元，占 4.4%，特殊教育学校和教育部门举办的幼儿园等负债 2.13 亿元，占 2.2%。

按负债主体统计，县级及以上政府负债 26.94 亿元，占负债总额的 28.96%，乡镇政府负债 6.10 亿元，占 6.56%，学校负债 59.98 亿元，占 64.48%。详见表 5。

按负债形式统计，银行贷款 56.73 亿元，占负债总额的 60.9%，拖欠工程款（设备货款）22.29 亿元，占负债总额的 23.9%，各种应还未还集资款 6.76 亿元，占负债总额的 7.2%。

浙江省教育债务的形成具有如下几个特点。

表 4　浙江省 2003 年末教育债务统计

（单位：亿元）

类　别	合　计	小　学	初　中	九年一贯制	普　高	职　高	完全中学	特教学校	教育部门举办的幼儿园	其　他
合计	930 207.60	121 562.88	165 717.17	20 527.81	450 829.56	108 528.53	41 700.40	540.50	5 390.78	15 409.97
（一）基建	888 173.13	108 094.82	153 916.62	20 076.35	441 213.75	105 218.18	39 964.58	540.50	5 029.83	14 118.50
其中：银行贷款	557 444.39	43 726.47	62 216.19	13 533.59	333 021.14	68 979.00	21 955.00	365.00	1 792.00	11 856.00
拖欠工程款	207 006.68	44 204.94	58 746.81	3 912.86	65 825.28	19 662.82	11 683.89	119.50	1 313.88	1 536.70
集资款	62 762.18	14 087.23	15 851.62	999.60	18 831.73	8 698.66	2 273.59	6.00	1 631.95	381.80
其他	60 959.88	6 076.18	17 102.00	1 630.30	23 535.60	7 877.70	4 052.10	50.00	292.00	344.00
（二）设备	34 624.78	9 698.50	9 903.81	451.46	8 986.86	3 091.82	1 658.60	0.00	184.10	649.63
其中：银行贷款	9 906.53	1 663.20	1 727.00	95.00	4 040.00	1 514.00	234.00	0.00	0.00	633.33
拖欠贷款	15 937.13	5 032.43	5 401.33	323.72	3 116.50	657.95	1 358.60	0.00	46.60	0.00
集资款	4 771.69	1 777.94	1 669.83	19.94	647.31	459.87	46.00	0.00	134.50	16.30
其他	4 009.43	1 224.93	1 105.65	12.80	1 183.05	460.00	20.00	0.00	3.00	0.00
（三）人员支出	5 486.37	2 544.19	1 491.06	0.00	578.88	188.53	77.22	0.00	30.85	575.64
（四）其他	1 923.32	1 225.37	405.68	0.00	50.07	30.00	0.00	0.00	146.00	66.20

数据来源：浙江省财政厅提供。

表5　按负债主体统计的浙江省2003年末教育债务统计

（单位：亿元）

类　别	合　计	县级及以上政府负债	乡镇政府负债	学校负债
合计	930 207.60	269 386.93	61 044.95	599 775.72
（一）基建	888 173.13	262 337.08	58 161.19	567 674.86
其中：银行贷款	557 444.39	213 866.66	12 741.21	330 836.52
拖欠工程款	207 006.68	26 646.83	36 249.26	144 110.59
集资款	62 762.18	10 673.42	1 656.29	50 432.47
其他	60 959.88	11 150.17	7 514.43	42 295.28
（二）设备	34 624.78	4 129.53	1 486.65	29 008.59
其中：银行贷款	9 906.53	919.20	15.00	8 972.33
拖欠贷款	15 937.13	2 669.73	636.19	12 631.20
集资款	4 771.69	57.00	7.00	4 707.69
其他	4 009.43	483.60	828.46	2 697.37
（三）人员支出	5 486.37	2 920.32	140.30	2 425.75
（四）其他	1 923.32	0	1 256.80	666.52

数据来源：浙江省财政厅提供。

（1）从负债的时间来看，浙江省教育债务的形成基本上集中在近几年，即是在“普九”之后，这一点与中西部地区有很大不同，中西部地区的教育债务主要是在“普九”过程中形成的。以湖州市和龙游县为例，湖州市直属学校的负债主要是在2003年开始逐渐形成，主要以无风险和低风险债务为主。龙游县的教育债务主要是2001年以后开始形成。

（2）从负债的原因来看，浙江省教育债务形成主要是因为布局调整、“教育创强（县、乡）”、“万校标准化工程”、“四项工程”等非“普九”原因引起的，这也与中西部地区有很大区别，中西部地区的教育债务主要是由于“普九”引起的。

（3）从负债的教育阶段来看，浙江省教育债务主要集中在高中阶段，据2003年统计，高中负债55.93亿元，占教育负债总额的60%。其中普通高中负债45.08亿元，占48.4%，职业高中负债10.85亿元，占11.6%。湖州市教育负债的主要原因是为了满足广大人民群众接受高中阶段的教育需求而新建、扩建、改建学校所形成的。

（4）从负债的主体来看，学校是主要的负债主体，学校负债额占总额的64.48%，其次是县级及以上政府，占负债总额的28.96%，乡镇政府负债占6.56%。

（5）从负债形式来看，银行贷款是主要的债务，占负债总额的60.9%，其次是拖欠工程款（设备货款），占负债总额的23.9%，各种应还未还集资款占负债总额的7.2%。

（6）从经济发展水平来看，发达地区的非义务教育阶段负债规模大，与此相比较，不发达地区的义务教育阶段负债规模大。

（二）债务清理与偿还的做法和经验

浙江省人民政府专门于2005年1月13日出台了《浙江省人民政府关于加强地方政府性债务管理的通知》，从严格控制政府性负债行为、建立债务归口管理制度、编制债务收支计划等多方面对包括教育债务在内的地方政府性债务的管理进行了一系列的规定和规范，主要内容包括：

1. 严格控制政府性负债建设行为

对政府性负债建设项目，由同级发展改革（计划）、财政部门等对建设规模、筹资渠道、成本收益和偿债资金来源等作评审论证，重大项目应通过社会听证、公示等形式，充分征求各方面意见，坚决杜绝盲目、违规举债。龙游县规定对教育事业发展过程中确实需要上的新、大项目，必须经过科学论证，缜密测算，经有关部门审批并落实建设资金后，方可立项、开工，经财政局审价中心审核，方可结算。同时，建立会计核算中心，统筹安排预算内外资金，加强监督指导。

2. 建立政府性债务归口管理制度

对各级政府及其部门、所属单位举债，在政府统筹安排下，由同级财政部门实行统一归口管理，努力扭转多头举债、权责不清、调控不力的局面。各级财政部门负责政府性负债建设项目资金审核，承担本地政府性债务监督管理的具体职责。未经财政部门审核同意的，各级投资审批主管部门不得批准政府性负债建设项目。

3. 科学编制政府性债务收支计划

各级政府根据建设需要和承受能力，在编制年度财政收支预算的同时，要编制统一的地方政府性债务收支计划，明确政府性负债建设项目、投资规模和偿还本息等计划。政府性债务收支计划须经同级政府常务会议讨论通过后执行，并报上级财政部门备案。政府性债务收支计划需调增的，应按规定程序报批。

4. 着力完善政府性债务偿还机制

按照“谁举债、谁偿还”的原则，严格确定偿债责任单位，确保落实偿债资金来源，并按合同规定按期还本付息。没有稳定、可靠资金作还债保障的项目，各级政府不得负债建设。各市、县（市、区）政府要设立相应的偿债准备金。准备金数额一般为年初地方政府性债务余额的 3% －8%，有条件的可适当提高提取比例。偿债准备金由财政部门实行专户管理，不得截留、挪用。

5. 加强项目财务监督和绩效评价

财政部门要及时、准确地掌握政府性负债建设项目贷款及配套资金等的使用情况，会同有关部门加强稽核检查，实行过程控制，严防项目举债突破计划规模。政府性负债建设项目完成后，财政、发展改革（计划）等部门要对项目的社会经济效益、功能作用以及债务偿还能力等进行全面的绩效评价。强化政府性投融资机构财务监督，切实规范内部运作机制。

6. 构建政府性债务风险预警体系

建立政府性债务报告制度，各市、县（市、区）要对本级政府性债务进行全面、分类统计，定期编制报告，由政府主要领导签字后，报上一级财政部门备案。建立债务风险监测指标体系，以负债率（债务余额与当年地区生产总值的比例）、债务率（债务余额与当年可支配财力的比例）、偿债率（年度还本付息额与当年可支配财力的比例）等为重点，对政府性债务的规模、结构和安全性进行动态监测和评估。其中，负债率不得超过 10%，债务率不得超过 100%，偿债率不得超过 15%。可支配财力是指本级政府剔除行政事业单位正常运转经费外的预算内外资金。已突破上述比例的市、县（市、区），要切实采取有效措施，努力把各项指标降低到限制水平之下。

7. 坚决限制政府融资担保行为

除经国务院批准的为使用外国政府贷款或者国际经济组织贷款进行转贷之外，各级政府及其部门不得提供融资担保，切实防止将市场主体经营性债务风险转嫁到地方政府。

8. 清理消化乡镇政府性债务

按照国务院关于“制止新债，摸清底数，明确责任，逐步化解”的原则，对已经形成的乡镇政府性债务，进行全面、彻底的清理，并制订具体的偿债计划，因地制宜采取有效的化解措施。乡镇政府及其下属单位原则上不得举债，对特殊情况下确有必要的，必须严格按照从紧的原则，报县（市、区）政府批准。

另外，实地调查的龙游县地方政府还采取了“盘活存量，进行资产处置”的措施化解教育债务。这一措施的核心思想是树立全县一盘棋的原则，盘活闲置教育资产，加强可用资金的统筹，集中力量偿还重点债务。目前全县可供盘活的教育资产有145 处，约9 998 万元。教育部门成立了教育发展总公司，其职能就是统一处置闲置教育资产。全县所有的教育债务都由教育发展总公司来管理，减少了随意负债的风险。学校建设的任务也由教育发展总公司来负责，力图有效遏制学校盲目建设。

而湖州市也采取了类似的方式——即“土地置换”——来消除教育债务。负责人员举例指出，该市新世纪外国语学校现址占地25. 92 亩，按每亩300 万元计算约7 800 万元；湖州五中及原艺术与设计学校现址占地约60 亩，按每亩200 万元计算约1. 2 亿元。湖州十五中约27 亩，因为有一部分规划在沿河绿化带内，剩余的土地估计可以置换3 600 万元左右。上述4 宗地块由土地储备中心收购拍卖，估算值为2. 34 亿元。

但是，两地的试验都发现，教育闲置资产处置困难较多。教育资产因体制原因，存在产权不明晰情况。1987 年1 月1 日以前建成的学校作为事实用以“土地捐赠协议”或“土地权源证明”等材料确权，但村级不肯出具“土地权源证明”；1987 年1 月1 日以后建成的学校，凭相关文件申报登记办理土地证，但很难收齐相关文件；学校的使用土地来源不同，办证要求不同，特别是办房产证时，质检证明较难收集。同时，因权属关系不清，很难形成统一的利益分配机制。

四、湖　北　省

（一）湖北省基础教育债务的基本情况

根据湖北省财政厅副厅长周顺明同志在《全省财政教科文财务管理现

场培训会议上的讲话》，从 2006 年开始，湖北省开始全面展开义务教育“普九”债务审计工作。湖北省采取相互审计的方法，并拨省内专项资金集中人力，集中时间，对全省各县（市、区）每所中小学进行全面审计。在锁定债务时间①、锁定债务本金②、锁定债务利息③的基础上，审计部门对每所学校下达审计结论，同时，每审计一所学校后，学校与欠款单位、个人必须签订还款协议书，并附欠款单位和个人姓名、数额的明细表，审计组组长在还款协议书上签字盖私章，这样将债务锁定死作为今后偿还债务的法律依据。同时每个县要填写审计结果，与此同时，财政局长、教科文科长要签字盖章。

由于湖北省正在债务锁定和清理阶段，所以在调研中并没有收集到该省具体的教育债务的数额。

（二）恩施自治州的个案调查

据不完全统计，截至 2005 年 11 月，全州基础教育阶段共有债务（含高级中学在内）25 580.22 万元，其中农村学校“普九”债务 12 876.41 万元，占全部债务的 50.3%；城区学校“普九”债务 3 889.58 万元，占全部债务的 15.2%。所辖的两市六县的农村义务教育阶段形成的债权及债务负担情况：施工队和其他方（主要是指民间贷款）为主要债权方，债务主要是以学校名义借贷，占到总债务的 60.6%，值得注意的是，乡镇政府作为债务方也占一定的比重，达到 24.2%。

---

① 锁定债务时间。关于“普九”的时间，湖北省总的时间段是从 1995 年 1 月到 1997 年 12 月，极个别县（市、区）由于多种原因“普九”时间推迟到 1998 年。其间因“普九”而发生的本金和按当期的贷款利率计算的利息作为“普九”债务。在此之前和在此之后因改善办学条件产生的债务，一律不能算作“普九”债务。

② 在“普九”期间，为改善学校办学条件，新征校园土地，新建维修各类校舍，修建运动场、校门、围墙、厕所、校道，购置图书和教学仪器设备（包括八室配套），添置课桌椅，以及校园绿化等形成的支出，与按政策规定所取得的实际资金投入（包括政府财政拨款、教育集资、教育捐赠等）相比形成的收支差额，即为“普九”债务本金。在此期间新建维修教职工宿舍，发放教职工工资、津补贴、福利、奖金等形成的债务，一律不能算作“普九”债务。

③ “普九”期间形成的债务利息一律以借款期间金融机构一至三年贷款法定基准利率为准计算，以不高于当年同期银行贷款利率进行计算。

表6　恩施自治州农村学校普九债务统计表　（单位：万元）

县　市	农村学校普九债务								
	合　计	债　权				债　务			
		欠银行	欠施工队	欠厂商	欠其他	学校欠债	教育行政部门欠债	村委会欠债	乡镇政府欠债
合计	12 876.41	1 393.51	5 808.51	693.95	4 980.44	7 797.28	766.28	1 199.12	3 111.30
		10.8%	45.1%	5.4%	38.7%	60.6%	6.0%	9.3%	24.2%
恩施市	625.67	33.63	485.68	72.17	34.19	385.69	20.55	6.45	210.98
		5.4%	77.6%	11.5%	5.5%	61.6%	3.3%	1.0%	33.7%
利川市	1 282.71	3.00	768.00	109.68	401.97	179.00	188.97	74.12	840.19
		0.2%	59.9%	8.6%	31.3%	14.0%	14.7%	5.8%	65.5%
建始县	1 107.80	661.00		120.00	326.80	668.94	57.25		381.61
		59.7%	0.0%	10.8%	29.5%	60.4%	5.2%	0.0%	34.4%
巴东县	4 983.33	230.87	1 774.95	38.84	2 938.67	4 465.28		518.05	
		4.6%	35.6%	0.8%	59.0%	89.6%	0.0%	10.4%	0.0%
宣恩县	1 430.79	33.00	1 100.00	43.00	254.79	190.00	60.00	500.00	680.79
		2.3%	76.9%	3.0%	17.8%	13.3%	4.2%	34.9%	47.6%
咸丰县	1 840.00	330.00	1 130.00	170.00	210.00	750.00	200.00	100.00	790.00
		17.9%	61.4%	9.2%	11.4%	40.8%	10.9%	5.4%	42.9%
来凤县	603.80	83.81	191.60	52.36	276.03	413.57		0.50	189.73
		13.9%	31.7%	8.7%	45.7%	68.5%	0.0%	0.1%	31.4%
鹤峰县	1 002.31	18.20	358.22	87.90	537.99	744.80	239.51		18.00
		1.8%	35.7%	8.8%	53.7%	74.3%	23.9%	0.0%	1.8%

数据来源：由恩施自治州州教育局计财股提供。

表7　恩施自治州基础教育债务情况统计表　（单位：万元）

县　市	债务合计	农村学校“普九”债务	城区学校“普九”债务	高级中学（含职中）债务	其他债务	债务合计库区学校债务	政府已清理认定的债务		债务合计中利息
							合　计	已划拨政府的	
合计	25 580.22	12 876.41	3 889.58	6 497.14	2 316.99	1 642.12	19 610.71	4 205.50	1 022.14
恩施市	1 949.47	625.67	626.60	347.20	350.00		1 836.33		
利川市	2 410.05	1 282.71	283.26		844.08		2 410.05		206.86
建始县	3 080.70	1 107.80	649.40	1 323.50			780.00	780.00	75.00
巴东县	7 241.67	4 983.33	752.27	1 267.00	239.07	1 492.12	5 974.67		141.22
宣恩县	2 277.56	1 430.79	133.77	698.00	15.00	14.00	1 564.56		112.00
咸丰县	3 855.00	1 840.00	215.00	1 450.00	350.00	60.00	3 855.00	1 855.00	200.00
来凤县	1 712.20	603.80	588.00	471.00	49.30		1 712.10	92.50	149.26
鹤峰县	3 053.57	1 002.31	641.28	940.44	469.54	76.00	1 478.00	1 478.00	137.80

数据来源：由恩施自治州州教育局计财股提供。

（三）恩施州宣恩县和建始县的个案调查

1. 宣恩县

宣恩县农村义务教育阶段学校债务总额为 2 557 万元①，按债务的占用形态分：银行贷款 50. 53 万元，世行贷款 400 万元，农村合作基金会贷款 5 万元，个人集资 557. 96 万元，其他应付未付款项（含利息、工程款）等 1 543. 51 万元，各自占的比例为：2%、15. 6%、0. 2%、21. 8%、60. 4%；由县人民政府承担的农村义务教育阶段学校债务总额为 2 557 万元。按债务的形成性质分类：购建固定资产 931 万元，购置图书及设备 45 万元，改善基础设施 598 万元，其他债务 983 万元，各自占的比例为：36%、1. 8%、23%、39. 2%。按债务的形成性质分类：主要是用于基础设施投入及改善办学条件。宣恩县城镇学校的债务（含一中）为 865 万元，农村学校债务为 2 274 万元。

宣恩县教育债务形成的主要时期在 1998 年至 2001 年，主要原因是：其一，升级达标活动严重超越承受能力。2001 年以前各乡镇为达到"普九"达标的要求，对学校进行"三新四化八配套"等投入，严重超越了学校及当地财政的负担能力。其二，高息借款。宣恩县各乡镇在进行"普九"攻坚时，为完成各项攻坚任务，在县级财政无法保障的情况下学校只好向民间个人高息借款，签订工程合同时约定高息等造成欠债。

宣恩县在 2003 年与 2004 年组织了财政、审计、监察、教育等部门的相关人员对全县"普九"债务进行了锁定，确定了逐年还款的计划，制订了还本挂息、债权债务相抵等化解"普九"债务的措施。县政府在锁定债务后，又明确了学校债务由县政府来偿还的机制。

在禁止新债务的产生方面，宣恩县相关负责人提出应做到以下四个方面：① 在没有政府及教育行政主管部门的批复下，各学校不得自行上项目，搞建设，严把工程的立项、招投标、建设关，实行"谁举债，谁负责"；② 切实加强财务管理，严肃财经纪律；③ 严格实行预算制度，将各项收支

---

① 由于目前湖北省正在进行义务教育阶段的债务清理，因而州一级与县一级的统计口径上面可能存在差异，致使这一数据与州统计数据不同。

金额纳入单位的部门预算，严格按部门预算执行各项开支；④ 建议在公用经费中规定一定的比例用于偿还债务。

2. 建始县

建始县有中小学校280所（点），其中：完小172所，教学点80处，初中25所，高中3所。在校学生71 320人，其中：公办小学42 998人，初中20 408人，高中7 419人（含师范生549人）。

截止到2005年12月31日，建始县教育债务共有4 877.75万元，建始县中小学下欠总债务为：3 382.75万元，其中：本金3 008.51万元，利息374.24万元。学校总债务中,“普九”总债务4 219万元，其中：本金3 886万元，利息353万元。通过政府化解债务、学校多方筹资积极偿还债务，截至2005年12月，已经偿还消化“普九”债务2 811万元，全县仍然下欠“普九”债务1 407.8万元。

建始县小学教育债务按债权人构成分：银行贷款49.41万元，占总债务的2.94%；施工方956.6万元，占总债务的56.91%；商家202.9万元，占总债务的12.07%；民间贷款472.08万元，占总债务的28.08%。按项目投入构成分：基础建设1 049.07万元，占总债务的62.41%；下达项目建设超支441.97万元，占总债务的26.29%；设备购置166.95万元，占总债务的9.93%；教育教学23万元，占总债务的1.37%。按欠债主体构成分：学校欠债1 470.44万元，占总债务的87.47%；县政府欠债210.55万元，占总债务的12.53%。

建始县初级中学教育债务按债权人构成分：银行贷款83.82万元，占总债务的4.93%；施工方986.51万元，占总债务的57.96%；商家308.63万元，占总债务的18.14%；民间贷款322.8万元，占总债务的18.97%。按项目投入构成分：基础建设1 250.39万元，占总债务的73.48%；下达项目建设超支330.55万元，占总债务的19.42%；设备购置115.33万元，占总债务的6.78%；教育教学5.49万元，占总债务的0.32%。按欠债主体构成分：学校欠债1 646万元，占总债务的96.72%；县政府欠债35.76万元，占总债务的2.1%；省州欠款20万元，占总债务的1.18%。

表 8 建始县教育债务构成情况统计分析（小学）

单位：建始县教育局（债务统计时间截至 2005 年 12 月 31 日） 填表时间：2006 年 3 月 14 日 （单位：万元）

学校类别	总债务			按债权人构成分				按项目投入构成分				按欠债主体构成分			
	计	本金	利息	银行贷款	施工方	商家	民间借贷	基础建设	设备购置	教育教学	下达项目建设超支	学校欠债	县政府欠债	乡镇政府欠债	省州欠拨款
合计	1 680.99	1 484.37	196.62	49.41	956.60	202.90	472.08	1 049.07	166.95	23.00	441.97	1 470.44	210.55		
县实验小学	267.59	267.59		49.00	179.19	6.50	32.90	76.50	39.40	11.40	140.29	72.70	194.89		
县特校	9.80	9.80			8.30	1.50		8.30	1.50				9.80		
业州镇	129.77	129.59	0.18	0.41	35.98		93.38	128.92	0.85			129.77			
长梁乡	129.93	118.03	11.90		103.90	14.13	11.90	76.01	14.12		39.80	129.93			
茅田乡	54.86	47.64	7.22		36.86	6.04	11.96	36.29	2.79	2.30	13.48	49.00	5.86		
龙坪乡	102.81	92.00	10.81		52.07		50.74	84.92	17.89			102.81			
高坪镇	247.40	152.30	95.10		109.50		137.90	123.60			123.80	247.40			
红岩镇	75.03	55.12	19.91		30.50	20.33	24.20	43.03	11.00	2.00	19.00	75.03			
三里乡	248.00	248.00			180.00	68.00		106.00	63.00	5.00	74.00	248.00			
花坪乡	151.00	107.50	43.50		42.60	86.40	22.00	122.70	2.50	2.30	23.50	151.00			
景阳镇	120.10	112.10	8.00		33.00		87.10	98.10	13.90		8.10	120.10			
官店镇	144.70	144.70			144.70			144.70				144.70			
各构成项目所占总债务%		88.00	12.00	2.94	56.91	12.07	28.08	62.41	9.93	1.37	26.29	87.47	12.53		
有关情况说明															

计算公式：① 2 = 3 + 4；② 2 = 5 + 6 + 7 + 8；③ 2 = 9 + 10 + 11 + 12；④ 2 = 13 + 14 + 15 + 16

表9　建始县教育债务构成情况统计分析（初中）

单位：建始县教育局（债务统计时间截至2005年12月31日）　　填表时间：2006年3月14日　（单位：万元）

学校类别	总债务			按债权人构成分				按项目投入构成分				按欠债主体构成分			
	计	本金	利息	银行贷款	施工方	商家	民间借贷	基础建设	设备购置	教育教学	下达项目建设超支	学校欠债	县政府欠债	乡镇政府欠债	省州欠拨款
合计	1 701.76	1 524.14	177.62	83.82	986.51	308.63	322.80	1 250.39	115.33	5.49	330.55	1 646.00	35.76		20.00
县实验中学	104.66	104.66		70.00	21.05		13.61	103.06	1.60			91.05	13.61		
业州镇	173.88	173.88			136.70		37.18	169.61	4.27			173.88			
长梁乡	95.17	95.17			95.17			76.57			18.60	95.17			
茅田乡	46.86	29.41	17.45		4.15		42.71	41.25	1.46		4.15	24.71	22.15		
龙坪乡	75.86	62.06	13.80	7.60	41.66		26.60	49.26	26.60			75.86			
高坪镇	125.50	97.00	28.50		97.00		28.50	77.50			48.00	125.50			
红岩镇	145.43	119.06	26.37		33.80	32.93	78.70	73.94	31.40	4.29	35.80	145.43			
三里乡	151.00	151.00			138.00	9.00	4.00	6.00	9.00		136.00	131.00			20.00
花坪乡	406.50	324.30	82.20	6.22	99.58	266.70	34.00	301.40	35.60	1.20	68.30	406.50			
景阳镇	57.50	48.20	9.30				57.50	32.40	5.40		19.70	57.50			
官店镇	319.40	319.40			319.40			319.40				319.40			
各构成项目所占总债务%		89.56	10.44		57.96	18.14	18.97	73.48	6.78	0.32	19.42	96.72	2.10		1.18
有关情况说明															

计算公式：① 2 = 3 + 4；② 2 = 5 + 6 + 7 + 8；③ 2 = 9 + 10 + 11 + 12；④ 2 = 13 + 14 + 15 + 16

表 10　建始县教育债务构成情况统计分析（高中）

单位：建始县教育局（债务统计时间截至 2005 年 12 月 31 日）　　填表时间：2006 年 3 月 14 日　（单位：万元）

学校类别	总债务			按债权人构成分				按项目投入构成分				按欠债主体构成分			
	计	本金	利息	银行贷款	施工方	商家	民间借贷	基础建设	设备购置	教育教学	下达项目建设超支	学校欠债	县政府欠债	乡镇政府欠债	省州欠拔款
合计	1 480	1 430	50	300	730		450	1 480				1 480			
建始一中	1 450	1 400	50	300	700		450	1 450				1 450			
县职业技校	30	30						30				30			
各构成项目所占总债务%															
有关情况说明															

计算公式：① 2 = 3 + 4；② 2 = 5 + 6 + 7 + 8；③ 2 = 9 + 10 + 11 + 12；④ 2 = 13 + 14 + 15 + 16

表 11　建始县教育债务构成情况统计分析（幼儿园）

单位：建始县教育局（债务统计时间截至 2005 年 12 月 31 日）　　填表时间：2006 年 3 月 14 日　（单位：万元）

学校类别	总债务			按债权人构成分				按项目投入构成分				按欠债主体构成分			
	计	本金	利息	银行贷款	施工方	商家	民间借贷	基础建设	设备购置	教育教学	下达项目建设超支	学校欠债	县政府欠债	乡镇政府欠债	省州欠拨款
1	2	3	4	5	6	7	8	9	10	11	12	13	14	15	16
合计															
幼儿园	15	15			15			15				15			
各构成项目所占总债务%		100			100			100				100			
有关情况说明															

计算公式：① 2 = 3 + 4；② 2 = 5 + 6 + 7 + 8；③ 2 = 9 + 10 + 11 + 12；④ 2 = 13 + 14 + 15 + 16

建始县的上述“普九”债务数额是由两部分构成的，具体情况如下：

第一，县政府锁定“普九”债务（996 万）及偿还情况。2002 年 6 月，由县政府牵头，组织审计、财政对全县各乡镇政府负债情况进行了调查核实，旨在对各乡镇政府承担的债务进行调查核实，不包括乡镇各部门的负债情况，各乡镇政府只报告了由乡镇政府表态所实施的“普九”项目欠下的债务。因此，县政府也只锁定了各乡镇政府“普九”债务 996 万元，而教育部门实施“普九”所欠下的债务未予锁定。

第二，建始县政府未锁定“普九”债务情况。在 2001 年 5 月，建始县教育督导室根据省教育督导室的统计要求（只统计乡镇以下初中、小学债务），统计上报省政府督导室的“普九”债务是 1 656 万元（不含实验中学、实验小学的 486 万元）。由此可见，到 2001 年，建始县初中小学仍欠“普九”债务 2 142 万。但 2002 年 6 月，县政府未将由学校投入的“普九”所欠债务 1 935 万元（包括政府锁定的 996 万元的利息和未锁定债务利息以及业州镇实验初中、小学在 1992 年向学生家长借资 362 万元）予以锁定。到 2005 年底，未锁定债务经过教育学校多方筹资挤经费，已偿还了 861 万元，仍然下欠债务 1 073 万元。

此外，建始县自 1999 年至 2005 年，下欠非“普九”债务 2 638 万元，已经支付 1 002 万元，仍然下欠 1 636 万元。债务形成的主要原因有：

一是在 1998 年“普九”验收后，在旧债未还的基础上，按照湖北省教育厅的精神又开展了“普及实验教学”的工程，先由省配备仪器设备，再付款，全县又投入 100 多万元。

二是从 2000 年至 2002 年，部分学校按照省的要求，积极实施现代信息技术教育。原上级文件规定，可以向学生收取上机费，所以学校采取“借、赊、欠”等方式进行微机室建设。2002 年税费改革不容许收取上机费了，学校又欠下了一笔债务。

三是项目建设也是导致欠债的原因。如：2003 年省安排的寄宿制项目，由中央和省下达专项资金。学校在实施项目时，按照上级计划安排资金进行实施。但是，中央的资金到位了，而省里配套资金 70 多万元至今未到位，导致学校欠债。又如危房改造资金，上级专项资金补助标准每平方米只有 199 元，加上基建过程中存在超标准投资，因而增加了学校的债务。

四是建始县的校舍 80% 左右都属于 20 世纪 90 年代以前建造的，质量低劣且大部分又属农民投工献料所建，大量危房不断出现，势必造成学校维修投入增加。特别是，2002 年后，学校收费规范化、农民投工集资取消，学校在无资金来源的情况下，只好负债进行校舍的维修改造，逐渐地增大了学校债务。

五、初步的政策建议

全国性大面积的、高额的“普九”欠债现象是我国至今缺乏稳健的、制度化的农村义务教育财政保障机制的标志性问题。特别是农村学校的基建投入在实践中尚未规范化地、全面地纳入公共财政体制。这一根本问题不解决，即便旧的债务被清理，新的债务又会不断产生。这些现象即使在高度重视教育债务问题的重庆也存在。

在缺乏农村学校基建投入保障机制的背景下，下述的因素导致了教育债务的衍生和增加：

第一，教育事业规划与资金需求预算分离。在现实中，不仅在学校层次，甚至在县、乡管理层次，教育事业规划——常常以学校新建和扩充为主要内容——不包含资金需求计划。这导致教育事业规划可能脱离地方财政现实，另一方面在地方政府资金短缺和投入意愿不足的情况下，又造成了建设在先、投入在后（以偿债形式）的格局，从而更加激励这种行为的延续。

第二，对于政府和学校二者都缺乏有效问责制度。大量教育债务产生的根本原因在于地方政府未能兑现其资金投入的承诺。另一方面，在学校依靠自身筹资的同时，学校财政行为严重缺乏规范是一个必须引起高度重视的问题。当前，对于学校自我筹资的项目，缺乏对于建设规划和资金筹措方案的严格的审查程序，尤其是从财政角度进行的审查程序。实地调研发现，部分学校以高达 10% －20% 的利息率从教师和社区进行筹资，部分学校追求超过地方现实的高标准建设。因此导致的欠债最后难以问责。

关于解决农村地区教育债务问题和建立中小学基建投入的长效保障机制，提出下述几个建议。

建议一：建立多级政府共同分担投资责任的体制。未来应建立中央—省—县各级政府既分工又合作的筹资机制。改变过去完全由基层单位负担的制度安排，中央和省一级政府要承担起一部分农村学校基建资金的筹资工作。但是，在这种筹资体制下，基层政府应负责具体实施，以避免上文提到的信息不对称和激励机制问题。

建议二：解放思想，探讨多种筹资机制。世界各国采用的基础教育基建投入筹资机制主要包括五种：（1）公债；（2）贷款；（3）经常性拨款；（4）一次性拨款；（5）从私营部门筹资等。上述做法可供我国借鉴。根据我国的现实情况，未来可以继续探讨在教育基建投资方面的多元化筹资机制，核心问题是如何将各种机制更加制度化和规范化。

建议三：在近期内，应将改革资金提供机制作为重点，更加广泛地借助金融机构和手段将基建投入转化为常规性、长期性的经费支出。也就是说，与其使用专款方式下拨，不如支持在现有银行体系内成立独立的国家中小学基建贷款项目。需要进行学校基建项目的地方政府提出申请，经过教育效益和申请者财力评估后，银行为之提供低息或无息贷款。这样做的好处有以下几点：（1）这种措施可以和建立“以县为主”的义务教育财政体制以及加大各级政府的投入责任的改革相结合。（2）与此同时，中央政府可以通过调整贷款条件贯彻政策重点，例如对于那些贫困地区可以实施无息贷款、全额贷款补助或拉长贷款期限支持。（3）建立事前效益控制机制，不同于现在的事后控制，而且将提高资金使用效益的压力转移给学校和基层政府。

建议四：逐步建立全县统筹的教育债务管理机制和教育基建投入管理机制，同时加速建设省级教育债务及教育基建投资的监管机制。在这一方面，浙江省龙游县的做法可供借鉴。在有条件的地区，可以采用省级教育机构跟建筑商签合同，将几个县的基建项目联合起来招标以降低成本。

建议五：建立常规性的学校长期基建报告制度，内容应包括对现有校舍的评估和根据预期学生人数对校舍情况进行的分析，报告的时间跨度应为5－10年。这种长期基建报告应成为学校基建投入的核心依据。

田野调查报告二：

“农村义务教育经费保障机制改革”的成效与问题

——以江苏与湖北为例

北京大学中国教育财政科学研究所课题组

（2008 年 4 月）

导　　言

为深入分析“农村义务教育经费保障机制改革”（后简称“新机制”）实施的成效和问题，北京大学中国教育财政科学研究所课题组[①]于 2007 年 5－7 月在江苏和湖北的 22 个县/区/县级市进行了田野调查，针对学校、学生和教师进行了抽样调查，进行了个案和定量分析。本报告初步总结了主要的研究发现。

报告共分四个部分。第一部分以湖北和江苏为案例，分析了“新机制”的政策实施和执行过程中的具体制度安排以及所产生的问题；第二部分从几个维度分析了“新机制”改革的成效，包括根据学校收入和支出方面的变化，分析了“新机制”对义务教育资源配置的影响，以及“新机制”对学生和家庭的教育支出及负担的影响；第三部分介绍了根据教育生产函数方法，使用本次搜集的数据进行的教育资源分布对学生成绩影响的初步分析发现；最后一部分是结论与讨论。

---

① 课题组成员包括：郭建如、丁延庆、薛海平、刘积亮。郭建如，北京大学教育学院副教授；丁延庆，北京大学教育学院副教授；薛海平，首都师范大学教育学院副教授；刘积亮，北京大学中国教育财政科学研究所科研助理。

一、“农村义务教育经费保障机制改革”的执行与实施

（一）湖北省案例分析

湖北省“农村义务教育经费保障机制改革”实施的范围是所有农村（含县镇、农垦、林场）的义务教育阶段中小学校。湖北省的农村义务教育经费保障新机制的实施有如下几个方面的特点。

1. “以省为主”的财政责任分担原则

为了确保“新机制”的资金供给，湖北省明确规定改革资金从各级财政新增财力中安排，并单列、全额纳入财政预算，不能占用教育经费的正常增量。在由地方政府承担的资金安排中，体现了“以省为主”和“省拿大头”的原则。在湖北省2007年所需的21.09亿元资金中，中央承担13.19亿元，应由地方承担的免杂费资金总额中，省本级财政承担资金总量的比例超过了94%，在一定程度上避免了可能由于县市级财力有限导致的资金不到位或不足的问题。

2. “分项目、按比例”的具体标准

（1）免学杂费：标准为农村小学每生每年170元、初中每生每年270元；县镇小学每生每年200元、初中每生每年300元。所需资金由中央、省两级分担。（2）免费提供教科书：标准为小学每生每年70元、初中每生每年140元。覆盖面为全省151万名家庭（含城市低保户）经济困难学生，所需资金全部由中央提供。（3）“一补”（即贫困寄宿学生生活补助）：覆盖面为151万名家庭（含城市低保户）经济困难学生中的寄宿生，所需资金由县（市、区）承担并纳入本级财政预算，补助标准及方式由县（市、区）人民政府确定。（4）公用经费的保障标准及责任。湖北省实施提高公用经费保障水平三步走的方案，到2010年生均公用经费将达到国家规定的公用经费定额标准：每生每年小学300元，初中500元。（5）校舍维修改造长效机制：标准及计算办法是按校舍生均标准面积（小学4.5平方米，初中6平方米）计算标准校舍面积，扣除中小学危房改造工程已改造面积后，再结合折合率（3.3%）、单位校舍改造成本（每平方米300元）因素，

测定各县市区维修改造资金总额。校舍维修改造资金由中央和地方按5:5的比例共同承担。(6)农村中小学教师工资保障。湖北省在改革方案中明确，按现行体制，将教师工资和地方附加津补贴纳入政府财政预算和财政统一发放范围。

此外，湖北省还明确继续执行已制定的教育投入政策，防止出现"挤出效应"。严格限定农村义务教育改革新机制实施中的收费政策，防止出现"一边减免，一边收费"的现象。加强了政府机构的组织保障与监督措施，通过实施"预算制"和"校财局管"实行严格有效的经费管理措施。

（二）湖北省沙洋县案例分析

为顺利实施中部地区农村义务教育经费保障机制，财政部、教育部确定沙洋县为中部地区新机制改革试点县之一。沙洋县在"校财局管"财务管理体制上进行了卓有成效的探索，做到了四个直达：预算编制直达学校、财务核算直达学校、资金拨付直达学校、财务监控直达到学校。取消了过去层层转移支付的程序，避免了资金被挤占、挪用的可能，从而保证了资金在使用中的安全性。

除此以外，沙洋县值得关注的措施还包括将教师的工资和福利更加全面地纳入公共财政保障体系。首先，将教师专业技术职务工资（工资构成中的固定部分）、职务岗位津贴（工资构成中的活的部分）、提高10%的部分、特岗津贴（教龄津贴、班主任津贴）四项基本工资全额纳入预算，通过国库支付网络直达教师个人账户，确保及时足额发放。另外，从2007年起，将全县教师平均津补贴202.3元全部纳入年初预算，切实保障教师待遇不低于当地公务员发放水平。沙洋县还落实了教师第13个月工资的发放，并继续将在职教师的养老保险、失业保险、医疗保险、大病救助、住房公积金等按国家法定投入比例纳入年初财政预算。

（三）江苏省案例分析

江苏省地处东部，是我国经济和教育较为发达的省份之一。按照国家农村义务教育经费保障新机制的方案，东部地区新机制的改革在中央和地方的分担比例上是很不一样的。江苏省的"新机制"执行方案具体内容如下。

1. 免收学杂费的经费补助

江苏省在2006年秋季新学期开始就对农村义务教育阶段学生全部免收学杂费，并规定，经当地县级以上人民政府教育行政部门批准的民办学校就读的义务教育阶段学生也享受相应待遇。免费项目和标准为各省辖市制定的“一费制”文件中的杂费项目（含信息技术费和冬季取暖费）及其标准。实行义务教育免收学杂费后，县（市、区）财政对学校（包括民办学校）安排免收学杂费补助资金。省财政按照基准补助定额和2005年度学生数，并根据各地经济发展和财力状况对部分县（市、区）安排免收学杂费专项补助资金。从2007年起，免收学杂费补助资金和现行财政预算内生均公用经费拨款归并，由县级财政按财政预算内生均公用经费新标准予以安排，并逐步提高学校公用经费保障水平。各级财政安排的免收学杂费补助资金和预算内生均公用经费拨款的支付，均按照国库集中支付有关规定办理。

2. “一免一补资金”

对于免费提供课本所需的资金，经济薄弱地区由省财政全额承担，其他地区由县级财政承担。补助家庭经济困难寄宿生生活费所需资金，由县级财政按每生每年不低于300元标准列入预算。家庭经济困难寄宿生的住宿费由学校负责免除。

3. 农村中小学生均公用经费的安排

公用经费省县分担比例根据县经济发展状况而确定，省里制订公用经费基准定额标准并逐年提高，确保提前达到国家规定的要求。各县（市、区）要结合实际，按照不低于省定基准定额和免学杂费前公用经费支出标准的原则，制订本地公用经费拨款标准。省财政按照免收学杂费的补助比例安排对经济薄弱地区的公用经费补助资金，其余部分由县级财政在预算内足额安排。

4. 改善经济困难地区办学条件的“六有”、“四配套”工程

近几年，江苏省的教育重点工程建设（主要指专项拨款）主要有“六有”工程（2004－2005年）（有餐厅、宿舍、床铺、整洁校园、水冲式厕所、冷热饮用水）、义务教育“三新一亮”工程（2006年）（课桌、凳子、讲台三新；电脑亮）、“四室建设”工程（图书、音乐、体育器材、实验）、“四项配套”工程（包括图书、教学仪器、体育器材、音乐美术器材等）、

"校校通网"工程。

5. 关于基建与维修资金的问题

现在学校的基本建设资金需要按程序申报，由教育局和财政局组织审查决定是否给予投资。学校的基建主要是修建学生宿舍以及危房改造和小型维修，大型校舍建设需要财政审批。

6. 关于收费方面的管理

实行义务教育免收学杂费后，公办学校只能按"一费制"规定收取课本费、作业本费两项代收费项目和寄宿学生住宿费，政府、学校和教职工不得再向学生收取其他应由学校提供的公共性服务费用。民办学校要在现有实际收费水平基础上，按公办学校免收学杂费的标准减收学生学费，不得擅自提高收费标准，不得以任何形式增加学生经济负担。

（四）"新机制"实施过程中的问题

根据在湖北、江苏两省的调研，目前"新机制"实施过程中暴露出来的具有共性的问题主要是：

第一，公用经费以及学杂费减免补助不能够一次到位，或到位周期过长，造成了学校经费运行中的困难。

第二，农村中小学校的债务问题仍然较为严重，基建投入的问题没有得到彻底解决。另外，贫困寄宿生补助标准较低、教师津补贴等问题也较为突出。

第三，按照学生人均定额的方式拨付公用经费使一些学生数较少的学校处于不利地位，同时加强预算管理的制度一方面使得资金使用更加规范化，但同时也减少了学校的财政自主性，这两者的均衡是未来制度完善应考虑的问题。

（五）关于经费及时到位问题的调查

1. 免杂费拨款到位情况

调研中，回答本题的农村公立中小学有效样本为163所，占学校总样本的71.2%，缺失值66所，占总样本的28.8%。缺失学校样本中，城市学校21所，农村民办学校4所，这两部分学校占全部缺失学校样本的37.8%，因为市和县直属学校和民办学校不在新机制范围内，故没有免杂费，所以反映在数据中为缺失值。

2007 年春季学期，在湖北省，免杂费拨款完全到位（即 100%）的学校占有效学校样本的 40.4%；不到位的学校样本中，免杂费拨款经费完全没到位的学校占有效样本的 4.3%，经费到位在 0 – 50% 间的学校占有效样本的 22.3%，经费到位在 50% – 100% 之间的学校占有效样本的 33%。在江苏省，免杂费拨款完全到位（即 100%）的学校占有效学校样本的 47.8%；不到位的学校样本中，免杂费拨款经费完全没到位的学校占有效样本的 10.1%，经费到位在 0 – 50% 间的学校占有效样本的 14.5%，经费到位在 50% – 100% 之间的学校占有效样本的 27.6%。总体上看，被调查的江苏和湖北两省农村中小学样本中，超过一半的学校在不同程度上存在免杂费拨款经费不到位情况。从学校类型上看，村完全小学免杂费拨款到位情况最差，其次为乡镇属独立初中，相对来说，乡镇中心小学免杂费拨款到位情况最好。

2. 公用经费拨款到位情况

回答本道问题的农村公立中小学有效样本为 156 所，占学校总样本的 68.1%。2007 年春季学期，在湖北省，公用经费拨款完全到位（即 100%）的学校仅占有效学校样本的 23.4%；不到位的学校样本中，公用经费拨款完全没到位的学校占有效样本的 8.5%，经费到位在 0 – 50% 间的学校占有效样本的 22.4%，经费到位在 50% – 100% 之间的学校占有效样本的 45.7%。在江苏省，公用经费拨款完全到位（即 100%）的学校占有效学校样本的 41.9%；不到位的学校样本中，公用经费拨款完全没到位的学校占有效样本的 6.5%，经费到位在 0 – 50% 之间的学校占有效样本的 17.7%，经费到位在 50% – 100% 之间的学校占有效样本的 33.9%。总体上看，被调查的江苏和湖北两省农村中小学样本中，超过一半的学校在不同程度上存在公用经费拨款不到位情况。从学校类型上看，村完全小学公用经费拨款到位情况最差，其次为乡镇属独立初中，相对来说，乡镇中心小学公用经费拨款到位情况最好。

3. 贫困寄宿生生活补助经费到位情况

2007 年春季学期被调查的学校样本中，有贫困寄宿生生活补助的学校数是 62 所，而有效学校样本数为 55 所。其中，贫困寄宿生生活补助经费到位的学校是45所，占全部有效学校样本的81.8%；贫困寄宿生生活补助经费不到位的学校是10所，经费不到位的学校占全部有效学校样本的18.2%。总体上看，2007年春季学期，江苏和湖北两省农村中小学的贫困寄宿生生活补助经费到位情况要比公用经费和免杂费拨款到位情况好很多。

二、"新机制"实施的初步成效

（一）样本与数据

本研究主要考察农村公立中小学在农村义务教育经费保障新机制全面实施后的运行状况，因此将研究对象范围限定在农村公办学校。本次调查中的"农村"公办学校一共是166所，其中乡镇中心小学为61所，村小为51所，九年一贯制学校为3所，乡镇属独立初中为51所。本研究界定的"农村中小学"是剔除了"城市或县直小学"和"市、区（县）直属独立初中"后的有效学校样本。这些学校应为严格意义的"农村"学校（即位于县镇以外的农村地区，学生绝大多数为农村户籍）。表1是本次调查的江苏和湖北两省农村中小学学校样本分布情况统计。

表1 学校样本分布

		样本量	占全体学校样本的比例
全体学校		229	100%
学校类别	城市小学或县直小学	30	13.1%
	乡镇中心小学	63	27.5%
	村完小	55	24.0%
	九年一贯制学校	9	3.9%
	市、区（县）直属独立初中	20	8.7%
	乡镇属独立初中	52	22.7%
学校所在地	农村（包括乡、镇）	173	75.5%
	城市	56	24.5%

续表

		样本量	占全体学校样本的比例
学校所有制性质	公办	216	94.3%
	民办	9	3.9%
	其他	4	1.7%
学校所在省份	江苏	111	48.5%
	湖北	118	51.5%

（二）农村中小学收入来源构成及其变化分析

1. 乡镇公立中心小学

（1）江苏和湖北两省的乡镇公立中心小学的收入绝大部分来自上级拨款，小部分来自学校的各项事业性收入和社会捐助以及借款等。（2）农村义务教育经费保障机制改革全面实施后，江苏和湖北两省的乡镇公立中心小学的收入来源结构有明显变化。这些变化主要体现在以下几个方面：第一，样本中小学预算内专项基建或者大型维修拨款数有显著增长；第二，乡镇公立中心小学的杂费补助拨款绝对数和相对数都有了大幅增长；第三，乡镇公立中心小学收取的杂费收入绝对数和相对数都有了大幅下降；第四，乡镇公立中心小学的贫困寄宿生生活补助拨款绝对数和相对数都有了大幅增长。

2. 村完全小学

（1）江苏和湖北两省的村小的收入也大部分来自上级拨款，小部分来自学校的各项事业性收入和社会捐助以及借款等。此外，村小总收入中的上级拨款收入比例远低于乡镇中心小学的上级拨款收入比例，而村小总收入中的借款收入比例则远高于乡镇中心小学的借款收入比例。（2）农村义务教育经费保障机制改革对江苏和湖北两省的村小收入来源结构变化同样有明显影响。这种影响的积极方面主要表现在村小的杂费补助拨款的绝对数和相对数在改革后都有了大幅增长，村小的公用经费拨款的绝对数和相对数在改革后也有增长。但是，有两个现象值得关注：第一，与乡镇中心小学的情况相反，村小校均专项基建或者大型维修拨款在改革后明显减少（2007 年春季学期不到 2006 年全年的四分之一）。第二，村小贫困寄宿生生活补助拨款和杂费收入绝对数和相对数在实施改革后有了大幅下降。村小校均收取的杂费是 3 248 元，表明也有部分村小违背了新机制政策并仍在收取杂费。

与乡镇中心小学的收入总量趋势不同，村小 2007 年的总收入低于 2006 年全年水平的一半。这一情况可能是由于学校资金集中管理的改革制度造成的，即"校财局管"和以学区为核算单位的措施有关。这种较为集中化的管理是否对村小的财务健康状况造成了负面影响，有待进一步审慎研究和分析。

3. 乡镇属独立初中

与村小的情况类似，虽然农村初中的杂费补助拨款和公用经费拨款的绝对数和相对数在改革后都有了大幅增长、收取的杂费收入绝对数和相对数在改革后均有了大幅下降，但乡镇属独立初中专项基建或者大型维修拨款明显减少，贫困寄宿生生活补助拨款绝对数和相对数在实施改革后也有所下降。2007 年春季学期农村初中校均收取的杂费仍有 6 314 元，表明也有部分农村初中违背了新机制政策并仍在收取杂费。2007 年前几个月乡镇独立初中的总收入也低于 2006 年全年水平的一半。

（三）农村中小学支出结构及其变化分析

1. 乡镇公立中心小学

样本学校 2007 年前几个月的校均支出已明显超过 2006 年全年支出的一半。同时可以看出，江苏和湖北两省的乡镇公立中心小学的主要支出为人员性经费支出，公用经费支出和项目支出也是重要的支出。

2. 村完全小学

（1）江苏和湖北两省的村完全小学的主要支出同样为人员性经费支出，公用经费支出和项目支出也是重要的支出。（2）村完全小学的人员经费支出的绝对数和相对数在改革后有大幅增长。其中，在职人员工资性支出和教师福利（含保险）支出在改革后增长十分明显。（3）村完全小学的公用经费支出的绝对数和相对数在改革后也有大幅增长。其中，教师进修和培训、小型修缮、办公经费在改革后增长同样十分明显。但 2007 年前几个月村小项目支出的数量不到 2006 年全年的四分之一。

3. 乡镇属独立初中

（1）江苏和湖北两省的乡镇属独立初中的主要支出为人员性经费支出，其次为公用经费支出，再次为项目支出。（2）乡镇属独立初中的项目支出的绝对数和相对数在改革后有大幅增长。其中，基建支出在改革后增长十分明显。

（四）城乡学校的差异与变化

从生均公用经费拨款、生均基建经费拨款、生均公用经费支出、生均基建经费支出、生均设备和设施①价值、专任教师生师比、生均图书册数、生均计算机台数这些指标来看，城市小学或县直小学的办学条件和基本建设投入水平远高于乡镇中心小学和村完全小学，而乡镇中心小学的投入水平又明显高于村完全小学。城市小学或县直小学、乡镇中心小学、村完全小学三类学校的办学条件和基本建设投入水平从高到低呈现明显的层次性。在其他指标上，城市小学或县直小学的生均宿舍面积也远远高于乡镇中心小学和村完全小学，但城市小学或县直小学的生均校园面积、生均教室面积、生均运动场地面积、师均办公室面积均明显低于乡镇中心小学和村完全小学。样本中，城市小学或县直小学的生均 D 级危房面积为零，村完全小学的生均 D 级危房面积（0.65）远高于乡镇中心小学（0.06）。

市或（区）县直属独立初中在生均公用经费拨款、生均设备和设施价值、专任教师生师比、生均图书册数、生均计算机台数、师均办公室面积上的投入水平高于乡镇属独立初中，但在生均基建经费拨款、生均公用经费支出、生均基建经费支出等其他指标上的投入水平低于乡镇属独立初中。总之，市或（区）县直属独立初中的办学条件和基本建设投入水平并不明显高于乡镇属独立初中。

通过比较湖北和江苏两省农村义务教育阶段样本学校在"新机制"改革前后办学条件和基本建设投入水平上的变化，基本上，乡镇中心小学、村

① 设备和设施包括：计算机、实验仪器、图书、体育器材、空调、教室课桌椅、小汽车、客车等。

完全小学和乡镇属独立初中三类样本学校 2007 年前几个月的生均公用经费拨款、生均基建经费拨款、生均公用经费支出、生均基建经费支出均已明显超过 2006 年全年支出的一半。这种变化反映了湖北和江苏两省农村义务教育阶段学校的办学条件和基本建设投入水平在"新机制"改革后有了明显增长。

从 1997 年以来湖北和江苏两省样本小学基本建设情况统计来看，我们不难发现，政府在义务教育阶段学校办学条件和基本建设上的投入重点是在城市学校，农村学校尤其是村小的办学条件和基本建设投入严重滞后，这与农村中小学的基本建设投资来源结构密切相关。基本上，小学学校自筹经费是最主要的基本建设投资来源渠道，可以说学校是基本建设投资的主体，政府在学校基本建设投资中没有承担起应有的职责。尽管如此，学校基本建设投资来源结构在 2003 年后仍有一些变化，这些变化主要体现在以下两个方面：第一，城市小学或县直小学、乡镇中心小学学校自筹经费在基本建设总经费中所占比例在 2003 年后有明显的下降，但村完全小学学校自筹经费所占比例在 2003 年后却有明显的上升。第二，尽管乡镇政府对乡镇中心小学尤其是村完全小学的基建拨款在 2003 年后有所下降，但县级政府和县级以上政府对乡镇中心小学和村完全小学的基建拨款在 2003 年后却有了明显增加。

与小学基本建设投资来源结构类似，初中学校自筹经费也是主要的基本建设投资来源渠道，乡镇属独立初中学校自筹经费在 2003 年以后有所下降，而县级政府和县级以上政府在 2003 年以后加大了对乡镇属独立初中的基建拨款力度。

需要说明的是，江苏省和湖北省均在 2007 年春季学期开始全面实施农村义务教育经费保障机制改革，而学校和学生调查进行的时间是 2007 年 5 月下旬（湖北）和 6 月中旬（江苏），调查收集到的学校收入、支出数据只是改革开始后不到半年的数据。由于本次调研只调查了学校 2006 年全年的收入来源结构，没有调查学校 2006 年春季或秋季学期的收入来源结构，故只能对学校 2007 年春季学期和 2006 年全年的收入、支出结构进行比较。由于 2006 年全年包括了春季和秋季两个学期，而 2007 年春季学期只有一个学期，所以这种比较并不能提供精确的结果，严格地说只能作为参考。

（五）“新机制”改革对学生家庭教育支出和负担的影响

1. 免收杂费的问题

调查样本中所有的公办中小学在2007年春季学期都已经实施了经费保障机制改革，而农村义务教育经费保障机制改革中的一项重要内容就是免除学生的杂费。杂费以及以其他各种名目向学生收取的费用均是学生家庭的直接教育支出。改革的一个重要目的即是减少家庭直接教育支出，降低家庭教育经济负担。按照“新机制”的政策设计，实际上“新机制”实行后学校除部分代收代支项目（如未享受免费教科书的学生的书费）外，按规定收费的项目将大大减少（调查所在地学校应该只有寄宿学生的住宿费和伙食费），而杂费是明确规定必须取消的。

调查样本中，有19所学校在2007年春季学期还继续收取杂费，占全部农村公立中小学有效调查样本的11.45%。分省来看，湖北省有15所学校在2007年春季学期还继续收取杂费，占全部湖北省农村公立中小学有效调查样本的18.07%；江苏省有4所学校在2007年春季学期还继续收取杂费，占江苏省农村公立中小学有效调查样本的4.88%。分学校类型看，乡镇中心小学样本中有9所学校在2007年春季学期还继续收取杂费，占全部乡镇中心小学有效调查样本的14.75%；村小样本中有6所学校在2007年春季学期还继续收取杂费，占全部村小有效调查样本的11.76%；九年一贯制学校只有3所，在2007年春季学期都没有继续收取杂费；乡镇属独立初中样本中有4所学校在2007年春季学期还继续收取杂费，占全部乡镇属独立初中有效调查样本的7.84%。总体上看，初中免杂费的政策执行效果要好于小学。

在农村公办学生有效样本中，交过杂费的有2 178人，占全部农村公办有效学生样本的30.5%；不交杂费的有4 973人，占全部农村公办有效学生样本的69.5%。在填报了杂费收入的学校，只有一所学校没有学生表示2007年春季学期交过杂费，其余的都有部分学生表示“交过”，有的学校有超过一半的学生表示本学期交过杂费。

对学校各项事业性收入和社会捐助等收入的分析发现，多数学校在实行了“新机制”后，学校各项事业性收入和社会捐助等收入明显减少。这一变化主要是杂费收入大大减少所致。另外“择校费”和“勤工俭学”收入也有明显减少。样本农村初中的“择校费”收入在2007年春季为零（通常秋季学期择校入学、转学较多，但小学数据中春季学期择校费收入并不为零）。但值得注意的是，2007年春季学校的住宿费和伙食费收入超过了2006年全年的一半（学校住宿费按学期收取比较多，而伙食费通常每月数字比较稳定）。

2. 贫困寄宿生的生活费：补助标准和需求

本课题的个案研究也专门就寄宿学生的生活费用进行了调查（信息主要由当地教育部门和学校管理人员提供）。调查者认为，由于贫困寄宿生的生活补助全部由县级财政提供，而县级财政基本上是“吃饭财政”，不能拿出更多的钱补助贫困学生，即使杂费和课本费全免，很多贫困家庭的学生也会因生活费无着落而最终辍学。多数相关研究都指出，特别在中西部的广大地区，中小学寄宿生活费用对于农村普通家庭来说是较重的负担，而“两免一补”以及“新机制”提供的贫困寄宿学生生活补助，尽管可以缓解困难家庭入读中小学的困难，但由于额度相对较小，并不能从根本上改变学生寄宿造成农村家庭经济负担较重的局面。在本课题进行补充个案研究的江苏省北部地区，属于东部较不发达地区。课题在个案调查中了解到，很多地方近年来学校布局调整的力度较大（如补充个案调查所在的苏北两县，农村小学从基本每村一校调整为至少三村一校，有一个县接近五村一校），而小学普遍没有寄宿条件。在中西部的很多地区，小学生（主要是高段）寄宿并不罕见。学校布局调整、集中办学也导致小学寄宿生大量增加，不但增加了居民的直接教育支出，也对学校办学条件提出了挑战。

（六）“新机制”对地方义务教育资源配置的影响

1. 义务教育经费管理和使用

作为“新机制”试点工作地区，湖北省沙洋县是研究者深入调查的案例县。该县通过统一预算编制、统一科目、统一核算、统一国库集中支付、统一财务管理软件、统一报表的“六统一”，做到了“四直达”，即：预算编制直达学校、财务核算直达学校、资金拨付直达学校和财务监控直达学校，有效防止了资金的挤占、截留和挪用。沙洋县的20所初中和15所中心小学在当地农业银行设立了零余额账户，并与县国库支付网实现连通。每月各学校通过网络申报用款计划，经县教育局汇总审核，县财政局终审，实行国库集中支付。学校作为独立的核算主体，校长对学校财务核算负责。为保证这种新型财务管理制度的实施，沙洋县在去年就已经为所有独立核算包括代理记账的农村中小学统一配置了电脑设备，并安装了“湖北省农村中小学财务核算管理系统”软件。将部门预算制度引入学校财务管理之中，把预算编制、财务核算都直接落实到学校，并在中心学校建立财务核算点，统一管理下属分校点的财务，把中央、省、市、县四级财政的拨付资金都集中在一个专用账户上，从技术上保证了资金直接拨付到校。

在个案调查县，教育预算作为基层教育决策工具和教育财政管理工具的有效性还十分有限。江苏省邳州市在2005年开始试编学校预算，2006年开始正式编制学校预算，2007年开始执行学校预算。根据调研结果，学校的预算一般都能执行，总的来说比较规范。而江苏省铜山县的学校都没有预算制度，目前计划从2008年开始实施编制学校预算制度。访谈的教育行政部门的官员认为预算制度的有效性有限，其原因是根据少量的收入做预算，而支出基本都是刚性支出，“没有做预算的必要和意义”。实际上，农村中小学预算是一种年度财务收支计划，而不仅只是体现支出。但是，目前不少校长拿出的预算仅仅是一个简单的支出计划。

2. “新机制”前后的教育经费投入变化

研究者重点调研了江苏省邳州市、铜山县在“新机制”前后教育经费投入的变化。其中，邳州是江苏省人口第二大县（近170万）。在“新机制”实行的第一年，预计总教育经费增幅要超过过去几年。原因首先是实行了教师工资新标准，教师收入平均增幅约20%；公用经费的增长“虽然不是特别显著”，但感觉比“以前宽松了许多”。分阶段来看，义务教育经费显著增加，但幼儿园经费有所减少，其他层级教育经费无显著变化。因此今年总教育经费增幅变大主要是由于义务教育经费显著增加。

铜山县也是人口大县（约140万），“新机制”实施后教育投入的情况与邳州差不多，总经费有所增长。该县以前偏僻学校的学杂费收不上来，县里需要给予补助，但现在都是上级财政补助，这是“新机制”实施后经费增加的一个重要方面。因此，在铜山县，“新机制”引发的公用经费增加效应并不明显——“生均增加几元”，更多的是资金替代效应。该县2005年开始编制公用经费预算，生均约5－10元。学校在很大程度上更加依赖来自学生收费用于公用经费支出。而在"新机制"的免收杂费政策下，现在生均公用经费标准是小学230元/学期，初中350元/学期，出资比例为县级和省级3∶7。

在邳州和铜山所在的地区，实行"以县为主"的农村义务教育管理体制的时间并不长，教育行政部门的干部认为义务教育的经费保障在"新机制"之前"没法谈"，特别是乡镇管理时期，学杂费都被提走（最高比例达70%），相当不规范，教育经费收入无稳定的预期。2004年实施将教师工资纳入县级管理的政策，但是在刚开始实行的时候，存在教师工资标准不统一问题，即农村和县直单位教师工资标准不同，农村较低。2006年在省级政府出台的文件的指导下，实施了"一县一标"，即一县之内的教师工资不论城乡都采用同一个标准。

总的来说，从调查个案的情况可以看出，"新机制"实行后，似乎并没有发生上级的义务教育转移支付投入替代了县级资金投入的情况。县级预算内义务教育经费投入有所增加（比如，县级对农村学校基本建设投入大量增加），并开始常规化。

3. 预算问题

个案调查所在的江苏省的两县（县级市和区）对农村教师均无特殊补助。农村教师工资（公积金、保险等）与城市同一标准，但从学历和职称层次来说，农村教师队伍低于城市。根据访谈，农村教师普遍认为工资以外的其他收入与城市教师差别也不大（不同学段，教师收入有差别），而现实中农村教师流动的主要原因并不是待遇问题，而是城镇从居住条件和城市生活其他方面（如子女入学、生活品质、医疗条件等）来说，都更吸引农村教师。因此在同一工资标准下，"没一个人愿意在农村工作"，农村教师队伍年龄结构不合理，相对来说存在着人员结构老化的问题。

在访谈中了解到，目前公用经费拨款（"新机制"经费）仍是按学生人头划拨。教育行政部门认为这样不利于规模较小的学校（一般是比较薄弱、基础较差的学校）。邳州市计划从明年开始，每校基准拨款15万（60个单位，小学以中心校为单位），剩余部分（超过80%）再按学生人数拨款。

在学校基本建设方面，"新机制"之前学校举债搞建设。现在搞基本建设需要按程序申报，由教育局和财政局组织审查决定是否给予投资。

调查中发现在这两个地区学校分层现象仍然比较明显，"主要是由于地域的和历史的原因"。好的幼儿园、小学、初中在县城里，偏远地区学校在教学条件、教学质量上明显不足，“尤其是师资”，好的教师引进不来，其次是学校的设施和设备。择校现象依然存在（但不允许收择校费了）。

对薄弱学校，邳州市提到明年先以公用经费改革体现倾斜，另外在项目地方配套经费上，给予倾斜。铜山对薄弱学校的倾斜当前主要体现在危房改造和大型修建上。在教师资源配置上没有具体措施。铜山规定新近进入本县教育系统的教师需要在偏远地区工作三年的经历，效果不明显。去偏远地区的教师没有补助，全县同酬，在体制上没有激励教师去偏远地区的政策。

三、教育资源分布对教育产出的影响

在义务教育阶段，实现教育公平，进而改善和促进社会公平是最重要的政策目标。对教育公平的深入探讨，不可避免地要涉及教育过程的产出。本课题对义务教育资源配置的研究也收集了教育产出有关数据，以尝试对我国义务教育阶段教育资源分布对教育产出的影响进行探索性研究。

（一）计量模型、样本和数据

本研究将以教育生产函数为研究框架，以学生为分析单位，对数据进行多元线性回归。依据理论模型本研究在进行多元回归时，具体的回归模型如下：

$$Y = \alpha + \beta 1X1 + \beta 2X2 + \beta 3X3 + \varepsilon$$

Y——教育产出变量

X1——代表学生家庭、父母相关变量矩阵

X2——代表教师特征的变量矩阵

X3——其他学校投入要素的变量矩阵

本研究采用数学标准化考试成绩来度量教育产出。至于自变量的选取，最常见的方法是集中选取一小部分关键变量，使之能代表投入要素的主要特征。但是限于问卷填写的因素，我们在选取变量时还遵循了另外一个标准，就是尽量减少数据的损失，选择填写率较高的问题进行分析。

表2 本研究的教育生产函数模型变量

	自变量名称	计算公式
X1（学生家庭、父母相关变量）	性别	虚拟变量，以女生为参照类
	民族	虚拟变量，以少数民族为参照类
	居住状况	虚拟变量，以流动人口为参照类
	是否独生子女	虚拟变量，以非独生子女为参照类
	父母状况	虚拟变量，以父母全不在身边为参照类
	户口	虚拟变量，以农村户口为参照类
	父亲受教育程度	虚拟变量，以未上过小学为参照类
	家庭收入水平	虚拟变量，以是否有电话、电脑分为三类，以没有电话为参照类
	住宿情况	虚拟变量，以未在自己家住宿为参照类
	数学家教情况（八年级）	虚拟变量，以未请家教为参照类
X2（数学教师因素）	工作强度	所在学校的周课程节数
	工资水平	实发月工资总额
	津补贴、福利、奖金	相关项目加总
	校外收入	年非学校收入总额
	非学历培训情况	总学分
	学历	虚拟变量，以大专以下为参照类
	职称	虚拟变量，以一级以下为参照类
	类别	虚拟变量，以非公办教师为参照类
X3（其他学校投入因素）	学校类别	虚拟变量，以乡镇属独立初中为参照类
	学校性质	虚拟变量，以民办为参照类
	抽样班级规模	抽样班级的总人数
	学校规模	学校的总人数
	师生比	教师总数/在校生总数
	所在省份	虚拟变量，以湖北省为参照类
	生均公用经费	总共用经费/总在校生数

图 1 和图 2 是样本不同类别学校学生数学成绩的差异和两省样本的数学成绩差异状况。

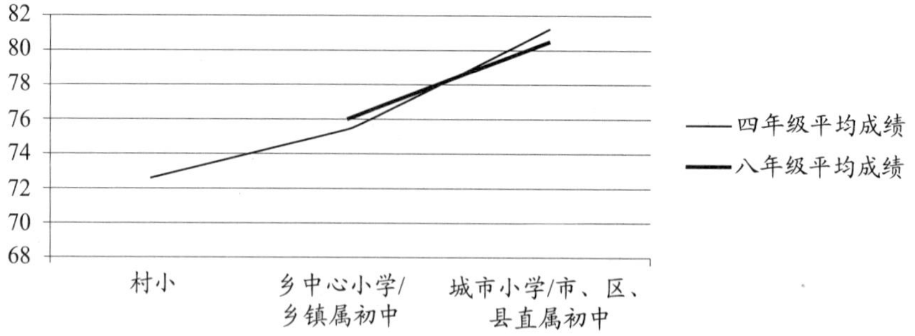

图 1　不同类别学校学生数学成绩的差异

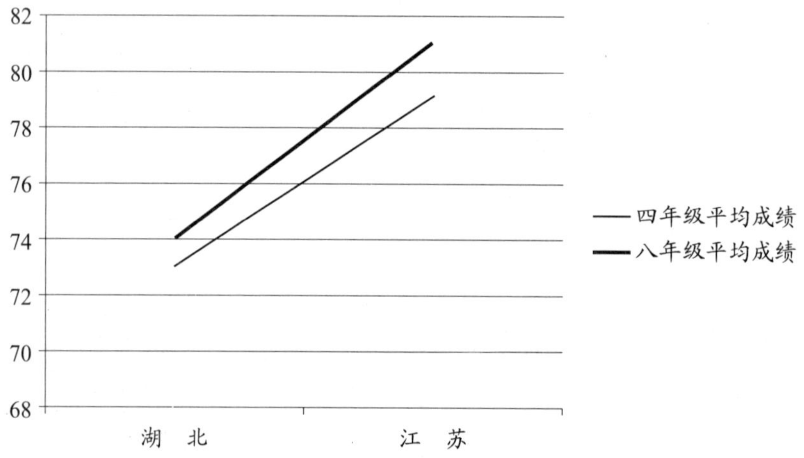

图 2　两省份学生数学成绩的差异

从以上两图可以直观地看到，通常认为在资源获得方面处于比较劣势的学校，从教育产出上看，与处于优势的学校存在明显差距。在小学阶段，村小的平均成绩低于乡镇中心小学，而乡镇中心小学的平均成绩又低于城市小学。初中阶段，乡镇初中的平均成绩也明显低于市、县、区直属初中。处在中部地区的湖北省，初中和小学阶段的数学平均测试成绩也明显低于位于东部、经济比较发达的江苏省。

（二）教育生产函数研究的计量结果

利用计量模型，分别建立回归方程。先取得未加入生均公用经费的回归结果，之后在固定其他变量的基础上加入生均公用经费，将两次的回归结果统一到表3和表4中。

表3　小学四年级回归结果

自变量	数学成绩（自变量不含生均公用经费）		数学成绩（自变量加入生均公用经费）	
	Coef.	t	Coef.	t
男生虚拟变量	.604 589 1	1.63	.548 234 9	1.14
汉族虚拟变量	4.796 908	4.16**	4.869 645	2.81**
本地居民虚拟变量	-2.103 591	-3.00**	-1.003 932	-1.00
独身子女虚拟变量	3.266 672	8.47**	2.706 968	5.50**
父母中有一个在身边虚拟变量	.260 108	0.42	.013 268 8	0.02
父母全在身边虚拟变量	-.523 367	-1.09	-.585 492 5	0.95
居民户口虚拟变量	.866 384 6	1.49	1.084 163	1.48
父亲小学文化程度虚拟变量	1.118 617	1.40	-.018 714 6	-0.02
父亲初中文化程度虚拟变量	2.207 504	3.90**	2.261 031	2.90**
父亲高中文化程度虚拟变量	.071 579 1	0.15	.474 381 1	0.76
父亲大学文化程度虚拟变量	-.354 426 9	-0.56	.254 735 3	0.33
家中有电话虚拟变量	2.304 564	4.23**	3.323 712 6	4.51**
家中有电脑虚拟变量	1.903 309	3.93**	1.247 251	2.00**
住在自己家虚拟变量	-.449 452 1	-0.93	-.679 669 9	-1.03
数学教师的周课程节数	-.081 420 7	-2.29**	-.118 405 3	-1.88

续表

自变量	数学成绩（自变量不含生均公用经费）		数学成绩（自变量加入生均公用经费）	
	Coef.	t	Coef.	t
数学教师的校外收入	-.000 168 5	-1.57	-.000 135 1	-0.64
数学教师的实际工资	-.000 637 7	-0.98	-.002 555 6	-2.91**
数学教师的津补贴、福利、奖金	.000 995 7	4.92**	.002 244 8	2.60**
数学教师大专毕业虚拟变量	.552 862 5	1.06	3.439 396	4.36**
数学教师本科毕业虚拟变量	-1.415 515	-2.85**	-.725 724 2	-1.04
数学教师一级职称虚拟变量	-3.231 1	-3.38**	-2.882 363	-1.66
数学教师高级职称虚拟变量	1.187 447	2.25**	1.782 304	2.47**
数学教师公办老师虚拟变量	1.116 634	0.77	8.355 722	3.64**
数学教师非学历培训学分	.000 200 3	0.04	-.000 789 5	-0.12
乡镇中心小学虚拟变量	1.627 883	3.13**	.097 120 6	0.11
城市小学或县直小学虚拟变量	1.754 285	2.57**	.485 131 5	0.54
公办学校虚拟变量	4.926 159	2.74**	-2.772 051	-1.02
抽样班级人数	.067 413 9	6.45**	.043 055 2	3.41**
在校生总数	.000 538 8	2.01**	.000 287 3	0.85
有编制教师占总教师比	-1.548 939	-0.80	-1.883 773	-0.53
本科以上教师占总教师比	5.645 653	4.11**	8.390 447	4.56**
师生比	-14.467 44	-1.38	-1.996 65	-0.13
江苏省虚拟变量	5.002 811	8.78**	3.267 711	4.26**
生均公用经费	—	—	.000 366 7	0.16
常数项	57.973 69	22.56**	60.319 28	15.60**
F 值	32.79		20.02	
调整后的 R-squared	0.149 2		0.154 4	
样本数	589 5		348 6	

注：** 表示显著性水平为 P<0.05。

表4 八年级回归结果

自变量	数学成绩（自变量不含生均公用经费）		数学成绩（自变量加入生均公用经费）	
	Coef.	t	Coef.	t
男生虚拟变量	.800 382 2	1.45	1.480 923	2.26**
汉族虚拟变量	5.729 497	3.27**	2.124 94	1.09
本地居民虚拟变量	1.995 386	2.13**	3.312 47	2.88**
独身子女虚拟变量	3.120 191 2	4.76**	1.539 651	2.06**
父母中有一个在身边虚拟变量	−.681 121 3	−0.74	−1.245 559	−1.18
父母全在身边虚拟变量	−1.059 951	−1.40	−.896 036 2	−1.03
居民户口虚拟变量	−2.448 866	−2.44**	−1.243 399	−1.06
父亲小学文化程度虚拟变量	4.349 618	2.72**	1.903 076	1.02
父亲初中文化程度虚拟变量	2.204 322	2.68**	2.725 933	2.67**
父亲高中文化程度虚拟变量	2.387 25	3.37**	1.455 669	1.76
父亲大学文化程度虚拟变量	2.658 004	2.24**	3.900 051	2.87**
家中有电话虚拟变量	.319 895 2	0.40	.406 853 8	0.40
家中有电脑虚拟变量	−.608 859 8	−0.71	−.579 982 8	−0.59
住在自己家虚拟变量	−1.894 343	−2.84**	−1.103 83	−1.37
请数学家教虚拟变量	−4.635 985	−4.05**	−3.882 162	−2.75**
数学教师的周课程节数	.108 225	4.50**	.002 397 7	0.07
数学教师的实际工资	.010 601 2	7.59**	.004 574 3	2.45**
数学教师的津补贴、福利、奖金	9.94e−07	0.04	−.000 499 2	−4.52**
数学教师的校外收入	−.000 354 1	−2.37**	.000 366 3	1.59
数学教师大专毕业虚拟变量	6.331 19	3.73**	−.118 995	−0.06
数学教师本科毕业虚拟变量	1.316 816	2.00**	.040 871 2	0.04
数学教师一级职称虚拟变量	−.956 2	−1.29	2.978 795	3.06**
数学教师高级职称虚拟变量	−.772 432 2	−0.56	7.870 962	4.39**
数学教师公办老师虚拟变量	2.131 452	0.97	—	—
数学教师非学历培训学分	.027 852 4	5.53**	.020 763 7	3.41**
市、区县直属独立初中虚拟变量	1.402 174	1.58	.953 320 2	0.79

续表

自变量	数学成绩（自变量不含生均公用经费）		数学成绩（自变量加入生均公用经费）	
	Coef.	t	Coef.	t
公办学校虚拟变量	-15.086 74	-6.56**	-3.676 285	-1.05
抽样班级人数	.017 080 3	3.42**	.320 944 9	8.13**
在校生总数	.000 565 6	1.64	.001 017 5	2.10**
有编制教师占总教师比	8.796 466	3.17**	26.393 27	4.20**
本科以上教师占总教师比	-.006 941 1	0	8.369 496	3.23**
师生比	-.833 684 2	-1.40	-5.979 798	-7.00**
江苏省虚拟变量	1.660 067	2.04**	3.900 123	3.76**
生均公用经费	—	—	.010 842 3	8.15**
常数项	41.823 54	9.28**	10.751 94	1.78**
F 值	22.61		24.93	
调整后的 R-squared	0.128 8		0.174 4	
样本数	416 9		279 9	

注：** 表示显著性水平为 $P<0.05$；自变量加入生均公用经费的回归方程中，因为所有样本数学教师都是公办老师，所以删除数学教师公办老师虚拟变量。

（三）教育生产函数研究的发现和探讨

本研究使用调查数据，应用教育生产函数，对抽样学生的数学测验成绩与各个投入要素之间的关系进行了实证检验。研究的主要发现包括以下几方面。

1. 有关学生家庭社会经济背景因素

- 汉族学生相对于少数民族学生成绩较好；独生子女的学生相对于非独生子女的学生来说学习成绩较好；在四年级是否是本地居民对学

生的成绩影响并不显著，但是八年级则变得十分显著，这可能与流入地中考的政策有关。

- 父亲受教育程度对学生的成绩有较大的影响，特别是对于八年级，父亲每多受一级教育都会带来学生成绩的提高；对于四年级学生而言，家庭经济水平对学生的数学成绩有显著影响，但是这种影响在八年级则变得不显著。
- 对于八年级的学生，是否请数学家教对学生的成绩有正向的影响。

2. 教师投入因素

- 未能发现数学教师的工资、津补贴、福利、奖金以及数学教师的职称和学历对学生的成绩有显著正向影响；数学教师在校外从事家教等兼职性营利活动对学生成绩的影响不显著。
- 数学教师的非学历培训的学分多少，从四年级的样本来看并不能影响学生的成绩，但是对八年级学生样本有着显著的正向影响。

3. 学校及其他投入要素

- 不论四年级还是八年级，江苏省的学生成绩显著高于湖北省。
- 抽样班级总人数对学生的成绩有正向的影响，这可能与质量较好的学校往往班级规模较大有关。
- 本科以上教师占总教师比和有编制的教师占总教师比总体看来对学生成绩有显著的正向影响。
- 生均公用经费对四年级的数学成绩影响不显著，但对八年级有显著的正向影响。

由于本研究缺乏有关学生个人特质的重要变量，如学生的能力和学习基础（对初中层次的研究更为重要），研究对学生能力倾向利用简单量表进行了测量，但由于数据和量表本身的质量问题等原因，并没有将测量结果引入生产函数模型。再如，研究收集了不同层次的可能影响教育产出的变量，但数据质量不尽如人意。由于多层次线性分析模型（Hierarchical Linear Model）对数据质量的要求较高，本研究只利用 OLS 方法进行了简单多元线性回归分析。由于数据和研究方法方面的不足，本研究对于教育资源分布对教育产出影响的研究结论的一致性、稳定性并不强（初中和小学阶段及不同模型设定的结果差异较大），因此只是尝试性、探索性的。

四、结论与讨论

2007 年春季学期，“农村义务教育经费保障新机制”在全国已全面实施。根据本课题在湖北和江苏两省的调研，有以下发现。

（1）“新机制”实施后，学校的收入支出结构有所变化，但不同类型的学校收入支出结构的变化不尽相同。如，乡镇中心小学的预算内专项基建或者大型维修拨款有明显增长，但村完小和初中的有所下降；村小的在职人员工资性支出增长幅度较大，但乡镇中心小学和乡镇初中的该项支出未见明显增长。这些看似不一致的结果有调查数据本身的原因（主要是学校收入支出调查数据缺失值比较多，参与计算的有效样本数量较少）。结合支出来看，乡镇中心小学 2007 年前几个月的预算内专项基建或者大型维修拨款数量较大，村小和初中数量较小（相对于 2006 年半年的水平而言）；但对支出的分析发现，乡镇初中的项目支出特别是基建支出在 2007 年上半年的几个月有明显增长。这种情况出现的原因和数据有关，即有基建支出的学校（金额比较大）对应的收入项目缺失（也可能是财政拨款还没有在 2007 年前几个月到位）。这是必须指出的本课题定量调查数据可能存在的问题。

（2）尽管不同类型学校收入支出结构的变化不尽一致，但仍存在一些明显的共同点。其中比较重要的是，各类学校杂费补助拨款的绝对数和相对数在改革后都有了大幅增长，收取的杂费收入绝对数和相对数在改革后均有了大幅下降。表明免杂费、补助学校公用经费的政策得到了贯彻，补助公用经费收入在学校总收入中的重要性也在增强（在进行补充个案调查的江苏省北部两县，杂费补助收入都是最重要的来自上级的教育专项补助收入，数量都达到数千万元）。但是，必须指出的是，尽管“新机制”明确要求免除农村学校杂费，但仍有部分学校继续收取杂费（至少是类似杂费的收费），这在学校自填的问卷和学生调查中均可反映出来。

（3）虽然仍有部分学校可能存在杂费及杂费以外的不规范收费行为，但通过学校和学生问卷调查及个案研究均能确认，实行“新机制”后，义务教育经费筹集、管理和使用的规范性有所提高。这一点从学校的事业性收入和择校费的减少也可以部分地得到体现。总体上讲，应该说学校对预算外收入的依赖性明显降低，预算内教育经费对学校人员性经费和公用经费的保障程度有所提高。

(4) 杂费和以其他名义收取的费用减少，以及对寄宿学生进行生活费补助，可以减少家庭直接教育支出，减轻农村家庭特别是贫困家庭的教育经济负担。但对调查样本学校的收入分析发现，学校在2006年和2007年得到的寄宿学生生活补助数量比较小（村小和乡镇初中2007年前几个月得到的寄宿学生生活补助数量小于2006年半年的数量），而调查样本学校收取的住宿费和伙食费有所增长。结合现有的关于寄宿生活费用与生活补助的调查研究可知，在“新机制”实施后农村中小学的寄宿生活费用仍然可能是农村家庭特别是贫困家庭较重的负担。目前寄宿学生的生活补助是由地方财政出资，可能存在投入规模能否满足最低需要，以及投入的稳定性、可持续性的问题。

(5)“新机制”的一个重要内容即“免杂费、补助生均公用经费”，在从“两免一补”到“新机制”的改革过程中，是“边免边补，补大于免”。尽管有研究指出，免杂费后补助生均公用经费的标准很低，学校维持运转仍然“十分困难”，但需要指出的是，根据《关于深化农村义务教育经费保障机制改革的通知》的安排，“新机制”改革是分步实施的。《通知》规定到2008年各地农村中小学生均公用经费全部达到省（市、自治区）2005年秋季开学前颁布的生均公用经费基本标准（即“一费制”的收费标准），2009年国家将颁布新的农村中小学公用经费基准定额，2010年起全面实施。在改革前存在违规收费的情况下，改革后一两年，如果杜绝违规收费，并只按“一费制”标准补助公用经费，生均公用经费收入下降不可避免。但根据课题组的调查，事实上在中央颁布新的公用经费基准定额之前，从2006年至今很多地方的公用经费补助水平就已经有了较大提高。在湖北和江苏两省的学校调查发现，2007年前半年（多数地区的数据只是前5个月或4个月的），农村中小学得到的公用经费补助已经普遍大大超过2006年全年数的一半。在个案调查和访谈中，也发现多数地方的教育行政部门和学校对“新机制”解决公用经费不足的问题表示振奋和满意，对国家即将出台的新的公用经费基准定额（将明显高于目前多数地区的补助标准）乐观期待，显示了“新机制”在解决农村中小学公用经费方面的突出作用。

(6)“新机制”的另外一项内容是“建立农村中小学校舍维修改造投入的长效机制”，目前的措施是在财政预算内安排一定量的农村中小学校舍维修改造资金（中西部地区由中央和地方共担）。在课题调查中发现，目前学校得到的基本建设经费（包含校舍维修改造资金）及学校的基本建设支出数量很少。另外需要指出的是，学校调查中发现2007年前半年基本建设和大型维修拨款占乡镇公立中心小学、村完小、乡镇初中的收入比例分别为6.05%、1.01%和2.53%，这一比例明显过低。调查中也发现义务教育学校办学条件仍然高度不均衡，学校基本建设经费的长效保障机制实际并未确立（“新机制”只是试图建立农村校舍维修改造的经费保障机制）。在很多地区，基层政府（县级）需要负担一定比例或全部的寄宿学生的生活补助费用和校舍维修改造资金，资金供给的充足性和稳定性可能难以保证。

（7）“新机制”的第四项内容是“巩固和完善农村中小学教师工资按时足额发放的经费保障机制”。实际上，自全面实施“以县为主”的农村义务教育管理体制改革后，我国农村义务教育的人员性经费（主要是教师工资）的保障程度大大提高，大范围、长时间拖欠教师工资的现象已经基本绝迹。近几年关于义务教育经费保障的研究，已鲜有认为教师工资的足额及时发放仍然存在重大问题者。但有的调查研究指出，在教师工资实行“县级统筹”之后，农村中小学教师收入面临下降的局面。一是由于县级财力不足，保障不力，一些地方性补贴转嫁给了学校；二是因为教师的许多岗位津贴，如班主任津贴、超课时津贴、考核奖励等原在学校公用经费中违规发放的福利，在实行预算管理的新机制下都将面临取消。初步统计仅此两项每月即减少农村教师收入约200－300元。课题组2007年5－8月在湖北省的调研中也发现部分地区出现了类似情况，但课题组成员参与的在西部地区的个案调查普遍反映改革后人员性经费保障程度亦有所提高，教师工资水平并无下降。在江苏省的个案调查所在地区，2007年教师工资普调，在个案调查所在的两个县（县级市和区），教师工资本年提高的幅度超过20%，也不低于改革前水平。教师工资收入来源的规范程度的提高在全国多数地区应该是显而易见的。

（8）课题的个案研究发现，“新机制”实行后，农村义务教育投入总量有所增加。比较重要的变化是县级预算内义务教育经费投入（包括对农村的义务教育经费投入）有所增加。并未发现有上级的义务教育转移支付投入替代了县级资金投入的情况。另外，县级的义务教育经费投入开始常规化，比如有的县新设了预算内的学校维修改造资金。这均是比较好的变化。

（9）但研究发现“新机制”改革的实施对地方教育资源配置行为的影响可能不大。“新机制”是对农村义务教育的投入保障政策，对农村义务教育进行大规模的政府间转移支付必将缩小义务教育城乡差距，改善教育公平状况。但研究发现，目前义务教育不均衡状况的彻底改观仍然有待时日。特别是城乡学校在办学基本条件、师资配备等方面的差距，在此两项均由地方政府主导投入的情况下（基本建设的投入保障机制实际并未建立），城乡之间、地区之间，甚至农村的乡镇中心小学和村小之间的差距依然存在，并未看到趋势扭转的明显迹象。

（10）本课题对义务教育资源配置的研究也收集了教育产出有关数据，尝试了利用教育生产函数方法对我国义务教育阶段教育资源分布对教育产出的影响进行探索性研究。由于数据和研究方法方面的不足，本文研究结论的一致性、稳定性并不强（初中和小学阶段及不同模型设定的结果差异较大），因此只是尝试性、探索性的。这方面的研究还有待改进及进一步深入。

参考文献

[1] JB Tilak. Public Subsidies in Education in India. Economic and Political Weekly. January 24, 2006.

[2] 北京市教委. 北京市 2004 年义务教育教学质量报告［EB/OL］. 2004, http://www.eps.bnu.cn/eps/Article/Class3/Class17/200512/1654.html.

[3] 付耀胜，刘胜华. 构建农村义务教育经费保障新机制的思考［J］. 教育财会研究，2006（4）：38-41.

[4] 国家教育发展研究中心. 学习质量和基本标准［M］. 南宁：广西教育出版社，1995：60-76.

[5] 湖南省教育厅、妇联联合调研组（宋裕国等，2007）. 对特困农户子女就学问题的调研与思考［J］. 湖南教育，2007（8）：6-8.

[6] 华灵燕. 农村中小学布局调整的动因、困难及对策——基于湖北钟祥市、沙洋县的调查分析［J］. 长沙师范专科学校学报，2007（1）：34-37，71.

[7] 蒋鸣和. 教育成本分析［M］. 北京：高等教育出版社，2000：23.

[8] 江西省教育科学研究所课题组. 农村义务教育经费保障机制改革中若干问题的思考［J］. 江西教育科研，2006（10）：20-25.

[9] 王蓉. 中国中央政府与农村义务教育财政，内部工作报告，2003.

[10] 王蓉. 义务教育投入不公平性研究［J］. 经济学季刊，2003（1）.

[11] 薛海平，闵维方. 中国西部教育生产函数研究. 草稿. 待发表.

[12] 周大平. 新机制在实施中走向完善［J］. 教育双周刊，2006（7）：22-26. 本文引用部分是对教育部财务司副司长田祖荫的采访。

田野调查报告三：

安徽省X县农村义务经费保障机制改革实施情况调研报告

北京大学中国教育财政科学研究所课题组

（2009年10月）

根据北京大学中国教育财政科学研究所课题组[①]2009年9月22日至25日对安徽省X县七所学校的调查，现将农村义务教育经费保障机制（后简称“新机制”）实施之后农村学校的新情况、新问题报告如下。

一、学生跨区域流动、学校布局调整及其对“新机制”成效的影响

根据X县的调研，对于“新机制”实施成效特别是对于中央资金投入政策的成效有着重要影响的主要有两大类学生流动情况：学生的跨区域流动和学生的跨体制流动。跨体制流动指的是学生从公办学校到民办学校的流动。本节将主要介绍跨区域流动的情况。

对于学生的跨区域流动，根据X县的情况，首先，这种流动有时并不是人口流动化、城镇化导致的结果，而往往是学生家庭为追求更高质量的教育机会主动采取的行动。以往将学生流动视为被动的、伴随着家长就业城镇化而产生的后果的判断有必要修正，但是这种主动的教育流动在所有学生流

① 课题组成员包括：王蓉、薛海平、易千、何广前、魏易。王蓉，北京大学中国教育财政科学研究所所长、教授；薛海平，首都师范大学教育学院副教授；易千，北京大学中国教育财政科学研究所科研助理；何广前，财政部财政科学研究所博士研究生；魏易，北京大学教育学院硕士研究生。

动中占有多大的比例还需要深入研究。也因此，本报告使用“学生流动”而不是“人口流动”概念来描述此类现象。

第二，跨区域流动又可分为跨省际流动、省内跨地市流动、跨县际的地市内流动、县域内的跨乡镇流动、乡镇内流动。这些不同层次的流动对于未来不同层级的学校的布局调整和财政机制的改革具有不同的政策影响，值得全面和深入地分析。研究者观察到，在 X 县这样的地区，农村家庭已经表现出在经济能力允许范围内尽力为孩子寻求最高质量的学校的强烈倾向，并愿意为此作出经济方面的投入甚至家庭方面的牺牲。经济能力越强的家庭，越有可能将孩子送到地市或县城学校就读；经济能力最差的家庭的孩子往往在本村就读。家长们已经开始更加关注教育的过程和结果，普遍地对学校之间课程齐备的情况、师资情况的差异了如指掌，农村学校师资较差、而且不能开设英语课、计算机信息课是驱使儿童异地就学的主要原因。另外，孩子就学的选择反映出家庭的收入差异。那些伴随父母到城市打工的流入地就学的儿童总的来说是少数，部分的原因在于这对于父母的收入和工作稳定性要求较高，而大多数打工人群并不具备这种条件。其次，我国各省在高考等制度方面的“划地而治”促使家长作出为了避免孩子多次转学，尽量在家乡较高质量公办学校就读的理性选择。

以 X 县为例，2005 年全县流向地市以上地区的学校的小学生数约为 800 人，初中生数 600 人；到 2009 年小学约为 900 人，初中为 650 人。[①] 仅 X 二中一个学校，过去每年约有 40 - 60 人，2009 年达到了 80 人流向六安、合肥等地的学校。根据该校校长的介绍，六安市等流入地中学通过扩招来解决当地学生招生名额被挤占的问题，扩招比例达 30% 。而对于 X 二中这些县城中学，在服务区域的学生流出的同时，也有城区外的学生流入。X 县城初中生人数在 2005 年到 2009 年间基本呈上升趋势，其中部分原因在于城区外学生的流入。

表 1　2005 - 2009 年 X 县城初中学生人数

2005 年	2006 年	2007 年	2008 年	2009 年
1 900	2 039	2 092	2 289	2 255

① 此为县级管理部门有关人员的估算数字，现有的管理统计系统不包含相关指标。学校汇报的数字具有更高的准确性。

在X县Y学区，2009年流向地市以上地区的学生数，小学估计有35人，初中估计有15人。与此同时，在学区中心校附近有一个“陪读村”。这里原来是一个度假村，目前房屋被全部出租给陪伴孩子在中心校（以及镇上的民办幼儿园）读书的家长，共计有50-60户之多，家长多为“陪读妈妈”，其中也有5-6位“陪读奶奶”。访谈发现，这些“陪读妈妈”几乎全部具有在大城市打工的经历，见多识广，对于教育重要性的认识十分深刻。她们租借在“陪读村”内，有些孩子来镇就读是因为本村没有学校或幼儿园，但更应值得关注的是那些本村有学校但还是选择了异地就学的案例。

专栏1　安徽省X县Y镇“陪读村”访谈记录

家长1：我在上海打了五六年工。为什么不带孩子去上海上学？因为去了那里，孩子只能上民办的学校，质量很差，而且到了六年级时还要让孩子转学回来。那些民办学校还不如家乡的管理比较严的公办学校。在“陪读村”，每个月租金是65元。我周末在餐馆打打工，每个月收入650-750元，足以支付我和孩子两个人的花销。

家长2：我的孩子今年5岁，在上镇上的民办幼儿园，我们是去年就来这里了。我们村距离镇上6公里。民办幼儿园每个学期收费是260元，去年是280元。爱人在外地打工，家里只有老人干农活。我们这些人常年在外边，其实也不会干那些农活了。

家长3（陪读奶奶）：我是来陪读孙子，丈夫是村主任，村子里有一个完小。那个学校有4个老师，120多名学生。4个老师中两个都是五十多岁了。老师们总的来说都很努力，但是水平总是那个样子，而且家务事多，家长们有意见。另外，那个学校课程开不齐，还有复式班，特别是没有电脑课。电脑课只有中心校有。

第三，政府对于生源方面的管制逐渐失效，这对于推进教育均衡化政策有着根本性的影响。所谓政府在生源方面的管制，是指政府是学校和学生之间的“配对者”，政府决定每个学生去哪所学校就学，决定每所学校从哪个居民区（村子）招收学生以及什么样的学生。对于生源的管制，是我国政府对于各级各类学校最根本的管制，决定了每所学校的学生的数量和质量，从而控制了每所学校最终的教育结果，以及在人群之间教育机会的分配。对于各个阶段的学校来说，教育的产出和结果在很大程度上取决于生源的质量。如果学校之间生源质量的差距越拉越大，政府的其他促进教育均衡发展的手段，例如财政投入和教师配置方面的手段，其有效性将十分有限。

在基础教育领域，传统的生源政策是“划地而分”、学生就近入学。但是，当前出现的具有普遍性的情况是一方面较高质量的基础教育学校对于优质生源的主动的、跨区域的争夺越来越强烈，这种争夺甚至表现为省级、地市级的优质学校到农村县级学校抢夺优质生源。另一方面，也存在着家长为寻求更高质量教育异地就学的强烈趋向。与此同时，学校之间质量差距越来越大的现实，以及在学龄人口急剧下降的背景下政府采取的农村学校布局调整的措施也对学生跨区域流动产生了重要影响。

从 2005 年学校布局调整实施以来，X 县全县撤并初中 7 所、小学 81 所，初中校均学生数由 522 人扩大到 747 人，小学校均学生数由 90 人扩大到 173 人。对闲置校舍视交通、校舍情况等分别采取挂牌拍卖、资产置换、无偿归还予以处理。在 Y 镇，原来 17 个行政村都有小学，学校布局调整的具体做法是撤并小学高年级，将村小和教学点的五、六年级合并到中心小学并实行寄宿制，三、四年级则强制划片就近入学，村小学只办一到四年级和学前班，教学点只办一、二年级和学前班。

大多数校长和老师认为，撤校并点有利于教学质量总体水平的提高。目前突出的问题主要是：（1）中心学校生活用房不足，如 Y 镇中心校住宿条件为大房间每间 48 个人，小房间每间 24 个人，“睡得下，站不下”，另外必须保证教师周转房以管理住宿生。（2）学生就餐存在问题。在没有食堂的学校，学生带菜而学校负责蒸熟，无法满足学生们的营养需求。（3）在有食堂的学校，住宿生的伙食费是很大的一笔负担，只有少量贫困学生能够得到额外的补助。在 Z 镇中心校，研究者了解到住宿生每天的伙食费最低 6.5 元左右，最高 9.5 元，这样每学期学生在伙食方面的支出达到 400 元。而 X 县寄宿生的生活补贴标准是小学 500 元/年、初中 800 元/年。（4）同时还存在孩子年龄太小不适合住宿以及父母陪读的问题，前者处理不好会影响孩子的身心健康成长，后者则提高了教育的社会成本、增加了家庭教育负担。

值得指出的是，老百姓[①]对于撤校并点的政策并不是完全认同的，在很多情况下是无可奈何接受的。这主要是因为教学点师资老化问题越来越严

① X 县财政局认为主要是偏远山区的老百姓如此认为。

重，难以配齐和补充年轻教师。研究者在 2005 年 X 县一教学点调研时得知教学点普遍存在“三个老师五颗牙”这种师资严重老化的情况，四年后偏远学校的师资配置情况几乎没有任何改善。

从财政角度看，学生跨区域流动和学校撤并的主要影响包括如下几个方面。

第一，寄宿生生活费补贴的覆盖面和补助标准的调整问题。由于该项资金在安徽省的“分项目、按比例”的分担机制中由县级政府承担，县本级为此投入 87.5 万元/年，覆盖面为初中生 2 000 人，小学生 500 人，仅覆盖了全县 3% 的学生。而该县有 95% 的初中生寄宿，小学生寄宿比例也达到了 30%。

第二，中心校学生宿舍、食堂的基建资金需求。校长们普遍建议仍需加大基建投入，而且在新近有基建项目的学校，挤占公用经费的情况不时存在。

但是，最为重要的是，“以无形的投入的不足掩盖有形的投入的不足”的问题是最为急迫和最为令人焦虑的。如前所述，老百姓之所以要“教育移民”，关键在于城乡教育质量差距持续拉大，家长更加关注的是课程和师资这些教育过程的因素和孩子就学的教育结果。但是，学校对于调研者建议的下一步财政投入的重点仍然往往是硬件投入，这种反差值得深思。

二、学生跨体制流动及其对“新机制”成效的影响

“新机制”的目的是在保障农村孩子有学可上的同时减轻家庭义务教育负担，但是随着学生和家长对优质教育的追求，以及一些地方政府向民办教育倾斜的政策，有许多家庭选择了上民办学校。如果在全国范围内就读民办学校的学生比例逐年升高，民办学校和公办学校形成了系统性的质量差距，而政府允许民办学校采取高收费的政策，那么总的来说免费义务教育降低民众教育负担的主要政策目标将不可能实现。因此，义务教育阶段民办学校的迅速发展这一问题必须得到高度的政策关注，政府必须及时拿出相应对策。

X 二中与 S 中学的案例具有一定典型性。X 县县城原有 X 一中（高中）、二中（初中）、一所师范学校和一所职业技术学校，在 2003 年的布局调整时，师范学校并入了 X 一中，职业技术学校并入了 X 二中。X 二中和职业示范学校在合并过程中出现了一些问题，包括职业技术学校存有债务负担，职业技术学校的教师分流困难等。面临这些实际困难，学校及相关领导部门决定按照“国有公助民营”的模式建立“S 中学”，“国有”指的是办

学主要依托的职业技术学校校舍的资产为国有，“公助”就是由 X 二中提供师资，“民营”就是按照民营机制运转，例如实施教师聘任制。2003 年该校开办后招生数量即达到 236 名。2007 年进一步完善了 S 中学的办学体制，实施了“股份制”。在“股份制”当中，民营股主要是学校教职工个人参股，X 二中以资产入股（S 中学的资产属于 X 二中）。S 中学成立后陆续得到总共 400 多万元的投入，建成了 1 600 平方米的教学楼。

X 县县城每年的小学毕业生或进入 X 二中、或进入 S 中学，两者呈此消彼长的态势。从 2005 年开始，S 中学的招生数一直呈上升趋势，在 2006 年即超过了 X 二中的招生数。2009 年 S 中学招生数回落，这和政府试图平衡两校的努力有关。S 中学目前的学费标准为 2 200 元/年，“农村义务教育经费保障机制改革”的经费中只给了这所学校免费教科书资金。教师纳入社会招聘，按公办教师的标准待遇，其他根据业绩进行奖励。学校有 30 多个教师。每年学校学费收入约 220 万元，在支出中教师人头费为 60 万 - 70 万元，支付国有资产租赁 20 万元，公用经费 50 万元，余下的收入由董事会决定用途。

表 2　2005 - 2009 年 X 二中和 S 中学招生人数

（单位：人）

年份 学校	2005	2006	2007	2008	2009
X 二中	1 010	900	889	1 089	1 263
S 中学	890	1 139	1 203	1 200	992

大批义务教育阶段学生进入民办学校不得不引起义务教育办学体制的重新思考。首先，为什么 X 二中和职业技术学校的“弱弱联合”可以办出这样一个很快得到老百姓认同的 S 中学？除了政府支持和利益相关者的努力，这与民办学校的体制优势密切相关。在下一阶段的教育发展中，公办学校自身的管理体制亟待改革，否则将可能形成民办学校和公办学校系统性的质量差异。其次，“国有民办”学校发展的利益驱动及其对于受教育者的影响值得审慎地分析和思考。S 中学招生数迅速上升也有可能不主要是老百姓的认同而是政府偏重支持民办学校的刻意安排。S 中学的发展显然给参与其中的政府部门、公办学校以及公办学校教师带来了直接的个人和部门经济收益。

应该怎样看待这种利益驱动？另外，在“新机制”中，民办学校学生数纳入了中央和省级专项拨款的基数，在X县这些资金也如数到达了县级政府。X县在请示了省级政府后决定仅给予民办学校免费教科书经费，其他经费在全县范围内重新分配。研究者在与省、县级有关同志的访谈后感到，这一系列决策是严谨和慎重的。然而，这确实导致在民办学校就读的义务教育阶段学生没有能够享受“公共财政的阳光”。总而言之，面对基础教育阶段民办学校迅猛发展的态势，中央政府确实需要更加明确民办学校发展的指导原则和制定具体的相关财政政策。

三、农村学校公用经费供给及使用现状

（一）公用经费资金供给情况

在安徽省，2008年春季的公用经费标准为初中375元、小学255元；2008年秋季标准上升到初中500元、小学300元。X县在“新机制”实施后继续了本县从县本级经费中补助学校公用经费的政策，县补助标准为每生40元，这体现了该县县级政府对于教育的高度重视。

（二）农村中小学预算管理现状分析

X县为了规范中小学预算行为，县财政局和教育局联合制定了《X县义务教育阶段中小学预算管理暂行办法》，以加强对义务教育阶段学校的预算管理。该文件对中小学预算的原则、预算编制程序、预算编制要求、预算科目、预算管理部门等方面进行了比较详细的规定。值得一提的是，该文件对公用经费中的一些重要科目支出进行了梳理，规定公用经费开支范围主要包括：

（1）维持学校基本运转的日常公用支出。具体包括日常办公费、印刷费、水电费、邮电费、交通费、差旅费、会议费、招待费、劳务费等。

（2）开展教学业务与管理活动支出。具体包括教育教学调研、教学质量监测评估、学科竞赛、教学参考书、用于奖励学生奖品等为教育教学服务方面的支出。

（3）开展实验学习、文体活动支出。具体包括实验材料费、实习活动费、体育竞赛费用、开展文艺活动和比赛方面的支出。

（4）购置仪器设备及图书资料支出。具体包括购置实验仪器、教学用具、体育用品、乐器、远教设备、图书、课桌椅、学生用床以及其他办公用品等方面的支出。

（5）房屋、建筑物日常维护支出。具体包括校舍日常维修的材料费、劳务费等方面的支出。

（6）教师培训。具体包括教师参加培训的资料费、差旅费、住宿费等方面的支出。

该文件还对各项支出的比例进行了具体规定：（1）交通费按照不高于学校年度定额公用经费预算总额的 2% 安排；（2）教师培训费按照学校年度定额公用经费预算总额的 5% 安排；（3）招待费按照不高于学校年度定额公用经费预算总额的 2% 安排；（4）学校安排用于教学教研方面的支出不得低于定额公用经费的 30% 。这种重要科目支出比例的具体规定对于引导中小学合理使用公用经费和提高公用经费使用效益具有一定的积极意义。

根据我们对 X 县 Z 镇和 Y 镇两个乡镇中小学预算管理的调研，发现这两个乡镇的中小学都有比较完备和细致的预算报表。

此外，这两个镇的中小学每月都有一份预算执行情况统计表，这也体现了 X 县中小学预算管理的规范性和制度化水平较高。如，表 3 和表 4 分别统计了 Y 镇中心学校、Z 镇中心校 2008 年 12 月份预算执行情况。由表 3 可知，Y 镇中心学校 2008 年全年支出和公用支出数都略低于年初预算数，尤其是教师培训支出和专项公用支出均远低于年初预算数。Y 镇中心校校长给出的一个解释是学年和自然年时间不一致，因此预算执行情况与年初预算数有差异。然而，再看 X 县 Z 镇中心校 12 月份的预算执行情况，总支出和公用支出分别占年初预算数 178% 和 164% ，对比其 11 月份的预算执行情况表（见表 5），其 11 月份总支出和公用支出分别只占年初预算数 102% 和 89% ，12 月份的总支出和公用支出分别超出 11 月份 76% 和 75% ，似乎有年底突击花钱的味道。

表 3　Y 镇中心学校 2008 年 12 月份预算执行情况统计表

序号	预算支出项目	年初预算数（元）	本月支出数（元）	累计支出数（元）	累计支出数占年初预算数的百分比	备注
1	合计	5 222 191. 82	724 648. 37	5 205 940. 83	99. 7%	
2	一、人员支出	3 745 111. 37	621 339. 67	3 745 111. 37	100%	

续表

序号	预算支出项目	年初预算数（元）	本月支出数（元）	累计支出数（元）	累计支出数占年初预算数的百分比	备注
3	二、对个人和家庭补助支出	641 514.45	29 151.15	641 514.45	100%	
4	三、公用支出	835 566.00	74 157.55	819 315.01	98.1%	
5	（一）日常公用支出	759 113.60	74 157.55	770 131.01	101.5%	
6	1. 基本运转支出	292 067.40	27 472.35	294 009.48	100.7%	
7	2. 教学业务与管理活动支出费	229 980.20	13 042.20	237 611.49	103.3%	
8	3. 实验实习文体活动支出费	56 984.20	13 643.00	68 838.47	120.8%	
9	4. 房屋建筑物日常维护支出	131 187.60	20 000.00	133 236.37	101.6%	
10	5. 教师培训支出	48 894.20		36 435.00	74.5%	
11	（二）专项公用支出	76 452.40		49 184.00	64.3%	
12	1. 仪器设备及图书资料购置费	76 452.40		49 184.00	64.3%	
13	四、项目支出					

填报日期：2008 年 12 月 31 日

注：本表由报账员按月填报。

表 4　Z 镇中心校 2008 年 12 月份预算执行情况统计表

序号	预算支出项目	年初预算数（元）	累计支出数（元）	与上一个月的变动数（元）	累计支出数占年初预算数的百分比	与上一个月的变动比	备注
1	合计	735 628.00	1 308 666.88	555 022.23	178%	76%	
2	一、人员支出						
3	二、对个人和家庭补助支出						

续表

序号	预算支出项目	年初预算数（元）	累计支出数（元）	与上一个月的变动数（元）	累计支出数占年初预算数的百分比	与上一个月的变动比	备注
4	三、公用支出	735 628.00	1 207 430.88	555 022.23	164%	75%	
5	（一）日常公用支出	732 928.00	1 168 023.88	555 022.23	159%	75%	
6	1. 基本运转支出	411 453.80	433 276.81	122 616.54	105%	30%	
7	2. 教学业务与管理活动支出费	171 670.10	302 639.35	189 389.15	176%	110%	
8	3. 实验实习文体活动支出费	16 897.50	75 681.00	49 078.80	448%	291%	
9	4. 房屋建筑物日常维护支出	102 344.20	290 993.38	144 288.48	284%	141%	
10	5. 教师培训支出	30 562.40	65 433.34	49 649.34	214%	162%	
11	（二）专项公用支出	2 700.00	39 407.00	0	1 460%	0	
12	1. 仪器设备及图书资料购置费	2 700.00	39 407.00	0	1 460%	0	
13	四、项目支出		101 236.00	0		0	

填报日期：2008 年 12 月 31 日

注：本表由报账员按月填报。

表 5 Z 镇中心校 2008 年 11 月份预算执行情况统计表

序号	预算支出项目	年初预算数（元）	本月支出数（元）	累计支出数（元）	累计支出数占年初预算数的百分比	备注
1	合计	735 628.00		753 644.57	102%	
2	一、人员支出					
3	二、对个人和家庭补助支出					

续表

序号	预算支出项目	年初预算数（元）	本月支出数（元）	累计支出数（元）	累计支出数占年初预算数的百分比	备注
4	三、公用支出	735 628.00		652 408.57	89%	
5	（一）日常公用支出	732 928.00		613 001.57	84%	
6	1. 基本运转支出	411 453.80		310 660.27	75%	
7	2. 教学业务与管理活动支出费	171 670.10		113 250.20	66%	
8	3. 实验实习文体活动支出费	16 897.50		26 602.20	157%	
9	4. 房屋建筑物日常维护支出	102 344.20		146 704.90	143%	
10	5. 教师培训支出	30 562.40		15 784.00	52%	
11	（二）专项公用支出	2 700.00		39 407.00	1 460%	
12	1. 仪器设备及图书资料购置费	2 700.00		39 407.00	1 460%	
13	四、项目支出			101 236.00		

填报日期：2008 年 11 月 30 日

注：本表由报账员按月填报。

（三）农村中小学公用经费支出管理现状分析

为了防止义务教育阶段中小学公用经费被挤占，《X 县义务教育阶段中小学公用经费支出管理实施细则》作出如下具体规定：公用经费不得用于基本建设投资、不得偿还债务。不得将公用经费用于人员工资、津贴、补贴、奖金等支出。严格控制学校自聘人员，学校自聘人员工资及津补贴，不予从公用经费中列支。严格控制个人津贴、补贴。各中小学为调动教职工积极性，提高教育教学质量，建立的教学激励机制和内部考核奖惩办法要坚持量入为出，从学校组织的其他收入中列支（包括超课时津贴），不得举债和从上级补贴的公用经费中对个人进行奖励。

尽管如此，我们在对一个中心校实地调研中了解到，该校正在建一座新的学生宿舍楼，由于基建资金短缺，结果部分公用经费被挤占用于弥补基建资金缺口。

表 6 统计了 Z 镇中心校、Y 镇中心校和 X 二中 2008 年度各大类公用经费支出占公用经费总支出的比例。表 7 则统计了 C 小学 2008 年度各细类公用经费支出占公用经费总支出的比例。由表 6 和表 7 可知，日常公用支出占中小学公用经费支出的比例平均超过了 80%，是主要的公用经费支出。在日常公用经费支出中，基本运转支出占日常公用经费支出的比例平均超过了 40%，是第一大日常公用经费支出；其次是房屋建筑物日常维护支出；日常公用经费中第三大支出是教学业务与管理活动支出。

表 6　X 县中小学 2008 年度公用经费支出结构分析

	Z 镇中心校	Y 镇中心校	X 二中
公用支出			
（一）日常公用支出	94%	93.9%	80.2%
1. 基本运转支出	48%	35.9%	50.5%
2. 教学业务与管理活动支出费	17%	35.9%	11.4%
3. 实验实习文体活动支出费	4%	8.4%	3.0%
4. 房屋建筑物日常维护支出	23%	16.3%	13.7%
5. 教师培训支出	2%	4.4%	1.6%
（二）专项公用支出	6%	6.0%	19.8%
1. 仪器设备及图书资料购置费	6%	6.0%	17.4%
2. 师生校平安保险和残疾人就业保险金			2.4%

表 7　X 县 C 小学 2008 年度公用经费支出结构分析

（单位：元）

编号	公用支出	合计	各支出占公用经费总支出的百分比
1	办公费	5 632	23.5%
2	印刷费	556	2.3%
3	水电费	891	3.7%
4	邮电费	780	3.2%
5	取暖费	200	0.8%
6	交通费	150	0.6%
7	差旅费	340	1.4%
8	会议费		
9	福利费		
10	劳务费	1 550	6.5%
11	租赁费		
12	维修费	5 700	23.8%
13	培训费	450	1.8%
14	专用材料费	230	0.9%
15	办公设备购置费	590	2.5%
16	专用设备购置费		
17	图书资料购置费	300	1.3%
18	教学业务费	3 595	15.0%
19	招待费	500	2.0%
20	其他	2 536	10.6%
21	合计支出	24 000	
22	注：年初预算	19 175	

《X 县义务教育阶段中小学公用经费支出管理实施细则》规定：（1）教学教研活动经费不低于年度公用经费支出总额的 30%，Z 镇中心校、X 二中、C 小学均低于此限额；（2）文体活动经费不低于年度公用经费支出总额的 5%，Z 镇中心校、X 二中均低于此限额；（3）房屋及建筑物日常维修费按不低于公用经费支出总额的 15% 执行，X 二中低于此限额；（4）购置

音、体、美等教育教学设备、仪器设备及图书资料等支出，不低于年度公用经费支出总额的 10%，Z 镇中心校、Y 镇中心校、C 小学均低于此限额；(5) 教师培训费按照学校年度公用经费预算总额的 5% 安排，Z 镇中心校、Y 镇中心校、X 二中、C 小学全部低于此限额。

（四）关于中小学公用经费管理和使用的一些思考

第一，教师培训是提高教师素质的重要途径，而教师培训经费则是保障教师培训活动顺利开展的基本条件，为此，X 县规定教师培训费按照学校年度公用经费预算总额的 5% 安排，但调研发现，Z 镇中心校、Y 镇中心校、X 二中、C 小学的教师培训经费占公用经费比例全部低于此限额。现农村学校教师培训多采用校本培训方法进行，以骨干教师、学科带头人等参加培训返校后再对其他教师进行培训，也通过请专家到校给教师上课等方式进行培训。这种做法的优点在于节省费用，具有较高的可行性以及针对性。

根据校长和教师们的意见，如果未来政府将加大教师培训的投入力度，政策预研究必须将教师培训的严重产业化倾向及其提供主体作为核心的关注问题。一位校长说，现在培训提供者往往是一些社会团体、组织，例如各种学会等，依托教育行政部门发函招生，常常是一个一千人的会场挤了三千人，培训过程中安排了很多考察活动，实质性的培训活动很少。作为校长，他感到为这种培训活动支出公用经费是不负责任的。

第二，农村义务教育经费保障机制改革前一阶段的重心在于保障公用经费、人员工资和教室维修，随着改革的深入，现阶段农村中小学公用经费、人员经费和教室的维修经费已有基本保障，而学校学生宿舍、实验室、图书室、美术室、音乐室等建筑设备的经费缺口较大，因此下一阶段应关注保障学生宿舍、实验室、图书室、美术室、音乐室等建筑的建设经费。

第三，农村义务教育经费保障机制改革后，现有农村中小学公用经费和人员经费预算结构不能对教师提供有效激励，而在实践中，农村中小学校长经常需要对教师提供经济奖励以提高他们工作的积极性，这种矛盾是农村中小学经常出现挤占公用经费给教师发放奖金和津补贴现象的重要根源。我们应该正视对教师提供经济激励的合理性，同时消除农村中小学挤占公用经费现象的根源，这也符合当前我国政府决定中小学教师实行绩效工资的精神。

四、安徽省学生学籍信息化管理系统建设

安徽省学生学籍管理系统设想为学号终身制，最终的目标是在教育层次上连接小学、中学、职业学校和大学，在地域上跨区域管理，实现全国联网。在学籍信息化实施过程中贯彻五个统一：（1）统一基本信息，按照国家的规定设计一套包括学校、学生、学生家庭、学籍变动、学业管理、评价奖惩信息的学籍管理应用软件，明确规定为日后连网和数据分析利用奠定基础；（2）统一学号，从小学到高中使用一个学籍号作为终身识别号，便于跟踪记录，控制学生流动；（3）统一建设进度，规定录入工作标准和进度；（4）统一建立工作制度，建立包括学生学籍审核制度、学生学籍数据上报制度、学生学籍管理数据保密制度等管理制度，保证真实、完整和保密性；（5）统一落实经费设备，中小学学籍信息化管理所需经费在学校公用经费中列支。

学生的基本信息编码采用了双号，主号和副号进行编码。主号为学生学籍管理的终身识别号，副号采用全省统一的学号编号，包括地区、学校、入学年份等信息。双号系统较灵活，能够详细到山区教学点。中心校下管许多其他学校包括山区教学点，后者为中心学校的子库，这样以中心校为主的编号系统可以反映学生的情况，同时不会控制太紧，给学校布局调整一定的自由度。学籍管理能够在学生无序的流动中掌握一定有序的管理，为公用经费的拨付和学校布局调整提供参考标准，使资金分配更加清晰，另外在教学上使得学生培养有了一定依据。

安徽省经过了一年多的精心准备开发了这套系统，希望这套系统能够将学生“无序的流动”变为“有序的管理”。但是，这套系统是不是就能解决根本的问题？研究者认同一些基层同志的意见，就是“分项目、按比例”的“新机制”在很大程度上确实解决了教育投入不足问题，中央和省级财政确实负担起了主要投入的责任；但是，利益的驱使、管理责任的不对称，导致基层有可能在资金使用上不能尽责、不能提供客观准确信息。

五、农村学校硬件建设和寄宿制学校发展情况

（一）硬件建设

经过近年来的大量投入，X 县中小学的硬件建设已经得到了很大改善，根据我们所调研的几所学校显示，教学用房已能够满足正常教学需要，部分学校甚至出现了闲置教学楼的情况。生活用房部分学校反映存在短缺，但可以看到随着中央专项工程（包括西部地区农村寄宿制学校建设工程和中西部农村初中校舍改造工程等）的实施，以及农村中小学校舍维修改造长效机制的建立，一些学生宿舍和食堂正在建设之中。具体情况详见表 8。

表 8　X 县调研学校校舍情况及基建项目一览表

学校名称	教学用房状况	生活用房	资金来源
A 小学	有闲置教室	无住宿学生，无生活用房	教学用房来自世行贷款和明德项目捐赠
B 实验中学	刚建好，可满足需要	有宿舍，但不够用	教学用房来自省级城市教育费附加
Z 镇 C 小学	新教学楼刚建好，旧教学楼用于教师宿舍	无住宿学生，无生活用房	新教学楼来自捐赠，旧教学楼来自校舍维修改造长效机制经费
Y 镇中心小学	新教学楼刚建好	新学生宿舍、食堂正在建设	教学楼和宿舍、食堂均来自捐赠
Z 镇中心学校		学生宿舍在建	中西部农村初中校舍改造工程
D 中学		学生宿舍在建	中西部农村初中校舍改造工程

根据安徽省 X 县的做法，在两年之内利用国家开发银行等金融机构贷款统一实施民生工程农村中小学危房改造工程。在 X 县，2007 年和 2008 年每年利用国家开发银行贷款 1 500 万元以及校舍维修改造长效机制中的中央补助资金进行校舍的建设，两年总计 4 000 多万元，改造项目 100 多个，对本县内的农村中小学特别是危房进行了系统的改造。所用贷款本金从 2009 年起从省级财政安排的校舍维修改造专项资金中扣还，贷款利息由各县（区）财政承担。

（二）寄宿制学校的发展情况

随着近年乡镇调整和农村中小学布局调整的加快，农村义务教育阶段办学趋向集中的趋势愈加明显，主要表现在寄宿学生的大量增加和寄宿学生的低龄化。如 B 实验中学在新教学楼落成之后，在 2004 年将旧教学楼改造成学生宿舍，现在住校学生迅速达到了 700 多人，占全部学生的比例达到了 60% 多，另有 30 多名学生在校外租房；而 Y 镇中心小学的住校学生比例也达到了 60% 多，而且规定只能五、六年级的学生可以住校，其他低年级学生因为无法住校且家庭较远形成了大量家长在学校周围租房陪读的“陪读村”。

寄宿制学校的快速发展可能带来一系列问题：如家庭负担的增加、学校管理压力的增加、学校运行成本的增加等。

（1）学生家庭负担增加：根据调研组在学校和农户的访谈情况显示，住宿生的支出相比非住宿生增加很多，平均每月每生的伙食费支出要达到 150 – 200 元，这样每年平均增加支出 1 500 – 2 000 元。

（2）学校管理压力增加：根据所调研有住宿学生的学校教师反映，教师为管理住宿学生，常常要学生睡觉之后深夜才能回家休息，这给教师带来很大压力。

（3）学校运行成本增加：同时寄宿制学校的运行费用也在增加，除了日常的水电费支出增加，寄宿制学校无专门的管理人员，如果将来可能增加管理人员将导致教育成本的大量增加。

（三）政策建议

从 X 县农村中小学来看，硬件建设已经不是当前学校最紧迫的问题，但寄宿制学校的建设是下一步需要考虑的问题。一方面在当前的状况下仍有大量的学生有寄宿的需求，另一方面寄宿学校的发展可能会带来很多问题，特别是小学教育阶段的寄宿学校。寄宿学校之所以能够迅速发展，其主要原因在于教育质量的不均衡，位于城区或者乡镇中心的学校质量明显高于农村学校，人们为了追求优质教育而将孩子从农村送往城区或乡镇中心学校，由此产生了对寄宿的大量需求。

下一步对于寄宿制学校是否要大力发展以及如何发展需要进一步研究来确定，特别是和中小学的布局调整结合起来。

附录：

国务院关于深化农村义务教育经费保障机制改革的通知

国发〔2005〕43号

各省、自治区、直辖市人民政府，国务院各部委、各直属机构：

为贯彻党的十六大和十六届三中、五中全会精神，落实科学发展观，强化政府对农村义务教育的保障责任，普及和巩固九年义务教育，促进社会主义新农村建设，国务院决定，深化农村义务教育经费保障机制改革。现就有关事项通知如下：

一、充分认识深化农村义务教育经费保障机制改革的重大意义

农村义务教育在全面建设小康社会、构建社会主义和谐社会中具有基础性、先导性和全局性的重要作用。党中央、国务院历来高度重视农村义务教育事业发展，特别是农村税费改革以来，先后发布了《国务院关于基础教育改革与发展的决定》、《国务院关于进一步加强农村教育工作的决定》等一系列重要文件，确立了“在国务院领导下，由地方政府负责，分级管理，以县为主”的农村义务教育管理体制，逐步将农村义务教育纳入公共财政保障范围。各级人民政府按照新增教育经费主要用于农村的要求，进一步加大了对农村义务教育的投入力度，实施了国家贫困地区义务教育工程、农村中小学危房改造工程、国家西部地区“两基”攻坚计划、农村中小学现代远程教育工程、农村贫困家庭中小学生“两免一补”政策等，农村义务教育事业发展取得了显著成绩。

但是，我国农村义务教育经费保障机制方面，仍然存在各级政府投入责任不明确、经费供需矛盾比较突出、教育资源配置不尽合理、农民教育负担较重等突出问题，在一定程度上影响了“普九”成果的巩固，不利于农村义务教育事业健康发展，必须深化改革。特别是在建设社会主义新农村的新形势下，深化农村义务教育经费保障机制改革，从理顺机制入手解决制约农村义务教育发展的经费投入等问题，具有重大的现实意义和深远的历史意义。这是践行“三个代表”重要思想和执政为民的重要举措；是促进教育

公平和社会公平，提高全民族素质和农村发展能力，全面建设小康社会和构建和谐社会的有力保证；是贯彻落实“多予少取放活”方针，进一步减轻农民负担，巩固和发展农村税费改革成果，推进农村综合改革的重要内容；是完善以人为本的公共财政支出体系，扩大公共财政覆盖农村范围，强化政府对农村的公共服务，推进基本公共服务均等化的必然要求；是科学、合理配置义务教育资源，完善“以县为主”管理体制，加快农村义务教育事业发展的有效手段。各地区、各有关部门必须进一步统一思想，提高认识，切实按照国务院的部署，扎扎实实把各项改革政策贯彻落实到位。

二、深化农村义务教育经费保障机制改革的主要内容

按照“明确各级责任、中央地方共担、加大财政投入、提高保障水平、分步组织实施”的基本原则，逐步将农村义务教育全面纳入公共财政保障范围，建立中央和地方分项目、按比例分担的农村义务教育经费保障机制。中央重点支持中西部地区，适当兼顾东部部分困难地区。

（一）全部免除农村义务教育阶段学生学杂费，对贫困家庭学生免费提供教科书并补助寄宿生生活费。免学杂费资金由中央和地方按比例分担，西部地区为8∶2，中部地区为6∶4；东部地区除直辖市外，按照财力状况分省确定。免费提供教科书资金，中西部地区由中央全额承担，东部地区由地方自行承担。补助寄宿生生活费资金由地方承担，补助对象、标准及方式由地方人民政府确定。

（二）提高农村义务教育阶段中小学公用经费保障水平。在免除学杂费的同时，先落实各省（区、市）制订的本省（区、市）农村中小学预算内生均公用经费拨款标准，所需资金由中央和地方按照免学杂费资金的分担比例共同承担。在此基础上，为促进农村义务教育均衡发展，由中央适时制定全国农村义务教育阶段中小学公用经费基准定额，所需资金仍由中央和地方按上述比例共同承担。中央适时对基准定额进行调整。

（三）建立农村义务教育阶段中小学校舍维修改造长效机制。对中西部地区，中央根据农村义务教育阶段中小学在校生人数和校舍生均面积、使用年限、单位造价等因素，分省（区、市）测定每年校舍维修改造所需资金，由中央和地方按照5∶5 比例共同承担。对东部地区，农村义务教育阶段中小学校舍维修改造所需资金主要由地方自行承担，中央根据其财力状况以及校舍维修改造成效等情况，给予适当奖励。

（四）巩固和完善农村中小学教师工资保障机制。中央继续按照现行体

制，对中西部及东部部分地区农村中小学教师工资经费给予支持。省级人民政府要加大对本行政区域内财力薄弱地区的转移支付力度，确保农村中小学教师工资按照国家标准按时足额发放。

三、农村义务教育经费保障机制改革的实施步骤

农村义务教育经费保障机制改革，从2006年农村中小学春季学期开学起，分年度、分地区逐步实施。

（一）2006年，西部地区农村义务教育阶段中小学生全部免除学杂费；中央财政同时对西部地区农村义务教育阶段中小学安排公用经费补助资金，提高公用经费保障水平；启动全国农村义务教育阶段中小学校校舍维修改造资金保障新机制。

（二）2007年，中部地区和东部地区农村义务教育阶段中小学生全部免除学杂费；中央财政同时对中部地区和东部部分地区农村义务教育阶段中小学安排公用经费补助资金，提高公用经费保障水平。

（三）2008年，各地农村义务教育阶段中小学生均公用经费全部达到该省（区、市）2005年秋季学期开学前颁布的生均公用经费基本标准；中央财政安排资金扩大免费教科书覆盖范围。

（四）2009年，中央出台农村义务教育阶段中小学公用经费基准定额。各省（区、市）制定的生均公用经费基本标准低于基准定额的差额部分，当年安排50%，所需资金由中央财政和地方财政按照免学杂费的分担比例共同承担。

（五）2010年，农村义务教育阶段中小学公用经费基准定额全部落实到位。

农垦、林场等所属义务教育阶段中小学经费保障机制改革，与所在地区农村同步实施，所需经费按照现行体制予以保障。城市义务教育也应逐步完善经费保障机制，具体实施方式由地方确定，所需经费由地方承担。其中，享受城市居民最低生活保障政策家庭的义务教育阶段学生，与当地农村义务教育阶段中小学生同步享受“两免一补”政策；进城务工农民子女在城市义务教育阶段学校就读的，与所在城市义务教育阶段学生享受同等政策。

四、加强领导，确保落实

农村义务教育经费保障机制改革工作，涉及面广，政策性强，任务十分艰巨和紧迫。各地区、各有关部门必须从讲政治的高度，从全局出发充分认

识深化农村义务教育经费保障机制改革的重大意义，周密部署，统筹安排，扎扎实实把各项改革政策贯彻落实到位。

（一）加强组织领导，搞好协调配合。地方各级人民政府要切实加强对农村义务教育经费保障机制改革工作的组织领导，“一把手”要亲自抓、负总责。各有关部门要加强协调，密切配合。要成立农村义务教育经费保障机制改革领导小组及办公室，负责各项组织实施工作。特别是要在深入调查研究、广泛听取各方面意见的基础上，按照本通知的要求，抓紧制定切实可行的实施方案。国务院有关部门要发挥职能作用，加强对农村义务教育经费保障机制改革工作的指导和协调。

（二）落实分担责任，强化资金管理。省级人民政府要负责统筹落实省以下各级人民政府应承担的经费，制订本省（区、市）各级政府的具体分担办法，完善财政转移支付制度，确保中央和地方各级农村义务教育经费保障机制改革资金落实到位。推进农村义务教育阶段学校预算编制制度改革，将各项收支全部纳入预算管理。健全预算资金支付管理制度，加强农村中小学财务管理，严格按照预算办理各项支出，推行农村中小学财务公开制度，确保资金分配使用的及时、规范、安全和有效，严禁挤占、截留、挪用教育经费。全面清理现行农村义务教育阶段学校收费政策，全部取消农村义务教育阶段学校各项行政事业性收费，坚决杜绝乱收费。

（三）加快推进教育综合改革。深化教师人事制度改革，依法全面实施教师资格准入制度，加强农村中小学编制管理，坚决清退不合格和超编教职工，提高农村中小学师资水平；推行城市教师、大学毕业生到农村支教制度。全面实施素质教育，加快农村中小学课程改革；严格控制农村中小学教科书的种类和价格，推行教科书政府采购，逐步建立教科书循环使用制度。建立以素质教育为宗旨的义务教育评价体系。促进教育公平，防止教育资源过度向少数学校集中。

（四）齐抓共管，强化监督检查。各级人民政府在安排农村义务教育经费时要切实做到公开透明，要把落实农村义务教育经费保障责任与投入情况向同级人民代表大会报告，并向社会公布，接受社会监督。各级财政、教育、物价、审计、监察等有关部门要加强对农村义务教育经费安排使用、贫困学生界定、中小学收费等情况的监督检查。各级人民政府要改进和加强教育督导工作，把农村义务教育经费保障机制改革和教育综合改革，作为教育督导的重要内容。通过齐抓共管，真正使农村义务教育经费保障机制改革工作成为德政工程、民心工程和阳光工程。

（五）加大宣传工作力度。地方各级人民政府和国务院有关部门要高度重视农村义务教育经费保障机制改革的宣传工作，制订切实可行的宣传方案，广泛利用各种宣传媒介、采取多种形式，向全社会进行深入宣传，使党和政府的这项惠民政策家喻户晓、深入人心，营造良好的改革环境，确保农村义务教育经费保障机制改革工作顺利进行。

国务院

二〇〇五年十二月二十四日

第二篇

高等教育预算拨款制度专题

中国高等教育的投入模式与改革

王　蓉

（2008 年 3 月）

一、中国高等教育的投入模式

世界各国具有不同的教育投入模式。其中具有典型意义的主要是下述三种模式：（1）日本和韩国模式。其突出特点是：公共教育支出占 GDP 的比例明显低于与其经济发达水平相应的国际平均水平。日本 2003 年公共教育支出占 GDP 比例仅为 3.65%，韩国的公共教育支出占 GDP 比例为 4.62%。但是这些国家私人教育支出较高。（2）欧洲福利国家模式。其突出特点是公共教育支出占 GDP 比例高于相应的国际平均水平，但是私人承担的教育经费比例很低。典型的国家为法国，其 2003 年公共教育支出占 GDP 比例为 6.02%。（3）美国模式。该国特点是公共教育投入占 GDP 的比例较高，同时私人部门包括家庭等分担的教育经费比例也较高。

更加深入的分析发现，实际上各国在初等教育和初中教育的办学体制和财政体制方面的差异较小，而导致其彼此差异的主要是高等教育的投入模式和发展路径的不同。日本著名学者金子元久提出，欧洲的高等教育基本上由政府部门垄断，私立高等教育机构的作用存在着明显的局限性。同时欧洲高校的经费主要依赖政府的财政支出，家庭的直接负担比例极为有限。对于美国来说，其高等教育分为公立部门（主要是州立大学）和私立部门。从本科课程的学生人数分布来看，前者约占 7 成，后者约占 3 成。在成本负担机制方面，美国的高等教育公共支出在 GDP 中所占的比例处于国际较高水平。但是，由于美国高校的学费水准较高，成本分担机制中个人或家庭的负担比率也同样处于较高的水准。与前者形成鲜明对照的是，在东亚地区的日本、韩国和中国的台湾地区，高校学生总数中私立大学学生占据了极高的比例（70%－80%）。从成本分担机制方面来看，高等教育的公共财政支出占 GDP 比例在国际上处于较低水平。另一方面，由于私立大学经费基本依赖学费收入，国立大学也需要缴纳较高的学费，所以个人或家庭的负担比例处于较高水平。[1]

表1　世界各地区第三级教育结构与财政的特征

（单位:%）

	第三级教育的办学经费来源结构（2003）		学生分布（2004）（B 类教育）		学生分布（2004）（A 类教育）	
	公共经费所占比例	私人经费所占比例	公办学校	非公办学校	公办学校	非公办学校
日本	39.7	60.3	8.8	91.2	27.6	72.4
韩国	23.2	76.8	15.0	85.0	22.5	77.5
美国	42.8	57.2	85.4	14.6	73.6	26.4
OECD 平均	76.4	23.6	64.9	35.1	76.7	23.3
欧元区 19 国平均	84.3	15.7	66.0	34.0	77.8	22.2

数据来源：OECD, Education at a Glance Database, 2006.

印度学者 Tilak 曾指出，“从某种程度上来说，韩国和日本的经验与传统的福利国家模式形成了鲜明的对比，更不用说传统的主导了欧洲经济体——包括英国、瑞典、瑞士和意大利——以及美国和加拿大的那种国家在教育提供中起重要作用的教育发展模式。”[2]

在国际比较视野下，高等教育投入模式的差异与各国在推进高等教育大众化初期的外在约束条件相关。根据金子元久的分析，与欧美发达国家相比，东亚各国是在经济发展水平相对较低的历史时期出现了高等教育升学需求的膨胀，在国立、公立大学无法充分满足现有升学需求的状况下，私立大学填补了过度需求的缺口，同时也正是这种过度需求的产生为此后私立大学的快速发展提供了生存的土壤。[3]

精英型高等教育机构是各个社会用来复制本社会的精英阶层的工具，因此高等教育大众化、普及化背后的各种政治权力和社会权力的角力——特别是精英型机构原有的掌控权力的安排——在很大程度上决定了教育发展的路径以及教育财政的模式。美国精英型私立大学的根本经济基础在于其基金（endowments）制度，这是允许其社会精英阶层将庞大的财力资源置于公共视野之外而进行本阶层复制的制度化安排。在大众化进程中这些精英型机构的核心经济基础和治理机制并没有得到根本的、更加民主化的改变；与此同时，公立（州立）高等教育机构特别是两年制社区学院成为美国扩张高等教育机会的前锋。而在公立高等教育体系中，又进一步分层，最为典型的是加利福尼亚州“高等教育总体规划”提出的由加州大学系统、加州州立大学系统和社区学院系统组成的三层体制，分别对应于精英性与公平性的教育需求。与此相比，日本从帝国大学时代发展而来的精英型国立大学的格局在大众化进程中也受到了保护，政府主要采取了允许私立大学设立和扩充的战略增加高等教育机会。

在国际比较分析的框架下，从教育财政和提供的角度来看，我国当前整个教育体系，特别是高等教育，简单地来说具有“大的非公共投入，小的非公共部门”的特点，也就是以公立学校强烈依赖非公共投入、民办学校发展迅速但是规模有限为主要特点。根据2005年的教育经费统计数据，我国普通高等院校31%的资金来源于学杂费收入，只有41%的资金来自于预算内事业性经费拨款。而2006年民办学校在校生占全体在校生的比例在普通本专科仅为15.92%；2005年社会团体和公民个人办学经费占总经费的比例在普通高等院校仅占7%左右。

表2 2005-2006年各级各类民办教育规模及所占比例

	在校生规模（万人）		占同级教育规模比例（%）	
	2005年	2006年	2005年	2006年
普通本专科	209.85	276.91	13.44	15.92
高中阶段	380.92	450.35	10.14	11.20
初中阶段	373.90	394.40	6.02	6.62
小学	388.94	412.09	3.58	3.85
幼儿园	668.09	775.69	30.66	34.26

注：高中阶段教育未含技工学校数据。

数据来源：教育部发展规划司编，《2006年全国教育事业发展简明统计分析》，2007年2月，第10页。

因此从国际比较角度来看，我国为加大高等教育投入进行总体制度设计的任务也就是探讨适合中国国情的、在审慎和广泛地汲取其他国家的经验教训基础上进一步明确中国模式的高等教育发展道路和财政支持体系建设的问题。目前主要有两个根本性的制度设计挑战。第一是对于我国高等教育体系内的精英型学校和大众型学校，政府和市场的财政责任应该如何划分？第二是关于“小的非公共部门”，未来是应该加强和完善现有的公立高等教育体系，还是进一步增强非公共部门在推动高等教育大众化进程中的重要作用，并以此作为吸纳社会资金的核心渠道？

根据前文的分析，我国不可能仿效欧洲福利国家模式，特别是不能重回“政府包办教育”的老路，完全由政府承担教育支出。即使在当前国家财力大为改善的情况下，这种模式对于我国来说还是过于昂贵，不具有可行性。

但是，在当前的社会条件下，我国不能也不应该走仿效日本和韩国的深入依赖非公立学校和非公共资金提供高等教育服务的道路。当前在教育制度上我国与日本、韩国的高等教育高速扩张初期比较接近。特别是优质的教育资源集中在公立学校中。而且，那些对于学生入学能力要求越低的学校，其由个人承担的办学成本比例越高。这种教育分化的格局产生了高质量、（相对）低学费的精英型学校，和低质量、（相对）高学费的大众型学校。但是，在日本，经济高速增长的同时民众的收入差距并没有扩大。[4]另一方面，日本和韩国在基础教育的公平性方面取得的成就在全球视野下都十分突出。在这种背景下，其高等教育中的公私分野更多地被作为能力分化的体现而为社会所宽容。但目前我国的基本国情是民众收入差距持续拉大，来自不同收入阶层的受教育者得到的校外教育资源的差距越来越大，未来学生在各级各类教育机构中的分布有可能将受到越来越显著的家庭社会经济背景的影响。根据国际经验，依赖非公立学校和非公共资金的教育发展模式在宏观层面上最终将带来整体民众的私人教育支出增加；而就分配效应来说，我国此类政策将越来越集中影响社会非优势群体，最终导致公共教育投入作为社会财富再分配手段的作用受到严重制约。

更为根本的问题是，我国经济领域中的市场经济改革并不会必然导致教育领域内相应的民营力量的壮大。在全球视野下，那些具有优质的私立教育的国家多为文化和宗教异质性的国家，教育首先是作为“精神的市场”——而不是经济获利的产业——吸引了那些旨在争取政治权力、社会权力和文化与宗教影响的利益相关者的投入。[5]在我国的文化传统和政治经济体制下，在经济发展水平总体较低的宏观背景下，当前以及未来一段时间内民营教育机构总的特点是没有强大的经济财团为支持，没有充分的资金储备为基础，基本以逐利的办学者为主，依托学费收入的自我积累支持运转。这一特点在高等教育领域将更加突出。

总之，对于我国高等教育阶段的精英型学校和大众型学校，都必须进一步明确政府投入主导的原则，政府都必须全面加大财政投入，在均衡地、审慎地分析各种备选方案的公平效应和效率效应的基础上，制定和完善相应的具体的教育财政制度。

二、增加高等教育财政投入的机制设计

教育财政机制分为几大类，主要包括政府的资金提供机制、政府制定的各级各类学校的学费政策、政府制定的有关重要教育投入元素的相关制度（例如，教师工资标准）等。而在政府的资金提供机制中，又可分为两大类：（1）第一类是供给方的资金提供机制，这是指政府对于教育机构的直接的资金支持机制；（2）第二类是需求方的资金提供机制，也就是政府将资金给予教育需求者的机制，其中包括贫困学生资助体系中的各种机制。鉴于我国政府自 2007 年以来已经开始改革和完善高等教育的学生助学体系，本文着重分析当前尚未得到充分关注的供给方资金提供机制问题。

在全球视野下，供给方资金提供机制历经改革，随着各国教育公共目标的变化不断进行调整。总的来说，供给方资金提供机制改革的趋势是寻求公共政策目标与资金提供机制更加直接和有效的联系，特别是以多元素为基础的复合型的拨款制度确保这些多目标的达成。相比之下，目前我国的制度仍然较为简单和落后。

在事业性经费拨款机制方面，我国目前的拨款方式主要包括以下几种。

（1）“基数加发展型”，这是在教育快速发展而政府财政能力或意愿不能满足资金需求情况下经常采用的拨款机制。

（2）“投入要素型”，这种机制以教育投入元素——核心的是教师数量及构成——来确定事业性经费的预算。

（3）“投入 + 产出型”，典型的做法是按照学生数预算学校公用经费，而以教师数为人头费预算的基础。这是一种转型期的处理办法。

（4）“简单产出型”，这种机制简单地以学生数或分学科与层级的学生数为主要参数（在我国背景下，高等教育完成率低的现象不像其他国家那

样突出，因此学生数可等同于产出的测量），按照生均经费拨款标准进行资金分配。彻底的以学生数为唯一政策参数的预算方式属于零基预算。

在财政拨款机制方面，我国目前仍有相当数量的省级财政依托“基数加发展”的方法分配高等教育事业性经费，不少地方政府按照1998年的基数进行拨款，这是导致全国范围内高校预算内生均事业费自2000年开始逐年下降的主要原因。但是，值得注意的是，在经济发达地区，地方政府对于高教增大投入的趋向也十分明显。例如，江苏、浙江目前按照生均经费定额方法努力提高高等教育的经费保障水平，并且定额标准逐年提高。2007年浙江的基准定额标准为6 800元，2008年标准将进一步提高至超过央属高校标准，这是极其重要的进步。

目前看来，这种现实中的“简单产出型”主要有三个突出的问题。第一是制造了学校进一步扩大招生人数的内在激励，罔顾高等教育质量下降的危险。第二是与专业和学科有关的财政激励问题。生均经费标准（和学费标准）各学科之间差距太小，未能充分反映各学科的办学成本和社会需求差异。以某省为例，专业折算系数文科为0.9，理科为1，医学为1.25，工科为1.2。相比之下，医科与工科的系数显然较低。这系统地激励了学校努力扩张那些办学成本较低而社会需求可能已经饱和的学科和专业，社会需求旺盛但办学成本较高的专业和学科没有得到充足发展。这种财政激励机制最终导致宏观层面上的高等教育人才培养结构和劳动力市场人才需求结构的错位，这也可能是导致当前高校毕业生就业率问题的原因之一。第三个突出问题与办学层次有关。值得关注的是，高职高专院校的生均基准定额常常被简单地定为本科院校定额的一定比例——例如90%——这样的制度安排不能充分体现两类院校的功能差异和不同的定位走向，而且构成了“专升本”这种学校罔顾社会需求、忽视追求办学特色的教育宗旨的这些行为的内在激励。

总体来说，事业性经费拨款机制是最为重要的实现教育公共政策目标的财政手段，因此在加大财政投入的过程中，如何全面完善和改革我国各级各类院校的事业性拨款机制是核心的任务之一。

另外，在供给方资金提供机制中，政府拨付的各种专项资金也是重要的组成部分。在我国背景下，当前涉及的核心问题是高等教育中研发活动的财政支持机制和高校的基建投入问题。这两类支出目前主要以专项资金的方式投入。研究表明，风险很大的纯基础研究适合于持续、稳定的支持模式，不适合采用周期性项目的资助模式。而在基建方面，高等院校普遍出现的债务问题，根本原因在于教育基建投入的保障机制从未得以建立。[6]

在国家财力有限的情况下，部分教育支出——例如校舍修缮等——由政府依靠专项资金进行支持，其背后的原因是将这些支出纳入常规性的事业性拨款中会带来严重的财政压力。专项资金的机制具有较强的瞄准性，能有效提高资金使用的问责性，而且不会触及财政体制问题，上级政府可以进退有余。但是，在财力基础增强的情况下，应该将每所学校必需的、为学校持续循环运转所必要的、本质上属于事业性经费核心组成部分的支出项目纳入常规性拨款的范畴。

三、初步的政策建议

对于高等教育（包含高等职业教育），增加教育投入应将逐步改革高等教育事业性经费拨款机制作为重要任务。首先在加大财政投入的前提下，建立和健全逐年提高生均财政性经费拨款标准的制度，逐步实施更加重视产出和结果因素的规范化的拨款机制。

建议将财政激励机制的设计进一步深化到大学和学院的功能结构以及与此对应的专业和学科层次上。也就是在财政激励机制和质量保障机制的顶端设计上，从目前的以院校整体为基本瞄准单位的做法向更加偏重以大学和学院的功能要素——包括人才培养、科研和社会服务——为单位的设计转移。简而言之，高校事业性经费拨款机制的改革原则应是在加大投入的基础上，实施“功能导向、分类支持”的拨款机制。首先按照高等学校的三大社会功能，财政拨款体系由教学经费、科研经费和社会服务激励经费构成。针对每一类功能的经费，原则上又由基本保障经费、绩效经费和专项经费构成。其中绩效经费制度旨在建立更加有效的微观层面的公共政策目标执行机制，加强高校对于教育产出和教育结果的重视；而专项经费是学校通过竞争和评审获得的特殊性拨款。对于教学功能的基本保障经费制度的完善，将根据专业分类，更加综合和全面地考虑办学成本、办学层次、办学质量、国家战略需要和历史因素等。

按照研究型高校和应用型高校两大基本分类，进行分类支持。对于研究型大学，将采取更高的各类教育功能的保障性经费标准，特别是加大该类院校的科研投入。而应用型高校的财政支持将主要针对其教学功能。

在上述政策框架下，建议进一步完善我国高校基础性研究的财政支持机制。为了充分发挥大学在基础研究领域的比较优势，确保大学科研活动的可持续开展，建议逐步建立并完善针对大学机构以及设在大学机构内的国家科研平台（例如国家实验室和国家重点实验室等）的稳定的经常性科研经费拨款机制，完善科研投入的质量保障机制，重点增加非竞争性科研经费的投入，逐步建立我国科研的间接成本补偿机制。[7]

其次，在上述政策框架下，建议实施综合性的“为核心产业服务的专业与学科建设计划”。该计划的实质是将培养国家经济社会发展的关键产业和行业所需人才作为优先考虑的战略重点，打破央属和地方属院校的分野，打破本科和专科的分野，打破办学体制的局限，以学科和专业为单位调整事业性经费拨款机制和完善助学政策。同时改革高校治理制度，加大行业、产业的治理参与权，拓宽行业、产业的高等教育投入渠道，确保高等教育为我国核心产业和行业的发展发挥基础性、先导性和战略性的作用。

参考文献

[1] 金子元久．东亚高等教育发展模式中的财政课题．北京大学中日高等教育财政研讨会论文，2006.

[2] Tilak, Jandyhyala B. G. Building Human Capital in East Asia：What Others Can Learn. World Bank, 2002：30.

[3] 金子元久．东亚高等教育发展模式中的财政课题．北京大学中日高等教育财政研讨会论文，2006.

[4] 金子元久．高等教育的社会经济学［M］．北京：北京大学出版社，2007：120.

[5] 詹姆斯．教育责任在公私间的划分［M］//Martin Carnoy. 教育经济学国际百科全书（第二版）．闵维方，等，译．北京：高等教育出版社，1999.

[6]［7］康小明．中国政府对大学科研的资助体系研究．北京大学中国教育财政科学研究所工作论文，2007.

中国政府对大学科研的资助体系研究

康小明*

（2007年6月）

由于大学（特别是研究型大学）通过教学、科研与社会服务很好地将知识生产、知识传播与知识应用融合在一起，因此，大学在世界各国的国家创新系统（National Innovation System）中都占据着非常重要的地位。我国《国家中长期科学和技术发展规划纲要（2006－2020年）》明确提出，大学"是我国基础研究和高技术领域原始创新的主力军之一，是解决国民经济重大科技问题、实现技术转移、成果转化的生力军"。正是因为大学系统在国家科技发展战略中的地位非常重要，同时又是基础研究和应用基础研究等科研类公共产品的主要提供者，因此，政府往往是大学科研活动最重要的资助主体。从中国政府对人学科研的资助体系看，一方面受到我国宏观科技财政体系的影响，另一方面又带有我国现阶段高等教育财政的独有特征。

一、我国科技财政体系的总体特征

与国家创新体系比较发达的国家的科技投入体系不同（这些国家属于典型的"顶层设计、统筹规划"模式，例如英国、法国和日本等），我国的科技财政投入体系属于典型的"分散投入"机制。随着现代科学技术的发展以及国际科技竞争的不断加剧，这种"分散投入"的科技财政体系的缺

---

* 作者简介：康小明，中国科学院科技政策与管理科学研究所副研究员。本研究为北京大学中国教育财政科学研究所资助的所立课题研究成果。

陷和弊端正在逐渐显现出来。

（一）我国科技财政的预算管理体制

改革开放以前，我国科技财政的预算管理体制属于典型的高度集中型管理体制，这种高度集中的科技财政管理体制在特定的历史阶段曾经发挥过巨大的历史作用。但是，随着传统计划经济体制的弊端日益凸显，我国开始了市场经济体制改革。经济体制改革的日益深入使得科技投入主体也日渐多元化，为了规范多元化投入主体的科技经费管理，我国于1986年建立了相对集中的科技经费预算管理体制，即由原国家科委作为归口单位，负责国务院各部门科学事业费的预算管理。所有民口部门的科学事业费均由原国家科委对口财政部编报预算，预算下达后，再由原国家科委分配到各主管部门。在这种体制下，原国家科委充当了我国科技经费的统筹规划职能。进入2000年后，伴随着我国公共行政管理体制的改革，我国的科技财政预算管理体制又出现了重大调整，科技部（原国家科委）不再作为国务院其他下属部门的科学事业费的归口预算单位，科技部仅对本部门直接管理的国家科技计划经费实行二次分配，国务院其他下属部门的科学事业费直接纳入所在部门的预算范畴①。在这种科技财政的预算管理体制下，科技部根本无法承担起我国科技经费的统筹规划职能，从而形成了我国目前分散化的科技财政预算管理格局。

在我国目前的科技财政预算管理格局下，不仅科技部管理不了全国的科技经费，就是科技口的七家中央一级预算单位（包括科技部、中科院、工程院、社科院、中国科协、国家自然科学基金委员会和哲学社会科学规划办公室）也管理不了全国的科技经费。其他所有具备一级预算资质的单位，例如教育部、农业部和交通部等，都管理着或多或少的财政性科技经费，有些部门的科技经费预算甚至直接内含在常规的行政事业经费预算中。由于国务院下属各部门之间都是平行关系，既没有行政上的隶属关系，也没有业务上的依存关系，因此，我国科技财政的预算管理体制从预算的酝酿和编制环

---

① 这点可以从科技部管理的科技经费占中央财政科技拨款总额的比例关系的变化中得到反映。1999年，科技部归口管理的科技经费尚有122.3亿元，占当年中央财政科技拨款总额（355.6亿元）的34.39%；而到了2001年，科技部归口管理的科技经费只有78.6亿元，仅占当年中央财政科技拨款总额（444.4亿元）的17.69%。

节开始就注定由于缺乏有效的协调和强有力的统筹而成为一种典型的分散型体制。

（二）我国科技财政的投入体制

无论是中央财政，还是地方财政，最近十多年来的科技财政投入都呈现出逐年增长的趋势。中央和地方财政科技拨款总额已经从 1995 年的 303 亿元增长到 2005 年的 1 335 亿元（具体请参见表 1）。

表 1　我国中央财政和地方财政的历年科技拨款情况

（单位：亿元）

年份	1995	1996	1997	1998	1999	2000	2001	2002	2003	2004	2005
中央	216	243	275	290	356	350	444	511	609	692	808
地方	87	106	134	149	188	226	259	305	336	403	527
总计	303	349	409	439	544	576	703	816	945	1 095	1 335
占比①	4.4	4.4	4.4	4.1	4.1	3.6	3.7	3.7	3.8	3.8	3.9

数据来源：中国科技统计网（www. sts. org. cn）。

虽然我国的财政性科技经费投入总量在逐年增长，在同年国家财政总支出中的比重却呈现出一定的下降趋势。此外，与我国分散型的科技财政预算管理体制相对应，我国科技财政的投入体制也呈现出鲜明的分散化特征。除了经常性的科学事业费支出以及研究与开发的项目经费支出分散在各个相关的国家部委外，科技三项费也分别由科技部和发改委负责②，而科研基建费则从项目立项到预算安排均由国家发改委负责。由于

① 本表中的“占比”是国家科技财政拨款占同年国家财政总支出的比重，单位为%。

② 科技部主要负责与国民经济和社会发展密切相关的产业重大、共性、关键技术公关以及社会公益类研究，同时负责组织实施国家攻关计划、星火计划和火炬计划等。国家发改委主要负责重大产业化工程示范项目以及产业发展所需的重大装备的研制和技术创新项目等。

科技战略计划在我国的科技财政投入体制中处于核心地位，因此，通过了解我国当前的科技计划体系将能对我国科技财政的投入体制有一个较为全面的把握。

从我国现行的科技财政投入角度看，各项国家层面的科技计划是配置财政性科技经费的主要依据，因此，全面了解我国的科技计划体系是分析我国科技财政投入体系的基础。概括起来，我国现行的科技计划体系可以称之为“3 +2”模式，即三个主体性计划加上两个条件环境建设计划[1]。三个主体性计划包括国家高技术研究发展项目计划（即通常所说的“863 计划”）、国家科技攻关计划①以及基础研究计划。而基础研究计划又具体包括国家自然科学基金、国家重点基础研究发展规划（即通常所说的“973 计划”）以及基础研究重大项目前期研究专项②。

两个条件环境建设计划分别是指研究开发条件环境建设计划和科技产业化环境建设计划。其中，研究开发条件环境建设计划具体包括国家重大科学工程、国家实验室计划、国家重点实验室计划、国家工程技术研究中心（科技部）、国家工程研究中心（发改委）、重点野外观测台站、中央级科研院所科技基础性工作专项、中央级社会科研院所社会公益专项、国际科技合作重点项目计划和国家软科学研究计划等。而科技产业化环境建设计划具体包括星火计划、火炬计划、科技成果重点推广计划、国家重大新产品计划、科技兴贸行动计划、科技型中小企业技术创新基金、生产力促进计划和科研院所技术开发研究专项等。

从我国主要科技计划的历年中央财政拨款情况可以看出，虽然这些科技计划的影响面非常广，而且也在我国的整体科技计划体系中占据着极其重要的地位，但是，这些科技计划在 2005 年度所占用的中央财政拨款额只有 70.47 亿元（如果考虑到“863 计划”以及中科院的“知识创新工程”③，则该数额将突破 100 亿元）。

---

① 从“十一五”第一年（即 2006 年）开始，国家科技攻关计划开始改为国家科技支撑计划。

② 除上述科技计划外，由中科院主导的“知识创新工程”中的很大一部分经费也投入到了基础研究。

③ 2005 年度“863 计划”的国家财政拨款为 60 亿元，“知识创新工程”的国家财政拨款为 32.7 亿元。[2]

表2 我国主要科技计划的中央财政拨款情况[3]

（单位：亿元）

科技计划 \ 拨款数额 \ 年份	2000	2001	2002	2003	2004	2005
国家科技攻关计划	10.32	10.63	10.63	12.46	14.64	14.67
基础研究计划						
国家自然科学基金	12.84	15.98	19.68	20.49	22.50	27.01
国家重点基础研究发展规划项目计划（973）	5.00	6.00	7.00	8.00	9.00	10.00
基础研究重大项目前期研究专项	0.76	0.76	0.76	0.50	0.50	0.50
研究开发条件环境建设计划						
国家重点实验室建设项目计划	1.25	1.30	1.30	1.30	1.30	1.50
国家工程技术研究中心计划	0.40	0.50	0.50	0.50	0.86	0.65
科技基础性工作	1.50	2.00	2.00	2.00	2.00	—
社会公益研究专项	1.30	1.50	1.50	1.55	1.75	1.75
科技产业化环境建设计划						
星火计划	0.40	1.00	1.00	1.00	1.05	1.17
火炬计划	0.50	0.50	0.50	0.50	0.50	0.50
科技成果重点推广计划	0.20	0.20	0.20	0.20	0.23	0.23
国家重点新产品计划	1.40	1.40	1.40	1.40	1.40	1.40
科技型中小企业技术创新基金	8.00	5.00	5.00	5.00	5.00	6.00
农业科技成果转化资金	—	4.00	2.00	2.00	2.50	3.00
科技兴贸行动计划	0.20	0.20	0.20	0.20	0.20	0.20
科研院所技术开发专项	1.69	1.60	2.14	1.93	1.83	1.89

注：本表中未含“863 计划”的财政拨款数据。

二、中国政府对大学科研的资助体系

与我国科技财政的预算管理与投入体制相对应，中国政府对大学科研的资助体系也是典型的分散型投入体制。从大学科研资助的管理层级看，全国人大是科研预算的最高决策机构，国务院是科研预算的最高行政领导机构，两者同属于我国大学科研资助的最高决策层。由于我国的科技财政预算管理属于典型的分散型体制，再加上我国每年的财政收入并不充裕，因此，各个主管部门提出的科技预算都须由财政部考虑国家的财力状况同时综合平衡各个部门的需求后向最高决策层送审。预算下达后再由相应的主管部门负责向大学或其他科研机构分配和拨付。与其他发达国家不同的是，我国大学获得的政府科研经费基本上都是由政府主管部门直接负责分配和拨付，二者之间不存在着起缓冲作用的拨款中介机构（例如英国的高等教育拨款委员会等）。由于中国政府对大学科研的资助部门非常分散，因此，我们可以从竞争性经费和非竞争性经费的角度分别考察大学机构、大学下属科技平台以及研究者个人所获得的政府科研资助情况。

表3　中国政府对大学科研的资助体系

经费性质/资助主体	大学校级层次	科技平台层次	研究者个人层次
竞争性资助经费	国家研究开发条件环境建设计划（科技部等）； 教育部科技基础资源数据平台建设计划（教育部）。	国家重点实验室设备更新费（2003年已停止）（科技部）； 国家工程研究中心启动经费（发改委）； 国家工程技术研究中心启动经费（科技部）。	国家自然科学基金（NSFC）； 国家主体性科技计划（科技部等）；国家社科基金； 教育部各研究项目和基金； 其他部委和地方政府的科研基金等。
非竞争性资助经费	人员性科研事业费，仅限于少数高校，数量少而且稳定不变（教育部）。	国家重点实验室基本运行费（科技部）。	几乎没有。
准竞争性资助经费	“211工程”、“985工程”专项拨款中用于科研部分（教育部）； 以项目形式拨付的科研事业费等（教育部、科技部等）。	以项目形式拨付给各类科技平台的科研事业费等（教育部、科技部等），数量不多。	地方政府和国家部委直接委托高校学者从事相关课题研究的资助经费。

经过改革开放近30年来的改革与发展，中国政府对大学的科研资助已经形成了以中央财政拨款为主、地方财政拨款为辅，国家主体性科技计划和科学基金为主、委托合同为辅的投入体系。综合上表可以发现，中国政府对大学科研的资助体系具备如下四大特征。

一是政府资助部门的多元化特征。从中国政府资金对大学科研的资助流向看，由于受分散型科技预算管理体制和科技投入体制的影响，我国大学获得政府经费资助的部门也非常多元化。从作为大学行政主管部门的教育部，到作为我国科技行政主管部门的科技部，再到负责国家宏观经济运行的发改委以及国家自然科学基金委员会等，就连人事部（负责中国博士后科学基金）和中共中央宣传部（负责国家社会科学基金）也是大学科研工作的资助主体。这些科研经费管理部门之间往往各自为政，部门分割导致的低效和重复研究活动长期存在，从而导致了科技资源总量不足与局部科研经费浪费严重的现象并存的局面。

二是大学的直接主管部门（教育部）在大学科研资助体系中处于弱势地位。从大学获得科研经费的政府部门看，虽然教育部也设立了名目繁多的研究项目和科研基金①，同时也搭建了教育部系统内的众多科技平台（例如教育部重点实验室、教育部工程技术研究中心等），但是相对于整个政府资助体系而言，教育部的科研经费投入仅占很小的一部分。不仅如此，由于缺乏经费投入，教育部系统内的科技平台往往只停留在挂牌阶段，既无筹建时的启动经费，也无筹建完毕以后的经常性经费投入，从而导致诸多的教育部属科技平台并不能发挥出应有的作用。此外，作为大学科研工作的基础保障作用的科研事业费拨款虽然来自教育部，但是却由于局限在少数几所大学以及经费少而且稳定不变等缺陷而发挥不了应有的作用。因此，作为大学的直接主管部门的教育部在大学科研资助体系中一直处于弱势地位。

三是竞争性经费配置不合理，非竞争性经费严重不足。从中国政府对大学科研的资助体系中可以看出，由于受条块分割和部门利益的影响，我国有限的科技经费被分散在数十个国家部委机构中。在与这些部委机构下属的科研机构同台竞争时，大学机构往往很难得到公正的“国民待遇”。从而使得

---

① 其中包括了“文革”后教育部从国家科研事业费中争取到的第一笔专项科研经费，即1982年，经国务院批准从国家总预备费中为中央各部门所属的88所重点高校增拨的2 000万元经费，这笔经费在实行科技拨款制度改革的1985年时开始实行基金制管理，即“高等学校博士学科点专项科学研究基金”。

本该属于竞争性经费的科研资源被垄断在特定部门之内，真正拥有强大科研资源优势的大学却很难通过公平竞争获得应有的资助。此外，从高校科研工作的特点看，基础研究，特别是自由探索式的基础研究是大学最为重要的比较优势之一，但是作为大学科研人员从事基础研究活动所需的基本保障——非竞争性的科研事业费拨款却始终无法得到落实。在我国目前的部属高校中，能够获得经常性科研事业费拨款的仅有少数几所大学，而且相对于这些大学的科研编制总数而言，每人的年均科研事业费拨款尚不足 1 万元。由于缺乏稳定的科研经费投入，使得我国的大学过于依赖竞争性的科研经费而“导致恶性竞争和科研工作的趋同，难以形成自己的特色，难以在自己的兴趣点和优势基础上开展自主研究”[4]。

四是科研经费的资助政策缺乏稳定性和连续性。除了国家层面已经实行了科学基金制（例如国家自然科学基金和国家社科基金等）的科技计划以及其他重要的国家主体性科技计划外，依靠政府拨款方式进行投入的大学科研资助政策既缺乏稳定性，也缺乏连续性。即使是作为国家基础研究核心科技平台的国家重点实验室也不例外。例如，国家重点实验室除了每年享有 100 万左右的经常性科研经费拨款外，在 2003 年以前还可以通过五年一次的评估工作获得一次性拨付的 500 万 - 1 000 万元的设备更新费（针对评估合格者），但是，由于部门交接以及预算编制等因素的制约，该项经费从 2004 年以后基本上就没有了。而作为国家工程技术领域的核心科技平台——国家工程研究中心（发改委）仅在筹建时一次性拨付 2 000 万元建设经费，后续缺乏稳定的财政支持机制。而教育部下属的各个科技平台则几乎没有财政性科研经费投入。

三、中国政府对大学科研的资助方法

从我国高等院校的 R&D 经费的来源结构看，政府资金所占的比重达到了 54.93%①，远高于来源第二的企业资金（所占比例为 36.69%），而国外资金和其他资金仅分别占 1.65% 和 6.73%。由此可见，相对于其他经费来

① 如果考虑大学系统的科技经费筹集指标则可以看出，大学系统 2005 年度共获得政府资金性质的科技经费 251.5 亿元，占大学当年科技经费筹集总额（460.9 亿元）的 54.57%，与 R&D 经费中的政府资金比重相当。

源主体，国家财政仍是我国大学研究与开发经费的最大投入主体（具体请参见表4）。

表4 2005年我国R&D经费的来源部门与执行部门结构

（单位：亿元,%）

经费来源/执行部门	研究机构	企业	高等学校	其他事业单位	合计
政府	425.7(82.97)	76.5(4.57)	133.1(54.93)	10.2(49.04)	645.4(26.34)
企业	17.6(3.43)	1 527.2(91.24)	88.9(36.69)	8.8(42.31)	1 642.5(67.04)
国外	1.8(0.35)	16.8(1.00)	4.0(1.65)	0.1(0.48)	22.7(0.93)
其他	69.0(13.45)	53.3(3.18)	16.3(6.73)	1.7(8.17)	140.4(5.73)
合计	513.1(100)	1 673.8(100)	242.3(100)	20.8(100)	2 450.0(100)

数据来源：根据中国科技统计网（www.sts.org.cn）中的原始数据计算而得。括号中的数据为该指标在相应的执行部门的R&D经费总额中所占的百分比。

从中国政府对大学科研的资助方式看，主要有政府直接拨款和科学基金①两大主渠道。其中政府直接拨款又可以划分为经常性科研经费拨款、专项科研经费拨款（其中包括了国家主体性科技计划拨款）以及委托研究合同经费拨款等②。

从经常性科研经费拨款看，中国政府对大学科研的资助方法主要有两种。一种是从1980年开始，财政部同意在教育事业费中增设“科学研究费”科目，该部分科学研究费可由大学自主用于相关的科研活动。但是从总量上看，该部分经费只占教育事业费的5%左右，很难对高校的自主科研活动产生太大的积极促进作用。另外一种是在大学中通过事先核定的专职科研人员编制数拨付一定的“科研事业费”。从我国部属高校的当前运

① 早在1985年，《中共中央关于科学技术体制改革的决定》中就明确指出，我国大学科研经费的拨款机制是：基础研究和应用基础研究经费由国家拨款，实行基金制，由科研人员自由申请，同行专家评议，择优资助。1986年，我国即成立了国家自然科学基金委员会。

② 如果从政府经费的资助对象划分，可以将政府拨款划分为机构型拨款和项目型拨款，机构型拨款包括了“科研事业费”和国家重点实验室的运行经费等，而项目型拨款既包括了各类国家科技计划拨款，也包括了委托研究拨款等。从某种意义上说，科学基金也是项目型拨款中的一种。

行情况看，76 所部属高校中只有 35 所拥有事先核定的专职科研人员编制，从“科研事业费”的拨付标准看，即使是北大、清华这样的研究型大学，按专职科研人员编制计算的“人均科研事业费”尚不够 1 万元①。由此可见，即使是拥有专职科研人员编制的高等院校，为了维持科研人员的正常工作状态，高校还不得不从其他渠道为其筹集所需的人头经费。从我国高校所获得的经常性科研经费拨款看，虽然拨款的总量很小，但是却无须经过任何质量评估和相互竞争，因此是高校可自主支配的为数不多的国家财政性科研经费。

从专项科研经费拨款看，中国政府对大学科研的资助方式主要是建立在质量评价基础上的竞争性拨款。由于我国的科技财政投入体制存在着明显的条块分割和部门利益特征，因此，我国大学获得的政府科研资助主要来自于科技行政主管部门的国家主体性科技计划、教育行政主管部门的各项科研计划和专项拨款。此外，其他国家部委（例如卫生部、农业部等）和地方政府也有相关的科研计划，同时也会通过委托课题或共建科技平台的方式对大学科研进行一定程度的资助。从上述政府资金的资助方式看，几乎都是竞争性拨款方式，特别是国家主体性科技计划以及教育行政主管部门与其他国家部委和地方政府的科研计划，大学都必须通过竞争性方式才能获得相应的科研资助。即使是教育行政主管部门的专项拨款②也必须建立在学校评估和质量考核的基础上，因此，该类政府资金的资助方式可以认为是准竞争性拨款方式。

从科学基金角度看，我国大学能够获得的最为重要的科学基金主要包括了国家自然科学基金、各省（市、自治区）自然科学基金、国家社会科学基金、中国博士后科学基金、高等学校博士学科点专项科研基金等。其中最为重要的科学基金就是国家自然科学基金，不仅中央财政的拨款总额在逐年增长（从 2000 年的 12.84 亿元增长到 2005 年的 27.01 亿元），而且大学还是其中最为重要的资助主体。仅以 2005 年为例，当年国家自然科学基金共

① 根据笔者对我国某著名研究型大学的调查发现，该校拥有 1 600 名专职科研人员编制，2006 年度获得的上述“科研事业费”拨款只有 1 487 万元。由此可以推算，所有教育部属高校每年获得的该项“科研事业费”将在 5.2 亿元以内。

② 从大学获得的专项拨款看，最为重要的就是“211 工程”拨款和“985 工程”拨款，从这些资金在高校的使用状况看，既有学科建设，也有人才队伍建设，同时也有教学和科研基础设施的更新改善。

资助项目经费总额 35.21 亿元，其中高等院校共获得项目经费 25.87 亿元①（其中教育部属高校获得 17.43 亿元），占当年经费总额的 73.5%；科研机构共获得项目经费 8.81 亿元（其中中科院系统获得 7.14 亿元），仅占当年经费总额的 25.02%；其他单位和机构共获得项目经费 0.52 亿元，仅占当年经费总额的 1.48%[5]。

综上可知，竞争性资金提供方式是中国政府对大学科研进行资助的主导方式，而非竞争性的政府资金提供仅占很小的一部分。如果从课题实施经费的角度看，则政府资金的提供几乎全部建立在竞争性的基础上，政府几乎不给大学提供任何非竞争性的基本科研经费。因此，中国政府对大学科研的资助模式属于政府部门分散主导下的竞争性科研经费投入体制。

四、中国政府对大学科研的资助体系存在的问题及政策建议

从中国政府对大学科研的资助体系和资助方法看，现有的资助体系和资助方法将很难充分发挥大学系统在国家创新体系中的应有功能。由于“大学，特别是研究型大学，是科学研究最重要的力量，是基础研究和高技术前沿领域原始性创新的重要来源”[6]，因此，要充分实现大学，尤其是研究型大学的科研职能，必须不断完善政府对大学科研的资助体系。此外，从大学所承担的科研职能属性看，大多属于基础研究和应用基础研究，因此，从世界各国的大学科研实践看，政府都是大学科研活动的投入主体，我国也不例外。因此，不断完善中国政府对大学科研的资助体系将直接关系到我国中长期科学技术发展战略的顺利实施。概括起来，中国政府对大学科研的资助体系存在的主要问题以及相应的政策举措主要体现在如下方面。

1. 从国家层面完善科技财政投入体制，避免科研经费的分散管理

从中国政府科研资金的投入结构看，大学是第二大主体。2005 年度，在全国 2 450.0 亿元的 R&D 经费总额中，来自政府资金的有 645.4 亿元，其中投入研究机构的为 425.7 亿元，占政府资金总额的 65.96%，而投入高

① 高校从国家自然科学基金获得的项目经费占当年高等院校 R&D 经费中的政府资金部分（133.1 亿元）的 19.44%。

等院校的为 133.1 亿元，占政府资金总额的 20.62% 。这就不难发现，国家层面的宏观科研投入体制将对大学的科研投入体制产生巨大的影响。从我国国家层面的科研投入机制看，不仅存在着因条块分割而导致的部门科技财力不足的情况，同时也存在着因部门财力不足而导致的项目资助强度不够等弊端。从而“形成了‘撒胡椒面’的格局，每个项目只能得到比较平均的小额资助，致使重点支持不足，影响了重大技术研究与开发项目的进行”[7]。更为严重的是，由于缺乏国家层面的统筹规划，我国的各个科技财政投入部门之间往往各自为政，很难对科技投入有一个全面而整体的规划和设计，这便使得重复研究现象经常出现。因此，正是国家宏观层面科技财政投入部门之间的封闭分立导致了我国科技财政投入不足与浪费现象的并存。

为了从国家层面改善我国的科技财政投入体制，可以充分借鉴科技创新体系发达国家的经验，在国家层面建立起实质意义上的统筹协调机制。虽然我国国务院下属的国家科技教育领导小组负责领导全国范围内的科技工作，但是却很难在科技项目立项以及经费预算和投入方面发挥出实质性的统筹和协调功能。因此，无论是在政府科研经费塔式组织模型的基础上引入“预算协调层”[8]，还是为了合理协调衔接“各层级内部各有关部门的科技投入”，“形成横向各部门的分工合作”而引入的“科技战略协调决策层”[7]，都是为了避免科技经费投入的政出多门格局而进行的制度改进。虽然全球第一科技大国——美国采取的也是相对分散的科技财政投入体制，但是国家层面的统筹协调机构不仅有科技政策办公室，同时还有国家科技委员会和总统科技委员会。因此，从我国特定的发展阶段而言，在国家层面建立起能够统筹协调各大科技财政投入部门的科技协调机制将是顺利实施我国科技发展战略的重要保障。

2. 完善政府对大学非竞争性科研经费的投入模式

从大学科研活动的内部结构看，基础研究占据着非常重要的地位。虽然受传统计划经济体制和科研投入格局的影响，我国大学系统内基础研究的投入比重正呈现出逐年上升的趋势（从 1995 年的 15.37% 上升到了 2005 年的 23.41%），虽然仍远低于高等教育发达国家的相应比例（即使在国家公共科研机构体系非常发达的法国，其高等院校基础研究的比重在 1990 年时也已经达到了 88.6% 的水平[9]），但是其重要性却在逐渐提高。由于中国政府对大学的科研投入往往以国家重大科技计划为主，非竞争性的政府科研经费投入仅占很小的一部分，“而风险很大的纯基础研究则适合于持续、稳定支持模式，不适合采用重大项目资助模式”[10]。因此，为了更好地发挥大学在基础研究领域的潜在优势，一方面应该不断加大中国政府对大学非竞争性科研经费的投入，另一方面要不断完善政府对大学非竞争性科研经费的投入方法。

从大学科研经费的使用途径看，非竞争性的科研经费主要有三类，一类是为专职研究人员提供工资和福利待遇等所需的经费，另一类是满足大学系统内的常设科研机构的基本运行经费，还有一类是为大学科研人员提供自由探索研究所需的基本科研经费。中国政府为大学提供的非竞争性科研经费只有第一类（例如按专职研究人员编制拨付的科研事业费）和第二类（例如国家重点实验室的经常性拨款等），而且数量还远远满足不了需要。从我国大学科研活动的潜在需求以及资源配置效率的角度看，政府应该在不断加大对大学非竞争性科研经费投入的同时，通过引入科研质量评估机制以提高此部分科研经费的配置效率。与课题申请者（或课题组）之间的竞争机制不同，科研质量评估机制的引入使得这部分科研经费的配置必须以大学机构之间或科研平台之间的科研质量差异为基础，这就在机构或平台层面引入了竞争机制，进而提高大学系统内非竞争性科研经费的配置效率。

3. 完善政府对大学竞争性科研经费的投入模式

从中国政府对大学科研的资助体系看，以各类国家科技计划为核心的竞争性科研经费投入占据着主导地位，而且竞争性科研经费的投入还为不同的国家部门所主导。这就必然使得中国政府对大学的竞争性科研经费投入存在着下述问题。

一是竞争性科研经费来自于不同国家部门必然会分散本来就非常有限的国家科技财力，相关的主管部门一方面不得不在财政预算约束下采取“撒胡椒面”的资助方式，另一方面又由于缺乏统一的协调和规划而常常出现重复研究的情况。大学科研机构内的同一项目往往能得到不同部门提供的政府经费资助。虽然同一项目很可能得到不同部门的资助，但是却并不一定能获得高质量的研究成果，只是可以在一定程度上更多地弥补科研项目所产生的间接成本。该问题的解决并不能单独依靠大学系统或大学行政主管部门，而必须借助于我国科技财政的预算体制和投入机制的不断完善才能获得妥善的解决。

二是竞争性科研经费投入主体之间的封闭分立格局已经对大学的正常科研工作带来了一定程度的负面冲击。由于缺乏统一的科研质量评估标准以及权威的科研质量评估机构，各个科研经费投入主体都会对其投入到大学科研中的经费进行各种形式的检查和评审工作。为了应付不同部门的检查和评审，相关的研究人员不得不花费时间和精力以应对纷繁复杂的检查和评审活动，从而对正常的科研工作产生了一定程度的负面影响。因此，建立统一而权威的大学科研质量评估机构将势在必行。

三是竞争性经费在大学科研经费结构中占据着过为重要的地位，这就必然使得各个大学为了获得科研经费而不得不以国家科技经费的投入导向为核心，有限的国家科技计划和经费投入使得大学之间往往出现过度竞争、恶性竞争以及不正当竞争等现象。如果说这种竞争性经费投入体制对于高技术研究和试验开发领域的研究尚为可取的话，那么这种政府主导下的竞争性资助模式将对大学的基础研究产生巨大的负面影响。“它可能导致基础研究的整体布局取决于政府的战略选择；使科学的积累效应只能依靠科学目标与国家目标的一致性或至少不冲突这样一种关系来维持”[11]。为了降低大学系统对于政府战略需求的过度依赖，充分发挥大学系统在基础研究领域的潜在优势，应通过增加非竞争性经费投入以优化竞争性经费和非竞争性经费之间的结构关系。

4. 完善我国大学科研间接成本的补偿机制

由于我国大学的科研经费过度依赖竞争性经费，而竞争性经费中的绝大部分又来自于政府资金。由于我国的公立大学是享受国家财政拨款的事业单位，因此，来自国家层面的科技计划长期以来更多地强调科研项目的直接成本，对科研项目的间接成本往往重视不够。根据我国相关国家科技计划的经费管理办法，包括国家自然科学基金在内的绝大部分国家科技计划项目的管理费不能超过资助经费总额的5%①，即使是最新修订后的“863计划”、“973计划”等科研项目的最高管理费比例可以达到8%（课题经费在100万元以下部分），但是考虑到其逐级累退的管理费比例限制（100万－500万元部分的管理费比例为5%；500万－1 000万元部分的管理费比例为2%；1 000万元以上部分的管理费比例为1%②），则管理费的整体比例仍将维持在5%左右。而国家社会科学基金项目的管理费则按项定额提取（特别

① 数据来源：《国家自然科学基金项目资助经费管理办法（2002）》。

② 数据来源：《国家高技术研究发展计划（863）专项经费管理办法（2006）》等。

委托项目和重点项目每项2 000元，一般项目和青年项目每项1 500元①)。如此低比例的管理费将很难弥补我国大学科研活动所产生的基础设施损耗和综合管理费用等间接成本，进而使得我国大学的科研基础设施长期处于超负荷运转而无法及时更新。此外，在我国政府对大学科研的资助体系中，也几乎没有针对大学科研基础设施投入的经常性拨款机制。因此，为了促进我国大学科研工作的长期和可持续发展，应该进一步完善我国大学科研间接成本的补偿机制。

5. 完善政府对大学科研经费投入的激励约束机制

由于受传统计划经济体制的影响，中国政府对大学的科研经费投入仍然呈现出以严格的过程控制为主、以宽松的绩效评估为辅，以硬件设备经费投入为主、以人力资源经费投入为辅的特征。设备更新、实验场地的改造等是各类国家科技计划的主要资助对象，而用于人力资源投入的劳务费用不仅总量小，而且还有非常严格的条件限制。例如2006年颁布的《国家高技术研究发展计划（“863计划”）专项经费管理办法》中明确规定，该计划中的课题经费支出可以包括劳务费，但是劳务费只能支付给课题组成员中没有工资性收入的相关人员（如在校研究生）和课题组临时聘用人员等，而国家自然科学资金中用于劳务支出的严格比例限制②甚至很难使课题负责人招聘到合适的研究人员（例如博士后等）。此外，大学系统在获得科研经费后的使用过程中，由于相应的约束机制不健全以及制度性漏洞的存在，很难保证科研人员将课题经费全部用于相应的科研活动。因此，提高我国科研经费使用效率的有效途径应该是在科学设计科研经费支出方式的基础上强化科研经费使用的评估、审计以及科研成果的绩效考核[9]。在中国政府对大学科研资助总量有限的情况下，建立科学高效的激励约束机制是提高科研经费使用效率、增强大学创新系统实力的有效途径。

6. 完善大学和科研机构等科研主体之间的合作与资源共享机制

由于科技财政的预算和投入管理部门之间存在着封闭分立的现象，进而导致不同部门所属的科研机构之间也存在着封闭分立现象。这种封闭分立现

① 数据来源：《国家社会科学基金项目管理办法（2001）》。

② 国家自然科学基金中的面上项目劳务费不得超过自然科学基金资助经费的15%，杰出青年基金、重点项目、重大项目及各类专项的劳务费不得超过自然科学基金资助经费的10%。

象不仅体现在不同部委所属的科研机构之间，同时也体现在大学与科研机构之间。由于受历史和体制性因素的影响，我国的大学和国家科研机构之间不仅未能有效地实现优势互补，而且还存在着一定程度的职能错位。在我国，大学和国家科研机构都在非竞争性的自由探索式的基础研究和竞争性的应用研究和试验开发领域占据着非常重要的地位，两大国家创新主体之间的关系更多地体现在竞争而不是合作上，从而很难真正充分发挥出这两类科研主体的潜在优势。科研主体之间的封闭分立必然导致科研资源之间的分割、封闭和浪费现象。因此，在完善中国政府对大学科研的资助体系的同时，还应该不断完善大学和国家科研机构之间的合作和资源共享机制，只有真正建立起大学和国家科研机构之间的合作机制，才能有效地实现科研资源之间的共享，进而实现政府科技财政投入的收益最大化。从我国正在推进的国家实验室建设计划看，加强大学与国家科研机构之间的有效合作已经迈出了实质性的步伐，那就是依托北京大学和中国科学院化学所联合组建的北京分子科学国家实验室。为了顺利推进我国的国家创新体系战略，继续完善大学与国家科研机构之间的合作与资源共享机制将是我国相关公共政策的重要选择。

参考文献

[1] 财政部教科文司课题组．建立公共财政框架下和加入 WTO 后科研经费运行机制研究，2003.

[2] 国家财政部．中国财政统计年鉴（2006）[Z]．中国统计出版社，2006.

[3] 国家统计局，科技部．中国科技统计年鉴（2006）[Z]．2006.

[4] 黄蔚．高校科技创新：有亮点也有隐忧 [N]．中国教育报，2005 - 04 - 01 - 3.

[5] 国家自然科学基金委．国家自然科学资金资助项目统计资料（2005）．内部统计报告．

[6] 教育部．高等学校中长期科学和技术发展规划纲要．

[7] 贾康，等．科技投入及其管理模式研究 [M]．中国财政经济出版社，2006.

[8] 王文岩．中国政府科研经费运作机制初探 [M]．中国经济出版社，2005.

[9] 薛澜，康小明．高等教育与国家创新体系．清华大学公共管理学院内部研究报告，2007.

[10] 宋河发，穆荣平，任中保．我国财政科技投入与经费管理问题研究 [J]．科学管理研究，2005（5）．

[11] 谢安邦，罗尧成．关于我国大学科研体制特征及改革的研究 [J]．教育研究，2006（3）．

美国《高等教育法》修订与高等教育财政改革

魏建国*

（2008 年 10 月）

经过 7 年努力和 14 次延期，2008 年 7 月 31 日，美国国会参众两院以压倒性多数通过了《高等教育机会法》（Higher Education Opportunity Act）法案，8 月 14 日，布什总统对法案予以签署，《高等教育机会法》正式成为法律。这一长达 1 158 页的立法将确定今后至少 5 年的联邦高等教育政策方向。[1]这是在最近 10 年内美国对其 1965 年制定的《高等教育法》所作的一次重大修订，也是美国民主党控制的第 110 届国会自 2007 年通过《大学成本降低与机会法》（College Cost Reduction and Access Act）、今年上半年通过《确保持续学生贷款机会法》（Ensuring Continued Access to Student Loans Act）以来所通过的又一部重要的里程碑式的高等教育立法。[2]这次修订在高等教育财政方面提出了许多重要的改革措施。本文拟对美国《高等教育法》的历史沿革进行回顾，分析该法与美国联邦政府介入高等教育财政事务的关系；在此基础上，将介绍本次修订所提出的重要高等教育财政改革措施，进而分析本次修订所体现的高等教育财政理念，以期能对我国的高等教育财政立法与改革提供一定的借鉴与参考。

一、美国《高等教育法》的历史沿革与联邦政府高等教育财政制度演变

从历史上来看，联邦政府在美国高等教育领域扮演着重要的角色。如果

---

* 作者简介：魏建国，北京大学中国教育财政科学研究所副研究员。

没有联邦政府的各项行动，美国的高等教育将会极为不同，其重要性也将减弱。[3]联邦政府主要通过相应的财政支持实现其对高等教育的调控和影响。早期，美国联邦政府通过“赠地”的方式对高等教育提供支持。1787 年通过的《西北领地法》（Northwest Territories Act）就提出，法定的每一块领土都须留出两个镇区的土地去资助高等教育机构的设立。著名的第一和第二《莫里尔法》分别于 1862 年和 1890 年制定。《莫里尔法》也是通过提供土地的方式帮助各州去设立大学，主要针对农业和机械方面的专业。在 19 世纪末期，当时美国的西部扩张已经完成，对被称为“边境”的土地的处理已经结束。这一背景使得联邦的高等教育财政支持模式需要调整。1944 年通过的《军人再调整法》（Servicemen's Readjustment Act）（也被称为退伍军人权利法案，即 G. I. Bill）标志着美国联邦政府介入高等教育财政事务的真正开端。该法给参加“二战”的退伍军人发放助学金，帮助他们去接受高等教育。该法的效果非常显著，美国大学注册人数从 1939 - 1940 年的 150 万人上升到 1949 - 1950 年的 270 万人——10 年间发生了惊人的 78% 的增长。[4]1957 年苏联发射人造地球卫星给美国造成了很大的震动。国会随后于 1958 年通过了《国防教育法》（National Defense Education Act），该法在第二章创设了学生资助项目。1965 年制定的《高等教育法》被认为是美国最为重要的高等教育立法之一，可能是对高等教育影响最大的单个立法[5]，该法进一步扩展了联邦在高等教育财政领域的角色。在《高等教育法》通过之前，对大学生的联邦资助具有特定性，如根据《军人再调整法》对退伍军人的资助，根据《国防教育法》对数学和科学领域学习的资助。而《高等教育法》第四章关于学生资助的规定使得联邦政府第一次为接受后中等教育的学生提供普遍性的资助。目前美国实行的大部分联邦学生资助项目都起源于 1965 年制定的《高等教育法》。据统计，联邦教育部负责管理的由《高等教育法》所授权的学生资助额，大致占到 2005 - 2006 年度所有联邦、州和院校后中等教育学生资助（不包括税收优惠）总额的 70% 。[6]除了学生资助外，《高等教育法》还调整学生支持服务、资助特定的高等教育机构、K - 12 教师培训等事务，也都涉及联邦拨款对相关项目的支持，因此也和高等教育财政具有密切的关系。从前面的历史回溯可以看出，美国联邦政府的高等教育财政模式在发生改变。以《莫里尔法》为代表的阶段实行的是通过赠与土地给高等教育机构（供给方）的直接财政支持模式，而《军人再调整法》、《国防教育法》和《高等教育法》等则代表的主要是通过资助学生（需求方）而支持高等教育机构的间接财政支持模式。

值得注意的是，《高等教育法》和其他许多联邦法律一样，不是永久性（permanent）的法律，必须周期性地予以修订。这种修订的专门术语叫再授权（reauthorization），通常是每隔 4 - 6 年进行一次。自 1965 年制定以来，包括最近的一次在内，《高等教育法》已进行了 8 次再授权，发生的年份为：1968 年、1972 年、1976 年、1980 年、1986 年、1992 年、1998 年、2008 年。[7] 1965 年《高等教育法》的制定及历次再授权也代表了美国联邦政府从 20 世纪 60 年代中期至今在高等教育财政领域的政策调整与角色演变。

1. 1965 年《高等教育法》的制定

20 世纪 60 年代是美国历史上一个比较重要的时期，当时的林登·约翰逊总统倡导"伟大社会"（Great Society）运动，宣布"向贫困开战"。"伟大社会"运动最优先考虑的事项之一就是为所有美国人扩展教育机会。1963 年《职业教育法》（Vocational Education Act）和《高等教育设施法》（Higher Education Facilities Act）、1964 年《民权法》（Civil Rights Act）和《经济复兴法》（Economic Opportunity Act）、1965 年《选举权法》（Voting Rights Act）和《初等与中等教育法》（Elementary and Secondary Education Act）的先后通过，以及 1965 年服务于低收入群体的保健项目（Medicaid）的建立，为《高等教育法》的顺利通过铺平了道路。[5] 1965 年 11 月 8 日，约翰逊总统对法案予以签署。《高等教育法》是"伟大社会"运动中最为重要的立法之一，与高等教育财政有关的内容主要包括：（1）加强社区服务项目。授权教育专员对州进行补助，旨在加强"学院和大学的社区服务项目"。（2）资助图书馆。为大学图书馆的书籍和资料提供一般补助，为有特殊需求的学院提供特别补助，为增加学院图书管理员和发展新技术提供培训补助，提供小额资金为国会图书馆提供编目服务。（3）支持发展中的机构（Developing Institution）。为发展中的机构分配资助资金，主要是针对南部的非裔美国人高等教育机构。两年制学院和技术教育机构也有资格获得资助。（4）设立学生资助项目。两个最重要的组成部分是联邦教育机会助学金项目（EOG）和联邦担保学生贷款项目（GSL）。此外，还将勤工助学项目从经济机会办公室转到教育办公室，并延长了《国防教育法》设立的国防学生贷款项目的实施期限。（5）为高等教育设施提供资助。[4]

2. 《高等教育法》的几次重要再授权

值得注意的是，美国目前所实行的很多学生资助项目，如佩尔助学金、联邦直接贷款项目、帕金斯贷款项目，以及 TRIO 和 GEAR UP 等重要的学生支持项目，都是通过《高等教育法》的历次再授权逐渐形成的。历次再授权对学生资助体系中助学金和学生贷款的比例关系也有很大的影响，具体如下。

《高等教育法》的第一次再授权发生在 1968 年。此次再授权将旨在帮助低收入学生、第一代大学生、残疾学生等弱势群体学生接受和完成高等教育的多个项目统一纳入 TRIO 项目。[8]1965 年立法确立的促进入学机会的目标在具有深远意义的 1972 年再授权中达到顶点。1972 年立法的核心是创设了基本教育机会助学金（BEOG），也就是目前非常著名的佩尔助学金。同时将 1965 年设立的教育机会助学金项目改为补充教育机会助学金项目（SEOG）。立法者对联邦担保学生贷款项目也作了一些调整，创设了学生贷款市场协会（Sallie Mae）作为担保学生贷款项目的二级市场，以提供新的学生贷款本金。1972 年立法在排除和减少经济困难学生财政障碍方面迈出了一大步。同时 1972 年立法使得 20 世纪 70 年代前中期将学生资助的重点放在助学金上，而不是贷款上。此次再授权也为今后数十年产生各种新的项目埋下了伏笔（如大学生父母贷款、整合贷款、无补贴斯泰福德贷款、直接贷款项目等）。[5]

立法者通过 1980 年再授权创设了父母本科生贷款项目（PLUS）。并将基本教育机会助学金以提出该助学金项目的参议员佩尔命名，作为对佩尔参议员的奖赏。[4]1980 年再授权还设立了国家后中等教育发展研究委员会。再授权还为学院、研究型图书馆，以及和图书馆、信息技术、信息传播相关的研发项目提供补助金。提供一般补助金、特殊补助金和匹配补助金给发展中的高等教育机构，用于加强它们的教学、科研和服务。增加了一个资助教育学院的项目，以支持改进教师教育、教师再培训。[9]

1986 年再授权通过经济状况测试来决定所有借款人的资格。还提高了年度贷款额度和累计贷款额。这些变化确保了贷款项目的持续增长，将联邦学生资助的重心由过去的助学金导向贷款。此外，还创设了整合贷款项目（Consolidation Loan Program）。值得注意的是，1986 年再授权还将国家国防学生贷款项目以发起领先项目（Head Start）和学校午餐项目的帕金斯众议员的名字命名。[4]

1992 年再授权增加了佩尔助学金的最高额度；创设了无补贴的斯泰福德贷款项目①，该项目除了不享受在校期间的利息补贴外，其他都与补贴贷

① 1988 年，联邦担保学生贷款项目以参议员斯泰福德的名字命名。

款相同。学生贷款项目的扩张，使得学生更加依赖贷款来支付大学成本。1992 年再授权的另一个重大举措是创设了直接贷款试验项目，允许被挑选的学校将联邦财政部的资金直接发给借款人，不需要担保机构和私人贷款机构的介入。这一试验贷款项目是目前联邦直接贷款项目的前身。从而导致了美国目前的学生贷款处于两种贷款模式相互竞争的格局。[4] 1992 年再授权的重要性在于，造成联邦学生资助政策重心的重大转移，学生贷款取代助学金成为联邦学生资助的重心。[5]

1998 年再授权是由克林顿总统签署的。此次再授权设立了帮助不利地位孩子上大学项目（GEAR UP），给和高度贫困的中学具有伙伴关系的学院和社区提供竞争性补助金，让它们提早告诉家长有关大学财政资助的信息，提供长期的家庭辅导、指导和其他的帮助，以实现孩子上大学的梦想。对于在低收入社区任教 5 年的借款人豁免 5 000 美元的学生贷款，以改进教师准备和征募。对联邦学生资助项目的管理采取了革命性的变革，在政府里创设了第一个基于绩效的组织（PBO）。根据要求，联邦学生资助中心将由一个具有信息技术专业知识和财政系统经验的主管人员领导，他直接向教育部长报告，并具有管理方面的灵活性，以改进对学生的服务，同时提高行政效率和责任。[17]

3. 2008 年《高等教育法》再授权

1998 年再授权将《高等教育法》的权限延长到 2003 年 9 月 30 日，此时，应对《高等教育法》进行新的再授权。但是由于各方意见不一，特别是现实的政治背景，使得再授权迟迟不能通过。2006 年 11 月民主党在中期选举中获胜，12 年来第一次掌控美国国会参众两院。两党的高等教育理念与政策很不相同。过去的两年，民主党控制的国会设定了使高等教育更加可负担、增加入学机会的新方向。[11] 国会先后通过了《大学成本降低与机会法》和《确保持续学生贷款机会法》，大规模增加了学生资助额度，被认为是自《退伍军人权利法案》通过以来最大的一次增长[12]；同时面对美国次贷危机造成的严峻信用市场，通过采取相应措施保证学生能够得到学生贷款来支付大学成本。[13] 在通过上述高等教育立法之后，《高等教育法》再授权在 2008 年 7 月 31 日终于得以在国会两院通过，并随后得到总统签署。这次再授权是 1965 年《高等教育法》制定以来间隔时间最长的一次再授权，一般的再授权间隔时间是 4 – 6 年，而这次是整整 10 年。

二、2008 年《高等教育法》修订所提出的主要高等教育财政改革措施

1965 年《高等教育法》及历次再授权形成了美国联邦政府高等教育财政制度的主要内容。在此基础上，2008 年修订面对现实中存在的问题又提出了许多高等教育财政改革措施，其中重要的措施主要包括以下几方面。

1. 大学学费的信息披露制度

法律规定从 2011 年 7 月开始，教育部长应当将如下信息在网站上以可分类和可搜索的方式公开：（1）列举每个高等教育机构类别中最近学年学费（以及净学费，净学费是学费减去各种资助的部分）最高的 5% 的机构。（2）列举每个高等教育机构类别中最近三年中学费（以及净学费）增长最快的 5% 的机构。（3）列举每个高等教育机构类别中最近学年学费（以及净学费）最低的 10% 的机构。教育部长将每年更新上述列表。上述列举所涉及的高等教育机构类别为：四年制公立高等教育机构、四年制私立非营利高等教育机构、四年制私立营利高等教育机构、两年制公立高等教育机构、两年制私立非营利高等教育机构、两年制私立营利高等教育机构、不足两年制公立高等教育机构、不足两年制私立非营利高等教育机构和不足两年制私立营利高等教育机构。如果某高等教育机构被列为上述学费或净学费增长最快的机构，该机构就应当向教育部长提交包括如下信息的报告：描述成本增长最快的机构预算的主要领域；对成本增长作出解释；提出在这些领域降低成本的步骤等。教育部长应当给国会专门委员会提交基于上述相关机构报告摘要形成的年度报告，并将年度报告在网站上公布，向公众提供相关信息。[14]为了和这个制度相配套，法律还对保持低学费的学院规定了相应的激励和奖励制度。[14]

2. 教科书的信息提供和成本控制制度

该措施的目的是为了通过降低成本和提高透明度，确保学生能够获得可以负担的课程资料。鼓励参与其中的各方，包括教员、学生、管理者、高等教育机构、书商、发行人和出版商共同努力，寻求降低大学教科书和辅助资料成本的方法，同时支持教员为学生挑选高质量课程资料的学术自由。法律

要求在每个学期前为学生预报教科书价格方面的信息，以帮助他们为相关支出做好计划。法律特别规定，大学教科书和辅助资料应分类计价；打捆销售大学教科书和任何相关辅助资料的出版商也应当使得教科书和每个辅助资料能够单独得到，并分类计价，对每一个资料单独标出价格。另外，法律还要求高等教育机构在它们的在线课程目录中提供更详细的有关教科书的信息。法律要求，不晚于 2013 年 7 月 1 日，联邦总审计长将向国会专门委员会报告高等教育机构、大学书店和出版商执行法律的情况。法律也特别强调，该部分将不能被解释为对高等教育机构自治或涉及大学教科书、辅助资料和其他课堂资料挑选的教员学术自由的替代。[14]

3. 州高等教育信息系统试验项目

该项目的目的是为了实施一个试验项目以帮助不超过五个州来发展州层次的后中等教育学生数据系统，从而改进州和高等教育机构的能力以产生更加综合的、具有可比性的数据，在州的层面发展制定出基于更全面信息的教育政策，评估高等教育机构行为的实效，同时维护学生个人信息的秘密性。法律强调，应确定如何将高等教育机构的数据报告负担降到最低，使机构从数据系统获得的数据效应能够最大化，以帮助机构改进其教育实践和教育产出。教育部长应当基于竞争性授予补助金，让接受补助金的州去设计、测试和实施后中等教育学生数据系统，该系统将为州、高等教育机构和州的政策制定者带来最大的利益。补助金应当不超过 3 年。法律还要求改进高等教育机构分析和使用学生数据的能力。对于项目的评估，法律规定，不晚于补助金资助项目结束后的 6 个月，教育部长应当对授权的试验项目作出综合的评估；同时向国会专门委员会报告评估发现，以及有关在州层面建立后中等教育学生数据系统的建议。[14]

4. 州对可负担高等教育的承诺义务

州对高等教育机构拨款的缩减是一个不争的事实。为了阻止进一步缩减的趋势，法律特别规定，一个州应当提供：（1）对于该州的公立高等教育机构，自 2008 年 7 月 1 日之后开始的任何学年，提供不低于该州为此类高等教育机构所提供的最近五学年非资本和非直接研发费用或成本的平均值。（2）对于该州的私立高等教育机构，自 2008 年 7 月 1 日之后开始的任何学年，提供不低于该州为此类高等教育所提供的最近五学年与支付后中等教育成本相关的学生资助的平均值。[14]

5. 改进联邦学生资助的申请程序

针对繁琐的学生资助申请程序对入学机会的影响，法律规定，在适当的实地测试之后，立即为低收入学生设立新的两页的 EZ – FAFSA 学生资助申请表格，并在 5 年内对所有申请者逐步淘汰 7 页的 FAFSA 学生资助申请表格。从 EZ – FAFSA 申请表格获得数据应当能被高等教育机构、担保机构和州依法获得。教育部长应当努力去鼓励所有的申请者使用电子表格。法律还要求用新的方法试验更加简洁的学生资助申请程序。通过创设一个试验项目，允许学生在他们的高中就能得到有关资助的决定或估计。鼓励教育部和国内收入署（IRS）合作，以分享税收数据用于学生资助申请。[14]

6. 为经济最困难的学生增加助学金资助

在《大学成本降低与机会法》的基础上，《高等教育机会法》进一步提高了佩尔助学金的最高额度。法律将联邦佩尔助学金的最高额授权为：2009 – 2010 年度为 6 000 美元，2010 – 2011 年度为 6 400 美元，2011 – 2012 年度为 6 800 美元，2012 – 2013 年度为 7 200 美元，2013 – 2014 年度为 7 600 美元，2014 – 2015 年度为 8 000 美元。法律还调整了以前的做法，规定教育部长可在一个学年内授予一个学生不超过两个联邦佩尔助学金，允许此类学生加速取得学位或证书。这就意味着学生参与暑期学校也有资格申请佩尔助学金。在一个学年内取得超过一个联邦佩尔助学金的情况下，授予此类学生的联邦佩尔助学金的总额将会超过法定佩尔助学金的最高额。学生接受联邦佩尔助学金不应当超过 18 个学期，或教育部规章所确定的与 18 个学期相当的期限。此外，法律还创设了入学机会和大学完成项目补助金，这是一个新的匹配补助金项目，允许州增加基于需求的助学金资助。[14]

7. 对学生贷款项目的规范

法律要求高等教育机构和贷款机构应该报告、披露相关的信息。高等教育机构应当在其网站以及描述或讨论教育贷款的所有的信息资料中披露：学生可以得到的联邦助学金和学生贷款的最高额等信息。关于私人教育贷款，高等教育机构应当通知该借款人，其可能符合联邦贷款或其他资助的条件，并告知其联邦贷款的期限、条件比私人教育贷款更加优惠；并确保与私人教育贷款相关的信息与联邦贷款的相关信息以明显的方式相区别。贷款机构应当给借款人按法定要求披露与联邦教育贷款和私人教育贷款相关的信息。法律还要求参与贷款项目的高等教育机构应当制定贷款行动守则（Code of Conduct），该机构的相关工作人员都应当遵守。该守则应当禁止与相关贷款责任发生利益冲突。法律要求学院确定“优先贷款机构名单”，并至少在名单上列举三个相互之间没有关联关系的贷款机构。在编辑优先贷款机构名单时，法律施加了一个注意义务（Duty of Care）和忠实义务（Duty of Loyalty），要求高等教育机构不能有偏见，只能基于单一的学生或其家庭的利益。同时不能拒绝或阻止借款人对其他贷款机构的选择。法律还对私人教育贷款特别进行了规范，如规定借款人在法定期限内可以取消贷款等。[14]

8. 改进大学准备项目

在前面的沿革部分已经提到，旨在帮助弱势群体学生的 TRIO 和 GEAR UP 项目在美国的大学准备中发挥了很大的作用。《高等教育机会法》进一步强化了 TRIO 和 GEAR UP 项目，使学院与中学之间的通道更加顺畅。法律扩展了 TRIO 项目所要求的活动，特别关注学生在财政资助和经济方面的知晓能力。要求教育部长更加严格地评价 TRIO 项目的质量和实效，并要求在 2010 年之前完成对 TRIO 项目组成部分的 Upward Bound 项目的一个综合评估。法律还创设了新的正当程序条款，以确保 TRIO 项目的申请者能够被公平和精确地评价。此外，法律促使 GEAR UP 项目能够提供早期干预和其他活动，具体包括：延长学生在校时间项目、鼓励学生在具有挑战性的第二课堂注册、职业发展和辍学恢复等。[14]

三、2008 年《高等教育法》修订所体现的高等教育财政理念

《高等教育法》的制定及其修订和一定的高等教育财政理念相关联。自从 1944 年《退伍军人权利法案》通过和 1947 年杜鲁门高等教育委员会成立以来，国家对高等教育的关注就一直集中在可负担（Affordability）与入学机会（Accessibility）上。在 20 世纪 40 - 50 年代，公众相信高等教育是真正服务于国家和学生的。到 60 - 70 年代，随着成本的上涨，官员和纳税人开始对高等教育提出质疑，责任（Accountability）与可负担、入学机会逐渐共同构成高等教育的关键议题。[15]时至今日，入学机会、可负担与责任已非

常清晰地成为美国高等教育的核心关注点①，成为国会修订《高等教育法》时所重点考虑的方面[16]。2008 年《高等教育法》修订所提出的一系列改革措施也体现出旨在促进和改善入学机会、可负担和责任的高等教育财政理念。

1. 入学机会

增加入学机会理念主要是强调不同收入背景学生之间入学机会的均等化，旨在让学业合格的学生不要因经济困难而丧失接受高等教育的机会。尽管 1965 年《高等教育法》及历次再授权都在为增加美国的高等教育入学机会而努力，但是高等教育入学机会的不均等问题仍然存在。和中高收入学生相比，低收入学生在美国大学中仍然是严重未被充分代表的。令人吃惊的是，高低收入学生之间的高等教育“参与缺口”和联邦学生资助项目创设之前几乎相同。[16]在 2004 年的高中毕业生中，来自收入低于 3 万美元家庭的学生中只有 43% 毕业后马上进入后中等教育机构学习。相比之下，收入高于 5 万美元家庭的学生的相应比例是 75%。同时，这种差距在其他教育产出如完成率方面也存在，只有 36% 的低收入大学生在 8 年内完成学士学位，对于高收入学生相应比例则是 81%。[17]此外，类似的缺口以国家正在增加的少数民族群体为突出代表。例如，基于 2003 年度的社会和经济调查，有报告指出，25 – 29 岁的白人有大约三分之一能够获得学士学位，但仅有 17% 的黑人、10% 的拉丁美洲人在同样年龄段在此时能够获得同样的学位。[18]值得注意的是，低收入学生更倾向于上低选择性大学。根据 2004 年的一项研究，在 146 所最具选择性的大学中就读的学生有 74% 来自收入在最高四分位数的群体，而来自收入在最低四分位数群体的学生只有 3%。[19]

造成入学机会不均等的原因是多方面的，美国高等教育的入学机会目前受到不充分的准备、大学机会信息的缺乏和持续的财政障碍等因素之间复杂的相互影响，而被过度地限制。[20]以不合格的高中教育为例，有研究表明，在 2002 – 2003 年度和 2003 – 2004 年度，有 25% 左右的公立高中学生不能毕业，这一现象在低收入、农村和少数民族学生中比例更高。[21]而根据 2000

① 布什政府的教育部长玛格丽特·斯佩林斯（Margaret Spellings）在任命“高等教育未来委员会”时，特别强调了入学机会、可负担和责任等议题。参见 A TEST OF LEADERSHIP: Charting the Future of U. S. Higher Education: A Report of the Commission Appointed by Secretary of Education Margaret Spellings, available at http://www.ed.gov/about/bdscomm/list/hiedfuture/reports/final-report.pdf, 2008 – 06 – 23.

年的一项国家教育纵向研究，一个毕业于达到界定标准学业准备高中的学生，有 85% 的机会进入大学，有 50% 的机会得到学士学位。相比之下，达不到相应要求的学生只有 14% 的机会完成大学学习。而令人震惊的是，只有 46% 的高中毕业生达到了这一最低水准的学业准备。[19] 信息缺乏也会对入学机会造成影响，而对大学成本和资助的知晓程度在低收入学生中更低。一项研究证实，低收入高中学生对实际的大学学费水平、学生资助机会和如何开始入学申请程序等方面的信息和理解都很有限。[22] 而有色人种的学生父母更不可能去正确估计大学成本。[23] 此外，大学成本仍然是影响入学机会的一个重要因素。①

面对入学机会不均等的严重现实以及与之相联系的复杂原因，2008 年《高等教育法》修订提出的许多措施都旨在解决这一问题，并突出体现了增加入学机会的理念。针对中低收入学生大学准备不足的问题，法律进一步强化了 TRIO 和 GEAR UP 项目，并注意提高学生在财政资助等相关信息方面的知晓能力。此外，面对阻碍入学机会的财政障碍难题，法律从监控大学成本、提高佩尔助学金额度、规范学生贷款等方面都提出了相关的措施。

2. 可负担

可负担一直是《高等教育法》所关注的核心问题。最近一轮对大学可负担问题的关注可以追溯到 1997 年，国会设立的高等教育成本委员会（NCCHE）当时提出，公众对上涨学费的焦虑已经和如何支付卫生保健或住房相并列，“对于美国民众而言，支付大学教育费用是一个严重和棘手的事务”。自从那时以后，不同的政策制定者、全国协会、慈善基金会都在证明大学学费的增长，以及其对高等教育入学机会和学位完成率的潜在负面效果。[24] 根据最新的美国大学委员会的数据：在 2002 - 2003 学年与 2006 - 2007 学年之间，以不变美元计算，公立和私立四年制大学的平均学费分别上涨了 31% 和 14%，公立两年制学院的平均学费上涨了 23%。[25] 但是在同一时期，家庭收入却停滞不前。根据美国人口普查局 2007 年 8 月 28 日公布的数据，在 2000 年到 2006 年间，家庭收入中值下降了 2%（957 美元）。[26] 尽管如此，联邦学生资助却没有跟上上涨的大学成本。佩尔助学金四年中在数额上没有增加——尽管承诺要增加——它们的数额相对于大学成本的比例也在缩减。20 年前，佩尔助学金的最高额度能覆盖公立四年制大学成本的

① 下文会详及。

55%，2007 年《大学成本降低与机会法》制定之前则仅能覆盖三分之一。大学成本无情的增长，使得可负担成为学生、家庭和政策制定者们不断增加的忧虑。太多的学生要么因成本上涨而放弃入学，要么因上大学而背上了令人不安的债务负担。每年有 40 万名学生因无力负担而没有去上四年制学院。[12] 而一项研究表明：1992 – 1993 学年在公立四年制学院学士学位获得者中有 24. 8% 负债，贷款额中位数为 8 226 美元，月贷款偿还额为 95 美元；2003 –2004 学年的相应比例和数字为：58. 0% 、14 0671 美元、169 美元。对于在所有类别高等教育机构就读的学生，1992 – 1993 学年在学士学位获得者中持有贷款的比例为 36. 8%，贷款额中位数为 10 088 美元，而 2003 – 2004 学年的相应比例和数字为：62. 2% 、16 432 美元。[27] 根据另外一项研究，学生贷款在种族之间的分布也不平衡，1999 – 2000 学年在学院毕业生中持有贷款的白人比例为 63. 7%，而黑人和西班牙裔学生的相应比例为 79. 8% 和 70. 6% 。[28]

此外，考虑到学生和家庭仅负担实际高等教育成本的一部分，可负担对那些支持大学和学院的联邦、州和私人捐赠者而言，也是一个重要的公共议题。学费上涨的其中一个原因就是州的高等教育拨款在过去 20 年中下降到最低水平。[20]

2008 年《高等教育法》修订体现了对可负担问题的高度重视。法律首先对包括学费、教科书支出在内的大学成本规定了控制方法。改进了学生资助申请表格，让学生能够更容易获得资助。大幅度提高了佩尔助学金的额度，到 2014 –2015 年度佩尔助学金的最高额将达到 8 000 美元，和《大学成本降低与机会法》制定之前的 4 310 美元相比，几乎增加了一倍。对助学贷款进行了规范，特别是针对私人教育贷款，要求高等教育机构在学生申请私人教育贷款之前，应当告诉其联邦学生资助政策，让他们在享受联邦学生资助政策之后，如果仍然需要贷款的，再去申请私人教育贷款，从而最大限度地降低贷款负担。在助学贷款的偿还方面，对于立志从事公共服务的借款人，法律还改进了助学贷款豁免制度，以减轻其偿还压力。另外，针对近 20 年来州对高等教育拨款的缩减，法律还特别强调了州对可负担高等教育的承诺义务。

3. 责任

责任观念在 1983 年《国家处在危险中》（A Nation at Risk）报告发表后更加得到关注。20 世纪八九十年代在欧洲和美国都持续得到强调。[29] 财政投入的效果如何是各国政府所共同关注的议题。关于责任的界定有很多种，马丁·特罗教授给责任的定义很符合我们这里所探讨的和教育财政问题相联系的责任。他认为，责任是向其他主体报告的义务，去解释、证明、回答有关资源如何使用的问题，以及所达到的效果。[30]他还将责任划分为两个方面，即法律/财政责任和学术责任。前者是指报告资源如何使用的责任，通过内部和外部独立的财务审计可以完成。对于学术责任，则是告诉别人运用那些资源，在改进教学和公共服务等方面做了些什么，达到什么效果。通常对于后者的争论更多，关于资源输入的规则通常比评估教学科研产出的标准要清晰得多。[30]

随着高等教育成本的急剧变化，一般公众认为高等教育没有提供和其所付费用相称的服务，大学需要寻求公众对它们质量的认可。[31]责任的缺乏，将会导致对约束的放松，对已有承诺的降低。直到高等教育更加透明，更加具有责任，它才能和卫生保健、K－12 教育以及公共安全等事务来竞争公共支持；才能够让政策制定者信服，从而去保持和成本上涨相匹配的学生资助资金的增长。[32]考察责任①的关键领域包括：学生的学习进展、毕业率、学术研究等。而信息是监控绩效所必备的条件。对于这些关键领域的评估大都需要学生层次的数据系统，而且最好是全国层面的。在一个学生流动增加和终身学习大发展的时代，依靠单一机构的数据去追踪学生的学习进展和项目完成情况是会受到误导的。目前的系统缺乏对转学和毕业学生的追踪，也忽略了大量非全日制学生。这会明显低估毕业率，对于评价招收了很多非全日制学生的社区学院、公立独立的城市学院的实际贡献是很不够的。[29]因此，需要一个全国层面的数据框架去帮助州和高等教育机构来确定具体的问题，帮助它们去改进转学、保留和毕业率。并使得信息可以公开得到，可以直观地在不同机构之间进行比较。这一改进是节约时间和金钱的最好战略，对学生和公众都有益。此外，需要更好的关于大学成本的全国（和州）层面的数据。此类数据可以让联邦和州政府估计高等教育成本的变化趋势以及不同学生资助策略的成本和效益。[3]值得注意的是，责任的改进对于确保其他方面改革的成功是至关重要的。如果高等教育机构信奉并执行严肃的责任措施，那么改进入学机会、可负担就将更加容易达到。[20]

近年来，在学生贷款领域发生了严重的责任②问题。早在 2003 年，联

① 这应该属于特罗教授所界定的第二种责任。

② 这应该属于特罗教授所界定的第一种责任。

邦教育部的一位研究者乔恩·奥伯格（Jon Oberg）就警告他的主管，私人贷款机构正在从教育部非法取得亿万元的补贴。但是教育部的主管不予理睬，并要求他停止调查学生贷款实践中的不当做法。当时的教育部长和继任的教育部长在整整三年内都忽视了这个问题。他们认为当时的法律不能让他们去停止支付相关补贴，只有国会有权力那样做。[33]2007 年终于有多起学生贷款丑闻进入公众视野。国会和州层面对学生贷款的调查表明，学生贷款项目中存在严重的利益冲突和缺乏职业道德的行为。特别是，贷款机构用贿赂和回扣得到学校的照顾。在大学成本继续飙升的时候，这些欺骗和贪婪破坏了联邦学生资助项目的可信度，也给学生、家庭和纳税人带来了损失。2007 年，众议院教育与劳动力委员会主席乔治·米勒和参议院教育、健康、劳工与养老金委员会主席爱德华·M. 肯尼迪要求正式调查学校、政府官员和贷款公司之间的关系，旨在确保学生贷款项目以学生和家庭的最大利益来运作。[34]这些丑闻最终导致了《大学成本降低与机会法》的出台。

2008 年《高等教育法》的修订所提出的很多改革措施都体现了重视责任的理念。基于学生层次数据的缺乏，法律授权在部分州实行高等教育信息系统试验项目，在此基础上，再考虑未来的可推广问题。法律还规定了大学学费的信息披露制度和教科书的信息提供制度，这些举措都有利于大学成本方面的责任监督与控制。此外，针对学生贷款领域存在的严重问题，除了《大学成本降低与机会法》的相关规定外，本次修订对高等教育机构和贷款机构都提出了信息披露和报告要求，同时对高等教育机构学生资助工作人员的职业道德提出了更高的要求。对于近年来增长迅速的私人教育贷款，法律还作出了特别的规范措施。

参考文献

[1] President Bush Signs Legislation to Renew the Higher Education Act. http://chronicle.com/news/article/4996/president-bush-signs-legislation-to-renew-the-higher-education-act, 2008-08-14; Lederman, Doug. 7 Years, 1, 158 Pages — and Almost Done. http://www.insidehighered.com/news/2008/07/30/hea, 2008-08-01.

[2] Kennedy on Final Passage of Higher Education Act Reauthorization. http://kennedy.senate.gov/newsroom/press_release.cfm? id = 1C5022C1-EB21-4CA6-97E4-8CEEF21548D9, 2008-08-03.

[3] Lingenfelter, Paul E. and Lenth, Charles S.. What Should Reauthorization Be About? *Change: The Magazine of Higher Learning*. 2005, 37 (3): 12, 17.

[4] Cerbantes, Angelica et al.. Opening the Doors to Higher Education: Perspectives on the Higher Education Act 40 Years Later. http://www.tgslc.org/pdf/HEA_History.pdf, 2008-08-08.

[5] Hannah, Susan B.. The Higher Education Act of 1992: Skills, Constraints, and the Politics of Higher Education, *The Journal of Higher Education.* 1996, 67 (5): 500, 503, 504-505, 498.

[6] Mercer, Charmaine et al.. Higher Education Act Reauthorization: A Comparison of Current Law and S. 1642. http://usinfo.state.gov/infousa/education/overview/docs/hiedact.pdf, 2008-08-10.

[7] Reauthorization of the Higher Education Act of 1965. http://www.finaid.org/educators/reauthorization.phtml, 2008-07-30.

[8] History of TRIO. http://www.education.wisc.edu/trio/history.asp, 2008-08-10.

[9] Florio, David H.. The Education Amendments of 1980: National Institute of Education and Higher Education Act Reauthorization, *Educational Researcher.* 1980, 9 (10): 21, 27.

[10] The Higher Education Amendments of 1998: Five Victories for the Clinton-Gore Administration. http://govinfo.library.unt.edu/npr/library/news/100798.html, 2008-08-10.

[11] Chairman Miller Statement on Signing of the Higher Education Opportunity Act. http://www.house.gov/apps/list/speech/edlabor_dem/BushHEOA081408.html, 2008-08-16.

[12] Kennedy Opens Floor Debate on College Cost Reduction and Access Act. http://KENNEDY.SENATE.GOV/NEWSROOM/PRESS-RELEASE.CFM? ID = 2F4F - 4FBE - A24F-9A3AE90AEA55, 2007-09-10.

[13] The Ensuring Continued Access to Student Loans Act. http://edlabor.house.gov/micro/loansact.shtml, 2008-06-23.

[14] Higher Education Opportunity Act, H. R. 4137 §111, §801, §112, §115, §116, §483, §401, §120, §493, §1021, §407, §403, §404, §201, §114, §471, §480, §487, §707, §483, §709, §120, §1021, §430 (2008).

[15] Steely, Melvin T.. The States and Public Higher Education Policy: Affordability, Access, and Accountability. http://findarticles.com/p/articles/mi_qa3860/is_200205/ai_n9065463, 2008-08-16.

[16] Hartle, Terry and Simmons, Chris. Federal triangle: Congress Focuses on Access, Affordability and Accountability, *Connection: New England Journal of Higher Education.* 2003, 18 (2): 13.

[17] Long, Bridget Terry. The Effectiveness of Financial Aid in Improving College Enrollment: Lessons for Policy. http://gseacademic.harvard.edu/~longbr/Long_-_Effectiveness_of_Aid_-_Lessons_for_Policy_(1-08).pdf, 2008-09-02.

[18] Stoops, Nicole. Educational Attainment in the United States: 2003. http://www.census.gov/prod/2004pubs/p20-550.pdf, 2008-08-18.

[19] The Century Foundation. Left Behind: Unequal Opportunity in Higher Education. http: //www. tcf. org/Publications/Education/leftbehindrc. pdf, 2008 – 09 – 01.

[20] A TEST OF LEADERSHIP: Charting the Future of U. S. Higher Education: A Report of the Commission Appointed by Secretary of Education Margaret Spellings. http: //www. ed. gov/about/bdscomm/list/hiedfuture/reports/final – report. pdf, 2008 – 06 – 23.

[21] Searstrom, Marilyn et al. . The Averaged Freshman Graduation Rate for Public High Schools From the Common Core of Data: School Years 2002 – 03 and 2003 – 04. http: //nces. ed. gov/pubs2006/2006606rev. pdf, 2008 – 08 – 23.

[22] Avery, Christopher and Kane, Thomas J. . Student Perceptions of College Opportunities: The Boston COACH Program [M] // Caroline M. Hoxby (ed). *College Choices: The Economics of Where to Go, When to Go, and How to Pay for it.* Chicago: University of Chicago Press, 2004: 356.

[23] Grodsky, Eric and Jone, Melanie T. . Real and Imagined Barriers to College Entry: Perceptions of Cost. http: //www. sciencedirect. com/science? _ob = ArticleURL&_udi = B6WX8 – 4KBVV4P – 1&_user = 1553416&_rdoc = 1&_fmt = &_orig = search&_sort = d&view = c& _ version = 1& _ urlVersion = 0& _ userid = 1553416&md5 = 552db5e0a4a0de13b4664d2e4bf8ff82, 2008 – 09 – 02.

[24] GAOreport. Higher Education: Tuition Continues to Rise, But Patterns Vary by Institution Type, Enrollment, and Educational Expenditures. http: //www. gao. gov/new. items/d08245. pdf, 2008 – 08 – 23.

[25] The College Board. 2007 Trends in College Pricing. http: //www. collegeboard. com/prod_downloads/about/news_info/trends/trends_pricing_07. pdf, 2008 – 08 – 10.

[26] U. S. Census Bureau. Income, poverty, and health insurance coverage in the United States: 2006 . http: //www. census. gov/prod/2007pubs/p60 – 233. pdf, 2008 – 08 – 23.

[27] King,Jacqueline E. . Federal Student Loan Debt: 1993 to 2004. http: //www. acenet. edu/AM/Template. cfm? Section = CPA&Template = /CM/ContentDisplay. cfm&ContentID = 10733, 2008 – 09 – 03.

[28] Jaschik, Scott. Borrowing More, Earning More. *Inside Higher Education.* http: //www. insidehighered. com/news/2005/03/28/loans, 2008 – 09 – 03.

[29] National Commission on Accountability in Higher Education. Accountability for Better Results-A National Imperative for Higher Education. http: //eric. ed. gov/ERICDocs/data/ericdocs2sql/content_storage_01/0000019b/80/1b/ab/19. pdf, 2008 – 09 – 01.

[30] Trow, Martin. Trust, Market and Accountability in Higher Education: A Comparative Perspective, *Higher Education Policy.* 1996, 9 (4): 310, 316 – 317.

[31] Huisman, Jeroen and Currie, Jan. Accountability in Higher Education: Bridge Over Troubled Water? *Higher Education.* 2004, 48: 535.

[32] Carey, Kevin. Truth Without Action: The Myth of Higher-Education Accountability, *Change: The Magazine of Higher Learning*. 2007, 39 (5): 28.

[33] Packer, Travis L.. College Cost Reduction and Access Act: A Good Step, but Only a Step, *North Carolina Banking Institute*. 2008, 12 (March): 223 – 224.

[34] Democrats Take Action on Student Loan Scandal. http://edworkforce.house.gov/publications/070424StudentLoanInvestigation.pdf, 2008 – 06 – 23.

地方高等教育财政管理模式：差异与多元化

杨　钋*

（2009 年 3 月）

本文的目的是以高教财政理论为指导，以 2007 年我国省级政府高教财政管理制度和数据为基础，归纳和分析地方高等教育财政管理模式的主要组成部分及各部分之间的关系。在财政部和教育部的支持下，北京大学中国教育财政科学研究所获得了来自我国 30 个省、直辖市和自治区（除西藏）的财政厅和教育厅的介绍地方高等教育事业发展概况、高等教育发展规划、高等教育财政支持体制与机制以及高等教育财务管理状况的报告资料。本文分析的基础即是这些报告资料及相关统计年鉴。

一、地方高等教育财政管理模式现状

根据各省调研情况，本文分析了各省高教经费投入的模式、基建经费和高校债务的规模、专项经费的规模和投向、学费标准、民办教育财政扶持政策和未来经费投向规划以及各部分之间的关系。

（一）高等教育经费分配方式

现阶段我国有三种高教经费分配方式并存。2007 年全国有 6 省使用

---

* 作者简介：杨钋，北京大学教育学院副教授。

“基数加发展”的经费分配模式①，包括黑龙江、江西、陕西、湖北、河北、河南，占全部地区的20%。在高教财政理论中，“基数加发展”模式属于供给方财政之下的协商预算模式②。全国有10个地区实行“定额定员”模式，即安徽、宁夏、吉林、广西、贵州、山西、辽宁、青海、上海、天津，占全部省份的33.3%。“定额定员”模式根本上属于以投入为基础的公式拨款。2007年我国有14个地区采纳了“综合定额加专项补助”的模式，包括海南、四川、山东、新疆、广东、湖南、重庆、内蒙古、北京、福建、甘肃、云南、浙江、江苏，占全部省份的47%。“综合定额加专项补助”属于以成本为基础的公式拨款模式。

经费分配方式可能对地区财政性经费的投入水平具有一定影响。这表现在三类地区的生均预算内事业费及其年增长率有很大差异。实行“综合定额加专项补助”和“定额定员”地区的生均预算内教育事业费的均值很接近（均值分别为6 452元和6 591元），二者都远远高于实行“基数加发展”模式地区（均值为3 913元）。比较2006－2007年各地区生均预算内教育事业费的增长率，也可以看出，实行“综合定额加专项补助”地区的经费年增长率（23%）高于“定额定员”地区（15.8%）和“基数加发展”地区（14.5%）。“基数加发展”地区不仅经费水平较低，而且增长较慢。

（二）基建经费和高校负债

1. 基建经费来源与地区差异

第一，20世纪90年代中期以来，我国高校筹集建设性资金的主要来源是基建专项经费、高校自筹资金和银行贷款。高校扩招以来银行贷款成为高

① 三种经费投入模式定义来自：马陆亭，高等教育财政拨款模式改革研究［J］．北京教育（高教），2006，（5）．

② Salmi，J.，& Hauptman，A. M.（2006）. Innovations in tertiary education financing：a comparative evaluation of allocation mechanisms. Washington，DC：World Bank. 研究认为，首先，高等教育经费的分配方式可以分为供给方财政（对高校）和需求方财政（对学生和家庭）。其次，在供给方财政中，可以将政府对教学和运营的拨款与对研究的拨款分开。教学和运营拨款方式共有四种，即协议拨款、专项拨款、公式拨款、绩效拨款。其中公式拨款又可以分为以投入为基础、以成本为基础、重点优先和带有绩效成分四种。研究拨款分为分类财政补贴、教学科研拨款和同行评议拨款三种。

校基建资金的主要来源。第二，各地区对三种经费来源的依赖程度不同。第三，不仅各地区基建经费的来源不同，基建经费投入规模也有很大差异。数据分析显示，全国17个省的基建投入年均值为2.81亿元，广东省投入规模是青海省的181倍。在考虑到各地高等教育规模以后，仍存在很大的地区间基建投资差异。全国校均年预算内基建经费为400万元，最高值省份拨款为最低值省份的17倍。

2. 高校债务分布和规模

第一，我国高校负债分布具有显著的区域和时间特征。沿海地区高校债务较高，且各地区债务随着时间而增长。首先，各地区高校债务负担情况不同。截止到2007年底，湖北、广东、湖南三省高校的未偿还贷款余额达到100亿元以上。贷款额度在50亿－100亿元之间的省份有10个，包括辽宁、河北、黑龙江、陕西、安徽、天津、云南、甘肃、河南（2004年末）、江西（2004年末）①。其次，2007年底和2004年底相比，高债务地区不断上升。2007年湖北和湖南两省跨入100亿元以上债务组。海南和宁夏从10亿元以下地区升为10亿－20亿元地区。

第二，高校负债的另一特征就是显著的地区间差异。这不仅表现在高校负债总规模的地区差异大，也体现在总债务规模的地区差距大于校均债务规模的地区差异。各地区高校债务总规模的全国均值为68.54亿元，其中最高省份债务规模为最低省份的56倍。全国各省校均债务规模均值为1.07亿元，最高者为广东（每校1.86亿元），最低者为青海（每校2 500万元）。

第三，比较各地的基建规模和负债规模可以发现，各地高校债务规模远高于年基建投入总量。各省年基建投入规模均值为2.8亿元，而地方负债规模均值为68.54亿元，后者是前者的24倍。各省校均负债均值为1.07亿元，约为校均年预算内基建投入的27倍，约为各省年预算内基建投入的38%。

第四，债务规模与地区高校数相关，与预算内基建经费支出无关。

3. 高校债务化解措施

第一，政府直接、一次性清偿高校基建负债。例如，2007年广东省财

① 2004年数据来自于：林莉，“化解高校债务危机：途径与问题”，《教育蓝皮书：深入推进教育公平（2008）》，社会科学文献出版社。

政筹措资金，一次性清偿经省政府批准贴息的高校教学行政设施贷款。此外，高校生活设施贷款共40亿元在贴息3年政策不变基础上，由高校自行偿还。

第二，解决高校债务问题最直接的方式就是增加财政投入。首先，有些地区通过生均定额补助的方式来化解高校债务。例如，浙江省直接为省属高校新校区提供建设补助，教学项目以资本金的形式给予补助。其次，各地政府纷纷采用贷款贴息的方式来缓解高校还贷的压力。广西、贵州、海南、黑龙江、江苏、内蒙古、上海、天津、新疆、云南、重庆等省份都采用了政府贷款贴息的方式。

第三，土地置换是另一种化解高校债务的方式。福建、河南、湖北、江苏、江西、辽宁、天津、云南、浙江和重庆等地区允许高校进行土地置换，使用其收益来归还银行贷款。

第四，调整贷款结构，变短期为长期贷款，变商业性贷款为政策性贷款。不少省份也与国家开发银行合作，已经调整贷款结构的地区包括福建、河南、湖北、湖南、辽宁、青海、山东、陕西、四川等。

（三）专项经费

1. 专项经费范围和投向

第一，重点建设包括重点校建设、重点学科建设和重点课程建设，简称“三重”建设。除宁夏、海南、湖南和江西外，各省都以专项形式支持本地区的“三重”建设。

第二，教学科研专项。各地的教学科研专项可以归为八大类：基础设施改造与修缮、设备购置、贷款贴息或基建专项、教育质量专项、实验室或实训基地建设、科学研究或科研开发与转化、教师培训与人才培养和引进计划、增生增资经费或定额调资补贴。

第三，学生服务专项。国家助学金和学生贷款专项、困难学生补助、大学生思想政治工作经费和大学生创新资助属于学生服务专项。

第四，从覆盖范围来看，北京市和湖北省的专项范围最广，各自包括了10大类专项。上海、天津、吉林、安徽、山西、广西、陕西、宁夏和新疆的专项数量在6到8项之间。

2. 专项经费规模

首先，各地区专项投入总规模不同。2006 – 2008 年，北京市专项总投入超过 100 亿元。另外 9 个省市三年专项投入的规模达到 10 亿 – 100 亿元之间，即上海、广东、河南、江苏、天津、四川、湖南、河北、辽宁。三年专项总规模在 5 亿 – 10 亿元之间的地区共有 13 个，即山东、江西、陕西、内蒙古、云南、广西、吉林、贵州、黑龙江、湖北、浙江、新疆、重庆。福建、海南、安徽、山西、甘肃的三年专项总投入介于 1 亿 – 5 亿元之间，青海和宁夏两省的三年投入小于 1 亿元。

其次，各地区年均专项投入也不同。年均专项投入在 10 亿 – 30 亿元之间的省份是北京和上海。年均投入介于 5 亿 – 10 亿元的包括广东、河南和江苏。

再次，各年度专项规模变化很大。同一地区不同年度的专项规模有较大变化。北京市 2006 – 2008 年专项的规模分别为 26 亿元、30 亿元和 45 亿元。河南省三年分别为 4. 03 亿元、6. 14 亿元和 7. 47 亿元。

最后，各省校均专项投入不一致。全国各省每校年均专项投入为 600 万元。北京市每校年均专项投入为 4 200 万元，上海市为 1 830 万元，安徽和宁夏两省每校年均专项投入仅为 100 万元。

3. 专项经费的地区差异

第一，地区间专项规模差距大。三年专项排名前十位的地区是北京、上海、广东、河南、江苏、山东、江西、天津、四川和湖南。排名最后五位的是安徽、山西、甘肃、青海、宁夏。

第二，地区间差异随时间不断加大。专项水平最高的北京市三年间专项规模增长了 73%，专项水平最低的宁夏自治区三年间专项增长了 400%。尽管如此，这两个地区之间的差距却越来越大。2006 年两地区专项极差为 26 亿元，2007 年为 29. 8 亿元，2008 年为 44. 8 亿元。

第三，各省对专项经费的依赖程度不同。若以校年均专项与年预算内事业费的比值来衡量各地区对专项的依赖程度，对专项经费依赖程度最高的五省份依次为海南、江西、北京、贵州和新疆。依赖程度最低五省份分别是湖北、安徽、浙江、宁夏和甘肃。

第四，各地区专项规模与高校规模、预算内事业费无显著相关关系。

（四）学费

第一，同一地区之内的学费标准与学校层次、学生层次、学科相关。第二，各地区普通本科学费标准不同。第三，重点本科学费水平也存在地方差异。第四，不同地区高职学费的差距也不可忽视。高职学费下限在6 000元以上的地区包括上海、北京和广西；在5 000－6 000元之间的有9个省份，即陕西、广东、黑龙江、河北、浙江、江西、天津、福建、云南；在4 000－5 000元之间有8个地区，即海南、山东、甘肃、江苏、湖北、辽宁、重庆、山西；在3 000－4 000元之间有7个地区，即湖南、内蒙古、安徽、宁夏、吉林、河南、山西。在3 000元以下的是新疆、青海和贵州。

（五）民办高教政策

地方政府从学生政策和学校政策这两个方面来扶持民办高等教育的发展。学生政策包括将民办学生纳入国家学生资助体系和允许民办高校学生享受与公立高校学生同样的国家补贴和福利待遇。

针对民办高校的财政扶持政策包括：（1）补贴：让民办高校享受税收优惠、价格补贴、助学贷款补贴和风险补偿金；（2）优惠：在筹资、征地、建校、资产管理、引进人才、增设专业、毕业发证、推荐就业等方面对民办高校予以优惠；（3）平权参与科研、评优和专项支持；（4）给予民办高校学费定价权；（5）设立民办发展专项基金。各地区对民办高等教育的支持力度不同。2007年共有9个省份实施了4项及以上的民办教育扶持政策。

（六）经费投入规划

首先，各省纷纷提出要在“十一五”期间增加对高等教育的投入，主要方式是提高生均拨款标准、提高专项经费规模或多渠道筹资。其次，保证重点项目、重点院校和重点学科的建设是各省经费投入规划的另一个重点。

二、地方高教财政管理模式的分析

多元化的高教经费投入模式、基建投入和债务的地区差距、专项投向、规模和依赖度上的差异、学费的地区差异、地方民办高校政策差异与各省高等教育经费投入规划的差异，说明我国地方高等教育财政管理模式出现了多元化趋势。

从经费分配方式与债务、专项和学费的关系上来看：(1)“综合定额加专项补助”地区学费偏高、贷款余额水平居中、专项投入偏高；(2)“基数加发展”地区学费居中、贷款余额水平最高、专项投入居中；(3)“定额定员”地区学费偏低、贷款余额水平最低、专项投入偏低。(参见表 1)

表 1　经费分配方式与学费、专项和债务的关系

		学费								
		高			中			低		
		专项			专项			专项		
		高	中	低	高	中	低	高	中	低
贷款余额（债务）	高					基数＋发展				
	中	综合定额＋专项补助								
	低									定额定员

从债务、专项和学费两两之间的关系来分析可以发现，地方高等教育财政管理模式的多元化对经费的分配和使用产生了一些影响。分析显示，“高投入的经费充足地区”多采用“综合定额加专项补助”模式，使用“基数加发展”的地区属于“高贷款的经费不充足地区”，而“定额定员”地区属于“低投入的经费充足地区”。在各省现行的高教财政管理模式下，全国多数地区属于高债务、低学费、低专项地区（类型 1）或低债务、低学费、低专项（类型 2）地区。(参见表 2)

表2 债务、专项和学费的关系

<table>
<tr><td rowspan="4" colspan="2"></td><td colspan="4">债 务</td></tr>
<tr><td colspan="2">高</td><td colspan="2">低</td></tr>
<tr><td colspan="2">专 项</td><td colspan="2">专 项</td></tr>
<tr><td>高</td><td>低</td><td>高</td><td>低</td></tr>
<tr><td rowspan="2">学 费</td><td>高</td><td></td><td></td><td></td><td></td></tr>
<tr><td>低</td><td></td><td>类型1</td><td></td><td>类型2</td></tr>
</table>

三、结　　论

根据事权与财权相对应的原则，1999年以来，我国各省、自治区、直辖市不仅成为高等教育行政管理的主体，也成为地方高等教育财政的主要供给者和规范者。地方政府决定着各地高等教育经费的筹集、分配和使用。地方财力决定了“有多少钱可以花在高等教育上”，即经费的筹措；而体现政府努力程度的高教财政管理模式决定了“怎么花钱”，即经费的分配和使用。这二者共同决定了各地高等教育财政性经费的支出规模。

由于多元化筹资渠道的发展，地方经济水平理所当然地成为高教经费充足性的重要决定因素。然而，以地方GDP为代表的高教经费筹措能力不能完全解释区域间高等教育经费的差异，尤其不能解释经济欠发达地区之间高教经费投入水平的差异。这个未得到解释的残差部分很可能与各地高教财政管理模式有关，即地区间高教经费的差异可能是地方高教经费分配和使用方式的函数。

上述描述性统计分析不仅在一定程度上支持了这个假设，而且说明了高等教育经费的分配和使用如何调整地区间经费的差距。不妨将地区经费的差异进行分解，分解为：① 地区间生均定额标准的差异，② 预算内基建投入的差异，③ 预算外基建投入的差异，④ 专项投入的差异，⑤ 对民办教育财政投入的差异。一个地区的高教财政管理模式可以通过这五个渠道来影响地区间经费的差距。

首先，“定额定员”和“综合定额加专项补助”这两种分配模式强调地方政府可以通过控制生均综合定额或生均公用经费定额，来调节政府高等教育投入总量。在使用“基数加发展”方式的地区，政府也可以通过调控生均预算基数来影响高校的经费水平。

其次，从各地预算内基建经费的筹措以及地方高校对银行融资的依赖程度来看，区域间高等教育经费投入显然受到基建经费分配方式的制约。地方政府可以通过调控基建专项和高校融资的规模而直接影响地区间高教经费的差异。

再次，除基建专项外，各地区其他专项投入的差异与高教财政管理模式中专项经费的安排有关。在“基数加发展”模式中，地方政府可以使用分类财政补贴来调整高校可支配收入的水平。“定额定员”和“综合定额加专项补助”地区学校的经费水平与政府专项规模息息相关。

最后，通过调整公共财政对民办高等教育的支持，地方政府也可以调解本地高教支出的规模。地方政府既可以通过需求方财政的方式向民办高校学生提供资助，也可以以专项基金的形式来支持民办高校的发展。这样就间接地调整了本地高教支出的总规模。

总而言之，本文认为我国地方高教财政管理模式的最大特点就是地区之间的差异。地方政府高教经费分配方式和分配工具的多元化可能直接影响地区间高教经费投入的绝对和相对差异。

参考文献

[1] Albrecht, D. & Ziderman, A. (1992) Funding mechanisms for higher education: Financing for stability, effiency and responsiveness. World Bank Discussion Paper No. 153. Washington, D. C.

[2] Kaiser, F., Vossensteyn, H. & Koelman, J. Public funding of higher education: A comparative study of funding Mechanisms in ten countries, Uiversity of Twente, 2001.

[3] Salmi, J. & Hauptman, A. M. Innovations in tertiary education financing: A comparative evaluation of allocation mechanisms. Washington, DC: World Bank, 2006.

[4] 鲍威. 省级政府对地方高等教育的投入研究. 教育部财务司“教育财政改革：政策与制度选择”课题组的调研报告之六，2009.

[5] 鲍威. 扩招后中国高等院校融资行为的实证研究［J］. 北大教育经济研究（电子季刊），2007（6）.

[6] 丁延庆. 我国生均教育经费差异性分析的方法及应用评介——兼及义务教育均衡化的“统计迷雾”［J］. 北大教育经济研究（电子季刊），2008（4）.

[7] 李芙蓉. 我国中等职业教育经费投入和地区差异分析［J］. 职业教育研究，2007（1）.

[8] 林莉. 化解高校债务危机：途径与问题 [M] //教育蓝皮书：深入推进教育公平（2008）. 北京：社会科学文献出版社，2008.
[9] 马陆亭. 高等教育财政拨款模式改革研究 [J]. 北京教育（高教），2006（5）.
[10] 杨钋. 以绩效为基础的高等教育资源分配——比较的视角 [J]. 教育发展研究，2008（7）.
[11] 俞立平，周曙东. 我国地区教育经费投入差距：基于Panel Data数据的变系数模型研究 [J]. 社会科学研究，2006（2）.

我国高等教育大众化进程中高等学校功能分化的实证分析

易　千*

(2009 年 7 月)

一、研究背景

改革开放以来，我国的高等教育一直处于稳步发展的阶段。在 1999 年实施扩大高等教育招生规模的政策之后，高等教育的规模得到了迅速的扩张。从 1998 年到 2006 年，普通高等学校从 1 022 所增加到 1 867 所，年招生人数从 108 万人增加到 546 万人，在校生规模从 340 万人上升到 1 700 多万人，高等教育的毛入学率从 9.8% 上升到 22%，高等教育进入到大众化阶段。

在高等教育迅速发展的情况下，如何调整高等教育的结构以满足新增学生的需求？这个问题从扩张政策实施之日起就一直为学者和政策制定者们所关注。对此，学界有两种观点：一种观点主张高等教育系统内应该增加差异性，特别是在大众化的高等教育阶段，应该为满足不同群体的差异需求而增加高等教育内的差异；另一种观点认为从教育公平的角度来说，应该适度降低高等教育机构之间的差异，以此促进社会公平。

面对这些争议，政府、高校、社会等主体的反应并不一致。政府出台了若干政策，包括下划中央部门所属高校、下放高职类院校审批权、鼓励发展民办教育、创建世界一流大学计划等；高等学校在不断地呼吁扩大高校招生权在内的办学自主权、呼吁加大办学经费投入等；而社会则对高等教育的质量表示担忧。

---

* 作者简介：易千，北京大学中国教育财政科学研究所科研助理。

因此，分析我国高等教育系统在大众化进程中出现的结构变化，特别是高等学校之间的差异变化趋势，对于理解我国的高等教育现状，制定出符合国家和社会需要的高等教育发展政策和人才培养政策具有重要的意义。

本文主要分为如下几个部分：首先回顾了其他国家在经历高等教育大众化进程中高等学校的分化理论与实际情况分析，然后确定了本文的研究方法并对所使用的数据进行说明，之后分析了我国高等学校分化的实际情况，最后得出结论并提出政策建议。

二、文献综述

在20世纪50年代和60年代初，西方国家大力推进高等教育大众化，当时认为高等教育系统结构应该分化的观点占了上风。其理由如下：一是国家不可能在极其昂贵的研究型大学中培养所有的学生，所以必须举办另外一种专门用于承担教学和专业训练的高等教育机构以便吸纳日益增加的学生数量；二是大量新增学生的背景、能力以及对工作的预期差异很大，也需要不同种类的高等教育机构与之相适应①。

但对于高等教育系统结构的发展趋势在分化和趋同间却存在争议。Parsons 和 Platt（1973）的研究认为，当系统中新的功能出现时分化的过程就会发生，教育系统中大学开始承担科研的功能时，科研功能就从原来的体系中分化出来。Clark（1978）则认为，由于知识本身日益复杂导致高等教育机构内部和外部的差异越来越大，高等学校走向分化。而其他的一些研究则说明高等教育系统处于“去分化”的趋势。Riesman（1956）的研究显示，美国高等教育系统在发展过程中总是存在一些机构模仿处于更高层次机构的行为，这种模仿行为会使高等学校逐渐趋同。Birnbaum（1983）分析了1960－1980年间美国高等教育机构差异的变化，研究显示这个时期美国高等教育机构之间没有发生分化。Rhoades（1990）的研究发现，高校之间在学术领域由于政治因素导致的竞争而趋同。

对高等学校是否产生分化的争议其原因在于不同学者缺乏对分化的统一测量指标和测量手段，或者根本没有进行实证的分析。已有的关于分化测量

① Sarah Guri-Rosenblit, Helena Sebkova and Ulrich Teichler. Massification and Diversity of Higher Education Systems: Interplay of Complex Dimensions［J］. Higher Education Policy, 2007: 20, 374.

指标的研究中，Bonaccorsi 和 Daraio（2008）采用的指标包括学校的基本状况：学校的经费收入和支出、学校总人数、教授数量、其他学术人员、教辅人员数量、折合学生数；教学指标包括本科生数量、博士生数量；研究产出包括 ISI 论文发表数量等。也有学者在高等学校相关指标的测量上主要关注教学和科研，在教学方面采用的指标为学生的学分数量、不同类型学生的数量，在科研上采用科研相关活动的数量和科研发表的数量。Harman（2001）则使用科研成果和高校的声誉指标来测量高等学校的分化。

在测量方法上，Huisman（2000）构建了一个用于测量高等学校间差异的方法，通过使用生物学的方法、概念化的模型来测量高等学校的差异，其中使用了三种技术手段［聚类分析、定比排序（ordination techniques）和差异指数］。

关于高等学校分化的模式，克拉克·科尔在《高等教育不能回避历史》一书中提到几种可供选择的模式，大体可以归纳为两类：第一类是在学校之间进行的分化，如美国加州将高等教育规划成加州大学系统、州立学院系统和社区学院系统，并在三个系统之间严格界定功能和范围；第二类是在学校内部进行的分化，如瑞典和意大利，在同一个校园内既有追求学术的高层次研究机构也有进行职业技术教育的部门。

对我国高等学校分化的研究，阎凤桥（2006）发现在高等教育大众化进程中，央属高校更加倾向于精英性教育，即倾向于科研教育的功能，而地方属高校成为了承载高等教育大众化的主体，即教学功能的主要承担者。同时在资源分配上，央属高校与地方属高校的差距在拉大，即我国高等学校分化的模式主要以学校之间为主。

相比于国外的研究，国内对我国高等学校分化的研究更多集中于意见性的建议，严格的实证分析十分缺乏。本文的贡献在于使用对全国普通高等学校 1998－2006 年的教育事业统计数据，通过设计关于教学、科研、社会服务三项功能的具体测量指标来测量我国高等学校分化的基本情况，借以厘清我国高等学校分化的基本事实，并总结出我国高等学校分化的模式。

三、研究设计：相关概念界定、研究数据

（一）相关概念界定

1. 高等教育结构：我国高等教育的结构根据隶属关系和学位制度的设

置可以分为三类：央属本科高校、地方属本科高校和高职高专类院校。独立学院由于主要由省级教育行政部门管理且实施本科以上学历教育，因此在本文中归入地方属本科高校一类。

2. 高等学校的分化：高等学校功能包括教学、科研和社会服务三个方面。高等学校功能的分化主要是指高等教育的某一功能在某一类高校的集中程度。根据上文研究综述和受数据所限，本文中高等教育的三种功能所使用的测量指标分别如下：

——教学功能。主要使用本专科生在校生人数作为测量教学功能的指标。

——科研功能。包括高校的研究生数量（分硕士和博士）、重点实验室数量（包括国家重点实验室、国家工程研究中心和国家工程技术研究中心）、自然科学科研经费（包含来自政府和社会的科研经费）、发表学术论文篇数（包括 SCI、EI、ISTP 论文总数）、专利授权数（国内和国外专利授权总数）、自然科学科研课题数（国家和省级总数）、自然科学获奖成果数（包括国家自然科学奖、国家发明奖、国家科学技术进步奖和国务院各部门以及省级的奖励）等。

——社会服务功能。本文以高校来自社会的资金作为社会服务功能的测量指标。

（二）研究数据

本研究所采用的数据是教育部 1998 – 2006 年全国所有高等学校事业统计数据。院校分布情况见表 1。

表 1　1998 年和 2006 年我国各类高等学校的分布情况

	央属本科高校	地方属本科高校	高职高专类院校	总　计
1998 年	220	371	431	1 022
2006 年	105	615	1 147	1 867

数据来源：中国教育统计年鉴 1998、2006。

四、我国高等教育分化的实证分析

（一）教学功能

1. 本专科生在校生数量

从1998年到2006年，央属本科高校普通本专科生在校生人数从115万人上升到了166万人，而地方属本科高校从108万人上升到778万人，高职高专类院校从117万人上升到796万人（见图1）。央属本科高校本专科在校生占全国本专科生在校生人数的比例一直在下降，地方属本科院校和高职高专类院校则逐年上升，在高等教育从1998年到2006年的扩张中，所增加的学生中有95%都进入了地方本科高校和高职高专院校。由此可见，在高等教育大众化的过程中，地方属本科高校和高职高专类院校承担了主要角色。

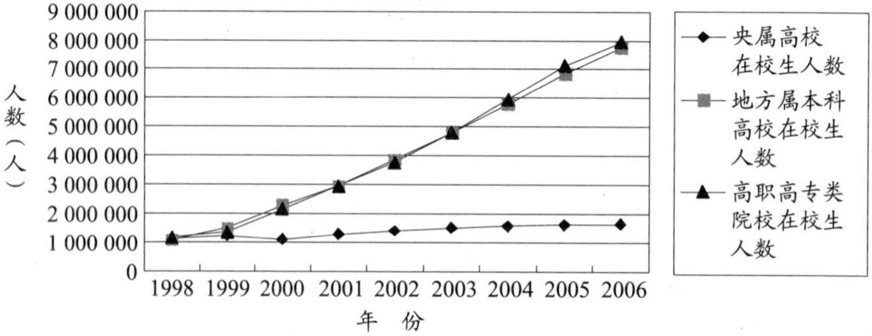

图1　1998－2006年不同层次高校普通本专科生在校生情况

2. 央属高校举办独立学院

独立学院是指按照新的机制和模式举办的本科层次的二级学院。独立学院不同于以往普通高校按照公办机制和模式建立的二级学院、分校或其他类似的二级办学机构，而是采用民办机制，所需经费投入及其他相关支出均由合作方承担或以民办机制共同筹措。虽然独立学院是独立的办学实体，但是在教学特别是在师资方面对所举办高校的依赖仍很强，仍然需要耗费所举办高校大量的精力，因此可以将独立学院的教育功能并入举办高校的教育功能计算来看：截至2006年，我国经过审批的独立学院达到320所，在校生人数近150万人。其中央属本科高校举办的独立学院达到了60所，在校生人数达到了36万人，相当于央属本科高校在校本专科生人数的22%，即央属高校在大众化过程中虽然其主体部分的规模扩张有限，但是通过举办独立学校的形式也变相地实现了部分扩张。

（二）科研功能

1. 研究生的数量

研究生代表着国家未来的科研人才，研究生在校生数量很大程度上体现一个学校科研功能的比重。全国普通高校①研究生在校生数量从1999年的21.9万人上升到2006年的105.6万人。从2003年到2006年，央属高校研究生在校生在全国研究生总数中所占比例从68%下降到60%。

从博士生所占比例来看，央属高校博士在校生数量占全国的比例保持在82%以上，略有下降，但降幅不大；从硕士生所占比例来看，央属高校硕士研究生所占比例从64%下降到55%，地方属高校从36%上升到45%，地方高校硕士研究生在校生规模得到了扩张，幅度很大，增加比例达117%；从研究生在校生数量来看，在高等教育扩张过程中，不仅其数量得到了增加，而且其培养范围也得到了扩大，呈现出研究生培养特别是硕士生培养从央属本科高校向地方属高校部分转移的趋势（见表2）。

表2 2003－2006年不同层次高校研究生在校生情况

（单位:%）

年份		2003	2004	2005	2006
央属高校	博士生占全部研究生的比例	24.67	24.23	24.33	24.46
	央属研究生在校生/全国高校研究生比例	67.78	65.35	62.96	59.95
	央属高校博士生/总体博士生	84.39	83.08	83.03	82.35
	央属高校硕士生/全国高校硕士生	63.73	61.18	58.42	55.09

① 我国研究生培养机构不仅包括普通高等学校，还有专门的科研院所等，但此处只计算普通高等学校的研究生数量。

续表

年　份		2003	2004	2005	2006
地方高校	博士生所占比例	9.60	9.31	8.45	7.84
	地方高校研究生在校生/全部高校在校生	32.22	34.65	37.04	40.05
	地方高校博士生/总体博士生	15.61	16.92	16.97	17.65
	地方高校硕士生/全国高校硕士生	36.27	38.82	41.58	44.91

数据来源：中国教育统计年鉴 2003－2006。

2. 研究生与本专科生的比例

从 2003 年到 2006 年，央属本科高校在校学生中研究生数与本专科生数的比例迅速上升，从 27.86% 上升到 38.24%；地方属高校在校学生中研究生数与本专科生数的比例从 2.27% 上升到 3.26%（见表 3），说明央属本科高校的研究生在校生所占的比例在逐渐提升，地方属高校虽然比例提升不多，但绝对数量上升很快，央属高校在校研究生数从 2003 年到 2006 年间增长了 50%，地方高校增长了 110%。

表 3　2003－2006 年不同层次高校研究生与本专科生在校生比例变化情况

	类　别	2003	2004	2005	2006
央属高校	研究生在校生数（人）	418 576	509 379	587 230	633 205
	本专科生在校生（人）	1 502 345	1 567 794	1 632 874	1 656 042
	研究生/本专科生（%）	27.86	32.49	35.96	38.24
地方高校	研究生在校生数（人）	198 968	270 029	345 481	423 078
	本专科生在校生（人）	8 771 582	10 369 095	11 886 384	12 963 308
	研究生/本专科生（%）	2.27	2.60	2.91	3.26

数据来源：中国教育统计年鉴 2003－2006。

3. 科研水平分化情况

根据 2002 年和 2007 年数据，我们选取了高等学校国家重点实验室个数、国家工程研究中心个数、自然科学科研经费额、发表学术论文篇数、专利授权数、自然科学科研课题数、自然科学获奖成果数等指标来看高校科研在央属高校的集中程度。统计数据显示，高等学校的科研能力在央属高校仍非常集中，但地方属高校的科研功能也在加强。

从校均指标来看，央属本科高校虽然都在上升，但是这些指标在全国高校所占比例有所下降；地方属高校除在自然科学获奖方面的指标下降之外，其他校均指标和所占比例都在上升（见表4），这显示出在科研能力方面出现了从央属高校向地方属高校扩散的趋势。如果考虑到地方高校数量增长因素（五年间增加了近77%），这种扩散趋势更加强劲。如国家重点实验室、国家工程研究中心数量，央属高校五年间分别只增加了10%、14%，而地方高校分别增加了370%、107%。

表4　2007年高等学校科研能力分布情况

年份	高校类型	国家重点实验室数	国家工程研究中心数	自然科学科研经费拨入合计（千元）	发表学术论文（篇）	专利授权数	自然科学科研课题个数	自然科学获奖成果个数
2007	央属高校（111所）	188	88	34 799 008	236 445	9 115	112 643	2 012
	校均	1.63	0.77	302 600	2 056	79.26	979.50	17.50
	地方高校（2 218所）	80	56	17 719 318	299 290	5 526	138 049	2 250
	校均	0.04	0.03	7 989	135	2.49	62.24	1.01
	央属高校所占比例	70.15%	65.67%	66.18%	44.13%	62.10%	44.93%	47.21%
2002	央属高校（111所）	170	77	14 347 317	126 525	1 342	63 998	1 630
	校均	1.57	0.71	132 846	1 172	12.43	592.57	15.09
	地方高校（1 256所）	17	27	6 601 374	160 147	850	63 415	1 501
	校均	0.01	0.02	5 256	128	0.68	50.49	1.20
	央属高校所占比例	90.91%	74.04%	68.49%	44.14%	62.51%	50.23%	52.06%

数据来源：相关部门统计数据。

注：此处学校数量中包括了大专班等办学形式，因此学校数量高于普通高等学校数量。

4. 预算内科研经费分配情况

根据《中国教育经费统计年鉴》，1998－2006 年间，央属本科高校和地方属高校的校均预算内科研经费差距越来越大，央属本科高校的校均科研经费从 858 万元上升到 8 230 万元，地方属高校从 27.6 万元上升到 119 万元。央属本科高校校均预算内科研经费拨款占全国高等学校科研经费拨款总数的比例从 1998 年的 91.50% 下降到了 2006 年的 83.80%，地方属高等学校所占的比例从 1998 年的 8.50% 上升到了 2006 年的 16.20%，同样显示出科研功能向地方高校扩散的趋势。

表 5　1998－2006 年央属与地方属高校校均科研经费拨款情况　（单位：千元）

年份	总计	央属高校				地方属高校			
		预算内科研经费拨款	占全部高校科研经费拨款比重（%）	学校数量	校均科研经费	预算内科研经费拨款	占全部高校科研经费拨款比重（%）	学校数量	校均科研经费
1998	2 465 955	2 256 322	91.50	263	8 579	209 633	8.50	759	276
1999	3 094 345	2 703 235	87.36	248	10 900	391 110	12.64	823	475
2000	3 940 557	3 372 999	85.60	116	29 078	567 558	14.40	925	614
2001	4 554 827	3 847 989	84.48	111	34 667	706 838	15.52	1 114	635
2002	5 293 011	4 370 668	82.57	111	39 375	922 343	17.43	1 154	799
2003	6 322 313	5 362 710	84.82	111	48 313	959 603	15.18	1 268	757
2004	7 227 055	5 994 597	82.95	111	54 005	1 232 458	17.05	1 394	884
2005	9 499 855	7 851 408	82.65	111	70 733	1 648 447	17.35	1 431	1 152
2006	10 901 006	9 134 936	83.80	111	82 297	1 766 070	16.20	1 480	1 193

数据来源：中国教育经费统计年鉴。

从总体上看，央属高校仍然维持了其在科研功能方面的统治地位，但出现了向其他类型高等学校扩散的趋势。

（三）社会服务功能

高校的社会服务功能主要体现在高等学校与社会的互动，包括产学研合作、为社会提供培训等。本文使用高等学校从社会中获取的资源（高等学校总收入中扣除了来自政府财政性收入和学费收入之外的部分）作为高等学校社会服务功能的测量指标。

从表 6 中可以看到，央属高校来自社会的收入所占比例达到了 29.04%，地方属本科院校为 18.46%，高职高专院校为 12.09%。但从数量上来看，央属高校平均为 2.09 亿元，地方属本科院校平均为 0.35 亿元，高职高专类院校平均仅为 0.06 亿元。

三类高校来自社会的资金总计分别为 232 亿元、208 亿元和 45 亿元，占全国普通高校来自社会的资金比例为 47.84%、42.89% 和 9.28%，央属本科高校与地方属本科高校相近，但都远高于高职高专类院校。

表6 央属和地方属高校经费结构差异（单位：千元）

学校类别	项目	财政补助收入	学费	其他收入	总计
央属本科高校	平均数	359 474.32	151 328.70	209 087.88	719 809.9
	各项收入所占比例	49.93%	21.02%	29.04%	100%
	学校数	105	105	105	105
地方属本科院校	平均数	80 549.18	72 056.38	34 553.36	187 158.9
	各项收入所占比例	43.04%	38.50%	18.46%	100%
	学校数	596	596	596	596
高职高专院校	平均数	18 600.42	23 243.79	5 756.22	47 600.43
	各项收入所占比例	39.08%	48.83%	12.09%	100%
	学校数	1 091	1 091	1 091	1 091

数据来源：2005 年全国高校经费收入情况统计。

五、结　论

本文分析了我国高等教育在大众化进程中系统内部结构所发生的变化，主要关注高等教育教学、科研和社会服务功能在央属本科高校、地方属本科院校和高职高专院校之间的分化情况。主要发现是：高等学校的教学功能主要集中于地方属本科院校和高职高专院校，但央属高校也在积极举办独立学院等形式的教育；在科研功能方面，虽然央属高校仍占据统治地位，但出现了向其他类高校扩散的趋势；在社会服务功能方面，从校均水平来讲，央属本科高校远高于其他类高校，但从总体规模上来讲，央属高校和地方属本科院校比较接近。

由此可见，我国高等教育的三项功能在不同层次高校之间保持了相当的差异，并且在教育功能、社会服务功能领域，这种差异有扩大的趋势，但在科研领域不同层次高等学校之间的差异却有着日渐模糊且缩小的趋势。与此同时，在同一层次高校之内也出现了分化的趋势，如央属本科高校举办了大量的独立学院，而且地方属高校在研究生培养、科研能力等方面也在不断地加强。即我国高等学校的功能分化呈现出“校间分化与校内分化并行”的发展模式。

上述研究发现有着重要的政策含义。当前我国高等教育发展所面临的很多问题都可以归结于高等学校功能定位的不清晰以及与功能定位相伴随的激励机制不合理，因此高等教育下一步的发展首先要清晰地界定服务于不同功能的高等学校群体，根据当前的情况可以将我国高等学校划分为偏重于科研功能的本科高校、专注于普通高等教育教学功能的本科院校和专注于职业技术教育的专科高校，并根据高等学校的功能制定相应的拨款机制。

本研究的不足之处：一方面，在高等学校教学、科研和社会服务三项功能指标的设定上，由于数据所限，所选取指标可能不能反映高等学校三项功能的全部情况；另一方面，本研究对高等学校产生分化背后的原因没有进行探讨，在以后的研究中需要进一步分析。

参考文献

[1] Frans van Vught, Mission Diversity and Reputation in Higher Education, Higher Education Policy, 2008: 21.

[2] Sheila E. Murray, William N. Evans, Robert M. Schwab, Education-Finance Reform and the Distribution of Education Resources. The American Economic Review, 1998, 88 (4): 789 - 812.

[3] Teichler etc. Massification and Diversity of Higher Education Systems: Interplay of Complex Dimensions, Higher Education Policy, 2007: 20.

[4] Yossi Shavit, Richard Arum, and Adam Gamoran, with Gila Menabem, Stratification in Higher Education: a comparative study, Stanford Press 2007.

[5] 伯顿·克拉克. 探究的场所——现代大学的科研和研究生教育 [M]. 王承绪, 译. 杭州: 浙江教育出版社, 2001.

[6] 郭海. 大学内部财政分化 [M]. 北京: 北京大学出版社, 2007.

[7] 谢维和, 等. 中国高等教育大众化进程中的结构分析——1998 - 2004 年的实证分析 [M]. 北京: 教育科学出版社, 2007.

[8] 约翰·范德格拉夫, 等. 学术权力——七国高等教育管理体制比较 [M]. 王承绪, 张维平, 郑继伟, 张民选, 译. 浙江: 浙江教育出版社, 2001.

[9] 鲍威. 扩招后我国高等教育资金筹措机制研究 [J]. 教育发展研究, 2007 (7): 63.

[10] 陈爱娟, 万威武. 关于我国高等学校学费标准的实证分析 [J]. 高等教育研究, 2002 (11): 44.

[11] 官风华. 国际高等教育拨款机制的理论与实践 [J]. 教育研究, 1995 (12): 29 - 34.

[12] 郭海. 20 世纪 90 年代中国高等教育经费的来源构成变化 [J], 清华大学教育研究, 2004 (10): 46.

[13] 康小明. 中国政府对大学科研的资助体系研究. 北京大学中国教育财政科学研究所工作论文系列, 2007 (5 - 2).

[14] 克拉克·科尔. 高等教育不能回避历史——21 世纪的问题 [M]. 王承绪, 译. 杭州: 浙江教育出版社, 2001.

[15] 闵维方. 论高等教育成本补偿的理论基础 [J]. 北京大学学报 (哲学社会科学版), 1998 (2): 179.

[16] 丸山文裕. 高等教育财政与大学学费 [M] //高等教育规模扩大过程中的财政体系——中日比较的视角. 北京: 教育科学出版社, 2008.

[17] 阎凤桥. 市场化环境对大学组织行为的影响及其应对策略 [J]. 清华大学教育研究, 2005 (6): 84.

[18] 阎凤桥. 中国高等教育大众化过程与普通高等教育系统的变化分析 [J]. 高等教育研究, 2006 (8): 1.

关于我国建立高等教育拨款委员会建议的若干问题的思考

王　蓉

（2009 年 1 月）

关于在我国建立高等教育拨款委员会的呼声不自今日始。实际上，这种制度长期以来为国内学界所关注。代表性的主要观点是：第一，建立高等教育拨款委员会将有助于增强我国大学的学术自由与治理自主权；第二，建立高等教育拨款委员会符合政府改变职能的改革方向，有助于改革当前政府直接管理的模式；第三，中央政府的管理机构应该精简，应该形成行政部门制订方针政策、由政府代理机构——如高等教育拨款委员会——具体负责实施的运作体系。

提高大学自主性、转变政府职能和精简行政管理机构的目标具有高度的社会认同，但是将建立高等教育拨款委员会作为达成这些目标的手段，在当前的体制和机制约束下，其有效性值得更进一步分析。

一、高等教育拨款委员会制度的本质与特征

政府通常通过四种手段控制高校：（1）政府规定高校的招生标准和招生数；（2）政府禁止高校筹资多元化，从而强迫高校在财政上完全依赖政府；（3）政府限制高校按照自我意愿使用资金的自由度；（4）实施国家学位制度而非学校学位制度。这些控制手段如果使用不当，往往导致大学自身对于提高办学质量、改善办学效率效益的激励逐步弱化。因此对于政府来说，最主要的挑战就是如何在给予大学更多自主权的同时，加强大学的问责。人们往往认为，解决的办法有两个：一是建立政府与大学之间的缓冲机

构，从而使高校获得免于政府直接的、政治性干预的自主权；二是改变资金拨款方式，使用需求方资金供给机制和更加客观与标准化的拨款公式进行一揽子拨款。①

政府与大学之间的治理架构目前典型的模式有三种：英联邦国家的高等教育拨款委员会模式，美国的大学董事会模式和日本正在建立的国立大学法人化制度改革下的理事会模式。

就第一种模式来说，其经典原型就是英格兰高等教育拨款委员会（HEFCE）。该委员会建立于1919年，主要职能是就高校的资金需求向政府提供政策建议，并且负责向大学拨款。目前采用类似"缓冲机构"的国家包括：尼日利亚、肯尼亚、我国香港地区、巴基斯坦、印度、新西兰、津巴布韦以及其他一些国家包括以色列和苏丹。这类缓冲机构并不是全球所有发达国家共同采用的模式，而具有极强烈的英联邦色彩。

英格兰高教拨款委员会的存在与英国高校具有较高程度的、为法律保护的自主权这一根本体制特点是密不可分的。

第一，在英国，高等教育机构是独立的实体，它们并不是政府结构中的一部分，也不能视为公共部门的一部分，尽管它们的绝大部分收入来自于公共经费。其独立性具体表现在：大学拥有自己的学位授予权，它们在法律上是独立的。作为独立的法人，它们享有充分的自由。例如，它们可以拥有资产、签订契约、贷款、对员工的雇用设定条件等。

第二，由于高等教育机构的独立实体地位，政府与高等教育机构之间的关系被认为"在本质上是一种契约关系"。由于公共财政的安排，政府与高等教育机构之间最基本的关系也是资助与被资助的关系。高教拨款委员会是在这样的契约和资助关系下产生的。②

在英国，2001年至2007年负责高等教育的政府部门是教育与技能部（Department for Education and Skills，简称DfES）③。DfES与高等教育机构没有直接的联系。它向中介机构——高等教育拨款委员会——制定政策目标和提供资金。该拨款委员会在法律上享有独立的地位，是一个非政府行政部门的公共机构，在政府设定的政策和资金支持方法下运作。这种较完整的独立

① Albrecht, D., and Ziderman, A., Funding Mechanisms for Higher Education: Financing for Stability, Efficiency and Responsiveness, World Bank Discussion Paper No. 153, 1992.

② OECD (2004), On the Edge: Securing a Sustainable Future for Higher Education. IMHE-HEFCE.

③ 此文完成较早，值得注意的是，Gordon Brown政府于2007年6月将此部分解为儿童、学校与家庭部和商业、创新与技能部（BIS）。HEFCE目前对应的是BIS。

性往往是其他国家的模仿者不具备的。

另外，英格兰高等教育拨款委员会（HEFCE）与教育与技能部（DfES）的关系通过正式的文件（财政备忘录，Financial Memorandum）加以限定，具体的条款内容包括 DfES 对 HEFCE 的运作抱有怎样的期待，DfES 向 HEFCE 提供资金以作分配时所附带的条件。里面还限定了 HEFCE 自己的财务管理安排和支付补助金的程序。备忘录也制定了一系列的要求，用于规范 HEFCE 与高等教育机构之间的关系。

英国高等教育拨款委员会与其他英联邦国家的类似缓冲机构具有一些共同的特点：第一，该类机构原则上由技术专家组成，他们负有评估大学经费需求、向政府提供每所机构的预算要求的责任。第二，缓冲机构的设立目的在于使大学免于直接的政治干预而确保大学的自主权，同时维护大学对于政府和公众的问责。第三，缓冲机构有时还起着质量控制机制的作用。第四，一些缓冲机构还具有在高校招生及学生在学科与学位之间分配的决定权。

世界银行的一个研究系统地分析了各国的此类缓冲机构的“有效性”，也就是这些机构在多大程度上增加了高校的自主权、在多大程度上提高了公共资金的使用效益和效率。结果发现：

第一，缓冲机构不可能是完全独立于政府的机构，它们受到不同程度的政府控制。在政府倾向于依赖技术专家而不是行政科层内的官僚作出拨款决策时，缓冲机构有可能运行良好；反之，缓冲机构将仅徒有虚名。

第二，当高校的经费拨款充足、政府正在加大高教投入时，缓冲机构更加有可能运行良好。反之，当高校规模迅速膨胀，资金短缺矛盾日益激化时，来自技术专家的愿望——增加高教投入——和政府控制预算的必要性是互相矛盾的，缓冲机构因此可能成为两者的角斗地而不能发挥决策作用，加大了决策过程中的交易成本。由于上述原因，缓冲机构渐渐成为较为单纯的质量控制机构，其拨款权力逐步被政府收回。

第三，缓冲机构不能真正确保高校的自主权。正如 Albrecht 和 Ziderman 所言：“它们的存在并不是提高大学自主权、使大学免于政治干预的保障。缓冲机构同样会陷于来自大学和政府的政治干预；而且他们会像政府一样干预大学内部的治理。”①

---

① Albrecht, D., and Ziderman, A., Funding Mechanisms for Higher Education: Financing for Stability, Efficiency and Responsiveness, World Bank Discussion Paper No. 153, 1992.

印度提供了一个有借鉴意义的案例。根据安双宏的研究，1945 年英印政府在印度成立了类似于英国高等教育拨款委员会的机构即印度的高等教育拨款委员会（UGC），管理当时仅有的三所中央大学。该机构在印度独立后经历过停办等波折，又在 1956 年正式成立。印度的 UGC 被认为是一种半官方、半独立性的机构。1956 年通过的 UGC 法案规定："如果委员会和中央政府对某一问题与全国性目的的适切性发生歧义，那么中央政府的决定将是最终决定。"在确保大学自主性方面，一些印度学者认为，UGC 不过是附属于教育部的一个办事机构；它没有像最初设想的那样成为高校与政府间的缓冲器，反而成了教育部的臂膀。另一方面，在针对政府和公众的问责方面，UGC 担负着审查高校预算执行情况的任务，但是 UGC 或者使用了大量经费进行了无下文的调查，或者提出了有价值的报告而没有得到相应的政策落实。另外，UGC 法案中也规定，UGC 可以在审查后对于它认为不合格的大学停止拨款。批评者认为 UGC 根本没有很好地行使这项法律赋予它的权力，以至于出现了大量低质量的新建大学，而 UGC 解释说："我们不想因审查而损害了大学的学术范围"①，因此也未能真正起到问责作用。

二、其他政府与大学之间治理架构的模式

（一）美国公立高校的董事会模式

在美国的高等教育分权制管理体系下，教育不是联邦政府的责任，公立大学为州政府所举办。州政府为了在保证大学自主权的同时，使其对社会尽责，把大学建成了法人团体（corporate body）的形式，由代表社会利益的董事会负责管理大学事务。董事会的责任与非营利公司主管董事会的责任类似。根据 2004 年的报告，美国中学后教育的学生有 65% 进入治理董事会覆盖多个校园的机构中学习。②

州立大学的董事会需经州长任命，并需通过州议会的认可，这种法人团

① 安双宏．"印度高等教育拨款委员会及其对我们的借鉴意义"，《比较教育研究》，2003 年第 12 期。

② 关于美国的信息与数据大量引自：经合组织高等教育学校管理计划－英格兰高等教育拨款委员会，"高等教育财务管理和治理：美国"，《高等教育财务管理和治理的国际比较》，2004 年。

体结构享有很大的自主权。各州可以分为以下三种情况：（1）联合董事会（consolidated governing board），也即一个董事会掌管一组公立大学，有时是全州的公立大学系统。约有 20 个州采取这种形式。在联合董事会和校董事会并存的情况下，校董事会只起咨询作用。（2）咨询协调委员会（advisory coordinating board）。有六七个州采取这种形式。这类委员会没有取代学校董事会，它同时向学校和州政府提供计划和财务方面的咨询服务。（3）管理协调机构（regulatory coordinating board）。大约有 20 个州采取这种形式。与第二类机构相同，这类机构并不排斥学校董事会的存在，所不同的是，它在某些方面具有最终决策权。除了上述三种中介机构外，一些州还成立了高等教育计划委员会，其中也包括一些已经成立了联合董事会的州。

美国公立大学董事会有以下职能：（1）计划。按照需求，设定目标，确定经费，提出发展重点的建议；（2）政策分析。研究长期发展问题；（3）确定使命。就授予学位、设置专业和服务面向等，确定大学的办学使命；（4）学术评估。评价和审批新专业，定期检查已有的专业，避免不必要的重复；（5）预算。参与预算的制定，对经费使用情况进行分析，检查财务执行情况，确保经费使用的有效性和经济性；（6）项目管理。如确定学生资助政策，颁发办学许可证，在图书和计算机网络方面，促进跨院校的合作；（7）获取相关的信息，对学校的绩效进行监督和控制。①

美国的由外部人士组成的大学董事会在大学社会“问责制”和办学资金筹集方面也发挥着积极的作用。从一定意义上讲，大学董事会是一种社会“托管”机构，它按照委托人的意图和大学特许状，决定大学的办学方向，保证大学的发展具有一致性和稳定性。同时，大学董事会的“自我更替”（self-perpetuating）体制，使大学组织可以超越举办者的生命周期局限，长久地存在和发展下去。虽然公立大学的董事会成员可以由各级政府指派，但政府无权撤销董事会，董事会也不受政府的直接控制，这样就保证了大学办学的相对独立性。

美国大学的董事会和英国的高等教育拨款委员会虽然都扮演着大学与政府之间的缓冲器的角色，但是它们在下述方面是不同的：

（1）美国的董事会是通过“信托”（trust）机制，承担着大学长期福利的责任，它确立大学的使命和目标，是大学使命的守护者，对大学的总体办

---

① 关于美国的信息与数据大量引自：经合组织高等教育学校管理计划 - 英格兰高等教育拨款委员会，“高等教育财务管理和治理：美国”，《高等教育财务管理和治理的国际比较》，2004。

学绩效进行评估。在这一点上，董事会和拨款委员会制度存在根本的差别。

（2）美国的大学董事会还扮演着大学最主要的守门人的角色，它一方面判断什么是不当的外部干预，另一方面判断什么是应有的调整，这对于大学的运转至关重要。

（3）美国的大学董事会还是大学内部管理人员、教师和学生之间出现纠纷时的最终仲裁者，负责解决分歧。

（4）特别值得注意的是，美国大学校长是由董事会任命的，而不是由选举产生的，也不是由政府直接任命的。校长对董事会负责，而不是对教师和学生负责，这种治理机制吸收了企业治理的优点，使得大学可以建立内部激励和监督机制。

（二）日本国立大学的法人化改革

日本国立大学的法人化改革是自1886年帝国大学诞生以来长期面临的一个重要课题。2003年7月，日本国会审议通过了《国立大学法人法》，并于翌年4月正式赋予87所国立大学法人资格。这一改革的主要目的是实现国立大学与政府行政机构的分离、大学财政自主性的强化以及教职员工身份的非公务员化。①

第一，改革决定将国立大学从政府行政机构中分离，在赋予其法人资格的同时，将国立大学置于政府的间接管理之下，而其运作资金的主要部分依然来源于政府的财政拨款。国立大学法人是由政府文部科学省设置和监督的法人。而作为法人最高长官的校长，是在经过大学内部的校长选拔会议的遴选后，根据大学的申报最终由文部科学大臣予以任命。在这里，作为"国立"大学法人的国立大学，与同样具有法人资格（学校法人）的私立大学之间存在着本质的区别。国立大学法人必须接受文部科学省所辖的"国立大学法人评估委员会"的定期评估。

值得注意的是，国立大学法人的高层决策部门由校长以及由校长任命的理事共同组成。理事的2/3来自于本校的教员，从校外的民间企业聘任的理事达到了20%左右的比例，但这些校外理事大多数都只是一些非专职理事。也就是说，即便是在实施了法人化改革之后，国立大学的运作管理还是基本

① 本节大量引自：经合组织高等教育学校管理计划－英格兰高等教育拨款委员会，"高等教育财务管理和治理：日本"，《高等教育财务管理和治理的国际比较》，2004年。

依赖于那些从教员中选拔出来的理事或高层管理人员。另外，法人化改革极大地加强了校长的大学经营决策权的集中化。

第二，政府强烈要求国立大学法人努力实现经营的合理化和效率化。目前国立大学日常运作经费的将近一半（平均）得到政府公共财政的支持，而政府提供的补助金只占私立大学日常运作经费的10%。在法人化改革的方案中，政府计划一方面以“效率化系数”的名义，以每年1%的比例减少政府支付的运营交付金（即实际数额的减少）；另一方面，政府大幅增加国、公、私立大学间以竞争机制配置的科研经费的额度，促使资金分配模式向“竞争与市场”的方向转化。

第三，长期以来，国立大学的行政事务人员拥有国家公务员的身份。由文部科学省掌握行政事务人员尤其是大学总部的行政管理人员（通常被称为“移动官职”）的人事管理权。与行政事务人员相同，大学教员也拥有国家公务员身份。但与前者不同的是，教员享有在教学和研究活动中的自由。他们作为国家公务员的薪酬则采用与大学日常运行经费不同的途径另行拨付，得到政府财政的充分保障。

为了使法人化改革顺利实施，政府取消了教职员工的人员编制，并将行政事务人员（除一部分移动官职之外）的人事管理权交付于各大学。

目前评价日本国立大学法人化改革的成效尚为时过早。但是，值得注意的是，日本国立大学自身对法人化改革一直表现出消极的态势。主要原因在于国立大学认为法人化改革隐含着可能动摇和损害长期以来国立大学所享有的各种特权的危险性，特别是对于那些长期以来受到政府庇护而享有特权的顶尖国立大学，以及教职员工的公务员身份被取消可能带来的个人利益的损害。

三、关于我国现阶段建立高等教育拨款委员会制度的利弊分析

进一步完善我国关于政府与大学关系的基本制度、确立适合于我国国情的大学的法律地位，是当前我国高等教育改革与发展的重要任务。因此，仿照我国香港或英国模式，建立政府与大学之间的缓冲机构，也就是高等教育拨款委员会，将可能是值得试验的一条改变现状的选择方案。

建立这种缓冲机构有必要关注下述几个问题。

第一，要特别注意其自身的法律地位、责任界定和权威性问题。目前我国政府和大学的关系这类根本性的体制问题还没有得到彻底解决。如果“治本”的问题没有解决，那么这种机构改革最有可能发生的结局是它们最终将成为政府行政部门的分支办事机构，执行力和权威性却又弱于行政部门，结果事与愿违。相对于美国的大学董事会来说，英联邦模式的缓冲机构受到较多诟病也在于，它们没有足够的“信托”责任和权威性来真正为大学福祉努力。

第二，要妥善处理这类缓冲机构与大学之间的关系问题。1999 年后我国高教“跃进式”扩张带来了大量遗留问题，高教财政投入仍然严重不足。在未来一段时期内最大的现实可能性是循序渐进地增加投入，而不可能一揽子解决遗留问题。建立缓冲机构就可能使政府调整财政支出的结构而增加高等教育经费投入总量吗？如果不可能，加之如果缓冲机构人员多由利益相关者组成，那么建立缓冲机构仅可能使目前严重的经费供需矛盾更加显性化和社会化，决策结果更加政治化。

另外，我国一方面存在政府对于大学管得过多过细的问题，另一方面也存在大学形成了不合理的特权格局，大学自身办学的价值观偏离、大学内部自我管理混乱等问题突出。从宏观角度来说，我国的学术生态环境正在日益恶化。现实中的国家重点学科、国家重点研究基地、国家重点实验室等制度实际上就是采用了同行投票、原则上以绩效为基础的资源分配制度。但是，广为人知的是这些评估筛选都不同程度地存在内部交易等问题。因此，建立这类缓冲机构的主要目的应该是针对这种生态环境改变其根本的游戏规则，而不是将一类决策者换成奉行同样的、应该被淘汰的既有游戏规则的另一类决策者。

第三，要妥善处理这一缓冲机构与政府之间的关系问题。它们的合法性实质是依靠所谓的技术专家而非政府官员进行决策，其理念是这些专家较之后者更加了解教育规律、更能保持中立和独立的立场。但是，在我国，有多少技术专家既具有对于教育问题的全面了解与严谨客观的态度，又真正具有独立于政府的意志和意见这一问题本身就是值得讨论的问题。

综合考虑，具体建议是：

第一，在初期，该“高等教育拨款委员会”的常设机构，如果设立的话，应定位为咨询机构。在“高等教育拨款咨询委员会”之咨询功能完善之后，特别是上文所担心的问题得到较为妥善解决后，可以酌情将专项性经费的拨款和管理逐步地下放给该机构，然后酌情将其决策范畴审慎而逐步地扩展至全部高等教育财政领域。

第二，在人员构成方面，可以大量吸收香港大学拨款委员会（UGC）经验。香港的 UGC 理事会成员在所属界别中均成就显著，并以个人身份获得行政长官委任，而且是无报酬工作。他们当中不少是来自香港之外的著名学术界人士和高等教育行政人员。在本地成员中，还包括杰出的社会领袖。我国政府通过建立这一咨询机构，可以为海外和港澳地区大量世界一流的华裔学者和办学者以及社会各界的杰出人物为我国高等教育发展建言献策提供一个更加常规化的、制度化的、具有一定权威性的平台。换言之，该委员会不应该完全由来自国内精英大学或高等教育的直接利益相关者组成。

附录1：

财政部 教育部关于完善中央高校预算拨款制度的通知

财教［2008］232号

党中央有关部门，国务院有关部委、有关直属机构：

高校预算拨款制度是高等教育财政政策的核心内容之一，也是高等教育宏观调控的重要手段。为解决目前中央高校基本支出财政补助水平偏低；财政拨款体系不能完全体现高校人才培养、科学研究和社会服务三大职能；财政支持手段不精细、导向不明确，不能实现分类支持和引导；缺乏高校绩效监测和考评机制等问题，今年1月份以来，财政部、教育部在深入调研、多次召开专题研讨会的基础上，按照新的思路和框架，对中央高校预算拨款制度进行了改革。现将完善中央高校预算拨款制度的有关政策通知如下：

一、完善中央高校预算拨款制度的总体思路

高校预算拨款制度改革的根本目的在于以坚持教育公益性为基本原则，在确保财政投入不断增加的同时，充分发挥财政投入的宏观政策导向作用，引导高校科学规划、合理定位、特色办学、持续发展，实现科学化、精细化管理的要求。

中央高校预算拨款制度改革的总体思路是：完善支持体系，突出高校职能；细化综合定额，体现办学差异；稳定专项投入，明确支持重点；增加绩效拨款，构建激励机制。改革后的中央高校预算拨款制度基本框架主要包括两部分：一是“促进事业发展”拨款，包括教学经费、科研经费和社会服务补偿经费，并将教学经费、科研经费进一步细化为基本运行经费、专项经费和绩效拨款；二是“体现社会公平”拨款，主要是以家庭经济困难学生资助为目标的助学拨款。

二、完善中央高校预算拨款制度的主要政策措施

1. 细化综合定额生均拨款标准

高校基本运行经费拨款改革要点是：按照“人员经费基本持平、公用

经费体现差异”的原则，细化综合定额拨款标准，完善高校基本支出拨款办法。具体做法为：一是合理确定公用经费与人员经费的构成比例和基础标准。根据目前财力状况，结合测算的人员经费与公用经费占生均支出的比例，核定公用经费和人员经费基础标准分别为 3 000 元/生和 4 000 元/生。二是按学科设置公用经费学科折算系数。即按照高等教育本科教学 11 大类学科设置设定不同档次的学科折算系数，对不同专业确定不同的公用经费定额标准，体现不同专业办学成本的差异。三是建立动态调整机制。根据中央高校发展需要，结合财力情况、物价变动水平、高校学生人数变化等因素，对公用经费和人员经费基础定额标准实行动态调整。

2. 增设高校基本科研业务费

为进一步完善高校科研项目经费投入制度，设置高校基本科研业务费，经费主要用于支持高校开展自主选题科学研究工作，特别是代表学科发展方向的基础研究和体现前瞻布局的研究工作。经费由各高校在使用范围内根据本校基本科研需求自主安排使用。

3. 引入绩效拨款机制

为进一步提高财政资金使用效益，按照“目标明确、分类考核、先易后难、稳步实施”的原则，建立与公共财政相适应、科学规范的高校绩效评价体系，引入以绩效为导向的资源配置方式。

4. 增设社会服务补偿经费

为支持高校积极开展社会服务工作，促进区域发展和社会进步，在中央高校预算拨款体系内增设社会服务补偿经费，用于补偿学校社会服务活动部分成本开支。首先启动对中央高校医科类学生实习补偿方案。

三、加强领导、细化管理，确保各项政策落实到位

中央高校预算拨款制度改革工作从 2008 年全面启动实施，按照改革的总体思路和方案，初步建立起中央高校预算拨款制度的基本框架。为确保改革顺利进行和预期目标的实现，现对有关部门和高校提出如下要求：

1. 各部门、各高校要按照中央高校预算拨款制度改革的基本精神和要求，以全面提高高等教育质量为核心，加强领导、因校制宜、特色办学、科学发展。

2. 各部门、各高校要以改革为契机，进一步提高预算管理水平，按照科学化、精细化管理的要求，建立校内全面预算管理制度，根据不同层次人才培养目标、不同专业办学成本差异，优化资源配置，促进资源共享，降低

办学成本，提高办学效率。

3. 各部门、各高校要积极参与改革、支持改革。中央高校预拨款制度改革是一项复杂的系统工程，必然要经历一个长期不断完善的过程。各部门、各高校要将改革过程中出现的问题、有关改革的意见和建议及时反馈财政部、教育部，使改革工作取得更好的成效。

中华人民共和国财政部（印章）
中华人民共和国教育部（印章）
二〇〇八年十月八日

附录2：

《国家中长期教育改革和发展规划纲要（2010－2020年）》摘选

第十八章　保障经费投入

（五十八）加强经费管理。坚持依法理财，严格执行国家财政资金管理法律制度和财经纪律。建立科学化、精细化预算管理机制，科学编制预算，提高预算执行效率。设立高等教育拨款咨询委员会，增强经费分配的科学性。加强学校财务会计制度建设，完善经费使用内部稽核和内部控制制度。完善教育经费监管机构职能，在高等学校试行设立总会计师职务，提升经费使用和资产管理专业化水平。公办高等学校总会计师由政府委派。加强经费使用监督，强化重大项目建设和经费使用全过程审计，确保经费使用规范、安全、有效。建立并不断完善教育经费基础信息库，提升经费管理信息化水平。防范学校财务风险。建立经费使用绩效评价制度，加强重大项目经费使用考评。加强学校国有资产管理，建立健全学校国有资产配置、使用、处置管理制度，防止国有资产流失，提高使用效益。

完善学校收费管理办法，规范学校收费行为和收费资金使用管理。坚持勤俭办学，严禁铺张浪费，建设节约型学校。

第三篇

高等教育学生
资助体系建设专题

高等教育学生资助体系建设：国际经验与中国实践

王　蓉　魏建国

（2006 年 11 月）

一、导　　言

高等教育助学体系建设不是一项孤立的制度建设，它服务于我国高等教育发展的总目标，与高等教育发展战略的选择相一致。我国目前的助学体系是不完善的，其不完善与过去一段时期内我国高等教育跨越性扩张的事实密不可分。

“十五”期间，我国教育事业发展取得了显著成就。其中，高等教育毛入学率从 2000 年的 12.5% 上升到 2005 年的 21%，实现了从精英型高等教育到大众化高等教育的历史跨越。我国高等教育的扩张有以下四个方面的特点。

第一，从教育财政的角度来讲，高等教育的扩张是在其经费投入制度未作根本调整的情况下取得的。值得关注的是，自 1993 年以来，我国普通高校教育经费中政府拨款所占比例逐年下降，2005 年下降到 50% 以下，仅相当于 1993 年的一半。预算内生均事业费自 2000 年以来逐步下降，2005 年普通高校生均预算内事业费为 5 376 元，比 2000 年下降了 26%。[1] 与此同时，不同类型院校的筹资行为出现了系统化的差异、经费差距拉大。特别是地方院校出现了对学杂费的严重依赖。根据鲍威的研究[2]，在 2004 年，央属院校经费的 19% 来自学杂费收入，而地方院校的该比例高达 40%。就高校收入规模而言，央属院校 2004 年的收入总额超过 736 亿元，校均收入达到 6.6 亿元。与此相比，地方院校的总收入为 1 264.1 亿元，校均收入为

7 803. 2 万元，仅占央属院校校均收入的 11. 8% 。

第二，我国高等教育的扩张伴随着优质高等教育机会的分布更加倾向于社会优势阶层。2004 年北京大学教育经济研究所对 15 所公立高等院校的一万多名在校生进行了问卷调查。研究者发现[3]，样本中隶属于中央政府及其他“211”院校的高校学生，其父亲职业为农林牧副渔的比例明显低于其他类调查院校；而且前者的学生父亲职业为农林牧副渔的比例随着时间的推移显示出递减的趋势，这对于北大、清华更加明显，而其他类型调查院校的该比例则显示出了随时间递增的趋势。

第三，在高等教育扩张中，专科院校的相对学生数大幅增长。在 1998 年，专科在校生数占普通高校本专科全体在校生数的 33% ，这一比例到 2004 年上升到 45% ；而本科在校生比例从 66% 下降到 55% 。

表 1　1998 – 2004 年普通高校本专科在校生人数

年份	1998	1999	2000	2001	2002	2003	2004	1998 – 2004 年在校生数变化
本　科								
在校生数	2 234 647	2 724 421	3 400 181	4 243 744	5 270 845	6 292 089	7 378 436	5 143 789
所占比例	65. 56%	66. 68%	61. 14%	59. 02%	58. 35%	56. 76%	55. 33%	
专　科								
在校生数	1 114 117	1 361 453	2 160 719	2 946 914	3 762 786	4 793 553	5 956 533	4 842 416
所占比例	32. 68%	33. 32%	38. 86%	40. 98%	41. 65%	43. 24%	44. 67%	
在校生总计	3 408 764	4 085 875	5 560 901	7 190 659	9 033 632	11 085 643	13 334 970	9 926 206

资料来源：《中国教育统计年鉴》、《中国教育事业统计年鉴》。

第四，从院校隶属关系来看，我国高校扩张主要依托地方所属高校。根据 2000 – 2004 年数据，这期间在校生数增加了 777 万人，其中 591 万人发生在地方所属学校。另外，民办院校的作用越来越显著。到 2004 年，在这些院校就读的普通高教学生数占本科学生的 8. 56% ，专科学生的 12. 87% 。

表2　2000－2004年不同隶属关系院校的在校生人数

（单位：人）

	2000年普通高校本专科在校生数			2004年普通高校本专科在校生数		
	计	本科	专科	计	本科	专科
总计	5 560 900	3 400 181	2 160 719	13 334 969	7 378 436	5 956 533
中央部属学校	1 105 765	975 676	130 089	1 567 794	1 443 839	123 955
地方所属学校	4 455 135	2 424 505	2 030 630	10 369 095	5 302 911	5 066 184
民办院校				1 398 080	631 686	766 394

综合上述四个方面的分析，可以得出如下结论：我国高教扩张的承担主体是较少得到政府财政支持、严重依赖学费收入的地方所属院校和民办院校（包括独立学院），而学生人群按照其社会经济背景在高校之间的分化越来越明显，来自较低社会经济背景的学生在低端院校的集中趋势越来越强。

如果将高等教育的发展目标简化为“追求优秀”（建设世界一流大学）和“追求公平”（扩展高等教育机会）的二元化，那么可以说，我国在“十五”期间从精英型高等教育向大众化高等教育转变的过程中，政府投入的重点是“追求优秀”的目标，而针对“追求公平”目标的投入总量较低，而且制度建设滞后。20世纪90年代之后，中央财政增加了对高等教育的专项资金投入。建国以来高等教育领域规模最大的重点建设工程是从1992年开始实施的“211工程”和从1999年开始推行的“985计划”。与之相比，针对高等教育助学体系的财政投入总量有限、覆盖面较窄、资助力度不大，不能满足贫困学生的需求。根据相关部委的统计，2006年中央财政高等教育支出388亿元，其中用于助学的支出仅为18亿元，占4.6%。因此，当前助学体系的改革和完善是解决制度建设滞后的历史遗留问题、完善政府的高等教育财政拨款机制、调整财政资金分配格局以兼顾高等教育“优秀”与“公平”目标的必然选择。

鉴于此，北京大学中国教育财政科学研究所的研究者对于高等教育助学体系建设的最新国际经验和近几年来我国相关改革与实践进行了系统研究和分析，并针对下一步的改善举措提出初步政策建议。

二、高校助学体系的目标选择和方法选择

从国际经验来看，高校助学体系主要有如下六大目标：（1）高校筹资和资金替代的目标；（2）推动高校扩张的目标；（3）社会目标（改善公平性和贫困人口接受教育的机会）；（4）满足特定的人才需求的目标；（5）为优秀人才提供相应的教育机会的目标；（6）减轻学生经济负担的目标。① 其中，关于高校筹资和资金替代的目标，就是指助学体系在公立大学增强自我筹资能力、特别是从严重依赖政府拨款转向多元化筹资的过程中可以发挥重要作用。这种转变带来的政策变化就是学生开始需要为教育付费，或者是学生需要增加对教育的付费。如果没有良好的助学体系支撑，则高等教育的个人可负担性、学校的财政可持续性将出现问题。助学体系可以帮助学生延缓支付或降低教育成本。从本质上来说，助学体系在此起到的作用是一种资金替代机制，将政府向教育机构的拨款替代为学生交费；在政府财政大力补贴学生资助体系的情况下，这也是将供给方拨款机制（政府向院校拨款）替代为需求方拨款机制（政府向学生提供资金）的一种制度安排。

关于推动高教系统扩张的目标，就是为满足日益增长的高等教育社会需求，政府制定了高等教育扩张的目标，这一目标的达成通常由高等教育体系内偏重大众化功能的院校和新型院校（如我国的高职高专院校和民办院校）承担。由于国家预算的限制，学生数量的增长速度和政府经费的增长速度不匹配，现实中的解决方式是在这些机构中，采取学生支付更高比例或全部教育成本的政策，从而把公共财政的压力减到最小。这种政策的推行必须有良好的助学体系相配套，使之减轻私人费用压力，特别是在这些新的高等教育人群多来自不利社会背景的情况下。

对于整个助学体系来说，优秀人才的培养应是其目标之一。政府可以通过助学体系为整个社会中最为优秀的年轻人提供与其能力相匹配的教育机会。这些人才是国家发展最为重要的战略资源之一，是未来的社会领导和知识创造的核心力量。

---

① 这里主要借鉴了齐德曼的观点并作了部分修正。See Adrian Ziderman. Policy Options for Student Loan Schemes：Lessons From Five Asian Case Studies［EB/OL］. http：//unesdoc. unesco. org/images/0013/001393/139365e. pd，2007 -09 -01.

关于减轻学生经济负担的目标，主要是让来自收入较高家庭的学生减少其对家庭的经济依赖，增加其对教育成本负担的责任，同时培养其经济独立能力。这通常是经济发达国家助学体系的目标之一。

而社会目标就是促进社会公平，增加贫困人口的入学机会。满足特定的人力需求的目标是指满足特定的职业或者地区人力的需求。[4]

值得注意的是，对于上述的目标框架，每一个目标所针对的学生人群和高教机构是不同的。

表3　高校助学体系的政策目标及其瞄准机制

	瞄准高校	瞄准人群
高校筹资和资金替代的目标	各类高等院校	各类高等院校的学生
推动高教系统扩张的目标	较低选择型和低选择型院校，主要是地方属院校/高职高专院校/民办院校	高等教育系统的新增学生
社会目标（公平和贫困人口入学）	偏重于较低和低选择型院校，主要是地方属院校/高职高专院校/民办院校	来自贫困和特困家庭的学生
人力需求的目标	与重点发展产业、行业、地区对应的机构和专业	这些专业和地区的学生
优秀人才培养	偏重于高度选择型机构	以才能和品德为核心筛选标准认定的学生
减轻学生财政负担	所有高教机构	来自中、高收入家庭的学生

借用并修正克拉克·克尔①的分析框架，在此研究者将我国的高等教育机构分为高度选择型、较低选择型和低选择型。其中，高度选择型的院校是指我国高等教育体系中那些精英院校，其入学资格的取得具有高度竞争性，

① 克拉克·克尔著，王承绪译，《高等教育不能回避历史——21世纪的问题》，浙江教育出版社，2001年，84页。

这些院校并且主要承担研究生培养和科研职能；低选择型院校是指在我国的高等教育体系中，那些招收符合高等学校入学条件的学生、但是入学资格最不具有竞争性的院校；而较低选择型院校则处于两者之间。

“高校筹资和资金替代的目标”相对应的助学方式和手段通常是在宏观的高等教育财政制度改变下所采取的，例如，公立院校开始收缴学费、政府对学校的财政拨款不再作为唯一的高教经费来源等，因此这一目标涉及受到这些制度改变的所有院校。而“推动高教系统扩张的目标”更多的是针对那些承担大众化任务的院校，一般来说就是较低和低选择型院校，在我国就是地方属院校、高职高专院校和民办院校，核心的瞄准人群是高等教育系统内的新增学生人群。针对“社会目标”所采取的对策的瞄准人群主要是来自贫困和特困家庭的学生。在当前来自较低社会经济背景的学生在低端院校的集中趋势越来越强的情况下，为达到相应的政策目的，助学方式和手段必须将较低和低选择型院校作为优先考虑的对象。与此不同，针对“优秀人才培养”目标所采取的对策的瞄准人群是以才能和品德为核心筛选标准认定的学生，这些学生更多地集中于优秀的大学和学院当中。而“减轻学生经济负担”以培养学生的经济独立性为核心，对应的瞄准人群原则上包括中等收入阶层甚或高等收入阶层的子女。

关于不同政策目标的瞄准院校和瞄准人群的分析的重要性在于，在现实中，往往由于教育管理体制、财政体制等因素的局限，助学体系的设计和其旨在达到的政策目标不一致。例如，如果将“推动高校扩张”和“社会目标”作为优先考虑的政策目标，则相应的地方属院校、高职高专院校和民办院校应该是助学体系建设的重点关注对象。我国的高等教育目前形成了中央和省两级政府管理的体制，如果要求助学体系建设所需的资金对于中央属高校由中央财政负担、而地方属院校由地方财政负担的话，则必然导致那些最需要支持的院校——特别是中西部地区的院校和地市级政府举办的院校——得到的财政支持远远不足，从而不能实现助学目标。另外，对于以“优秀人才培养”为目标的助学资金，例如国家奖学金，如果在所有院校平均分配的话，则必然导致政策效力的丧失。

各国采用的高校助学方法主要有下述几种类型，包括：政府直接给学校拨款的方法，助学金、奖学金、勤工助学和助学贷款。不同的方法在达成不同的助学目标方面各有利弊。

（一）政府拨款给学校的资助方法，也就是政府直接给学校提供财政支持，支付讲课等办学费用，承担较高比例的办学成本，以此控制学费水平。

这种资助方法又分为两种：第一种是政府按照生均经费定额、或以考虑学生人数等因素的公式为基础进行拨款，承担一定比例的办学费用。这种方法原则上是资助了这些学校的所有学生。

第二种方法是减免全部或部分学生的学费，减免带来的经费缺口由政府拨款填补。减免学费又已发展成不同的形式。一是所有学生或所有本国学生都不缴学费，这种方式目前仍然盛行于大多数欧洲国家；二是免去优秀学生学费的做法；三是仅为家庭经济状况确实特别困难的学生减免学费，这是收学费的国家广泛采用的一种使用方便的资助办法；四是根据学生所学专业，例如师范、农林专业，进行学费减免；五是根据学生个人和家庭收入状况，按不同比例核定学生应该缴纳的学费和应该受到的资助。

（二）政府向学生提供无条件或者有条件的助学金。主要包括两个方面的条件。一种是家庭经济背景方面的条件。有的政府提供无条件的、面向所有学生的助学金。另一方面的条件是学生接受资助后的义务。有的助学金对于学生没有义务要求，有的则要求学生承担一定量的助工、助研等任务。

总的来说，助学金可以是由政府直接提供给学校用于资助其贫困学生，或者提供给学生本人。教育券是助学金发放的一种特别形式。也就是政府给学生具有一定价值的教育专用凭证；学生可以自由选择学校，凭此教育券到学校选学适合的课程；学校凭学生送交的教育券向政府领取教育经费。高等教育中最为著名的教育券助学项目是美国的退伍军人法案下支持的高等教育资助项目。

（三）奖学金：通常指政府、高等院校及其他资助机构为奖励优秀学生设立的资助资金。目前，英、美两国都设有全国性的奖学金项目，例如“英国皇家学会奖学金”、“英国皇家工程科学奖学金”、“美国全国科学奖学金”、“美国总统学者奖学金”、“美国西屋奖学金”等。日本民间设立的奖学金约占民间大学生资助资金总数的30%左右。从国际经验来看，奖学金主要是以学生学习成绩为标准的资助形式，而与学生及其家庭的经济能力没有直接关系。提供奖学金的目的是将奖学金作为一种激励因素，鼓励学生以高质量和高水平完成高等教育学业，同时吸引优秀人才到设立奖学金的高校或学科上来。奖学金注重的是“效率”，而非助学金或助学贷款所着重关注的“公平”。

（四）勤工助学。这是一种由资助者提供劳动机会和劳动报酬，从而使学生能够通过劳动获得报酬、解决学习费用的资助方法。这是一种获得劳动和报酬的机会的资助，不同于纯粹的资金资助。勤工助学通常需要更加广泛的利益相关者参与，例如雇主。

（五）助学贷款。世界各国中最早采用助学贷款资助办法的是丹麦和瑞典，这两个国家分别在1913年和1918年就建立了专司学生贷款的管理机构。另外，国际上影响较大的是“日本育英会”的学生贷款事业，它创办于1944年，半个世纪以来一直是日本政府资助学生的基本方式，规模很大，成就卓著。

各个资助方法对于达成不同政策目标的效力是不同的。例如，对于“高校筹资和资金替代的目标”，其核心乃是减轻政府的财政压力，政府拨款给学校、奖学金和助学金等资助方法与此前提相矛盾；相对来说，助学贷款是最为符合该目标的方法。而对于“社会目标”，政府拨款给学校和助学金将是最为有力的资助方式，这些方式直接减轻了私人教育成本，降低了入学的经济门槛。但是，在“政府拨款给学校”的方式下，如果学生的社会背景异质性很强、或者得到资助学校的大多数学生来自优势社会人群，则该资助方式不符合社会公平的原则。对于“人力需求的目标”，可以通过政府对于相应的培养机构或专业直接拨款、或给予这些机构或专业的学生提供助学金和学费减免来达成。勤工助学手段的优点在于可以将助学和人才培养结合起来。另外，也可以在助学贷款计划中采取优惠性的条件——例如，代偿机制——来吸引学生进入这些院校和专业，以达到扩大这些专门人才培养的目的。①

值得注意的是，各个资助办法在受教育者和学校之间的信息不对称方面和管理体系方面具有重要的不可忽视的差异。仅以减免学费、助学金和勤工助学为例。为达到同样的资助力度和资助面，这三种方式有可能对于政府的

---

① 2007年9月7日，美国参众两院分别以79票对12票、292票对97票的压倒多数通过了《大学成本降低与机会法》（The College Cost Reduction and Access Act），布什总统于9月27日签署，自2007年10月1日起生效。该法对美国的学生资助体系进行了重大改革。为了鼓励毕业生从事公共服务事业，该法特别规定了公共服务雇员豁免项目。对于2007年10月1日之后的适格联邦直接贷款，如果借款人依法进行了10年的偿还，教育部长就应当取消其未偿还的贷款本金和利息。法定的公共服务工作包括：（1）下列领域的全职工作：突发事件管理、政府、军事服务、公共安全、法律执行、公共卫生、公共教育（包括早期儿童教育）、公立儿童或家庭服务机构的社会工作、公共利益法律服务、公共的儿童保育、针对残疾人的公共服务、针对老年人的公共服务、公共图书馆、基于学校的图书馆和其他基于学校的服务、《国内收入法典》规定的免税组织。（2）作为在法定的部落学院或大学的全职成员的教学工作，以及其他教育部长确定的高度需要地区任教的员工的教学工作。See The college cost reduction and access act [EB/OL]. http：//frwebgate. access. gpo. gov/cgi-bin/getdoc. cgi？dbname = 110_cong_bills&docid = f：h2669enr. txt. pdf，2007 - 09 - 28，Sec. 401.

资金需求是同样的，但是对于管理体系的要求则依次越来越复杂。执行减免学费的政策，政府可以将此与对高校的经常性拨款机制整合，只需按照相应的学生数调整对于高校的拨款额度即可。在信息不对称方面，特别是针对某种专业，例如师范，减免学费的政策也可以清晰和彻底地送达至现有及未来的受教育者，避免中间环节影响政策效力。而对于助学金政策来说，其执行就多了“一上”和“一下”两个环节。“一上”是指学生仍需“上缴学费”，“一下”是指助学金往往以专项资金的方式，从上级政府经由学校的评定和分配，将助学金“下拨”到学生手中。在现实中，助学金政策的执行往往存在“一上”和“一下”的时间差问题，特别是助学资金下拨常常在开学数月之后，其政策效力受到负面影响。另外，在学校和政府的政策取向不同时，学校不能按照政府指令分配助学金的做法也十分普遍。而开展勤工助学项目对于高校来说更加具有挑战性。在那些具有庞大的教职工特别是后勤队伍、冗员问题严重的高校，校内的勤工助学岗位可能十分有限。而为学生提供校外的勤工助学岗位，既和高校学生管理部门这方面的经验积累与外向性有关，也和学校所在地的社会经济外围环境有关。

因此，就一国的学生资助体系而言，对于不同的资助政策目标，应该选择不同的资助方法。应简化每一种资助方式的政策目标，不要让其有太多的“目标承载”。以不同资助方式达成不同政策目标；以资助体系的整合和协调达成整体政策目标。对于为了某一政策目标如何选择资助方式的问题，则不仅要考虑政府财政的压力，还要考虑其对于管理体系的要求和相应的信息不对称问题的处理机制。

在政府财力有限的情况下，助学贷款既可以降低助学的财政资金需求又可以满足多个政策目标，这也是许多国家将建立和完善助学贷款列上政策议程的根本原因。根据齐德曼的研究，目前世界上有 50 多个国家实行了学生贷款计划。在很多国家，助学贷款是学生资助体系的主体。但是，助学贷款相对于其他资助方法其制度设计又十分复杂。[4]

三、关于高校助学贷款体系的一些重要问题

（一）政府与市场的边界：融资机制

由于高等教育作为个人投资的收益是难以预测的，因此如果完全依托市

场机制来解决高等教育的融资问题，则会导致典型的市场失灵问题。如果政府不参与助学贷款事业，而完全委托给民间金融机构进行融资，则可能出现供给低于社会最优化水准的问题。当前人们对于政府参与助学贷款事业的合理性已经达成了共识，但是对于政府参与的程度、特别是在政府预算约束下如何最大限度地发挥市场机制作用（特别是融资的作用）的问题上有不同意见和做法。

通过考察各国助学贷款计划在筹资方面的特点，总的来说政府参与有两种方案：（1）政府主导的方案，政府既提供贷款本金、也提供贷款补贴和风险承担；（2）政府激励的方案，即由商业银行提供贷款本金，政府仅提供贷款补贴和风险承担。

如何在上述两种方案中作出选择？美国的经验和教训值得借鉴。美国前期以政府担保的联邦家庭教育贷款为主。1994 年之后又增设了联邦政府直接充当出贷人的联邦直接学生贷款。

关于联邦家庭教育贷款，其弊处被认为有：（1）由于有政府担保，金融机构对回收贷款不积极，结果造成回收成本很大程度上成为纳税人的负担；（2）政府担保贷款程序过于复杂，效率不高；（3）贷款机构、担保机构得到联邦政府的补助“过多”，引起纳税人的不满；①（4）从纳税人的角度来说，担保贷款带来的政府财政支出较政府直接贷款项目反而更高。[5]美国联邦审计总署（GAO）在全面计算了联邦政府负担的各种担保贷款支出后，推算出这两个项目各自贷出 100 美元时所需的成本。结果发现，直接贷

① 最近暴露的多起关于美国学生贷款的丑闻引起了人们的强烈关注。这些丑闻主要发生在联邦家庭教育贷款项目领域。由于政府给 FFEL 贷款项目的贷款人提供财政补贴，同时对拖欠贷款进行担保，所以 FFEL 贷款项目在美国成了有利可赚的业务。以美国最大的教育贷款公司 Sallie Mae 为例，其 2000 年的利润是 5 亿多美元，2006 年的利润是 14 亿美元。议会和州层面对学生贷款事业的调查，暴露出学生贷款项目中猖獗的利益冲突和缺乏职业道德的行为。特别是，贷款人用贿赂和回扣得到学校的照顾。在大学成本继续飙升的时候，这些欺骗和贪婪破坏了联邦学生资助项目的可信度，也给学生、家庭和纳税人带来了损失。2007 年，众议院教育与劳动力委员会主席乔治 · 米勒和参议院教育、健康、劳工与养老金委员会主席爱德华 · M. 肯尼迪要求正式调查学校、政府官员和贷款公司之间的关系，旨在确保学生贷款项目以学生和家庭的最大利益运作。2006 年晚一段时期，纽约州司法部长（首席检察官）安德鲁 · M. 库默开始了一个关于学校和贷款人之间关系的调查。他的调查发现了许多高度可疑的行为和学校与贷款人之间的关系。此外，调查表明，学生贷款丑闻不限于学校和贷款人，监督学生贷款项目的教育官员也涉及其中。参见［EB/OL］. http://money. cnn. com/magazines/fortune/ fortune500/2007/index. html，2007 - 10 - 01；［EB/OL］. http://edworkforce. house. gov/publications/070424StudentLoanInvestigation. pdf，2007 - 10 - 01.

款项目的成本相对较低。因此，对于纳税人来说，直接贷款制度比较有利。①

另外，美国联邦审计总署（GAO）的联邦学生贷款项目调查报告书列举了这个项目的优点，包括以下几点：（1）贷款业务简便化；（2）项目管理易于操作；（3）可以较快得到贷款款项；（4）贷款的追踪调查变得易于进行。[5]

需要说明的是，美国的问题是否具有普适性值得进一步分析。实际上，美国采取了两种项目并存、促其彼此竞争以改善整个助学体系质量的策略。但是，美国的经验给我们的启示是，为了节省财政支出而采纳政府激励型的贷款项目，最终这些“激励”反而可能成为极其昂贵的政府投入项目。②

相对来说，政府主导的方案有可能对于财政的压力较大，这与政府建立助学贷款的出发点或许相冲突。在这一方面，日本的经验提供了一个可借鉴的出路。一方面，日本建立了独立行政法人——“日本学生支援机构”专门集中管理助学贷款（贷学金），将助学贷款的事业规模、贷款条件等制度的中枢置于政府的直接管理之下。另一方面，独立行政法人在谨慎的政府财政管理框架下又通过多方筹资手段扩大财源，减轻政府预算压力。日本学生支援机构的贷学金筹资和贷学金的规模进入每个年度的政府预算，由政府决定。贷学金政策相关的政府预算案由文部科学省规划制定，经过与财务省的协调后编制。在贷学金的财源方面，无息贷学金通过来自政府的无息贷款与偿还金提供，有息贷学金则由偿还金、政府发行的债券、在市场上筹集的财政融资资金及日本学生支援机构通过发行债券而在市场上筹集的资金提供。[6]

有资料表明，我国家庭经济困难学生约占高校在校学生总数的20%，而获得国家助学贷款的只占在校生的10%。助学贷款的发放工作仍然难以满足需要。[7]这一问题的根本症结就在于，政府干预学生助学体系的力度不

① 不过有人的分析结果却完全相反。他们认为，在作了合理的校正之后，谣传的联邦直接贷款的成本优势被排除了。应该说，如何准确地评估助学贷款项目的成本是一个很复杂的问题。参见ASLP. Guaranteed Student Loans Cost Taxpayer Less [EB/OL]. http://www.studentloanfacts.org/NR/rdonlyres/81D7AFB7 - FAC8 - 4F0F - 8675 - 0F71DA0F478F/4863/WhitePaper2006vFINALfinal.pdf, 2007 - 06 - 23.

② 美国的实践也说明了这一问题。鉴于联邦政府对联邦家庭教育贷款项目的巨额补贴，美国最近通过了《大学成本降低与机会法》，削减超过200亿美元的对学生贷款机构的财政补贴，而将这部分资金通过一定方式直接支付给学生。这是美国自通过《退伍军人权利法案》（G. I. Bill）以来学生资助数额最大的一次增长，同时并没有增加纳税人负担。

足，对于政府和市场边界问题的处理没能有效地解决其中的市场失灵问题，导致的后果就是政府的政策目标未能达成。换句话说，我国的“政府激励式”助学贷款必然有商业银行经营目标与助学贷款业务的政策目标彼此冲突的问题。目前，商业银行普遍追求效益最大化，特别是股改后，上市银行强调股东回报率，对下级行的效益目标考核任务较重，对只具社会效益而经济效益微薄的助学贷款实行退出政策。据我们的调查，有些商业银行表示在本期发放任务完成后，将不准备参加新一轮的助学贷款投标。显然，商业银行营利性与助学贷款社会效益性矛盾已成为助学贷款业务发展的主要瓶颈。改变这一现状的根本出路就在于，重新划定这一公共事业中政府和市场的边界，政府应承担更多的责任，特别是在提供助学贷款本金方面的责任。

（二）助学贷款管理体系设计

根据齐德曼的分析[4]，一个国家可能设立一个单一的国家贷款计划来满足符合条件的学生的需求，也可以采用很多彼此独立的贷款计划，分别为不同的客户群服务。核心问题是：这两类可供选择的方法相对的优点和缺点是什么？能否在发展“混合”的贷款计划的同时而又保持各计划原有的优势？

目前我国已经形成了多元化贷款项目的格局。① 从比较角度看，在采用多元化贷款计划的国家，它们在贷款有多重目标的时候更加有效力，而且可以满足差异巨大的目标人群的特别需要，但是协调机制十分复杂。在这一方面，我国有必要借鉴其他国家的经验和教训。

目前实施多元化贷款计划的国家主要有以下两种模式。

1. “多部门无协调的贷款项目”，其典型国家为韩国。韩国学生贷款包括六个贷款项目，每个项目的目标人群不同。其中，（1）教育与人力资源发展部项目优先考虑来自失业家庭或者经济困难家庭的学生。（2）劳工部的学生贷款项目以《工人职业培训促进法》为基础。根据《就业保险法》，该贷款计划的资金来源是职业技术发展保险基金。刚刚进入技术学院、两年制或者四年制学院的雇员可以申请劳工部的贷款，但是博士毕业生不能申请。（3）韩国研究基金会是一个政府资助的机构，它的建立是为了提高韩

① 我国目前的助学贷款项目包括：商业银行就学地国家助学贷款模式、国家开发银行生源地信用助学贷款模式、国家开发银行就学地国家助学贷款模式、农村信用合作社生源地助学贷款模式四种。

国整体学术研究水平。该基金会支持发放学术研究经费、为新学者提供机会、资助各种学术活动等在内的各项国家学术政策。韩国研究基金会仅向大学和学院的学生提供无息贷款，同时也向来自农业种植区和沿海村庄的学生提供贷款。(4) 政府雇员养老金协会（GEPC）从1976年开始提供学生贷款。始于1976年的、由政府官员年金资助的、面向政府官员的贷款项目在1999年终止了，因为基金的财务状况出现了问题，但是面向政府官员子女的贷款项目却在中央政府和地方政府的支持下得以继续发放。(5) 获得政府补贴的韩国教师养老金协会（KTP）的贷款项目是在教育与人力资源发展部（MOE & HRD）的管辖下发放的。这项计划是针对刚刚进入国内学院的教员及其子女的，研究生院除外。(6) 韩国劳工福利协会的项目。根据《工业事故赔偿保险法案》，来自工业事故受害者、年度养老金获得者及19级残疾者家庭的孩子，如果考取了学院或已经在读，都可申请此项贷款。这项贷款用于补偿学费，利息很低而且偿还期限很长，其目的在于扩大教育机会，维持工业事故受害者家庭稳定的生活状况。韩国提供了把助学贷款盘子做大的一种新思路，也就是可以通过多部门参与、分别瞄准不同目标人群、多方筹集资金的方式，以扩大助学贷款的总量和覆盖面。

2. “单一管理机构、多种贷款项目”模式。香港作为这种模式的典型，其成功经验在国际间受到广泛推崇。在香港，学生财政资助局（SFAA）管理着许多学生资助计划。最人的一项针对贫困学生的计划是经过经济情况调查的本地学生财政计划，为贫困学生同时提供助学金（支付学费）和贷款（支付生活费）。这个计划由不经过经济情况调查的一个项目来补充，该项目对所有的学生都是可得的。香港的经验作为一个稳健的、资金运行良好的贷款计划是有指导意义的，这个计划通过在一个共同的机构管理下，运行互补的学生资助项目（对不同的客户群）从而同时具有了单一和多重贷款的优势。

美国也属于这一模式，但是其助学体系更加复杂。[8]美国助学体系的核心管理机构是“联邦学生资助中心”。该中心管理的助学项目包括：(1) 联邦佩尔助学金项目；(2) 联邦辅助教育机会助学金（FSEOG）、联邦工－读项目（FWS）和联邦帕金斯贷款（Perkins）三个基于学校的项目；(3) 补充教育援助合伙计划（LEAP）项目和特殊补充教育援助合伙计划（SLEAP）两个州公式资助项目；(4) 直接贷款项目；(5) 联邦家庭教育贷款。美国学生享受到的经费资助总额（包括奖学金、助学金、学生贷款、勤工助学等）不得超过包括学费和生活费等在内的总上学成本或称教育成本。美国通过隶属于教育部的“免费申请联邦学生资助系统”（FAFSA）实现各种学生资助和学生需求之间的合理匹配。

总的来说，多元化助学贷款项目必然导致严重的协调机制问题。美国和香港的经验启示我们，建立强有力的集中化管理机构十分必要。

（三）助学贷款的贷予和回收：市场化与内部化

内部化和市场化是助学贷款贷予和回收环节需要解决的问题。依靠民间金融机构这种市场化机制提供助学贷款是一种常见的制度安排。其主要的支持观点是：（1）这些机构的管理效率往往高于政府建立的带有官僚性质的组织；（2）政府无需建立专门的机构，节省了管理成本；（3）尽管政府在贷款项目中承担了部分或者全部的担保职责，但并不对高拖欠率情况下可能发生的损失提供担保，财政压力有限。但是，在完全依托商业银行提供助学贷款的机制下，最有可能产生的问题就是助学贷款的社会目标会受到影响。相对来说，低收入家庭背景的学生是较高风险的人群，他们的就业前景相对来说可能具有更高不确定性，因此不是商业银行的优质客户。为此政府必须给银行提供更高的激励以促使政策目标的达成，这就包括担保、风险承担、财政贴息，等等。然而在现实中，因此导致的政府与商业银行之间的交易成本，也就是这些激励措施本身的成本可能导致这种安排得不偿失。[①]

而在采用内部化安排的情况下，也就是在政府通过设立附属的或具有相对独立性的行政法人执行助学贷款的情况下，其对于政府指令的响应性更强，在政府的社会资源再分配的功能框架之下，能够更好地落实社会公平的目标。日本和我国香港地区采用这种制度安排，美国的联邦直接学生贷款也是如此。

根据以上分析，目前我国助学贷款依托商业银行、政策性银行和农村信用合作社[②]的做法都值得深入分析。政府企图通过行政命令或政治性号召促使商业银行偏离其自身必须遵循的本行业“游戏规则”的做法不可能是有效的。农村信用合作社是金融市场中的“弱势群体”，其本身也面临进一步

---

① 美国的联邦家庭教育贷款项目因政府提供优厚的补贴待遇而使得该项学生贷款成为商业银行有利可赚的业务。但也产生了一些腐败问题，政府的财政负担也比较重。最近的改革对此已作了一些调整。

② 国家开发银行在河南、青海等地开办了就学地助学贷款，最近在江苏、湖北等地试点生源地信用助学贷款。浙江、江苏等地开展了农村信用合作社生源地助学贷款项目。

的改革改制。而对于政策性银行，其“政策性”和“商业性”的界限并不明确①，其遵守的游戏规则更加复杂，因此需要更加严谨和深入的观察和分析。

（四）助学贷款的贷予和回收：集中化与分散化

集中化与分散化也是助学贷款的贷予和回收环节需要处理的问题。在一些国家采用的分散化模式中，学校成为了贷款发放的主要决策者；具体而言，就是上级机构将贷款拨给学校，学校再决定贷给哪些学生。相对于集中化的模式，学校可能比中央化的机构更加了解学生的情况，对于管理信息方面的要求较低，而且有助于利用学校这些基层组织进行贷款的回收等后续管理工作。在这种制度安排下，一个非常关键的问题是政府如何将贷款额度在不同学校之间分配。现实中产生的一个常见问题是，贷款预算在从上到下、即从不同的管理层级到教育机构的分配时采用了不恰当的标准。假设贷款计划的中心目标是去帮助较为贫困的学生，则每一个教育机构应该获得反映其贫困生人数（或潜在贫困生人数）的预算配额。这样才能保证所有符合条件的学生都有平等的机会获得贷款，而不管他属于哪个机构。[4]

与这种分散化模式不同，有些地区和国家采用了“集中化模式”进行贷款的发放和管理。香港的计划是最为直接明了的。学生直接向学生财政资助局提交贷款申请。根据齐德曼的分析[4]，对于像香港这样的由自主的公共贷款团体直接面向学生贷款申请者的模式，有两个主要的优点：其一是这个计划在管理上的简易性；其二是这种安排有助于横向公平，保证以贫困人群作为贷款发放对象，进而实现助学贷款的社会目标。

目前我国商业银行助学贷款采取了“分散化模式”来进行贷款的贷予和管理。学校和学生贷款申请者直接与一线银行打交道，由后者决定谁最终得到贷款。在这种分散化的模式下，那些集中了较高比例贫困学生、学生就业岗位处于较低社会地位的院校和它们的学生受到了不平等的对待。

① 我们拟对我国目前实行的四种助学贷款模式作进一步的比较研究，探讨商业银行、国家开发银行和农村信用合作社在我国助学贷款事业中可以扮演的恰当角色。

四、初步的政策建议

（一）完善管理体制，建立政府主导的助学体系

上文对学生资助的目标和助学贷款的设计问题作了分析。不同的资助方式应与一定的资助目标和瞄准机制相联系。建议综合考虑助学体系的多元化政策目标，完善“以助学贷款为主、以助学金和勤工俭学为辅”的助学体系：（1）助学贷款可以向学生提供资金量较大、力度较强的资助。从资金量和资助面来说，助学贷款应成为整个助学体系的主体。（2）关于助学金，建议在坚持高教成本分担的原则下，政府应加大投入，提高助学金的额度、扩大覆盖面。（3）勤工俭学的优势在于助学和育人的目标相结合。特别是对于家庭贫困而就业前景不确定的学生，可以通过教育行政部门和雇主及产业界的制度化合作，使学生既掌握有用的技能，又能够解决教育费用的问题，并且减少学生由于其他助学方式——例如助学贷款——带来的对于未来经济压力的顾虑。（4）应改革奖学金项目，特别是剥离“奖”和“助”两种资助方式，使奖学金真正成为国家和政府奖励杰出人才、使这些人才得到与他们的才能匹配的教育机会、培养这些人才的国家荣誉感的有效制度。特别应该加强国家奖学金制度，由中央财政全部承担，中央政府使用严格的、统一的标准进行筛选，改变目前该类奖学金在各类院校间平均分配的方法，增强该项目的荣誉性。

（二）建立强有力的学生资助管理体系

对于各类学生资助方式需要一个强有力的学生资助管理体系进行有效的管理。学生资助管理体系的核心是对相关资金流和信息流的管理。资金流是助学资金在各个利益相关者之间的流动，信息流指的是助学事业相关信息的收集、反馈、宣传等。只有实现对助学事业资金流和信息流的有效管理和控制，才可能使整个助学体系顺利运行。基于此，应该建立强有力的中央—省—学校三级专业化管理网络。中央一级的学生资助机构应建立健全全国的学生资助信息平台，实现相关信息在全国范围内的共享，为助学贷款的回收提供强有力的技术支持；定期公布各学校助学贷款的违约率，建立助学贷款

发放资格的硬性制约机制；跟踪研究学生资助的真实需求，及时提出调整助学金、助学贷款额度的建议；在实证研究的基础上，基于公平原则提出助学资金在各地区、各学校的分配方案；等等。省一级的学生资助机构主要负责本省所属院校学生的资助工作，参照中央学生资助机构，主要是建立健全立足本省的学生资助信息平台，这一信息平台和全国的信息平台应该是一体化的；提出助学资金在本省院校之间的分配方案；等等。学校在学生资助体系中居于相当重要的地位。助学金的发放，与助学贷款发放和回收相关的一些工作都需要学校的参与。特别是在贫困学生资格认定方面，学校需要和生源地政府加强联系和合作，尽可能地把助学资金发到最需要的学生手中，以实现学生资助公平的社会目标。同时，应该将助学金、助学贷款和勤工俭学等多种资助方式和贫困生的真实经济需求实现有效匹配，以防止出现重复资助或资助不足。学校也需要建立与中央或省级学生资助信息平台对接的信息系统。这些工作既需要专业性，又零星琐碎。因此，学校应该建立健全专门的学生资助机构，安排专门的编制、经费，配备专门的工作人员。

（三）建议以政府直接贷予型的助学贷款为主、生源地贷款为辅

根据上文提到的分析框架，目前我国的助学贷款之所以未能达成政策目标，关键的问题在于我国助学贷款的贷予和回收机制既是市场化的、又是分散化的，致使最为需要资助的院校和学生受到系统化的歧视对待，横向公平的原则未能得到贯彻，市场失灵的问题十分突出。改变现状有三种可选择方案：

方案一："内部化"兼"集中化"的模式。就是由政府在中央一级或/和省一级成立专门的高端助学贷款管理机构，由这些机构运行政府直接贷予的贷款项目，学生不经过任何中介组织，直接向这些机构申请。根据横向公平和纵向公平的原则，这些机构按照统一的衡量标准，决定贷款接受者。该方案的利弊为：

利：（1）学生可以得到公平的对待；（2）减少学生申请的中间环节，申请手续简单；（3）避免了因中介组织或人员的认识、行为不到位带来的政策不落实问题；（4）减少信息不对称，政策可见度高。

弊：（1）建设这一专门机构及为其进行能力建设需要大量启动资金；（2）这些机构的效率和问责需要强有力的制度保障；（3）这一机制需要至

少覆盖全省的、可靠的贫困生认定和信息系统，其建设本身具有挑战性；（4）在个人征信系统不完善的情况下，这些专门机构的贷款回收工作压力较大。

方案二："内部化"兼"分散化"的模式。就是政府在高端建立专门化的集中管理机构，从政府得到贷款总预算资金，然后按照公平原则将贷款分配给不同的学校，再由学校决定如何将贷款分配给需要的学生，其贷款回收也主要是依靠学校。该方案的利弊为：

利：（1）学校贴近学生，可以提供更加有回应性的服务；（2）信息成本较低，学校更为了解学生的情况；（3）可以结合其他助学项目，例如勤工俭学，由学校以"资助包"的形式向学生提供一体化的资助。

弊：（1）学校的管理负担重；（2）学校有可能采用不一致的标准认定贫困学生，进而偏离贷款的政策目标；（3）学校具体负责人员的专业化水平可能暂时难以满足要求；（4）在贷款回收方面，如何问责学校及设立相应的奖惩机制比较困难；（5）在学校之间分配贷款额度过程中，需要充分掌握各个学校贫困学生的信息并严格按照公平原则进行。而这一点在实践中是有难度的。

方案三："市场化"兼"分散化"的模式，这里主要指当前的农村信用合作社生源地贷款和商业银行助学贷款。对于商业银行助学贷款，上文已经指出了其存在的问题。而对于生源地贷款来说，该方案的利弊为：

利：（1）信贷单位接近贷款申请者的家庭，容易了解贷款申请者的家庭收入情况和信用情况，与学校相比更能直接把好初审关，保证真正最需要帮助的学生得到贷款；（2）贷款申请者居住地一般稳定，有一个可以长期联系的地方；（3）便于解决"贫困地区的贫困学生"的问题。政府可以将地域作为瞄准对象，在生源地贷款的框架下加大对于贫困地区的政策倾斜。这样做，政策可见度高，政治影响也比较大。

弊：（1）没有一定的组织机构作保证；（2）目前生源地贷款主要由农村信用社发放，而信用社在金融市场上是一个弱势主体，目前还面临着改革改制，让其承担国家学生资助的重任有些勉为其难。

方案一和方案二都属于"政府直接贷予型"的助学贷款。权衡上述各种方案的利弊，建议采用混合型的模式，也就是针对不同的政策目标、学生人群和高等院校，采用上述不同的贷款模式。总的来说，就是建立以政府直接贷予型的项目为主、以生源地贷款为辅的助学贷款制度。

值得注意的是，虽然在政府直接贷予型助学贷款中，政府作为贷款本金的承担主体，但是政府可以不仅仅依赖财政拨款解决由此带来的财政压力问题。我国可以借鉴日本的经验，以隶属于政府的集中化、专门化管理机构为依托，进行多元化的筹资，由政府发行的债券、在市场上筹集的财政融资资金等来补助财政拨款，做大政府用于助学贷款的资金总盘子。此外，我国正努力在“十一五”期间实现国家财政性教育经费占 GDP 4% 的目标，届时将增加大量的教育财政投入，这也是提出政府直接贷予型助学贷款模式的一个重要宏观背景。

（四）重视高职高专院校和民办院校的助学需求

承担高等教育大众化功能的院校应该得到适宜的政策倾斜。在未来，我国高教扩张的承担主体仍然将是严重依赖学费收入的地方所属院校（包括高职高专院校）、民办院校。社会弱势群体在这些院校的集中趋势也将越来越强。在从精英型高等教育向大众化高等教育转变的过程中，我国高等教育领域中新增的受教育人群及其相关的公平性问题主要集中在这些机构。我们的调研也发现，我国国家助学贷款中银行“惜贷”的问题在高职高专类院校最为严重。为了助学体系的社会目标，有必要建立相对较强的高职高专院校助学体系，从制度上保障这些院校成为高校助学事业发展的重中之重，确保通过这一渠道而来的公共财政阳光能够覆盖这些最需要的人群。另外，应该将民办院校纳入公共财政支持的助学体系，并且设立相对独立的管理平台。① 其部分的原因在于民办院校有着治理结构和经费方面的特殊性，在制度设计方面应该给予相应的考虑。

参考文献

[1] 陈伟光．中国高等教育投入与管理问题探讨［M］//高等教育规模扩大过程中的财政体系——中日比较的视角．北京：教育科学出版社，2008.

[2] 鲍威．扩招后中国高等教育经费的筹措机制：现状与问题［M］//高等教育规模扩大过程中的财政体系——中日比较的视角．北京：教育科学出版社，2008.

[3] 丁小浩．规模扩大与高等教育入学机会均等化［J］. 北京大学教育评论，2006（2）.

① 在最近开办的国家开发银行生源地信用助学贷款试点项目中，原则上已将民办院校纳入其中。

[4] Adrian Ziderman. Policy Options for Student Loan Schemes: Lessons From Five Asian Case Studies [EB/OL]. http://unesdoc.unesco.org/images/0013/001393/139365e.pd, 2007-09-01.
[5] Federal Student Loans: Challenges in Estimating Federal Subsidy Costs [EB/OL]. http://www.gao.gov/new.items/d05874.pdf, 2007-09-01.
[6] 芝田政之．日本的学生资助体系［M］// 高等教育规模扩大过程中的财政体系——中日比较的视角．北京：教育科学出版社，2008.
[7] 国家助学贷款仍未满足高校家庭经济困难学生需要［EB/OL］. http://news.xinhuanet.com/politics/2007-07/02/content_6318949.htm, 2007-10-15.
[8] Federal Student Aid: 2006-2010 Five-Year Plan [EB/OL]. http://www.ed.gov/about/offices/list/fsa/06-10performanceplan.pdf, 2007-06-23.
[9] Institutional Strategies to Improve Government Student Loan Repayment [EB/OL]. http://www.aved.gov.bc.ca/studentaidbc/schoolofficials/documents/institutional-strategies.pdf, 2007-06-23.
[10] [EB/OL]. http://www.nasfaa.org/publications/2001/ea040301_sleap.htm, 2007-06-23.

美国联邦家庭教育贷款回收机制与学生贷款担保机构

魏建国

（2007 年 7 月）

一、学生贷款担保机构的概况

在参与联邦家庭教育贷款项目①的众多组织中，学生贷款担保机构在帮助美国学生完成后中学教育方面扮演着至关重要的角色。通过保证学生和家长了解后中学教育的机会，帮助贷款拖欠率保持在历史较低水平，帮助学校和贷款机构管理贷款项目，这些组织为支持联邦家庭教育贷款项目提供了重要服务。

就法律性质而言，担保机构是州立机构或私立非营利机构。全美共有 36 个学生贷款担保机构，每个州都指定一个担保机构作为到该州上学的学生及到其他州学校就学的该州居民所申请的 FFEL 学生贷款项目的担保人。“联合学生资助基金”等担保机构负责几个州的学生贷款担保，其他的担保机构多负责其所在州的学生贷款担保。

具体而言，学生贷款担保机构在联邦家庭教育贷款项目的管理方面主要履行如下职能。

---

① 也被称作 FFEL 贷款项目，由私立贷款机构提供贷款本金，联邦政府通过学生贷款担保机构为贷款提供担保。FFEL 贷款项目和由联邦政府提供本金的联邦直接贷款项目构成美国联邦政府负责举办的两大学生贷款项目。2010 年 3 月 30 日，奥巴马总统签署了《卫生保健和教育协调法》。该法规定对美国的联邦学生贷款系统予以改革，将从 2010 年 7 月 1 日起取消运转了 40 多年的联邦家庭教育贷款项目，所有的联邦学生贷款从此都转由联邦直接贷款项目提供。对于该法生效之前发放的联邦家庭教育贷款，担保机构仍履行相应职责。

1. 信息咨询、附加服务和社区服务

担保机构通过研讨会、媒体、夜校、宣传月、网站和出版物等形式从事借款和偿还方面的咨询工作。它们提供有关大学入学方面的附加服务和社区服务，主要对象包括：中学的学生，在高校少、高贫困率、高辍学率地区就读的学生，成为第一代大学生的学生，少数民族学生达到或超过50%的学校。

2. 贷款发放

和学校一起工作，担保机构审查借款人的贷款申请。担保机构保存电子和纸质的承诺还款书，减轻贷款机构和学校的负担。

3. 提供担保及相关业务①

4. 财政资助计划数据管理和报告

担保机构给联邦和州政府、借款人、学校提供详细、准确、及时的有关财政资助计划活动的报告。在2002财政年度，担保机构针对高校和借款人进行了超过5 700次的相关技术援助访问。

5. 其他服务

主要包括：有关财政资助议题的培训；基于国家、州和学校的财政资助相关研究；援助后中学教育机构，更新计算机系统以改进它们处理学生贷款的能力。

担保机构创设并维护“规划未来”网站，该网站为学生、家庭提供大学、职业和财政资助选择方面的综合资源。

此外，三分之二的学生贷款担保机构也为其所在州管理助学金和奖学金项目，有很多还管理其所在州的大学储蓄项目。它们在政策制定、调整资助供给和提供广泛的咨询服务等方面，与地方长官、立法者、预算官员和高等教育行政官员具有密切的联系。

从上面的描述可以看出，学生贷款担保机构在FFEL贷款项目中的重要性并不仅仅限于其提供担保的职能，还包括除此以外的范围很广的其他各种服务活动。

---

① 下文将会详细分析。

二、学生贷款担保机构担保业务运作的法律机制

下面将主要介绍学生贷款担保机构担保业务的运作。就基本的担保流程而言，根据和持有贷款的贷款机构或其他机构达成的协议，担保机构负责向贷款机构或其他机构支付拖欠贷款的本金和应付利息。根据和联邦政府教育部达成的协议，担保机构可以就它向贷款机构所作支付向联邦教育部要求退还。此外，担保机构还从事与担保有关的拖欠规避、贷款回收、贷款复原等活动。《高等教育法》及联邦教育部规章对相关的业务运作都作了详细的规定。

（一）担保机构与教育部签订的担保协议

教育部长将和任何担保机构签订担保协议，根据此协议，教育部长将退还因学生借款人拖欠而发生的与任何担保贷款的未偿还部分的本金和应付利息有关的损失。担保机构应被认为有对抗美国政府的合同权利，在向贷款机构支付拖欠资金后，在有效期限内，有权得到根据规定的退还数额。在收到担保机构准确和完整的有关损失退还的要求后，教育部长应该迅速和没有行政延误地作出支付。

（二）担保机构的职责

在联邦家庭教育贷款回收阶段，担保机构的职责主要包括以下几方面。

1. 贷款保险，即贷款担保

担保机构的一个核心职能是管理贷款担保。当贷款进入拖欠，以及当贷款符合免除条件（如在死亡或永久伤残的情况下）时，担保机构将满足贷款机构的保险索赔要求（即就未偿还学生贷款的本金和应付利息的支付要求），并进行支付，支付的比例为：对于 1993 年 10 月 1 日及以后发生的贷款，贷款机构有权向担保机构要求支付不超过未偿还贷款的本金和应付利息的 98%；之前发生的支付比例为 100%。担保机构经过审查，向贷款机构作出支付。担保机构随后将向联邦教育部提出退还支付的请求。

2. 拖欠规避帮助

不早于一个贷款已违约后的第 60 天，在收到贷款机构的请求时，担保机构应提供拖欠规避帮助。通过和借款人、二级市场、后中学教育机构合作，担保机构创设了拖欠规避项目，用拖欠预防技术培训员工；查找并向借款人提供有关拖欠的后果和避免拖欠的可选方案方面的咨询；帮助借款人得到暂缓、延展，或更为合理的还款条件；制作和散发拖欠避免方面的信息。这种帮助旨在防止借款人拖欠贷款。

3. 回收

当担保机构满足贷款机构的拖欠贷款支付请求后，借款承诺书就被转移到担保机构，担保机构就有责任负责回收贷款。作为和联邦政府订立的担保协议的一部分，担保机构被要求像贷款机构一样，在向拖欠者追讨拖欠贷款的本金和应付利息时要尽到注意义务，采取要求贷款机构在贷款违约期间所采取的同样的程序。主要手段包括：通过内部员工和州其他机构积极的合作（例如，机动车登记部门、州税务局、州彩票机构等），用专业的回收机构，行政工资扣除，抵扣税款，以及适当的诉讼。2002 财政年度，回收的拖欠 FFEL 贷款超过 27 亿美元。担保机构也提供专门的贷款复原计划，让拖欠贷款成为正常的可偿还贷款，以帮助借款人偿还拖欠贷款，这已成为一个服务于借款人同时节约纳税人税款的强有力的回收拖欠贷款的工具。根据联邦教育部的消息，被担保机构复原的借款比例从 2001 财政年度的 6. 2% 上升到 2003 财政年度的 18. 4% ，后者约是前者的三倍。

4. 向联邦政府转移拖欠贷款

在任何时候，教育部长都可以要求担保机构将拖欠贷款转移到联邦政府去回收，这里有个假定：联邦政府在回收特定的一个贷款或一组贷款时较之担保机构更为成功。一旦贷款被转移给联邦政府，担保机构就不能得到因该贷款的任何回收而获得的收入。

（三）拖欠贷款退还请求

担保机构就拖欠贷款向贷款机构进行支付之后，它就有权在法定期限内向教育部要求退还。对于担保机构有权从教育部得到的退还数额，根据

《高等教育法》的规定，除了法定的其他情形，支付给担保机构的退还数额是贷款保险项目下履行保险义务而发生的支出额的95%。一个担保机构应在其履行一个贷款担保义务后的45日内作出有关损失退还的请求。

（四）向学生贷款担保机构的报酬支付

担保机构在从事担保及相关业务时，有权获得一定的报酬，主要的报酬形式有：

1. 管理报酬

对于1998年10月1日或之后，并在2003年10月1日之前产生的贷款，教育部长支付担保机构担保贷款本金总额的0.65%作为贷款处理和发放费。对于在2003年10月1日或之后产生的担保贷款，贷款处理和发放费的比例降到0.40%。贷款处理和发放费按季度支付。担保机构应被认为具有合同权利对抗美国政府得到根据法律规定的支付。在担保机构提交准确而完整的申请后，支付应当是迅速的和没有行政迟延的。此外，1998年修正的《高等教育法》确立了账户维持费，由部长向担保机构按季度支付。对于1999和2000财政年度，支付额为未到期贷款本金的0.12%，2003财政年度之后，支付比率为0.10%。

2. 拖欠规避报酬

1998年修正的《高等教育法》确立了拖欠规避费，旨在给担保机构提供更多的激励去和贷款机构工作从而预防贷款拖欠。根据规定，担保机构得到的拖欠规避费为未偿还贷款本金和应付利息的1%；此外，拖欠规避费将从担保机构的联邦基金转入其运转基金。

3. 回收报酬

担保机构被授权保留回收贷款额的一部分，剩余的部分归联邦政府。2003年10月1日之前，担保机构被授权保持的比例为24%。2003年10月1日或之后，该比例降为23%。

（五）储备和偿付能力要求

每个和教育部长签订协议的担保机构应当在机构的“联邦学生贷款储备基金”（简称“联邦基金”）维持一个经常性最低储备水平——占该担保机构担保的未归还贷款总额最低 0.25% 的比例。

值得注意的是，担保机构储备是联邦政府的财产。为了清楚地分开储备基金和运转基金，1998 年修正的《高等教育法》要求所有的担保机构建立两个基金：联邦基金和运转基金。担保机构储备基金的所有资金被转入联邦基金。此外，在 1998 年《高等教育法》修正后，如下支付将存放在联邦基金：来自借款人的担保费；来自教育部的退还支付；来自回收贷款和复原贷款的相关支付。

运转基金被用于支持运转费用，也可被担保机构用于支持其自己决定的学生资助活动。运转基金（除了临时从联邦基金转入的用于支持基金建立的资金）是担保机构的财产。担保机构被授权将如下资金存放进运转基金：贷款处理和发放费、账户维持费、拖欠规避费、回收拖欠贷款应得部分等。

（六）对担保机构的限制——对诱导机制、邮件和广告方面的限制

根据《高等教育法》的规定，一个担保机构不应该：

（1）为了获得贷款申请者，直接或间接地为任何教育机构或其雇员提供奖赏、报酬或其他诱导手段。

（2）为了管理或买卖贷款，成为指定的担保机构为相关贷款提供担保，直接或间接地为任何贷款机构、任何机构、雇员、任何贷款机构或担保机构的独立承包人提供奖赏、报酬或其他诱导手段。

（3）除了向已经得到担保机构担保贷款的借款人邮寄外，不能未经当事人请求而向中学或后中学教育机构学习的学生或他们的家长邮寄学生贷款申请表。

（4）不得作出有关贷款可得性方面的欺诈的或误导的广告。

（七）对担保机构的危机处理

《高等教育法》对担保机构发生危机时的应急措施作了规定，主要包括：

（1）教育部长确定一个担保机构的行政或财政状况对该担保机构继续履行担保协议下的责任有危害时，教育部长应当要求担保机构在45日内提交教育部长接受的管理计划，并予以执行。

（2）教育部长将终止担保协议的情形包括：① 如果一个被要求提交管理计划的担保机构没有提交教育部长满意的计划；② 如果教育部长决定一个担保机构在充分地改进其管理和财政状况方面已经失败；③ 教育部长确定担保机构处于财政崩溃的危险中；④ 教育部长确定此类行动对于保护联邦财政的利益是必要的；⑤ 教育部长确定此类行动对于确保向学生或家长贷款的持续的有效性是必要的。

（3）如果一个担保机构的协议被终止，教育部长将承担该担保机构在贷款担保项目下的所有责任。在履行此类职责时，教育部长被授权：① 允许将担保贷款转移给另一个担保机构。② 在规定的日期撤回担保机构的再保险协议，以便于要求该担保机构合并、整合或终止。③ 向教育部转移担保贷款，旨在为此类请求作出支付。④ 设计和实施恢复担保机构能力的计划。⑤ 给担保机构提供追加垫款基金，以便于：满足担保机构的紧急现金需要；确保连续的支付请求；确保担保机构作为最后贷款机构发放贷款。⑥ 用担保机构所有的基金和资产去帮助采取符合规定的活动，采取适当的行动去获得回报。⑦ 采取其他行动，如果教育部长确定如下事项是有必要的：对保证贷款的延续性是必要的；在教育部长承担该担保机构的职能之前对该担保机构担保的荣誉是必要的；在教育部长承担该担保机构的职能之前对该担保机构担保贷款的适当服务是必要的；为避免学生贷款项目的中断是必要的。

（4）教育部长在每个财政年度向众议院教育与劳工委员会、参议院劳动与人力资源委员会提交报告，详细说明教育部长对于担保机构系统财政稳定性的评价。

（八）有关信息转移

《高等教育法》还规定了有关信息转移方面的要求：

（1）任何担保机构可以向任何其他向相关学生担保贷款的担保机构要求提供有关 1987 年 1 月 1 日之后发生的贷款信息。根据前述规定提出的请求，担保机构应当提供：借款人的姓名和社会保障号码；借款额和累计借款额。任何与要求信息有关的成本由提出要求的担保机构承担。

（2）每个担保机构被授权和每个适当的州许可局签订协议，根据该协议，在有请求的情况下，州许可局将给担保机构提供借款学生的住址。

（3）为了促进对贷款负责任地偿还，教育部长、每个担保机构、适格的贷款机构或后续的贷款持有人应当和信用机构签订协议，按照规定的要求去交换有关学生借款人的信息。

三、学生贷款担保机构的制度创新——VFA 协议

1998 年 7 月克林顿总统签署了《高等教育法》修正案，该法授权教育部长和担保机构签订“自愿灵活协议”（Voluntary Flexible Agreements, VFA）。通过豁免或修订联邦对一般担保机构规定的一些要求，每个协议给担保机构提供处理新业务的灵活性。联邦教育部想通过 VFA 协议的实施进行制度革新和新技术的应用，进而将试验的成功做法推广到所有的担保机构，从而改进整个 FFEL 贷款项目的效益，为学生提供可负担的后中学高等教育作出贡献。

2000 年 11 月 27 日，美国联邦教育部与大湖高等教育担保公司签订了 VFA 协议（2002 年 7 月修订），2001 年 3 月与其他三个担保机构（美国学生援助、加州学生资助委员会和德克萨斯担保学生贷款公司）签订了 VFA 协议。2004 年，科罗拉多大学机会网络和教育部达成 VFA 协议。到目前为止，共有 5 个担保机构和教育部签订 VFA 协议。

VFA 协议整合和修正了已存的教育部与担保机构之间的协议。为了发现更加有效率和有效益地管理 FFEL 贷款项目的手段，VFA 协议提供了一个尝试新的创新方法的机会。担保机构根据 VFA 协议实施的活动有一个共同的主题——改进贷款偿还和回收的效率，将侧重拖欠贷款回收转变为首先关注避免拖欠。

VFA 协议鼓励担保机构改变业务模式，将过去过于重视拖欠贷款回收的业务模式转为首先关注违约和拖欠预防的业务模式。VFA 协议促使担保机构实现业务模式转变的主要手段就是改变担保机构的收入结构。

FFEL 贷款项目和联邦直接贷款项目相互竞争的局面是美国学生贷款的一大特色。VFA 协议的实施也是这一竞争状况的一个体现。实施 VFA 协议对于贷款违约与拖欠的预防都是很有意义的：借款人、贷款机构、担保机构、教育部、纳税人都可以从这些做法中受益；可以从整体上提高 FFEL 贷款项目的效益，使得其与联邦直接贷款相比更有竞争力。当然，执行 VFA 协议的实际效果如何还需要进一步的检验和分析。

中国助学贷款改革：问题与挑战

魏建国

（2008 年 5 月）

一、中国助学贷款发展的基本脉络

中国助学贷款的发展是和中国高等教育大众化进程相伴随的。1999 年，中国政府推出了高校大规模扩招的政策，中国的高等教育从此开始由精英化向大众化方向迅速推进。高校扩招的政策效应非常显著，中国普通高等学校在校生总规模从 1998 年的 643 万人增加到 2001 年的 1 214 万人，净增 571 万人，短短三年间几乎翻了一倍[1]。2002 年中国的高等教育毛入学率由 1998 年的 9. 8% 增长到 15% ，达到了马丁 · 特罗教授所界定的高等教育大众化的最低标准，2008 年则达到 23. 3% 。而在推动高等教育大众化进程的同时，中国政府也改变了过去免费上大学的政策，实行学费政策改革，从 1997 年开始所有学生都需要缴纳学费上大学。根据统计数据，2007 年学杂费收入占中国普通高等学校经费总投入的 33. 66% [2]。这些宏观政策的推出带来的一个现实问题是：如何帮助日益增加的家庭经济困难学生顺利完成高等教育？

助学贷款是国际上很多国家在实行高等教育成本分担政策时所采用的一项学生资助方式。舒尔茨、贝克尔等经济学大师在创立人力资本理论时也强调了学生贷款的重要性。为了解决上文提出的问题，中国政府也适时推出了助学贷款政策①。到目前为止，中国在助学贷款方面已形成了四种模式，具

① 除了助学贷款之外，中国的学生资助方式还包括：助学金、国家励志奖学金、勤工助学、学费减免、特殊困难补助、“绿色通道”等。

体包括：商业银行就学地助学贷款[①]、农村信用合作社生源地助学贷款、国家开发银行就学地助学贷款和国家开发银行生源地助学贷款。[②]

1999 年[③]在北京、上海、天津、重庆、武汉、沈阳、西安、南京等城市开始的国务院有关部委所属高校试点国家助学贷款[④]，由中国工商银行作为助学贷款经办银行。2000 年，把国家助学贷款由 8 个试点城市扩大到全国范围，其经办银行由中国工商银行扩大到中国农业银行、中国银行和中国建设银行[⑤]。

在全国开展国家助学贷款的同时，一些省份也开始尝试助学贷款方面的制度创新。2001 年 7 月，浙江省在全国率先推出了农村信用合作社[⑥]生源地助学贷款。2004 年国务院批准下发的《关于进一步完善国家助学贷款工作的若干意见》认可了这一助学贷款模式。目前，这种生源地助学贷款已在全国其他很多地区开展，如新疆、内蒙古、江苏、贵州、云南、甘肃、山东、江西等省、自治区。

2003 年国家助学贷款的发放遇到了障碍，由于助学贷款笔数多、金额小、成本高、风险大，商业银行不愿意发放，各地的国家助学贷款发放工作基本停滞。为了推动国家助学贷款的开展，教育部、财政部、人民银行和银监会于 2004 年 6 月发布了《关于进一步完善国家助学贷款工作的若干意见》，对原有的国家助学贷款政策进行了改革，这些政策目前仍在执行。在这一期间，国家开发银行[⑦]在一些省份也开始发放助学贷款。这一助学贷款

① 即后面将要提到的由商业银行发放的国家助学贷款。

② 就学地是指学生就读的高校所在地；生源地是指学生的家庭所在地。

③ 早在 1987 年，中国政府就将原来实行的人民助学金改为奖学金和学生贷款。其中学生贷款是由国家向学生提供的无息贷款，由学校负责发放和催收等全部管理工作。这种贷款一般被称为校内无息贷款，在贷款额度、偿还要求等方面都和本文讨论的助学贷款有所不同。

④ 这一贷款虽名为国家助学贷款，但贷款本金并不是由国家提供的，而是由商业银行提供的。这和一些国家由政府直接发放助学贷款的做法并不相同。

⑤ 这些银行都是根据《中华人民共和国商业银行法》运转的商业银行。

⑥ 农村信用合作社是经中国人民银行批准设立、由社员入股组成而实行社员民主管理、主要为社员提供金融服务的农村金融机构。目前，农村信用合作社正面临改革，一些地区已将其改为农村合作银行。

⑦ 国家开发银行和前面提到的商业银行不同，是 1994 年成立的直属于国务院的政策性金融机构。国家开发银行的资金来源以国内外债券市场筹资为主，现已成为仅次于财政部的第二大债券发行主体。其主要任务是支持基础设施、基础产业和支柱产业的大中型基本建设、技术改造项目及其配套工程建设。近年来，国家开发银行也开始加大力度支持中小企业、新农村建设、低收入家庭住房、教育、医疗卫生和抗灾救灾等领域的发展。目前，国家开发银行也正在进行改革。

模式源于河南省的探索，因此也被称为“河南模式”。2004 年国家助学贷款政策调整后，由于银行提出的风险补偿金比例过高使省政府和高校难以接受，国家助学贷款业务招标在河南最后以“流标”告终。在这种情况下，经过多方努力，2004 年 12 月，河南省作为全国唯一的试点单位与国家开发银行（河南省分行）进行国家助学贷款业务合作。这一模式之后被青海省迅速借鉴学习，目前，山西、内蒙、广东、湖南等省也都在开展这一模式。

2007 年国务院发布了《关于建立健全普通本科高校高等职业学校和中等职业学校家庭经济困难学生资助政策体系的意见》，对高校助学体系作了大规模的调整，这也是扩招之后对助学体系所作的最大规模的调整。值得注意的是，根据新的助学政策，从 2008 年秋季学期开学起，今后每年用于助学的财政投入、助学贷款和学校安排的助学经费将达到 500 亿元左右（包括中职）。该文件同时还提出在江苏、湖北、重庆、陕西、甘肃等地试点国家开发银行生源地助学贷款。

二、中国的四种助学贷款模式比较

下文将从本金提供、借款人资格、贷款额度、贷款发放、财政贴息、风险分担、偿还条件、贷款回收、其他特色做法等方面对四种助学贷款模式的具体做法予以比较（简要特征见表 1）。

1. 本金提供

中国现行四种助学贷款的贷款本金都是由金融机构提供的，政府并不直接提供助学贷款的本金。其中，商业银行就学地助学贷款的贷款本金由学生就读高校所在地的商业银行提供，农村信用合作社生源地助学贷款的本金由学生家庭所在地的农村信用合作社提供，两种国家开发银行助学贷款的本金则由国家开发银行提供。

2. 借款人资格

商业银行就学地助学贷款的借款人应该是公办普通高等学校全日制本专科生、第二学士学位生和研究生。农村信用合作社生源地助学贷款的情况比较复杂，有的省是由学生自己申请贷款，而有的省是要求学生的父母申请贷款；有的省不对民办院校和独立学院学生发放贷款，而有的省可以；有的省仅给考上本省省属院校的学生贷款，有的省无此限制；有的省也对第二学士学位和研究生发放贷款，而有的省仅针对普通本专科生。国家开发银行就学地助学贷款的借款人和商业银行就学地助学贷款类似。国家开发银行生源地助学贷款要求借款学生是普通本专科生，不对研究生和第二学士学位生发放贷款；同时要求借款学生和其家长作为共同借款人签订借款合同。另外，民办院校和独立学院学生都可以申请国家开发银行就学地和生源地助学贷款。除了上述要求外，四种助学贷款模式都有家庭经济困难方面的要求。

3. 贷款额度

四种助学贷款的贷款额度一般都为每年不超过 6 000 元。根据各地高校学费和其他教育成本高低的不同，实际的贷款额度在各地有差异。主要用于支付学生在校期间的学费、住宿费、基本生活费。

4. 贷款发放

四种助学贷款在贷款发放环节的差别比较大。在商业银行就学地助学贷款模式下，贷款发放由高校和商业银行共同完成，高校负责收集贷款申请，对申请借款学生的资格进行初步审查，之后商业银行再根据内部的业务流程进行审查，最后决定是否签订助学借款合同。在农村信用合作社生源地助学贷款模式下，贷款发放工作是由农村信用合作社自己完成的。在国家开发银行就学地助学贷款模式下，贷款发放工作主要由高校负责，高校对借款学生的资格进行实质审查后，将所有的申请提交给省学生资助管理中心，该中心将进行形式审查，然后该中心再将所有汇总材料提交给国家开发银行省分行，该行进行必要的形式审查后，决定是否签订助学借款合同。在国家开发银行生源地助学贷款模式下，为了完成贷款发放工作，试点省份都按照要求在各县设立了学生资助管理中心，由该中心专门负责助学贷款的发放工作，该中心对贷款申请进行实质审查后，汇总到省级学生资助中心，该中心将进行形式审查，然后该中心再将所有材料提交给国家开发银行省分行，该行进行必要的形式审查后，决定是否签订助学借款合同。

5. 财政贴息

四种助学贷款在校期间的利息都由政府予以补贴。在商业银行就学地助学贷款模式下，对于就读央属院校借款学生的贷款利息由中央政府承担，对于就读地方政府所属院校借款学生的贷款利息由各级地方政府承担。在农村信用合作社生源地助学贷款模式下，有的省统一由省级政府承担，有的省根据高校隶属关系由相应地方政府承担。在国家开发银行就学地助学贷款模式下，助学贷款利息由相应地方政府承担。对于国家开发银行生源地助学贷款，考入中央高校的学生，其贷款贴息由中央政府承担；考入地方高校的学生，跨省就读的，其贷款贴息由中央政府承担；在本省就读的，其贷款贴息由地方政府负担。

6. 风险分担

中国的助学贷款在风险分担方面的主要做法是风险补偿金，这是在2004年改革时引入的一项制度。风险补偿金的数额等于当年贷款总额乘以风险补偿金比例。在商业银行就学地助学贷款模式下，根据高校所隶属的政府层级的不同，由相应层级的政府和高校分别负担一半的风险补偿金。风险补偿金比例在选择助学贷款经办银行的招投标时确定。在农村信用合作社生源地助学贷款模式[①]下，风险补偿金的情况则比较复杂。有的省是由地方政府和高校各承担一半，风险补偿金比例是该省商业银行就学地助学贷款的一半；有的省是由地方政府承担，高校不用承担，而风险补偿金比例是该省商业银行就学地助学贷款的一半；有的省是由省级政府统一承担，同时确定相应的风险补偿金比例；有的省由各级地方政府和高校各承担一半，并确定相应的风险补偿金比例。在国家开发银行就学地助学贷款模式下，风险补偿金比例由省学生资助管理中心和国家开发银行省级分行协商确定，由省级政府财政和高校分别负担一半。在国家开发银行生源地助学贷款模式下，按照试点政策，风险补偿金比例为15%。在具体承担上，考入中央高校的学生，风险补偿金由中央政府承担。考入地方高校的学生，跨省就读的，风险补偿金由中央政府承担；在本省就读的，风险补偿金由中央和地方分担，其中：中西部省份中央与地方各负担50%，东部省份按国家奖助学金资金分担政策逐省确定分担比例。同时根据各省财力状况、高校在校生数等因素设定调整系数。地方各级政府应承担的风险补偿金分担办法由各地自行确定。

值得注意的是，风险补偿金的使用方式在各种助学贷款模式下并不相同。在商业银行就学地助学贷款模式和农村信用合作社生源地助学贷款模式下，风险补偿金作为金融机构当期收入；无论今后贷款偿还状况如何，都能得到固定数额的风险补偿金。在国家开发银行就学地助学贷款模式和生源地

① 在该种助学贷款模式下，有的省份还要求借款人提供担保。

助学贷款模式下，风险补偿金并不作为银行的当期收入，最终的结算要看回收的绩效。如果回收效果好，作为回收机构的高校或县级学生资助管理中心就可以得到弥补贷款拖欠之后剩余的风险补偿金作为奖励。如果风险补偿金不能弥补助学贷款拖欠损失，对于超过部分再由国家开发银行、高校、省学生资助管理中心分担，或者由国家开发银行和县级政府分担。

7. 偿还条件

贷款自学生毕业之日起产生的利息由借款学生（或其家长）支付。在商业银行就学地助学贷款模式下，学生可以根据个人毕业后的就业和收入情况，在毕业后的1－2年内选择开始偿还本金的时间，6年内还清贷款本息。[①] 农村信用合作社生源地助学贷款和国家开发银行就学地助学贷款一般也是要求毕业后6年内还清贷款本息。国家开发银行生源地助学贷款的贷款期限原则上按全日制本专科学制加10年确定，最长不超过14年，学生在校及毕业后两年期间为宽限期，宽限期后由学生和家长按借款合同约定，按年度分期偿还贷款本金，即对于本科生而言，应在宽限期后8年内还清贷款本息。在偿还方式上，国家开发银行的两种助学贷款和某些省份的农村信用合作社生源地助学贷款都是按年还款，而商业银行就学地助学贷款可以按年、季或月偿还。各种助学贷款都允许提前偿还，只须支付实际发生的利息。商业银行就学地助学贷款、国家开发银行就学地助学贷款对于继续攻读学位的研究生提供展期优惠，由各级政府继续提供贴息。另外，对于中央部属高校毕业生到西部地区和艰苦边远地区基层单位（指县级以下机关、企事业单位和艰苦地区的艰苦行业）就业，服务期在3年以上（含3年）的，其在校学习期间获得助学贷款本金及其全部偿还之前产生的利息将由中央政府代为偿还。有些省也出台了针对本省省属高校毕业生到本省特定地区工作的助学贷款代偿制度。

8. 贷款回收

各种助学贷款在回收方面各不相同。在商业银行就学地助学贷款模式下，贷款回收由高校和商业银行共同负责[②]。农村信用合作社生源地助学贷款的回收由农村信用合作社自己负责。在国家开发银行就学地助学贷款模式

---

① 在2004年改革之前签订借款合同的学生，应在毕业之后四年内还清本息。

② 由于商业银行不愿意发放助学贷款，为了让商业银行有积极性，在实践中，高校承担了大部分助学贷款回收任务。

下，助学贷款回收工作由高校负责，前面已经提到，风险补偿金最后的结算和高校的贷款回收绩效挂钩，如果回收得好，贷款拖欠额低于风险补偿金，高校就可以得到剩余的风险补偿金作为奖励。在国家开发银行生源地助学贷款模式下，助学贷款回收由县级学生资助管理中心负责，如果回收绩效好，县级学生资助管理中心也可以得到相应的风险补偿金作为奖励。

9. 特色做法

为了推动助学贷款的顺利发放，各种助学贷款模式都有一些特色做法。在商业银行就学地助学贷款模式下，2004 年改革的一个重要举措是实行全面的“银校合作”，其含义是高校要将其所有的银行账户（包括教师工资账户、高校基建账户等）都转移到助学贷款的经办银行，以此增加助学贷款业务对商业银行的吸引力。在两种国家开发银行助学贷款模式下，基于前面提到的原因，国家开放银行是和一般商业银行不同的金融机构，全国除了总行外，在各省设有省级分行，在基层并没有营业网点。为了开办助学贷款业务，特别由省级学生资助管理中心作为贷款的管理平台，以高校的学生资助中心或县级学生资助管理中心作为贷款的具体操作平台。在日常工作中，国家开发银行主要和省级学生资助管理中心发生业务联系，而高校或县级学生资助管理中心则主要和省级学生资助管理中心发生业务联系。同时还委托代理金融机构给借款学生拨付助学贷款资金。

表 1　中国四种助学贷款模式的主要特点

	商业银行就学地助学贷款模式	农村信用合作社生源地助学贷款	国家开发银行就学地助学贷款	国家开发银行生源地助学贷款
本金提供	商业银行	农村信用合作社	国家开发银行	国家开发银行
借款人资格	学生作为借款人；公办普通高等学校全日制本专科生、第二学士学位生和研究生	学生或其家长作为借款人；各地不同	学生作为借款人；普通高等学校全日制本专科生、第二学士学位生和研究生	学生和家长作为共同借款人；仅针对普通本专科生，不对研究生和第二学士学位生发放贷款
贷款额度	每人每学年不超过 6 000 元	每人每学年不超过 6 000 元	每人每学年不超过 6 000 元	每人每学年不超过 6 000 元
贷款发放	高校和商业银行	农村信用合作社	主要由高校负责	主要由县学生资助管理中心负责

续表

	商业银行就学地助学贷款模式	农村信用合作社生源地助学贷款	国家开发银行就学地助学贷款	国家开发银行生源地助学贷款
财政贴息	根据高校隶属关系，由相应层级政府承担	有的省统一由省级政府承担，有的省根据高校隶属关系由相应层级地方政府承担	一般根据高校隶属关系，由相应层级地方政府承担	根据学生考入高校的隶属关系和所处地域，确定由哪级政府承担
风险分担	风险补偿金：由政府和高校各承担一半；政府承担部分根据高校隶属关系确定	风险补偿金：各省做法不同。担保：有的省要求借款人提供担保	风险补偿金：由省级政府和高校分别承担一半	风险补偿金：根据学生考入高校的隶属关系和所处地域，确定由哪级政府承担
偿还条件	毕业后6年内还清贷款本息；可以按年、季或月偿还	一般要求毕业后6年内还清贷款本息；一般要求按年偿还	要求毕业后6年内还清贷款本息；按年偿还	一般要求毕业后10年内还清贷款本息；按年偿还
贷款回收	由高校和商业银行共同负责	由农村信用合作社自己负责	由高校负责	由县级学生资助管理中心负责

三、中国助学贷款改革面临的问题与挑战

四种助学贷款模式为帮助家庭经济困难学生顺利完成学业发挥了很大的作用。但值得注意的是，目前同时运转的四种助学贷款模式，尚没有一种具有明显的优势。在全国范围内，作为助学体系的重要组成部分，助学贷款还没有完全发挥出其应有的作用。中国的助学贷款还面临着诸多问题与挑战：

1. 部分学生还没有资格申请助学贷款

民办院校和独立学院学生申请助学贷款的资格受到限制。只有国家开发银行发放的助学贷款允许其申请，农村信用合作社生源地助学贷款在各省的做法不一样，而商业银行就学地助学贷款明确只针对公办院校学生。另外，

目前商业银行就学地助学贷款、国家开发银行就学地助学贷款、某些省份的农村生源地助学贷款针对研究生发放贷款，而国家开发银行生源地助学贷款和某些省份的农村生源地助学贷款仅针对普通本专科生发放贷款，不对研究生发放贷款。对于攻读专业学位（如工商管理硕士、法律硕士等）的研究生，目前也没有资格申请任何一种助学贷款。

2. 贷款额度不能满足部分学生的需求

目前各类助学贷款的最高额度是每年 6 000 元。而根据宋映泉[3]的研究，高校学生人均的私人教育支出——包括学杂费、住宿费、伙食费、交通费在内——在 1 万元以上。医学、艺术类等专业的学费更高。目前的贷款额度不能满足就读这些专业的家庭经济困难学生支付其大学成本的需求。对于民办院校和独立学院学生可以申请的国家开发银行助学贷款，考虑到这些院校的本科学费一般在 1 万元以上，6 000 元的贷款额度也不足以支付其学费和住宿费支出。

3. 助学贷款的覆盖面还不能完全满足有贷款意愿学生的需求

根据 2007 年笔者所作的一项调查①，申请贷款的成功率也不高。在抽样调查的 8 120 名学生中，共有 1 434 名学生申请了助学贷款，占有效样本的 18. 54%；而 6 312 名学生没有申请，另有 374 名学生未提供信息。对于申请了助学贷款的 1 434 名学生，仅有 961 名最终获得了助学贷款，申请贷款成功率为 67. 02%。上述数据都表明家庭经济困难学生的贷款意愿没有得到完全满足。

4. 各类院校学生获贷情况不平衡

在公办院校中，中央部委所属院校好于地方所属院校。根据来自教育部的数据，② 2004 年教育部所属院校、中央其他部委属院校、地方院校助学贷款的覆盖面分别为：9. 04%、7. 13%、1. 60%，2005 年的相应覆盖面为：7. 11%、7. 55%、6. 50%。另外，在地方所属院校中，高职院校又不如本科

---

① 该项调查是针对浙江、江苏、湖北、四川、宁夏和青海六省、自治区的 30 所高校所进行的，这些高校都属于地方属高校。总计发放学生问卷 8152 份，回收有效问卷 8120 份。此外，还对 14 所中等职业学校进行了调查。

② 包括各种类型的助学贷款。

院校。根据笔者在2007年开展的调查，可以看出地方所属院校中本科院校和高职院校助学贷款覆盖面的差别，在地方属本科院校范围内抽样调查的2 349名学生中，共有391名学生获得了助学贷款，占有效样本的18.55%；在地方属高职院校范围内抽样调查的4 213名学生中，获得贷款的学生为459人，占有效样本的12.16%。另外，根据前项调查，高职院校的学费和本科院校并没有显著差别。同时，就读高职院校学生的家庭经济状况更差。在本科院校，年收入低于5 000元的家庭占30%，而在高职院校中，这个比例是41%左右；在本科院校，年收入高于5万元的家庭占11%，而在高职院校中，这个比例是6%左右（宋映泉，2008）。这些因素都使得高职院校学生在支付高等教育成本方面面临更为严重的困难。而高职院校在中国高等教育大众化进程中却发挥了非常重要的作用。2005年本科招生规模是236万人，高职为268万人；2006年本科招生规模是269万人，高职为271万人。2005年的本科在校生规模为849万人，高职为713万人；2006年本科在校生规模为943万人，高职为796万人（教育部发展规划司，2007）[4]。有将近一半的接受高等教育的学生在高职院校上学，但是他们在申请助学贷款时却处于很不利的弱势地位。这个问题必须得到高度的重视。

此外，和公办院校相比，民办院校与独立学院学生在获得助学贷款方面处于劣势。尽管有的省份的农村信用合作社生源地助学贷款、国家开发银行助学贷款允许这两类学校的学生申请贷款，但是并没有得到和公办院校学生同样的待遇。根据前面提到的2007年的调查，在民办院校和独立学院范围内抽样调查的1 652名学生中，获得贷款的学生为114人，占有效样本的比例仅为7.7%，明显低于所调查的地方属公办本科院校和高职院校的比例。而据笔者2008年在中国某省41个县所作的关于国家开发银行生源地助学贷款的调查，有10个县明确显示没有对民办院校和独立学院学生发放助学贷款。

5. 家庭经济状况认定难

各种助学贷款都是针对家庭经济困难学生发放的财政贴息贷款，在审批贷款时，都需要对学生家庭经济状况予以认定。各种助学贷款模式对家庭经济状况认定的严格程度不同。商业银行就学地助学贷款要求比较严。两种国家开发银行助学贷款实行“应贷尽贷”政策，要求比较宽松。由于中国还没有严格健全的个人所得税申报制度，加上很多纳税人都达不到目前的个人所得税工资薪金所得减除费用标准，使得不可能依靠相应的征收系统收集到所有学生的家庭经济状况。目前认定的主要方法是要求贷款申请人提供村委会（居委会）、乡镇（街道办事处）、县级民政部门等单位开具的证明。这些证明在实践中往往很容易开具，通常会流于形式，从而浪费社会资源，影响认定的效力。此外，有些家庭经济困难学生又会因相关社会关系不畅而开不到所要求的证明，无法获得贷款，造成不公平。

6. 风险分担机制不健全

前文已经提到，中国政府对助学贷款没有通过提供担保的方式来进行风险分担和控制，而是采用风险补偿金的方法。这一风险分担方法仍不健全，主要存在如下几个问题：（1）在高校承担一半风险补偿金的情况下，一个高校助学贷款学生的多寡影响到其承担风险补偿金的多少，这样在不同的高校之间就会产生不公平。更为重要的问题是，让高校承担风险补偿金是否合理？（2）中央部委所属院校所发生助学贷款的风险补偿金由中央政府承担，地方政府所属院校所发生助学贷款的风险补偿金由地方政府承担。地方政府之间的财政能力差异很大，这就会造成风险补偿金承担方面的差异。而且，越是财政能力弱、经济落后的地区，银行所要求的风险补偿金比例往往会更高。①（3）前文已经提到，在商业银行就学地助学贷款模式和农村信用合作社助学贷款模式下，风险补偿金作为金融机构当期收入，无论今后贷款偿还状况如何，都能得到固定数额的风险补偿金。这种制度安排并不能解决未来可能发生的风险控制问题。在得到了风险补偿金之后，对于未来因贷款拖欠而发生的一切损失都由金融机构来承担，金融机构对未来不确定风险的担忧并没有完全解决。在国家开发银行就学地助学贷款模式和生源地助学贷款模式下，风险补偿金并不作为银行的当期收入，最终的结算要看回收的绩效。对于贷款拖欠超过风险补偿金的部分也规定了对损失的分担机制。这一制度安排对未来的不确定风险明确了控制和分担方式，并存在激励机制。但这一制度安排也存在问题，具体体现为：在激励方面，激励链条过长，最终结算要发生在助学贷款偿还期限届满。这中间各机构的工作人员会发生各种变动，并没有有效的指标对其产生日常的即时激励作用。在损失分担方面，要求高校或县级财政分担贷款损失，理由并不充分。和前面承担风险补偿金一样，要求高校分担损失的合理性是值得疑问的。而学生毕业后到全国各地就

---

① 只有国家开发银行生源地助学贷款的风险补偿金比例在所有试点省市统一实行 15%。其他的都是各地通过招投标或协商确定，比例在全国往往差别很大。

业，拖欠贷款损失由县级财政分担，其合理性也并不充分。对于贫困地区而言，这个问题就更为严重。此外，这种制度安排使得风险累积到若干年（贷款偿还期限届满）以后，到时风险一旦真实发生，对相关机构、特别是高校将造成重大影响。

7. 偿还回收方面的不足

在偿还期限方面，除了国家开发银行生源地助学贷款是毕业后10年外（针对本科生），其他贷款模式一般都是6年。从国际比较和中国的助学贷款偿还负担来看，6年的偿还期限都显得过短。各种助学贷款模式制度设计都对借款人在偿还贷款期限内的特殊情况考虑不足，如失业、收入过低、重大疾病、突发事件等。关于助学贷款的代偿，有的省出台的代偿政策仅仅支持本省省属院校毕业的到本省特定地区工作的借款毕业生，但对于上述学生到其他省份艰苦地区工作的，却并不支持。因此，关于代偿的问题，需要从中央政府的角度来综合考虑。此外，只有商业银行就学地助学贷款、国家开发银行就学地助学贷款实行研究生展期制度，其他助学贷款模式都没有实行，应及时改进。关于展期的财政贴息也是很复杂的一个问题，地方政府不愿意为本地高校毕业学生到外地攻读研究生继续贴息。这个问题和前面提到的代偿一样，也需要从中央政府的角度来考虑。

在贷款回收方面，中国人民银行已经建立了征信系统。由于这一系统建立的时间还比较短，所以其在助学贷款偿还回收阶段的功能还没有真正发挥出来。未来无论是哪一种助学贷款的有效回收，都须依赖这一征信系统。应该探索如何让借款学生切实认识到征信系统效力的有效教育和提醒方法，从而让学生在拖欠贷款之前就能主动偿还贷款。

8. 各种助学贷款模式的并存竞争

美国的联邦家庭教育贷款项目（FFEL）和联邦直接贷款项目（DL）的并存竞争、互相促进给我们提供了积极的启示①。中国在没有一种具有明显优势的助学贷款模式存在的情况下，更应该采取各种模式并存竞争的策略。以上所提到的不足在各种助学贷款模式中或多或少都存在。而各种助学贷款模式还存在各自独特的问题。商业银行就学地助学贷款开展的时间最长，但发展前景却不容乐观。多年的实践、特别是在一些地区停办的事实表明：很

① 值得注意的是，美国最近的改革取消了联邦家庭教育贷款项目。

多商业银行并不愿意办理助学贷款业务。尽管 2004 年改革后有财政贴息、风险补偿金和“银校合作”作为激励，但助学贷款对很多大型金融机构而言仍然是缺乏市场吸引力的。政府目前提供的各项激励措施还不足以吸引商业银行积极从事助学贷款业务。这和在美国的联邦家庭教育贷款项目下商业银行通过贿赂高校学生资助工作人员获得发放助学贷款机会的状况形成了鲜明对比。[①] 后者的原因就在于联邦政府的各项激励措施使得助学贷款业务有利可赚。前面已经提到，目前的风险补偿金还是没有完全解决商业银行对助学贷款未来拖欠的担忧。而作为激励措施之一的“银校合作”是短期内促进助学贷款发放的一项权宜之计，但从长期看来，“银校合作”使得助学贷款处于附属地位，没有成为一项独立的金融产品，助学贷款能否有效开展取决于银行与高校之间的合作关系，而这将影响这种助学贷款模式的可持续发展能力。

关于农村信用合作社生源地助学贷款模式，其优点是农村信用社的基层信贷员可以掌握借款人的真实情况，在借款人身份的甄别和贷款回收方面具有优势。这一贷款模式的推行与农村信用合作社本身的能力具有密切关系。在农村信用合作社能力比较强的浙江等东部地区，这一贷款的发放和回收效果都比较好，未来可以作为其他贷款模式的补充。而在农村信用合作社能力较弱的西部地区，开展此种助学贷款的难度就比较大。据我们调查，某省虽然也出台了农村信用合作社生源地助学贷款的政策，但是在实践中并没有发放贷款。

近年来，中国助学贷款领域最引人注目的一个现象是，国家开发银行积极介入助学贷款业务，先后推出了就学地和生源地两种助学贷款模式。以国家开发银行发放的就学地助学贷款来看，其在贷款发放方面优势明显，根据从教育部获得的数据，在 2005 年的全国各省属地方院校助学贷款发放中，只有开展该助学贷款模式的河南省和青海省的助学贷款申请人数和获得贷款人数比值为 1，全国其他省份都没有达到这一指标。国家开发银行举办的两种助学贷款存在的主要问题是：国家开发银行在贷款的发放和回收等方面承担的工作很少，主要工作由省级学生资助中心、高校、县级学生资助管理中心承担，但目前对相关机构所做的工作并没有数量化的补偿措施。加之前面提到的风险补偿金方面存在的问题，都可能会影响到两种助学贷款模式的可

---

① Democrats Take Action on Student Loan Scandal. http：//edworkforce. house. gov/publications/070424StudentLoanInvestigation. pdf, 2008 －06 －20.

持续发展能力。此外，对于国家开发银行生源地助学贷款，根据目前的制度设计，县级学生资助管理中心的能力状况是此种助学贷款试点能否成功的关键之一。而根据我们前面提到的对中国某省 41 个县的调查，目前该中心在机构建设、人员安排、设备配备等方面都比较薄弱。因此，对于此种试点在全国的进一步推广需要慎重。

通过前面的简要分析，可以发现，各种助学贷款模式在可持续发展方面都存在问题，还都有制度创新的空间。目前，商业银行就学地助学贷款从政策覆盖范围而言是适用于全国的，但是在一些地区已经停办或尚未开展。农村信用合作社生源地助学贷款、国家开发银行就学地助学贷款、国家开发银行生源地助学贷款在部分省市推行。今后比较可行的选择应该是，让各种助学贷款模式并存竞争，而不要选择单一的模式，让各地通过实践去摸索最适合当地需要的助学贷款模式①。这或许可以为未来产生更为成熟的助学贷款模式创造条件。

参考文献

[1] 上海市教育科学研究所发展研究中心．中国高校扩招三年大盘点［J］．教育发展研究，2002（9）：6.

[2] 教育部财务司．2007 年全国教育经费统计简明分析资料．2008：28.

[3] 宋映泉．关于中等职业学校、高等职业院校和地方普通本科院校学生家庭收入及教育费用的粗略估计（2008，未刊稿）.

[4] 教育部发展规划司编．2006 全国教育事业发展简明统计分析．2007：88，90.

[5] Galloway, Fred and Wilson, Hoke. Reframing the Student Loan Costing Debate: The Benefits of Competition [EB/OL]. http://www.educationalpolicy.org/pdf/loandebate.pdf, 2008-09-10.

① 各种模式并存的另外一个好处是，假如学生在生源地没有获得贷款，他还有可能在就学地获得贷款。反之亦然。

国家开发银行生源地助学贷款县级学生资助管理中心调研报告

魏建国

（2008 年 6 月）

一些国家的实践经验表明，在大众化阶段的高等教育财政运行机制中，助学贷款发挥着极其重要的作用，一个具有可持续发展能力的助学贷款项目对于整个高等教育的长远发展意义重大。自 1999 年以来，我国中央和地方政府都特别重视助学贷款项目的制度创新和进一步完善，在已有的商业银行就学地助学贷款模式（即通常所称的国家助学贷款）、农村信用合作社生源地助学贷款模式、国家开发银行就学地助学贷款模式之外，2007 年，根据《国务院关于建立健全普通本科高校、高等职业学校和中等职业学校家庭经济困难学生资助政策体系的意见》（国发［2007］13 号），我国在江苏、湖北、重庆、陕西和甘肃等省市开始试点国家开发银行生源地助学贷款。在试点的国家开发银行生源地助学贷款运作机制中，县级学生资助管理中心在其中扮演着一个十分关键的角色。根据制度设计，与助学贷款相关的主要工作，如助学贷款的申请、初步审查、贷后管理和贷款催收等，都由在各个县（区）设立的县级学生资助管理中心来承担①。可以说，这一助学贷款模式试点的成败在很大程度上取决于该中心的运作情况。基于此种考虑，北京大学中国教育财政科学研究所的研究人员于 2008 年 4 月选择了某省的 40 多个区县就县级学生资助管理中心作了实地调研，采取发放调查表和访谈的方法，试图了解这一机构的实际运作情况。根据收到的调查表和访谈记录，我们发现了实践中存在的一些值得关注和思考的问题，这些问题的解决将有助

---

① 值得注意的是，江苏省的试点方案和其他省市不同，相关工作主要委托给农村金融机构去完成。

于这一助学贷款模式的成功运转；对这些问题的揭示和分析，也可为相关的政策制定者和实践者在实际工作中提供一些参考。

一、助学贷款的发放在各区县很不平衡

生源地助学贷款的发放在各区县很不平衡，并没有完全满足学生的贷款需求，这和人们的预设并不相符。在我们所调研的区县中，有一个县尚没有成立学生资助管理中心。在发放助学贷款的区县中，发放状况差别也非常大。可以通过以下几组简单的数据来看（基于目前可得到的数据，有一些区县的数据是缺失的）。

（1）新生①申请贷款率（申请人数和学生人数的比率）（见图1）。

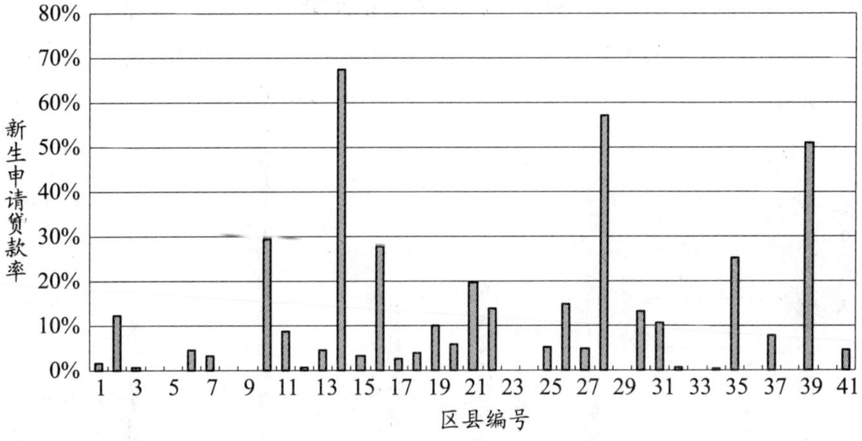

图1　新生申请贷款率

（2）老生申请贷款率（见图2）。

（3）新生获贷率（获贷人数和学生人数比率）（见图3）。

（4）老生获贷率（见图4）。

（5）从包括新生和老生的绝对数来看，获得贷款人数不足5人的有四个区县，分别为2人、4人、1人、1人；不足10人的有7个区县；不足100人的有29个区县；100人到200人的有8个区县；200人到300人的有

① 将新生和老生分开统计，是因为这两类学生在申请贷款和获得贷款方面都有很大的差异。

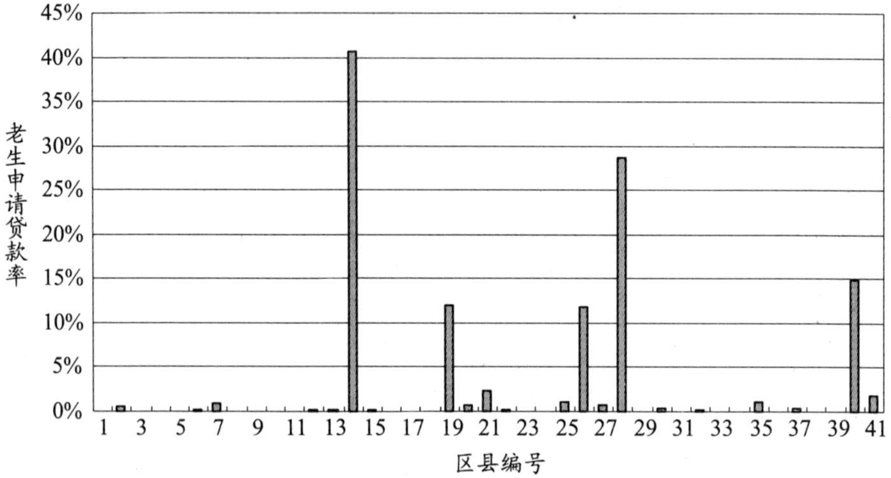

图 2　老生申请贷款率

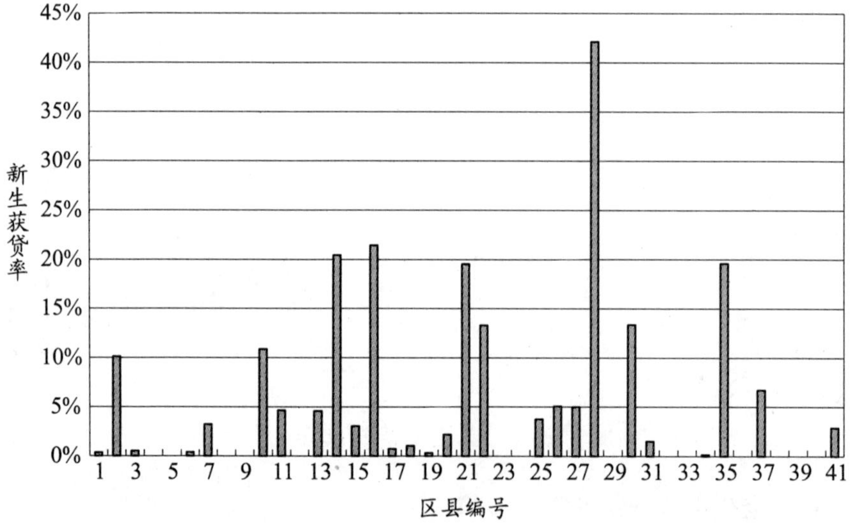

图 3　新生获款率

2 个区县；最多的为 1 006 人（详见图 5）。

（6）有 6 个区县老生申请人数为 0，有 1 个区县新生申请人数为 0。

（7）普通本科生（不包括独立学院）与高职高专生获贷人数比：最高的为 32. 50 倍，10 – 20 倍的有 3 个区县，5 – 10 倍的有 6 个区县，1 – 5 倍的有 15 个区县。还有 4 个区县只给普通本科生发放贷款，1 个区县发放贷款

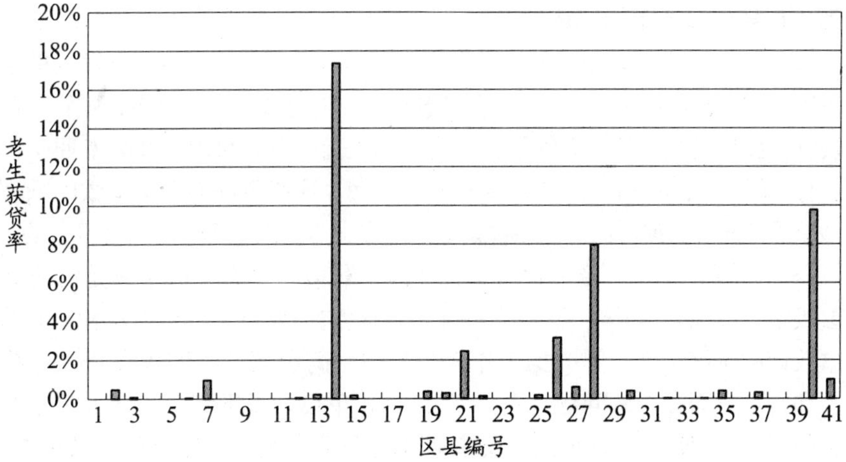

图4 老生获款率

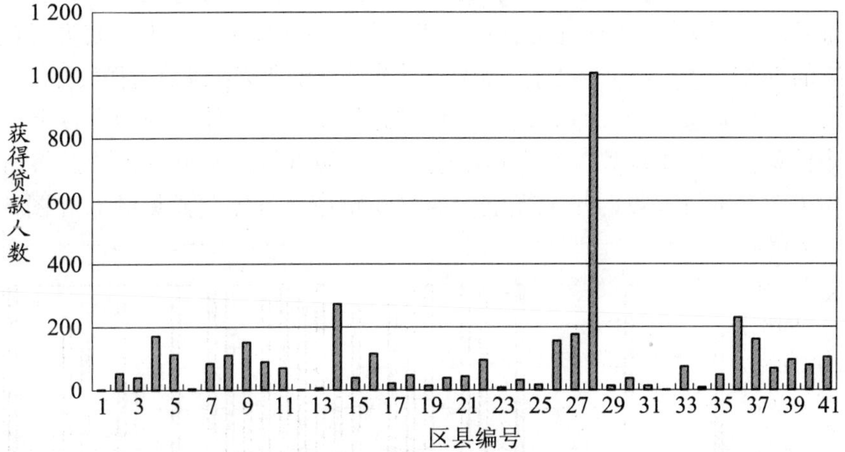

图5 获得贷款人数

学生中普通本科生居多。民办院校（包括独立学院）学生在很多区县获得贷款的比例还相当低，有10个区县明确显示没有发放。

对于生源地助学贷款发放在各区县不平衡的主要原因，可以概括为如下几点。

（1）学生资助管理中心成立时间不同。在所调研的区县中，2007年7月成立的有1个，8月成立的有4个，9月成立的有12个，10月成立的有9个，11月成立的有9个，12月成立的有4个。学生资助管理中心成立过晚，就无法在规定的期限内完成这一贷款模式所要求的各项手续。

（2）学生资助管理中心的能力存在差异（下面还会提到）。以发放助学贷款 1 006 人的某县为例，该县学生资助管理中心的行政级别为科级，主管部门为县政府。县政府下发专门文件落实了中心的人员编制，目前有 2 名专职工作人员。有专门的办公场所、办公设备和业务经费。这些条件为助学贷款的顺利发放创造了良好的前提。而这些条件是其他很多学生资助管理中心所不具备的。

（3）生源地助学贷款发放环节的手续比较复杂。有一道手续是需要高校给县级学生资助管理中心寄回经其确认的贷款回执。由于高校对生源地助学贷款政策的了解程度不同（据工作人员反映，高职高专类院校在贷款回执的填写和寄送方面存在的问题更多），加之回执单设计得不够清楚（如关于开户银行的要求），使得有的回执需要来回往返寄送多次，这样就可能错过期限。一旦错过期限，就丧失了本次贷款机会，只能等下一学年的贷款机会。还有一项手续是要求学生本人和共同借款人必须同时到县级学生资助管理中心签订合同，这一要求让一些处境比较特殊的学生和家长（监护人）丧失了获得贷款的机会。手续的复杂也让一部分申请贷款学生和家长最后选择放弃。

（4）各区县对贷款资格的宽严标准把握不一。具体体现为，各个区县的申请贷款学生通过县级学生资助管理中心初审的比率很不相同（将通过初审人数和申请人数的比率界定为通过初审率，具体差异见图 6 和图 7）。

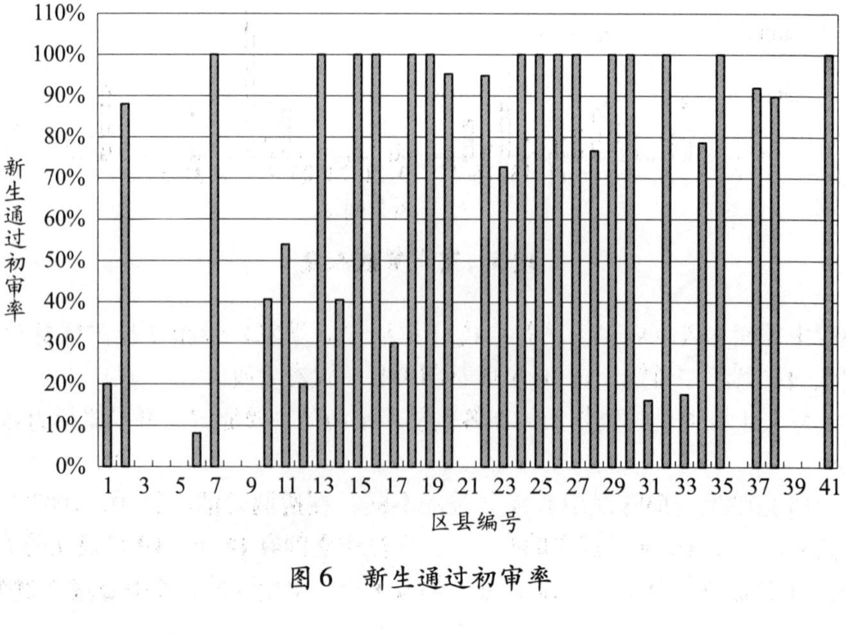

图 6　新生通过初审率

此外，我们在调研中还发现，有的县对贷款资格增加了其他的限制条件。如有一个县规定："由县财政予以资助的，不再享受助学贷款，已享受助学贷款的，县财政不再予以资助。"

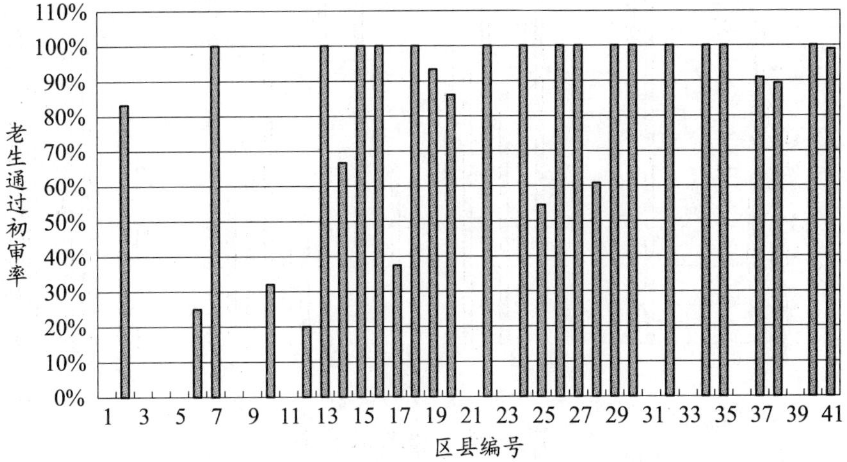

图7　老生通过初审率

（5）各区县通过资助管理中心初审的申请人最后获得国家开发银行贷款的状况有差异（将通过开行最后审批获得贷款的人数与通过初审人数的比界定为开行放贷率，具体差异见图8和图9）。其中的原因可能和各区县对贷款资格的宽严标准把握不一有关。其他原因包括回执没有按时寄回，借款

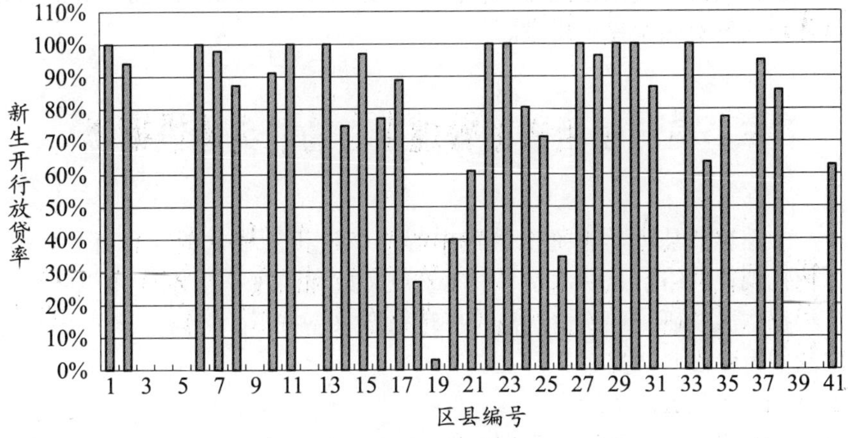

图8　新生开行放贷率

学生和共同借款人没有按照规定签订合同等。

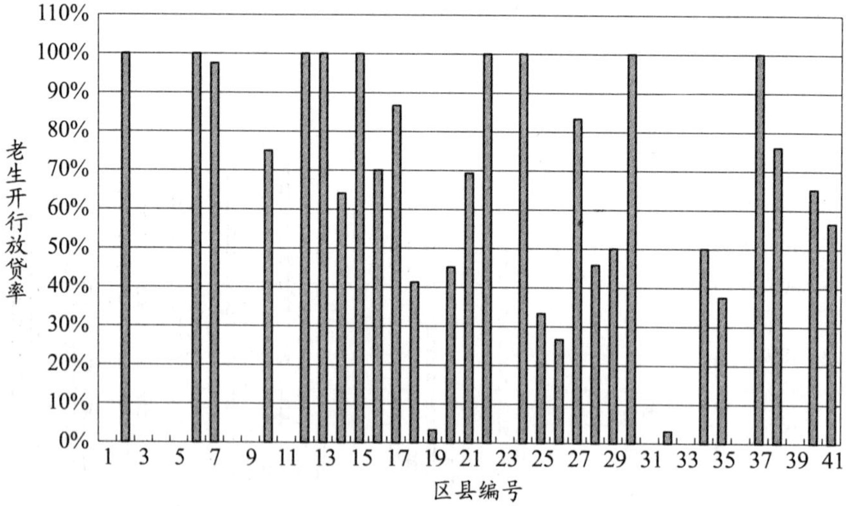

图 9　老生开行放贷率

（6）新生和老生申请助学贷款的差异可能是由信息知悉程度不同、先期获得其他助学贷款[①]等因素所造成的。

（7）尽管大部分调查表显示在审查贷款申请时对普通本科生、高职高专生、民办院校学生没有区别，一视同仁，但从前面所列获贷人数来看，高职高专生和民办院校学生在大部分区县还是处于弱势，获得贷款人数所占比例较低。和其他助学贷款模式相比，国家开发银行生源地助学贷款在这方面的制度优势尚没有完全显示出来。

二、县级学生资助管理中心的能力建设堪忧

一个理想的县级学生资助管理中心应该是相对独立的、具有专业能力的、依托现代网络信息技术从事助学贷款发放和回收等业务的专门机构。

根据本次调研，现实情况离这一理想要求还有不少距离，学生资助管理中心的能力建设亟待提高：

① 根据规定，学生不能重复享受助学贷款政策，即不能既在学校所在地申请贷款，又在生源地申请贷款。

（1）机构的相对独立性方面。目前的资助管理中心在编制、专职工作人员、办公场所、办公设备和业务经费等方面都存在问题，不能保证中心的相对独立性。只有极个别的区县学生资助管理中心得到了专门的编制，绝大多数都没有得到，而是在相关部门内部调剂。在人员构成方面，各区县的差别也很大，有些区县没有一名专职工作人员，仅有 2－3 名兼职人员；有的区县有 1 名专职工作人员，1－3 名兼职人员；有的区县有多名专职工作人员，有的还同时配备兼职人员。在机构设置方面，学生资助管理中心多和教育工会、教育税费征缴办公室、世行贷款办公室等机构一起办公，实行“两个机构、一套班子”。业务经费的不足是调研中工作人员反映最多的问题。有一位工作人员给笔者提到，目前打电话，只有本地电话费是可以报销的，所以有些必须打的长途电话，只有他自己“掏腰包”，显然这不是长久之计。

（2）专业能力方面。资助管理中心工作人员的专业知识普遍缺乏。目前大多数工作人员都是兼职做助学贷款工作的，即使是专职工作人员也没有贷款方面的工作经验。工作人员在贷款回收方面的专业知识更加缺乏（笔者向他们提到中国人民银行征信系统，很少有人听说过；而征信系统是未来助学贷款催收最为重要的依托平台）。

（3）现代网络信息技术方面。以某县为例，该县资助中心的电脑目前还没有联网，需要说明的是，在整个教育局内部也只有很少一部分工作人员才能上网。由此可以窥见在这些地方要依托现代网络信息技术发放和回收助学贷款还有很长的路要走。

三、县级学生资助管理中心在家庭经济状况认定方面存在困难

试点生源地助学贷款的一个重要假设是，和商业银行就学地助学贷款相比，这种贷款模式在家庭经济状况认定方面具有优势。本次调研发现，县级学生资助管理中心在这方面和高校与商业银行相比其实并没有太多的优势。家庭经济困难状况认定难是工作人员反映的主要困难之一。可以发现，虽然是在生源地，但是县级学生资助管理中心所面对的是整个县的学生，一个县所管辖的地域和人口也是相当大的；和高校一样，县级学生资助管理中心所面对的仍然是一个“陌生人社会”，并不是一个“熟人社会”。就其目前的

能力（工作人员有限、没有交通工具、经费不足等）而言，要摸清全县学生的家庭经济状况是很困难的。在助学贷款发放实践中，县级学生资助管理中心主要审查的是村委会、居委会开具的家庭经济困难证明，以及乡镇和高中学校的复核证明等，并没有其他更好的办法。这里存在一个悖论，如果让更多的部门参与家庭经济状况认定，可能会提高认定的准确度，但更多部门的参与必将导致更多人为因素的加入，从而使得学生获贷的难度加大，使真正困难的学生更难以获得贷款，从而与助学贷款的目标相悖；但另一方面，认定过于简化，会使认定流于形式，失去认定的意义。基于目前的现状，笔者的一个初步设想是，或许可以考虑更为宽松的贷款条件，一方面最大限度覆盖有贷款意愿的家庭经济困难学生；另一方面，也使家庭经济状况比较好的学生的贷款意愿得到满足，以培养其责任感和独立能力。这样，至少在贷款这个环节，学生之间都是一样的，也就避免了家庭经济困难学生在学校里面的自卑问题。

此外，目前试点生源地助学贷款的政策是“应贷尽贷”，因此对于符合形式要件的贷款申请人，要找到有力的证据驳回其申请也是很困难的一件事情。从这点也可以看出家庭经济状况认定的复杂性。

四、县级学生资助管理中心在贷款催收方面存在困难

试点生源地助学贷款的另外一个重要假设是，和商业银行就学地助学贷款相比，这种贷款模式在追踪借款人方面具有优势，一个比较现实的说法是至少可以找到学生家长。调研发现，这一假设不容乐观。贷款催收难也是工作人员反映的主要困难之一。根据调研的情况，我们认为，贷款催收难主要有如下几个原因。

（1）目前居民户口和居住地相分离的情况比较严重。因外出打工或做生意，很多人并不在户口所在地居住，而居住地和联系方式变换频繁，很难追踪。这就加大了“找到家长”的难度。

（2）农民对贷款的态度堪忧。过去的有些扶贫贷款，国家后来都免了，农民不需偿还。这样就让农民觉得，国家的贷款只要争取到手，以后不需要偿还，“不要白不要”。由此可见，农民对借“公债”和借“私债”的态度是有所不同的。而通过县级学生资助管理中心发放的助学贷款，农民会认为

是来自“国家”的贷款。

（3）催收能力有限。前面已经提到，县级学生资助管理中心在能力方面比较缺乏，在贷款催收方面更是如此。最为直观的一点是，在网络信息技术的运用方面区县远落后于大中城市。如果考虑到前面提到的两点原因，县级学生资助管理中心在贷款催收方面较之高校或其他机构而言并没有多少优势。

（4）激励约束机制缺乏。根据目前的试点方案，若生源地助学贷款损失低于风险补偿金，超出部分就由国家开发银行奖励给县级学生资助管理中心。但是，补偿金和贷款损失的结算发生在助学贷款偿还期限（目前的偿还期限最长不得超过 14 年）到期之后。有些工作人员告诉笔者，到那个时候，他们已经退休了。可见这个激励约束的链条太长，不可能有效地发挥作用。另外，贷款发放量的大小对县级学生资助管理中心的激励方向并不是很清晰。从工作强度来说，自然是发放量小好；从风险补偿金奖励来说，应该是发放量大好，但是前面已经提到激励链条太长，可能起不到作用；从政治影响来看，县政府应该会鼓励资助中心多发贷款，但是这方面的影响是有弹性的而不是刚性的，会因主要领导人的重视与否而有所区别，这种激励很难保证可持续性。可以看到，在这些激励中经济激励并不明显。而在国家开发银行办理的就学地助学贷款模式中，尽管学校压力比较大，但经济激励的方向是清晰的，学校发放贷款的积极性和学费欠缴的多少是紧密联系在一起的。

同样，对于要求县级财政部门分担 50% 贷款损失的要求，也存在激励约束方面的问题。学生毕业后在全国各地就业，而拖欠贷款损失由县级财政部门分担，其合理性也值得进一步考虑。对于贫困地区而言，这个问题就更为严重。

家庭背景与放弃大学就读机会的实证研究

魏建国　罗朴尚*　宋映泉

（2009 年 12 月）

一、引　　言

自从 1999 年高校扩招以来，我国高等教育发生了翻天覆地的变化，2008 年我国的高等教育毛入学率达到了 23.3%。为了解决高等教育规模扩大过程中相伴随的家庭经济困难学生入学难问题，我国政府相继出台了一系列助学政策。特别是在 2007 年，国务院出台了《关于建立健全普通本科高校高等职业学校和中等职业学校家庭经济困难学生资助政策体系的意见》。这一文件大幅度提高了我国高校学生资助的标准，大规模扩大了学生资助的覆盖面，在我国学生资助发展历程中具有里程碑式的意义。值得注意的是，我国目前的学生资助工作是以高校为基点的，这就意味着只有在高校就读的学生才有可能获得相关的资助。但对于那些因家庭经济困难而放弃大学就读机会的学生，这些资助政策就没有效果。如果真有这样的情况发生，那么，对于相关的学生而言，将不能公平地获得资助机会而接受高等教育，从而影响其今后的个人发展；对于政府而言，将因政策无法完全覆盖目标人群而使其政策目标不能得到完全的实现。那么，在现实中到底有没有这样的情况发生呢，即在收到高校录取通知书的学生中，有没有人因家庭经济困难而放弃大学就读机会呢?

相关的大学就读机会问题也是国际上教育财政研究的热点之一。特别是美国学者对这一问题长期予以关注。早期关于父母收入情况与子女大学就读机会的研究发现，入学机会仍在很大程度上受家庭收入的影响[1]。有学者通过

---

* 作者简介：罗朴尚（Prashant Loyalka），北京大学中国教育财政科学研究所助理研究员。

二项 Logistic 回归考察财富与大学参与之间的关系，发现父母的财富对接受后中等教育机会具有很强的影响[2]。有学者的研究表明，大学直接成本的上涨和黑人学生父母平均受教育水平的提升两个因素的共同作用，解释了黑人学生在 1973 年到 1988 年间大学入学率先下降后回升的事实[3]。有研究将相关的影响因素区分为短期的流动性限制，以及促进认知和非认知能力的长期因素。发现体现在学生能力中的长期因素是学生就学的主要决定性因素[4]。有研究也发现，借贷约束对大学入学决定的效果甚微。学费补贴对减轻就学和收入的不公平有一定作用。最大的不公平是由于在进入大学之前的不平等的人力资本累积所造成的[5]。上述研究表明，家庭收入或财富、父母受教育水平等是影响大学入学机会的主要因素，而这些因素的影响在学生考虑上大学之前就早已存在；财富分配的极大不公平影响学生的学习成绩、惯习、社会和文化资本，这反过来又会影响学生进入大学的过程[6]。

国内学者对大学就读机会问题也开展了不少有价值的研究。较早的研究发现，在当时的条件下，学生对高校与专业的选择与其社会经济地位存在着显著的关系[7]。有学者对中国高等教育机会均等化程度是否通过招生规模的扩大得到了改善这一问题进行了深入研究。实证分析结果表明，如果不考虑高等院校内部分层的因素，城镇居民高等教育入学率的均等化程度在 20 世纪 90 年代有了显著的提高；如果考虑高等院校内部分层的因素，则优质高等教育资源有更倾向于经济背景好和社会地位高的家庭的子女的趋势[8]。有学者发现父母受教育水平、学习能力等长期因素和财政约束短期因素对进入大学机会都有显著的影响。而中国的高等教育机构类型以及相应的学费水平、资助状况使得低收入家庭负担更高比例的高等教育成本[9]。这些研究都表明，学生的家庭背景或社会经济地位对大学入学机会有显著的影响。

值得注意的是，国外的相关研究多采用纵向数据，而国内的相关研究所针对的都是已在高校就读的大学生①。而对于本文所提出的问题，依赖高中毕业生数据进行相应的分析是比较适宜的。实际上，目前没有数据能够说明到底有多少学生放弃了大学入学机会，以及在放弃了大学入学机会的学生中有多少是因为经济困难方面的原因。迄今为止，普通高中、地方教育行政管理部门和各个高校都不能为此提供确切的数据。由于数据获取方面的困难，相关的实证研究目前还十分缺乏，而这项研究的政策意义和现实意义是不言

① 有学者以香港高中生作为实证研究对象，对香港高中学生的高等教育需求影响作了研究。[11]

而喻的。因此，基于我们前期开展的实地调查结果，本文拟对这一问题予以研究。本文的研究问题是：家庭背景是否影响了学生对大学入学机会的相关选择。家庭背景具体由户口类型、父母受教育水平等变量所体现。相关研究假设为：（1）父母受教育水平越低，其子女越有可能选择放弃大学入学机会，而不是去上大学或复读；（2）农业户口学生相对于非农业户口学生，越有可能选择放弃大学就读机会，而不是去上大学或复读。本文接下来的第二部分将介绍本研究前期开展的学生追踪调研及主要的调查结果，第三部分为研究数据、回归模型、变量说明及相关描述统计结果，第四部分为回归分析结果，第五部分为研究结论和启示。

二、学生追踪调研和相关调查结果

北京大学中国教育财政科学研究所在2008年4月至12月开展了一项关于学生资助的综合研究项目，这为研究上述问题提供了宝贵的机会。这项研究选取了某省的41个国家级贫困县，在每个县抽取最好的一所高中，然后在其高三年级的普通班中随机抽取文理科各一个班的学生作为调查对象，共4 986名。课题组于2008年4月完成了基线调查，在当年的11月到12月又针对参加基线调查的学生进行了追踪调查。在追踪调查中，让学生特别回答了是否参加了高考、高考分数、是否已经入学等问题。对于未入学者，课题组还询问其是否被某所院校录取，以及其目前的状态（是否在复读、打工、在家务农或就业、读中职等）。课题组最终和4 630名学生取得了联系，联系到的学生占参加基线调查学生的92.9%。[①] 追踪调查的一些基本结果如下。

（1）高考上线学生情况。在追踪到的参加2008年高考的4 607名学生中，上线学生[②]（包括一本、二本、三本和高职）为4 231名。其中三本上线的占51.3%，高职上线的占33.4%，只有15.3%的学生超过了一本和二本的上线标准。各批次上线学生目前的状态为（参见表1）：一本上线学生大部分在就读，复读占5.2%；二本上线学生中有78.0%的在就读，22.0%的学生选择复读；三本上线学生中有52.0%的学生选择就读，而高达41.9%的学生

① 据笔者所知，这种追踪调查在目前国内是不多见的。

② 在追踪到的学生中有28名非文史、理工类考生，因上线成绩标准不同，故在这里没有被考虑。

选择复读，选择打工、务农、待业、读中职等的学生占到6%；高职上线学生中有72.2%的学生选择就读，11.3%的学生选择复读，选择打工、务农、待业、读中职等的学生占到16.5%。

表1　高考上线学生目前的状态统计

	目前状态	人数（人）	百分比（%）
一本上线	就读	257	94.8
	复读	14	5.2
	小计	271	100
二本上线	就读	294	78.0
	复读	83	22.0
	小计	377	100
三本上线	就读	1 129	52.0
	复读	910	41.9
	打工	87	4.0
	在家务农或待业	24	1.1
	读中职	20	0.9
	小计	2 170	100
高职上线	就读	1 020	72.2
	复读	160	11.3
	打工	144	10.2
	在家务农或待业	50	3.5
	读中职	39	2.8
	小计	1 413	100

（2）“三类学生”的数量构成。“三类学生”是指被高校录取因经济原因放弃入学机会或复读的学生（类型Ⅰ）、被高校录取因非经济原因放弃入学机会或复读的学生（类型Ⅱ）、高考上线但未被高校录取学生（类型Ⅲ）[①]。值得注意的是，这里提到的经济原因、非经济原因是基于学生自己

① 这些学生没有被高校录取，可能与他们没有填写相关批次的志愿有关，这些学生中没有填写三本志愿的有604名；没有填写三本和高职志愿的有443名。也可能因志愿填写不当，不能达到所填志愿学校所要求的分数线而未被录取。

的主观判断。具体而言，类型Ⅰ和类型Ⅱ两类学生共计 545 名（其中，因经济原因放弃入学机会或复读的学生为 200 名，占这两类学生的 36.7%；因非经济原因放弃入学机会或复读的为 345 名，占 63.3%）。另外，有 983 名学生的高考成绩达到了相应批次的分数线，但没有被高校录取。可以看出，三类学生共计 1 528 名，占所有上线学生的 36.1%。而被各类高校录取、并在相应的高校就读的学生为 2 699 名。①

（3）“三类学生”的相关院校情况（参见表 2）。在类型Ⅰ学生中，被一本、二本、三本和高职四类院校录取的人数分别为：2、10、128、60 名，相应的百分比为：1.0%、5.0%、64.0%、30.0%。在类型Ⅱ学生中，被四类院校录取的人数分别为：2、28、228、87 名，相应的百分比为：0.6%、8.1%、66.1%、25.2%。在类型Ⅲ学生中，各批次上线人数为：10、45、683、245 名，相应的百分比为：1.0%、4.6%、69.5%、24.9%。

表 2　三类学生相关院校类型统计

三类学生	院校类型	人数（人）	百分比（%）
类型Ⅰ学生	一本院校	2	1.0
	二本院校	10	5.0
	三本院校	128	64.0
	高职院校	60	30.0
	小计	200	100
类型Ⅱ学生	一本院校	2	0.6
	二本院校	28	8.1
	三本院校	228	66.1
	高职院校	87	25.2
	小计	345	100

① 值得注意的是，另有个别上线学生在追踪问卷中填写其被某大学录取，没有选择就读，但是并没有填写是因经济原因还是非经济原因放弃入学机会或复读的。因此，这些学生就没有被包括进“三类学生”的总数中。

续表

三类学生	院校类型	人数（人）	百分比（%）
类型Ⅲ学生	一本院校	10	1.0
	二本院校	45	4.6
	三本院校	683	69.5
	高职院校	245	24.9
	小计	983	100

（4）“三类学生”目前的状态（参见表3）。三类学生主要选择复读、在家务农或待业、打工和读中职。其中，关于选择复读的比例，类型Ⅱ和类型Ⅲ学生分别为82.0%和79.6%，都明显高于因经济原因放弃入学的学生，后者仅为50.5%。在类型Ⅰ学生中，有将近一半的学生选择在家务农或待业、打工、读中职等，远高于其他两类学生。这意味着经济因素确实有可能影响学生作出相关的选择。

表3　三类学生目前的状态统计

三类学生	目前状态	人数（人）	百分比（%）
类型Ⅰ学生	复读	101	50.5
	在家务农或待业	16	8.0
	打工	71	35.5
	读中职	12	6.0
	小计	200	100
类型Ⅱ学生	复读	283	82.0
	在家务农或待业	21	6.1
	打工	33	9.6
	读中职	8	2.3
	小计	345	100
类型Ⅲ学生	复读	782	79.6
	在家务农或待业	127	12.9
	打工	37	3.8
	读中职	37	3.8
	小计	983	100

三、研究数据、回归模型、变量说明及相关描述统计结果

为了进行研究，本文将在上述样本中特别选取三部分学生，即放弃大学就读机会（包括被高校录取但选择打工、在家务农或待业、读中职）学生、复读（被高校录取但选择复读）学生和上大学学生。考虑到在一本和二本上线学生中没有发生学生被高校录取而放弃大学入学机会的情况，所以本文将分析的重点放在上了三本和高职分线数的学生上。在三本和高职上线学生中，放弃大学就读机会的学生为164名，复读学生为340名，上大学的学生为2 149名。

本文将通过构建多项式 Logistic 回归模型来检验前文所提出的研究假设。模型的被解释变量为“学生状态”，为无序多分类变量，取值分别为：1（上大学）、2（复读）、3（放弃大学就读机会）。解释变量为：户口类型、父亲受教育水平①。控制变量为：性别、文理分科、上线批次②、信息干预③。其中，户口类型以农业户口为参照类，父亲受教育水平以未上学或小学未毕业为参照类，性别以女性为参照类，文理分科以理科为参照类，上线批次以高职上线为参照类，信息干预以未受到信息干预为参照类。

下文将通过交叉列联表来初步分析家庭背景与相关选择之间的关系。

（1）户口类型与相关选择之间的关系（参见表4）。农业户口学生在放弃大学就读机会学生、复读学生和上大学学生中的比例分别为：90.3%、76.3%、73.9%。前者都远高于后两者，表明户口变量很有可能影响学生选择放弃大学入学机会。

---

① 从下文表6可以看出，“母亲受教育水平”变量的“大专以上”取值水平在“放弃大学就读机会”组的个案数为零，因此该变量没有被带入回归分析。

② 因文理科高考试卷不同，所以这里没有采用高考成绩，而用能够在一定程度上反映学生高考成绩的上线批次变量来代替。

③ 本项研究是助学信息随机试验项目（RCT）的一部分，关于随机试验，将有专门的论文予以论述。这里仅解释一下与本文有关的信息干预变量。这是一个二分变量，即接受信息干预和没有接受信息干预。项目的具体做法是：随机抽取41个县中的20个作为信息干预县，在该县样本高中的理科班进行信息干预，给学生发放专门制作的载有我国最新助学政策和各类高校成本状况的手册，同时有经过专门训练的学生讲解员进行讲解。

表 4 户口类型与相关选择

	户口类型		总计
	农业	非农业	
上大学	1 577	557	2 134
	73.9%	26.1%	100%
复读	257	80	337
	76.3%	23.7%	100%
放弃大学就读机会	148	16	164
	90.2%	9.8%	100%
总计	1 982	653	2 635
	75.2%	24.8%	100%

（2）父亲受教育水平与相关选择之间的关系（参见表 5）。父亲受教育水平为未上学或小学未毕业的学生在放弃大学就读机会学生、复读学生和上大学学生中的比例分别为：11.0%、8.0%、6.6%。前者也高于后两者。而父亲受教育水平为大专以上的学生在放弃大学就读机会学生、复读学生和上大学学生中的比例分别为：2.4%、11.3%、8.6%。和前面的低受教育水平的比例相反，在这里，前者的比例都低于后两者。因此，父亲受教育水平变量也有可能影响学生对大学入学机会的选择。

表 5 父亲受教育水平与相关选择

	父亲受教育水平					总计
	未上学、小学未毕业	小学	初中	高中	大专以上	
上大学	140	332	740	740	183	2 135
	6.6%	15.6%	34.7%	34.7%	8.6%	100%
复读	27	57	110	105	38	337
	8.0%	16.9%	32.6%	31.2%	11.3%	100%
放弃大学就读机会	18	42	72	28	4	164
	11.0%	25.6%	43.9%	17.1%	2.4%	100%
总计	185	431	922	873	225	2 636
	7.0%	16.4%	35.0%	33.1%	8.5%	100%

（3）母亲受教育水平与相关选择之间的关系（参见表6）。和前面父亲受教育水平变量的相关比例相比较，低受教育水平的相关比例为：23.8%、22.0%、16.8%；高受教育水平的相关比例为：0.0%、6.0%、4.0%。可见母亲和父亲受教育水平变量的相关比例是基本一致的，表明母亲受教育水平变量也有可能影响相关的选择。

表6　母亲受教育水平与相关选择

	母亲受教育水平					总　计
	未上学、小学未毕业	小　学	初　中	高　中	大专以上	
上大学	358	480	767	437	85	2 127
	16.8%	22.6%	36.1%	20.5%	4.0%	100%
复读	74	75	105	62	20	336
	22.0%	22.3%	31.3%	18.5%	6.0%	100%
放弃大学就读机会	39	50	57	18	0	164
	23.8%	30.5%	34.8%	11.0%	0.0%	100%
总计	471	605	929	517	105	2 627
	17.9%	23.0%	35.4%	19.7%	4.0%	100%

四、回归分析结果

需要说明的是，由于本文分析所用的样本是通过以班级为单位的整群抽样获得的，因此，为了避免班级内部的相关性对回归的影响，在分析时特别进行了调整（robust cluster）。

以放弃大学就读机会组作为基准的多项式 Logistic 回归结果为（参见表7）：（1）上大学组和放弃上大学机会组相比，在控制其他变量的条件下，反映家庭背景的户口类型和父亲受教育水平变量都是显著的。具体而言，非农业户口学生比农业户口学生更倾向于选择上大学而不是放弃上大学机会，相应的发生比率为2.477。较之父亲受教育水平是未上学或小学未毕业的情况，父亲是高中和大专以上文化程度的学生更倾向于选择上大学而不是放弃上大学机会，相应的发生比率为3.185和3.611。（2）复读组和放弃上大学机会组相比，在控制其他变量的条件下，户口类型和父亲受教育水平变量也都是显著的。非农业户口学生比农业户口学生更倾向于选择复读而不是放弃上大学机会，相应的发生比率为2.278。较之父亲受教育程度是未上学或小学未毕业，父亲是高中和大专以上文化程度的学生更倾向于选择上大学而不是放弃上大学机会，相应的发生比率为2.463和4.030。

表7　多项式Logistic回归结果

Log pseudolikelihood = −1 444.831 7				样本量：2 587 Wald chi2（18）=221.95 Prob > chi2 =0.000 0 Pseudo R2 =0.078 0 （以82个整群（班）进行标准误调整）		
最终状态	相对风险比（RRR）	稳健标准误	z	P > z	95% 置信区间	
上大学						
非农业户口	2.477 015	0.741 956	3.03	0.002	1.377 092	4.455 477
小学	1.052 533	0.299 346	0.18	0.857	0.602 767	1.837 902
初中	1.353 962	0.347 025	1.18	0.237	0.819 296	2.237 547
高中	3.185 365	0.979 892	3.77	0.000	1.743 050	5.821 147
大专以上	3.611 125	2.257 765	2.05	0.040	1.060 352	12.298 010
接受信息	2.923 404	0.916 140	3.42	0.001	1.581 752	5.403 054
男性	1.315 060	0.227 494	1.58	0.113	0.936 904	1.845 849
文科	2.342 017	0.579 709	3.44	0.001	1.441 769	3.804 383
三本上线	1.674 316	0.264 537	3.26	0.001	1.228 430	2.282 048
复读						
非农业户口	2.277 921	0.707 135	2.65	0.008	1.239 654	4.185 787
小学	0.826 987	0.326 742	−0.48	0.631	0.381 232	1.793 940
初中	0.993 176	0.310 610	−0.02	0.983	0.538 044	1.833 303
高中	2.463 540	0.924 007	2.40	0.016	1.181 128	5.138 331
大专以上	4.030 345	2.734 684	2.05	0.040	1.066 061	15.237 110
接受信息	3.163 473	1.175 473	3.10	0.002	1.527 134	6.553 162
男性	1.906 143	0.394 172	3.12	0.002	1.270 970	2.858 747
文科	1.968 079	0.647 210	2.06	0.040	1.033 051	3.749 413
三本上线	8.307 620	1.891 409	9.30	0.000	5.317 191	12.979 890

（以放弃大学机会组为基准）

五、研究结论与启示

如上回归分析结果表明：在控制了性别、文理分科、上线院校类型、信息干预等变量之后，父亲受教育水平和户口类型变量所反映的家庭背景仍然显著地影响学生对放弃大学入学机会的选择行为。相关的学生更可能选择放弃大学就读机会，而不是去上大学或通过复读获得将来更理想的入学机会。因此应该接受前文所提出的研究假设。这也说明本文引言部分所提到的国家资助政策无法完全达致目标人群的情况是存在的。

从上述研究结论可以得出如下几点启示：（1）对于高等教育的机会公平问题仍须高度重视。虽然 2008 年我国的高等教育毛入学率已达到了 23.3%，进入国际公认的高等教育大众化阶段；同时，2007 年的改革也使得我国的学生资助体系建设取得了突破性进展。但是，本文的研究表明，一部分被高校录取的学生还是受家庭背景方面的因素影响而放弃了上大学的机会。这使我们有必要特别关注这一群体学生的大学入学及其相应的高等教育机会公平问题。这部分学生所占的比例并不是很大，但从教育公平的角度来看恰恰是最应该受到关注的群体。（2）如何帮助这些学生实现入学是一个难题。我们目前以高校为基点的学生资助工作模式对于这部分学生而言是没有效果的。美国的一项研究也发现，种族/民族和家庭财富造成了四年制学院入学机会的巨大差异。而对于教育政策领域的人士而言，他们的能力更多地是影响学生的成绩，而不是改变学生家庭财富的累积。该项研究也强调，很多关于大学机会的研究都集中在后中等教育机构的角色上，但是，大学录取和财政资助不是仅有的影响因素，大学入学机会的大部分差异是在学生高中毕业之前就形成了。该项研究最后指出，为了充分地解决这些差异，政策制定者必须密切着眼于 K－12 机构关于支持学生进入大学的文化情况；后中等教育机构也须改变工作方式；同时两类机构之间应该展开合作[10]。这一研究也提供了一些启示。诚如前面所提到的研究所言，要改变学生的家庭背景是极其困难的事情，但是，中学、教育行政管理部门等教育机构还是可以通过一些努力帮助相关的学生实现其接受高等教育的机会。值得注意的是，我们的另外一项研究表明，通过给高三学生提供助学信息，可以增加其上大学后获得某些学生资助的可能性，如更有可能通过绿色通道入学，更可能获得国家开发银行生源地助学贷款等。这就提醒社会相关工作者，如果通过细致深入的人性化工作在中学阶段就给学生提供相关的助学信息，就有可能缓解学生在经济方面的顾虑，而增加其选择上大学的可能性。此外，地方政府、教育行政管理部门、中学、社会组织在重奖“高考状元”的同时，能否也关注一下这些游离于大学机会边缘的学生，这对他们的大学选择应该是极有帮助的。

需要指出的是，本文是针对被高校录取的高中毕业生来探讨大学入学机会问题的。而对于整个高等教育的公平而言，除了关注这些群体，以及已在大学就读的学生以外，还需要关注那些因学习成绩差而没有考上大学，或者在参加高考之前就已经辍学流失的群体。针对不同的群体，需要采取不同的帮助措施。因此，对于相关的大学入学机会公平问题还有必要作更进一步的研究。

参考文献

[1] Manski, Charles F.. Parental Income and College Opportunity. Democratic Study Center, Washington, D. C., 1992.

[2] Conley, Dalton. Capital for College: Parental Assets and Postsecondary Schooling [J]. *Sociology of Education*, 2001, 74.

[3] Kane, Thomas J.. College Entry by Blacks since 1970: The Role of College Costs, Family Background, and the Returns to Education [J]. *Journal of Political Economy*, 102, 1994.

[4] Carneiro, P. and Heckman, J. J.. The evidence on credit constraints in post-secondary schooling [J]. *The Economic Journal*, 2002, 112 (482).

[5] Keane, Michael P.. Financial Aid, Borrowing Constraints and College Attendance: Evidence from Structural Estimates [J]. *The American Economic Review*, 2002, 92 (2).

[6] Jez, Su Jin, The Influence of Wealth and Race in Four-Year College Attendance, CSHE, University of California, Berkeley, http://cshe.berkeley.edu/publications/docs/ROPS-Jez-Wealth-Race-11-13.pdf, 2009-10-10.

[7] 钟宇平，陆根书. 收费条件下学生选择高校影响因素分析 [J]. 高等教育研究，1999 (2).

[8] 丁小浩. 规模扩大与高等教育入学机会均等化 [J]. 北京大学教育评论，2006 (2).

[9] Li Wenli. Family Background, Financial Constraints and Higher Education Attendance in China [J]. *Economics of Education Review*, 2007, 26.

[10] Jez, Su Jin, The Influence of Wealth and Race in Four-Year College Attendance, CSHE, University of California, Berkeley, http: //cshe. berkeley. edu/publications/docs/ROPS-Jez-Wealth-Race－11－13. pdf, 2009－10－10.

[11] 许善娟，丁小浩，钟宇平．香港高中学生的社会资本对高等教育需求的影响分析[J]. 清华大学教育研究，2006（2）.

高中学生对大学学生资助和成本等相关信息的知晓情况分析

魏建国　罗朴尚　宋映泉

（2009 年 12 月）

一、引　　言

高中学生和家长是否掌握了足够的有关大学成本和学生资助等方面的信息？这是十多年来国际教育财政研究中比较关注的一个主题。Ikenberry 和 Hartle 在 1998 年的一项研究[1]表明，公众对大学成本的观念是扭曲的，公众高估了大学成本。社区学院是最便宜、最可负担的学院类型，但公众的观念是如此扭曲，对于公立社区学院，回答者高估学费水平 180%。一项来自加拿大的研究也表明，公众对大学学费普遍是高估的，低收入家庭更倾向于高估。加拿大一年平均的大学学费为 3 749 加元。收入在 3 万加元以下的家庭估计的学费中位数和平均数分别为 6 834 加元和 9 595 加元，而收入在 6 万加元以上的家庭估计的相应数字分别为 4 969 加元和 6 758 加元。[2]除了高估外，公众也不知道有多少学生资助是可以帮助支付大学成本的，对于哪里可以得到、如何得到资助等信息也是不清楚的。Long 在 2008 年所做的学生资助文献综述[3]也表明，在父母和学生之间还存在对学生资助的许多错误信息。一项民意测验发现，当被问及学生资助的种类时，三分之二的父母和计划去上大学的年轻成年人不把助学金作为一个可能的资金来源。而且，许多人认为所有的学生资助都有成绩方面的要求。美国教育部国家教育统计中心 2003 年的一项研究[4]也得出了类似的结论：从整体上而言，学生和家长都高估学费，而不是低估。此外，对学生和他们的父母而言，对大学成本的知晓程度与家庭收入、父母受教育水平有关。Long 的文献综述提到，低收入家庭对如何支付大学成本所掌握的信息是最少的。Avery 和 Kane 2004 年的研究[5]也证实，低收入的高中学生对实际的大学学费水平、学生资助机会等知道的很少。值得注意的是，种族因素的影响也是明显的。和黑人或西班牙裔父母相比，白人父母更可能拥有此类知识。在学生中，白人也比西班牙裔更多地知晓大学成本。[6]早在 1990 年，David Post 研究了奇卡诺人（Chicanos）的上大学计划，他发现，对于讲西班牙语的父母而言，成本很大程度上是大学计划的决定性因素，而对于讲英语的父母则不然。几项调研结果显示，少数语言族裔学生对实际的大学成本知道的最少。[7] Grodsky 和 Jones 2004 年的一项研究[8]也发现，在控制了其他变量的情况下，有色人种的学生父母更不可能去正确估计大学成本。总之，从这些国外的研究可以看出，公众、学生和家长对大学成本和学生资助存在着不正确的认识，同时，弱势群体处于更为不利的地位，那些社会经济状况处于弱势地位的个体，最不能支付大学成本，又最缺乏有关大学成本和学生资助的信息。

在我国，随着高等教育成本分担和学生资助体系的建立健全，政府已经意识到资助信息在学生资助工作中的重要作用。近年来，每当高考录取前夕，教育部都专门下发文件要求普通高等学校在给被录取大学生寄送通知书时，要同时寄送财政部和教育部联合制作的《高等学校学生资助政策简介》，做到人手一册；要充分利用招生简章、校园网、新生热线电话等形式，宣传本校资助家庭经济困难学生的各项政策和措施。①

然而，和国外的热点关注形成鲜明对比的是，到目前，国内关于高中学生对大学成本和学生资助等信息知晓方面的实证研究并不多见。政府有关助学信息政策的落实情况如何？现实中学生对相关信息的了解程度到底如何？现存问题又受到哪些因素的影响？对这些问题并没有特别清晰的答案。已有的主要研究是史耀疆、刘晓宇等人完成的。他们随机选取了某省 10 所高中的 1 177 名高二学生。他们的研究发现，就“绿色通道”来说，大多数学生（54%）根本没有听说过该资助，而其他各类资助的信息推广普及率在 80% 左右。通过分性别、城乡和贫富的学生数据比较，表明各指标间差异不是很大，说明在资助信息流通方面不

① 参见《教育部关于认真做好 2007 年高等学校新生入学“绿色通道”和贯彻落实新资助政策有关工作的通知》（教财［2007］9 号）。

存在明显的性别差异、城乡差异和贫富差异。此外，学生通常是高估大学教育成本的。本项研究重点关注高三学生对大学成本和学生资助方面的信息知晓情况以及相关的影响因素。和史耀疆[9]、刘晓宇[10]等人的研究相比，本项研究所采用的样本量更大；另外，也得出了一些与其不同的发现。本文利用追踪调查数据，通过比较实际学费和估计学费的差异，研究了高三学生对大学成本估计的准确性及其影响因素。同时，针对“绿色通道”知晓比例偏低的现象，对各种学生资助方式知晓情况的影响因素作了分析，发现“绿色通道”的知晓程度更可能与家庭背景方面的因素有关。本文接下来的内容为：数据来源及样本描述、高中学生对大学成本估计情况及回归分析、高中学生对大学学生资助信息知晓情况及回归分析、研究结论及政策启示。

二、数据来源及样本描述

本项研究的数据来自北京大学中国教育财政科学研究所在2008年开展的学生资助综合调查项目。在4月进行的基线调查中，选取了我国西部某省的41个国家级贫困县，在每个县抽取该县最好的一所高中，然后在其高三年级的普通班中随机抽取文理科各一个班的学生作为调查对象，共4 986名。在有效样本中，男生2 295名，占46.1%，女生2 682名，占53.9%；农业户口的学生数量为3 765名，占75.6%，非农业户口的学生数量为1 208名，占24.3%，没有户口的学生数量为4名，占0.1%；父亲受教育程度为未上学、小学、初中、高中和大专以上的学生数量分别为：396、767、1 738、1 599、443名，各类受教育程度所占的百分比分别为：8.0%、15.5%、35.2%、32.3%、9.0%；母亲受教育程度为未上学、小学、初中、高中和大专以上的学生数量分别为：937、1 114、1 680、991、199名，各类受教育程度所占的百分比分别为：19.0%、22.6%、34.1%、20.1%、4.0%；汉族学生4 951名，占99.5%，回族学生26名，占0.5%；文科生2 479名，占49.8%，理科生2 494名，占50.2%。

三、高中学生对大学成本估计情况及回归分析

（一）大学成本估计的基本情况

为了了解高三学生对大学成本信息的知晓情况，我们在基线调查中让学生估计一本、二本、三本和高职各批次院校的学费。所有学生对一本、二本、三本和高职学费估计的均值分别为：8 772.63 元、9 491.95 元、12 660.46 元、10 544.44 元，中位数分别为：7 000.00 元、8 000.00 元、10 000.00 元、8 000.00 元。表 1 将学生对各类院校学费估计的分布区间进行了更详细的展示。可以看出，估计学费超过 8 000 元以上的学生比例，一本为 46.2%、二本为 50.4%、高职为 56.2%。对三本学费估计超过 8 000 元以上的学生比例则为 63.3%，将其进一步分解，估计学费为 8 000 元到 10 000 元之间的学生数量为 732 名，估计学费为 10 000 元到 15 000 元之间的学生数量为 1 809 名，估计学费为 15 000 元到 20 000 元的学生数量为 606 名，估计超过学费为 20 000 元的学生数量为 495 名；估计学费在 8 000 到 15 000 元的学生数量为 2 541 名，占到 51.2%，估计学费超过 15 000 元的学生数量为 1 101 名，比例占到 22.2%。考虑到我国各批次院校的学费特点，可以大致判断，更多学生对三本院校的学费估计相对准确，而对一本、二本和高职学费的估计更多学生则偏向于高估，相当比例的学生对三本学费也存在高估的情况。也有部分学生对学费存在明显的低估，如对于学费 3 000 元以下的估计，各批次相应的学生数分别为 171 名、119 名、148 名、191 名，比例分别为：3.4%、2.4%、3.0%、3.9%。

表 1　学费估计情况

	一　本		二　本		三　本		高　职	
	人数（人）	比例（%）	人数（人）	比例（%）	人数（人）	比例（%）	人数（人）	比例（%）
1 万元以上	1 748	35.2	1 776	35.7	2 910	58.6	2 071	41.9
8 000－9 999 元	547	11.0	731	14.7	732	14.7	707	14.3
5 000－7 999 元	1 585	31.9	1 711	34.4	913	18.4	1 394	28.2
4 000－49 999 元	556	11.2	454	9.1	157	3.2	340	6.9

续表

	一本		二本		三本		高职	
	人数（人）	比例（%）	人数（人）	比例（%）	人数（人）	比例（%）	人数（人）	比例（%）
3 000 - 39 999 元	360	7.2	181	3.6	105	2.1	235	4.8
3 000 元以下	171	3.4	119	2.4	148	3.0	191	3.9
有效样本量	4 967		4 972		4 965		4 938	

值得注意的是，在前面提到的基线调查之外，课题组于当年的 11 月到 12 月又针对参加基线调查的学生进行了追踪调查。课题组最终和4 630 名学生取得了联系，联系到的学生占参加基线调查学生的 92.9% 。为了更加准确地判断学生对学费的估计水平，我们让学生回答他们实际就读的院校和专业，然后根据省招生办公室编纂的招生计划确定学生实际缴纳的学费，再通过比较学生估计学费和他们实际就读院校学费来判断其估计的准确性。最后找到此类学生共 2 508 名。

如何判断是否估计准确？我们借鉴了国外的一项类似研究[11]，其将学生估计学费在实际平均学费上下 25% （15% 、50% ）以内界定为估计准确。在本文中，具体而言，将学生估计相应批次院校学费在其实际就读院校学费上下 25% 内的界定为准确估计，而将 25% 以外的界定为估计不准确。具体而言，25% 区间内估计准确的学生为 703 名，占 2 508 人的 28.0% ；将 25% 替代为 15% ，则准确估计学费的学生为 451 名，占 2 508 人的 18.0% ；将 25% 替代为 50% ，则准确估计学费的学生为 1 218 名，占 2 508 人的 48.6% 。此外，估计学费与实际学费的其他比例分布为：低估 15% 以下的学生数量为 421 名，占 2 508 人的 16.8% ；低估 25% 以下的学生数量为 307 名，占 12.2% ；低估 50% 以下的学生数量为 106 名，占 4.2% ；高估 15% 以上的学生数量为 1 636 名，占 65.2% ；高估 25% 以上的学生数量为 1 498 名，占 59.7% ；高估 50% 以上的学生数量为 1 184 名，占 47.2% ；高估 100% 以上的学生数量为 775 名，占 30.9% ；高估 200% 以上的学生数量为 319 名，占 12.7% 。可以看出，大多数高中学生对大学学费存在普遍高估的现象。这和前面的研究以及国内外的其他同类研究也比较一致。

（二）回归分析

本研究将通过二项逻辑斯特回归探讨影响学生学费估计准确性的影响因

素。因变量为是否准确估计学费，自变量包括：文理科、兄弟姐妹数、性别、户口类型、父母受教育程度、就读院校类型、就读院校属省内省外、信息干预①。文理科以理科为参照类，性别以女性为参照类，户口类型以非农业户口为参照类，父母受教育程度以未上学为参照类，就读院校类型以三本为参照类，就读院校属省内省外以省外为参照类，信息干预以受到干预为参照类。

和前面的回归类似，这里在回归时也进行了稳健调整。回归结果为（见表2）：（1）25% 准确性估计模型的回归结果表明，在 5% 显著性水平上，在控制其他变量的情况下，较之父亲为未上学受教育程度的学生，父亲为小学和高中受教育程度的学生更可能准确估计学费；在 1% 显著性水平上，兄弟姐妹数是显著的，在控制其他变量的情况下，多兄弟姐妹不利于准确估计学费；在控制其他变量的情况下，较之三本院校学生，在一本（5% 显著性水平）、二本（1% 显著性水平）和高职（1% 显著性水平）院校就读的学生更不可能准确估计学费。（2）和 25% 估计模型相比，15% 和 50% 准确性估计模型是将学费估计准确性的判断区间予以缩小和放大。可以看出，在 1% 显著性水平上，兄弟姐妹数在三个模型中都是显著的。但其他变量在三个模型中有些差异。父亲受教育程度变量在 15% 和 50% 模型中在 10% 显著性水平上是显著的，在 15% 准确性估计模型中，较之父亲为未上学受教育程度的学生，父亲为小学、高中受教育程度的学生更有可能估计准确学费；在 50% 准确性估计模型中，较之父亲为未上学受教育程度的学生，父亲为小学受教育程度的学生更有可能估计准确。母亲受教育程度在 50% 和 25% 模型中都不显著，而在 15% 模型中，较之母亲为未上学受教育程度的学生，在 5% 显著性水平上，母亲为初中受教育程度的学生更有可能估计准确。就读院校类型变量在 25% 和 50% 模型中都在 1% 水平上显著，而在 15% 模型中，只有二本是显著的，而一本和高职不显著。此外，在 5% 显著性水平上，性别变量在 50% 模型中也是显著的。

综合如上回归分析结果，可以看出，以兄弟姐妹数、父母受教育程度所反映的家庭背景因素对于学生是否能够准确估计学费是有影响的。学生就读院校的类型也影响到其对学费的准确估计。

---

① 本项研究是助学信息随机试验项目（RCT）的一部分，关于随机试验，将有专门的论文予以研究。这里仅解释一下与本文有关的信息干预变量。这是一个二分变量，即接受信息干预和没有接受信息干预。项目的具体做法是：随机抽取 41 个县中的 20 个作为信息干预县，在该县样本高中的理科班进行信息干预，给学生发放专门制作的载有我国最新助学政策和各类高校成本状况的手册，同时有经过专门训练的学生讲解员进行讲解。这里将该变量作为控制变量。

表2 学生成本估计逻辑斯特回归结果
（以82个整群（班）进行标准误调整）

	25%准确性估计模型（发生比率）	15%准确性估计模型（发生比率）	50%准确性估计模型（发生比率）
样本量	2 424	2 424	2 424
Wald chi2	158.05	50.67	230.52
Prob > chi2	0.000 0	0.000 0	0.000 0
Pseudo R2	0.036 7	0.016 4	0.042 8
Log pseudolikelihood	-1 393.768 7	-1 129.335 3	-1 607.531 4
文科	.928 881	.955 927 3	1.010 518
	(.133 530 4)	(.138 742 1)	(.129 655)
男性	1.089 24	1.165 983	1.228 084**
	(0.110 653 5)	(.138 700 4)	(.119 799)
兄弟姐妹数	0.815 197 6***	.843 807 1***	.845 109 9***
	(0.037 188 8)	(.047 667)	(.035 575 2)
农业户口	0 .945 056 2	1.062 26	1.030 282
	(.102 836)	(.138 471 2)	(.114 991 4)
父亲小学	1.627 957**	1.665 181*	1.318 578*
	(.370 163 5)	(.450 501 8)	(.215 675 2)
父亲初中	1.466 794	1.366 306	1.240 559
	(.348 656 2)	(.351 948 3)	(.196 195 5)
父亲高中	1.609 116**	1.571 386*	1.280 554
	(.376 216 4)	(.404 707 3)	(.196 146 9)
父亲大专以上	1.353 954	1.206 796	1.156 651
	(.407 006 5)	(.423 602 6)	(.273 944)
母亲小学	1.024 907	1.048 563	1.067 891
	(.132 832 5)	(.155 000 6)	(.151 422 3)
母亲初中	1.144 315	1.356 2**	1.207 208
	(.160 679 5)	(.199 555 5)	(.184 422 1)

续表

	25% 准确性估计模型（发生比率）	15% 准确性估计模型（发生比率）	50% 准确性估计模型（发生比率）
母亲高中	1. 028 027	1. 167 846	1. 186 349
	(. 153 968 6)	(. 181 908 6)	(. 205 130 2)
母亲大专以上	. 729 184 7	. 732 918 3	. 959 361 9
	(. 197 920 7)	(. 219 424 8)	(. 260 732 7)
一本	. 620 982 9**	. 874 833 8	. 491 677 9***
	(. 149 026 4)	(. 206 181 7)	(. 103 656 8)
二本	. 231 920 3***	. 550 923 2***	. 221 805 4***
	(. 038 947 4)	(. 106 253 4)	(. 033 590 9)
高职	. 483 416 4***	. 865 713 9	. 370 45***
	(. 056 442 4)	(. 106 396 2)	(. 043 162 9)
省内	1. 094 807	. 927 671 4	1. 187 086
	(. 148 290 6)	(. 151 939 1)	(. 158 303 1)
没有信息干预	1. 167 808	1. 134 815	1. 266 449
	(0. 184 434 3)	(. 200 882 8)	(. 190 347 6)

*表示回归系数在10%水平上显著；**表示回归系数在5%水平上显著；***表示回归系数在1%水平上显著。括号中为稳健标准误。

四、高中学生对大学学生资助信息知晓情况及回归分析

为了了解高三学生对学生资助信息的知晓情况，我们在基线调查中特别让学生回答其是否知道助学金、助学贷款、勤工助学、减免学费和“绿色通道”等学生资助方式。被调查的高三学生对如上各种学生资助方式的知晓百分比分别为：85. 7%、87. 3%、80. 7%、79. 4%、27. 6%。这一结果与前文提到的刘晓宇等人的研究结果类似。在前述研究中，相关比例分别为：89%、86%、73%、85%、46%。值得注意的是，和其他资助方式相比，对于“绿色

通道”的知晓度相对要低得多，本文的比例则更低。下文将通过二项逻辑斯特回归对影响学生资助信息知晓情况的影响因素进行探讨，特别是对“绿色通道”知晓度偏低的可能影响因素进行分析。二项逻辑斯特回归的因变量为是否知晓某一种学生资助方式；自变量包括：文理科、兄弟姐妹数、性别、户口类型、父母受教育程度。文理科以理科为参照类，性别以女性为参照类，户口类型以非农业户口为参照类，父母受教育程度以大专以上为参照类。

由于本文的研究样本是通过整群抽样得到的，所以在回归时特别进行了稳健（robust cluster）调整。对助学金、助学贷款、勤工助学、减免学费、“绿色通道”等几种学生资助方式的知晓情况分别作逻辑斯特回归，回归结果为（见表3）：（1）助学金模型回归结果表明，在5%显著性水平上，文理科和户口变量是显著的。在控制其他变量的情况下，较之理科生，文科生知道助学金的可能性更高；较之非农业户口学生，农业户口学生更有可能知道助学金。（2）助学贷款模型回归结果表明，在10%显著性水平上，文理科和性别变量是显著的，在控制其他变量的情况下，文科生、女生更可能知晓助学贷款。（3）勤工助学模型回归结果表明，在5%显著性水平上，兄弟姐妹数是显著的，在控制其他变量的情况下，多兄弟姐妹不利于知晓勤工助学；在1%显著性水平上，文理科变量是显著的，在控制其他变量的情况下，文科生比理科生更有可能知晓勤工助学；在10%显著性水平上，较之母亲为大专以上受教育程度的学生，母亲为未上学或小学程度的学生更不可能知道勤工助学。（4）减免学费模型回归结果表明，在1%显著性水平上，文理科变量是显著的，在控制其他变量的情况下，文科生比理科生更有可能知晓减免学费；在10%显著性水平上，性别变量是显著的，在控制其他变量的情况下，女生更可能知晓减免学费；在10%显著性水平上，较之父亲为大专以上受教育程度，父亲为初中的学生更可能知道减免学费。（5）“绿色通道”模型回归结果表明，在1%显著性水平上，文理科、性别变量是显著的，在控制其他变量的情况下，文科生、男生更有可能知晓“绿色通道”。此外，较之父亲为大专以上受教育程度，在1%显著性水平上，父亲为小学和初中受教育程度的学生更不可能知道“绿色通道”；在10%显著性水平上，父亲未上学的学生更不可能知道“绿色通道”。

从上面的回归结果可以看出，以兄弟姐妹数和父母受教育程度所反映的家庭背景因素对学生资助信息的知晓程度是有影响的。[①] 特别是和其他资助

① 值得注意的是，对于户口变量在助学金模型、父亲受教育程度变量在减免学费模型中的影响方向，还需要进一步的分析和研究。

方式相比，对于“绿色通道”，父亲受教育程度的高低更加显著地影响了其子女对于该种资助方式的知晓情况。此外，根据基线调查，高三学生获得大学学生资助信息的主要来源及其相应百分比为：父母（80.1%）、亲戚（63.2%）、朋友（60.1%）、兄弟姐妹（56.3%）、报纸（54.6%）、广播电视（53.8%）、班主任老师（33.5%）、上网（33.4%）、高年级学长（32.7%）、学校图书馆资料（27.9%）、班主任以外的其他老师（27.0%）。由此可见，最主要的信息来源是父母，和前面的回归结果相联系，就在一定程度上解释了“绿色通道”知晓度偏低的问题。

表3　学生资助知晓情况逻辑斯特回归结果

（以82个整群（班）进行标准误调整）

	助学金模型（发生比率）	助学贷款模型（发生比率）	勤工助学模型（发生比率）	减免学费模型（发生比率）	绿色通道模型（发生比率）
样本量	4 763	4 747	4 750	4 754	4 750
Wald chi2	23.64	13.56	28.75	33.50	79.71
Prob > chi2	0.022 8	0.329 4	0.004 3	0.000 8	0.000 0
Pseudo R2	0.006 7	0.006 5	0.010 9	0.008 5	0.011 0
Log pseudolikelihood	−1 877.934 8	−1 729.138 6	−2 279.254 4	−2 382.140 4	−2 774.219 4
文科	1.331 312**	1.263 186*	1.478 427***	1.386 94***	1.388 648***
	(.178 092 5)	(.168 553 2)	(.170 492 2)	(.167 989 7)	(.135 203 9)
男性	.859 092 8	.839 304 2*	1.000 035	.849 872 6*	1.297 875***
	(.080 779 9)	(.082 049 1)	(.086 806 5)	(.072 953)	(.089 540 5)
兄弟姐妹数	.955 624	.941 482 3	.917 249 8**	.972 250 8	1.057 291
	(.0419 908)	(.043 716 5)	(.036 711 9)	(.031 608 2)	(.036 944 7)
农业户口	1.288 421**	1.217 673	1.102 251	.976 952 4	.915 495 7
	(.150 449 7)	(.192 140 8)	(.124 571 9)	(.105 527 6)	(.083 340 9)
父亲未上学	1.087 715	.721 735	1.072 724	1.373 677	.697 874 9*
	(.258 249 9)	(.194 539 1)	(.207 129 3)	(.303 384 7)	(.137 638 4)

续表

	助学金模型（发生比率）	助学贷款模型（发生比率）	勤工助学模型（发生比率）	减免学费模型（发生比率）	绿色通道模型（发生比率）
父亲小学	1.118 291	.729 674 2	1.013 022	1.193 06	.542 395 1***
	(.212 467 7)	(.153 033 6)	(.191 481 5)	(.220 435 6)	(.083 876)
父亲初中	1.048 138	.881 148 1	1.186 123	1.315 478*	.702 047 4***
	(.196 602 1)	(.173 294)	(.204 484 2)	(.213 524 6)	(.090 942 4)
父亲高中	1.109 603	.783 725 7	.991 446 5	1.189 04	.809 240 5
	(.214 689 2)	(.144 352 2)	(.159 870 6)	(.191 803 9)	(.109 169 2)
母亲未上学	1.005 02	1.054 162	.593 456 4*	.679 580 1	1.002 695
	(.2549 897)	(.289 805 1)	(.171 817 2)	(.167 599 7)	(.235 801 4)
母亲小学	1.080 871	.863 561 9	.611 453 5*	.702 610 8	1.178 364
	(.259 634 6)	(.220 126 9)	(.167 881 9)	(.168 211 8)	(.267 176 2)
母亲初中	1.142 371	.932 196 3	.708 042 3	.682 212 1	1.174 096
	(.272 282 9)	(.227 064 4)	(.190 752 8)	(.162 925 3)	(.258 222 3)
母亲高中	1.188 677	.914 248 1	.799 265 2	.829 947 1	1.186 393
	(.264 846 7)	(.226 504 2)	(.199 791 2)	(.174 943 5)	(.265 644 5)

*表示回归系数在10%水平上显著；**表示回归系数在5%水平上显著；***表示回归系数在1%水平上显著。括号中为稳健标准误。

五、研究结论及政策启示

基于调查数据和回归分析，本文得出如下结论：（1）高中学生普遍存在高估大学学费的倾向。很大比例的学生对三本院校的高收费具有一定程度的认识。偏差主要存在于对一本、二本和高职院校学费、特别是对高职学费的高估。当然，部分学生对三本学费也存在高估。也有部分学生存在低估学费的情况。（2）对学费估计准确性的回归分析表明，兄弟姐妹数、父母受教育程度等家庭背景方面的因素和学生是否能够准确估计学费数量具有一定的相关关系。此外，和就读三本院校学生相比较而言，就读一本、二本和高职的学生更不可能准确地估计学费，而就读二本的学生最不可能准确地估计学费。(3) 除了“绿色通道”之外，大部分高三学生都知道各类学生资助方式，比例接近或超过 80% 。而对于“绿色通道”，只有不到 30% 的学生知道，和其他资助方式相比，比例偏低。上文的回归结果表明，父亲受教育程度与是否知道“绿色通道”显著相关。而基线调查发现，“父母”是学生获得助学信息的首要渠道。这就在一定程度上解释了“绿色通道”知晓度偏低的现象。

上述发现具有一定的政策含义：(1) 学生对学费估计的准确与否有可能会影响到他们的相关学校选择和学校准备行为。高估和低估学费都可能会对他们的相关行为产生影响。高估学费有可能影响学生放弃上大学的机会，而低估学费也可能让学生对经济方面的因素考虑不周而选择上了某一类大学，在入学后却面临经济方面的困难，影响其学习生活。本文的研究表明，很大比例的高中学生对大学学费，特别是对一本、二本和高职的学费，存在高估的情况，也有部分学生低估大学学费。而对学费估计的准确性与家庭背景方面的因素具有一定的相关关系。因此，中学、地方教育行政主管部门及其他机构对学费等大学成本也应该加强相关信息的提供与宣传，特别是对处于相对弱势社会经济地位的学生，予以重点关注。(2) “绿色通道”是近年来政府大力推动的一种学生资助方式。但在现实中，高中学生对“绿色通道”的知晓度却明显偏低，这和政府的初衷相悖，在一定程度上影响了政府政策目标的有效实现，也可能使部分学生不能顺利地通过“绿色通道”进入大学，实现其进入大学学习的机会。我们的前期研究[12]表明，提供相关信息对学生通过“绿色通道”入学具有积极的影响作用。如何让更多的学生知道“绿色通道”是个富有挑战性的课题。本文的研究表明，“父母”是学生获取资助信息的首要渠道，而“绿色通道”的知晓与否又与父亲受教育程度显著相关。因此，中学、地方教育行政主管部门通过举办家长学校，对学生父母进行相关的培训，或许是一个可行的选择。此外，学校、地方教育行政主管部门也应改进学生资助的宣传方式。比如，基于本文关于“绿色通道”知晓度偏低的现象，可以考虑在宣传时把“绿色通道”放在更加醒目的位置。

总之，应通过各种努力，争取让高中生拥有比较丰富的大学学生资助和成本方面的信息，从而让他们在大学选择时更加理性地作出符合其未来发展的决定，同时为其顺利进入大学做好准备。

参考文献

[1] Ikenberry, S. O., T. W. Hartle. Too Little Knowledge is a Dangerous Thing: What the Public Thinks About Paying for College. Washington, DC: American Council on Education, 1998.

[2] Usher, Alex, A Little Knowledge Is A Dangerous Thing: How Perceptions of Costs and Benefits Affect Access to Education, Canadian Education Report Series, July 2005. http://www.educationalpolicy.org/pdf/littleknowledge.pdf.

[3] Long, Bridget Terry. The Effectiveness of Financial Aid in Improving College Enrollment: Lessons for Policy. Harvard Graduate School of Education, NBER and NCPR, 2008.

[4] Horn, Laura J., Xianglei Chen, and Chris Chapman. Getting Ready to Pay for College: What Student and Their Parents Know About the Cost of College Tuition and What They Are Doing To Find Out. NCES, U. S. Department of Education, 2003.

[5] Avery, Christopher and Thomas J. Kane. Student Perceptions of College Opportunities: The Boston COACH Program [M] // Caroline M. Hoxby. College Choices: The Economics of Where to Go, When to Go, and How to Pay for it. Chicago: University of Chicago Press, 2004: 356.

[6] Horn, Laura J., Xianglei Chen, and Chris Chapman. Getting Ready to Pay for College: What Student and Their Parents Know About the Cost of College Tuition and What They Are Doing TO Find Out. NCES, U. S.: Department of Education, 2003.

[7] Post, David. "College-Going Decisions by Chicanos: The Politics of Misinformation," Educational Evaluation and Policy Analysis, 1990 (2): 174-187.

[8] Grodsky, Eric and Melanie T. Jones. "Real and Imagined Barriers to College Entry: Perceptions of Cost," Social Science Research, 2007 (2): 745-766.

[9] SHI YAOJIANG, LINXIU ZHANG, YUANUAN BAI, RENFU LUO, SEAN SYLVIA, BRIAN SHARBONO, AND SCOTT ROZELLE. Taking the Next Step: Are Information and Finance Holding Poor Rural Students Back? [R]. Northwest Socioeconomic Development Research Center Working Papers, WP-07-E04, 2007.

[10] 刘晓宇、罗仁福、张林秀．高中在校生高等教育就学意愿、信息获取和筹资计划[R]. 西部社会经济发展研究中心讨论稿, WP-07-C8, 2007.

[11] Horn, Laura J., Xianglei Chen, and Chris Chapman. Getting Ready to Pay for College: What Student and Their Parents Know About the Cost of College Tuition and What They Are Doing TO Find Out. NCES, U. S. Department of Education, 2003.

[12] Loyalka, Prashant, Yingquan Song, and Jianguo Wei. Information. College Choice and Financial Aid: Evidence from a Randomized Control Trial in China. forthcoming.

中国现行高校学生资助政策评估

罗朴尚　宋映泉　魏建国

（2009 年 12 月）

一、导　　言

1997 年，中国结束了学费双轨制，开始全面实施高等教育成本分担政策。针对家庭经济困难学生上学难的问题，政府随之推出了一系列学生资助政策，包括奖学金、助学金、助学贷款等，以帮助他们顺利完成学业。2007 年，国务院出台了《关于建立健全普通本科高校高等职业学校和中等职业学校家庭经济困难学生资助政策体系的意见》，大大提高了学生资助的力度，扩大了学生资助的覆盖面。同时，地方政府、社会团体和大学也开始为大学生提供越来越多的资助。

尽管学生资助的来源急剧增加，然而目前针对现行学生资助政策所进行的全面有效的评估还比较缺乏。大学从各种渠道获取资助后如何将其分配给不同专业和背景的学生。在缺乏相关知识的情况下，学生很难预测他们是否有资格获得资助、会得到多少资助，以及他们上大学的净成本是多少。另外，政策制定者和其他学生资助提供者也无法评估不同类型的资助在多大程度上到达了目标人群——特别是来自低收入家庭的学生——的手中。和拥有健全税制的国家不同的是，中国没有统一、准确的方法用于评估学生的家庭收入，这就使得低收入家庭的学生在获得资助方面存在潜在的问题。该问题涉及两个层面：首先，政府和其他学生资助提供者可能无法准确判断大学生家庭收入的相对分布，因此，他们不能确定学生资助是否在不同的机构中得到有效的分配。其次，大学负责评定学生的家庭经济状况，对大部分的学生资助进行分配，然而，它们无法获得学生家庭收入的可靠数据，只能根据学生提供的基本背景信息来评定[1]。因此，大学可能无法将资助有效地分配给低收入家庭的学生。

针对上述问题，一方面，本文将清晰描述主要类型的学生资助和大学净成本在当前是如何根据本科院校的不同类型、层次、学校和专业进行分配的，以及根据这些分层，资助、成本是如何与学生社会经济地位的一般分布相联系的；另一方面，本文旨在提供更多可靠的信息来说明学生资助在当前是如何被分配给不同背景的个人的。笔者特别研究了不同类型的学生资助在多大程度上可以到达低收入家庭的学生手中。同时，笔者还研究了收入水平以外的其他学生背景特征和获得主要类型学生资助之间的关联程度。

近年来，已有一些研究关注此类问题[2-4]。尽管使用了相当大的样本量，但是这些研究仍存在一些局限。最主要的问题是，它们在选择大学、院系和学生个人的抽样程序方面还不够清晰并可能存在问题，同时调查问卷的回收率较低，这样就不能提供针对特定人群学生资助分配的可靠描述。此外，这些研究在评估家庭财富或社会经济地位（SES）时，或使用有关父母教育和工作状况的分类信息作为依据，或使用自测的家庭收入作为依据。像父母受教育程度这样的分类量度会使得社会经济地位在决定学生资助分配时所起的作用得不到系统考察，而自测的收入水平可能会出现相当大的测量误差[5]。最后，除了个别研究之外[6]，所有的这些研究只涉及一到两种学生资助，比如助学贷款或助学金；或者用学生所得到的资助总额作为产出变量进行分析[7]。

本文将试图克服这些局限。笔者所使用的样本是中国西北某省大学四年级学生的17%的简单随机样本。此外，基于最新的研究发现，我们构造了一个相对社会经济地位（SES）的连续量度。这个社会经济地位量度所使用的是政策制定者和大学行政人员通常无法获得的家庭资产信息。因此，它可以被看作是评估学生贫富不均的一个独立方法。笔者进一步在半参数回归中使用了这种连续量度，以说明社会经济地位和接受资助之间的潜在的非线性联系。最后，笔者考察了主要类型的学生资助和净学费在不同类型的大学和专业中的分布，以及学生社会经济地位和其他个人因素在多大程度上会影响这些类型资助的分布。

本文的主要研究发现为：（1）政府资助在很大程度上是按照政策制定者的目的进行分配的。也就是说，在高等教育机构之间公平分配国家助学金和奖学金；将国家助学金分配给大学中低收入家庭的学生；将国家奖学金/国家励志奖学金分配给大学中低收入家庭的能力高的学生。（2）将大学和社会资助以及助学贷款分配给了较高端院校的学生。（3）在大学内部，每一种学生资助都通过不同的形式分配给不同背景的学生。与大学资助和社会资助相比，政府资助和助学贷款更多地倾向于分配给低收入家庭的学生。（4）在将上述资助分配给个人时，不仅考虑学生的社会经济地位，也考虑高考成绩、性别和党员等因素。（5）除了上述发现外，值得关注的一个问题是，超过60%的学生至少得到了一些类型的资助，而处于SES底端30%的学生中有大约五分之一的学生没有得到任何类型的资助。

本文的其他部分包含以下内容。第二部分详细描述了数据来源；第三部分对社会经济地位、学生资助和净大学费用在本科院校的文理科、不同层次大学、不同大学、不同专业之间的分布进行了探讨；第四部分研究了学生资助在多大程度上可以到达低收入家庭的学生手中，以及除了社会经济地位以外，是否还有其他因素影响学生资助的获取；第五部分为结论。[①]

二、数　　据

笔者收集了一个针对某省本科学生的17%简单随机的样本。这些学生参加过某省的理科或文科高考，同年被某省某所本科院校录取（以下简称“2008某省数据”）[②]。该调研涉及41所本科院校，其中一本院校12所，二本院校15所，三本院校14所。在8 521名样本学生中，有502名进入军事院校无法接受调研。在剩下的8 019名学生中，有7 197名参加了调研，550名没有到被录取学校报到，23名在大四之前辍学，40名拒绝参加调研，209名无法找到。[③] 因此，这个数据很好地代表了在高三年级考入某省非军事本科院校的本省学生。

2008某省数据提供了丰富的学生信息：家庭背景、高中特征、大学报考和入学信息、获得的学生资助以及毕业后的预期收入等。本文讨论的学生资助类型可分为：（1）政府资助，包括国家奖学金、国家励志奖学金、国家助学金；（2）大学资助，包括由大学提供的奖学金、助学金、学费减免、

① 本文的完整版本为：Prashant loyalka，Yingquan Song and Jianguo Wei，The Distribution of Financial Aid in China：Is Aid Reaching Poor Students?（Forthcoming）.

② 2005年，约有70%的某省学生升入了本省的大学。

③ 总体和样本仅包括纯粹通过文理科高考入学的学生，不包括文体特长生等。

特殊困难补助等；（3）社会资助，包括由基金会、慈善组织、公司、相关政府等提供的奖学金、助学金；（4）助学贷款，包括国家助学贷款、国家开发银行生源地信用助学贷款。获得各种资助的学生比例和人均资助额度如表1、表2所示。

表1　获得政府资助的学生比例和人均资助额度（元）

	国家助学金			国家奖学金/国家励志奖学金			所有政府资助		
	理科	文科	总计	理科	文科	总计	理科	文科	总计
一本	0.46 1 363	0.39 1 645	0.45 1 400	0.06 5 232	0.05 5 206	0.06 5 228	0.49 1 905	0.41 2 253	0.48 1 949
二本	0.44 1 497	0.39 1 558	0.42 1 515	0.07 4 510	0.08 4 006	0.07 4 327	0.48 1 996	0.45 2 058	0.47 2 016
三本	0.34 994	0.45 859	0.39 930	0.04 4 854	0.04 4 535	0.04 4 722	0.36 1 416	0.47 1 201	0.40 1 316
总计	0.43 1 394	0.41 1 401	0.43 1 396	0.06 4 798	0.06 4 229	0.06 4 627	0.47 1 903	0.45 1 890	0.46 1 899

来源：2008 某省数据。

表2　获得非政府资助的学生比例和人均资助额度（元）

	大学资助			社会资助			助学贷款		
	理科	文科	总计	理科	文科	总计	理科	文科	总计
一本	0.33 861	0.29 794	0.32 852	0.04 2 705	0.02 1 917	0.04 2 650	0.17 5 232	0.09 4 905	0.15 5 205
二本	0.27 698	0.27 700	0.27 699	0.01 1 345	0.01 2 129	0.01 1 541	0.08 5 177	0.07 4 704	0.08 5 039
三本	0.20 714	0.16 693	0.18 707	0.01 3 275	0 n/a	0 3 275	0.01 5 150	0.01 5 250	0.01 5 200
总计	0.28 767	0.25 716	0.27 754	0.02 2 457	0.01 2 031	0.02 2 410	0.10 5 209	0.06 4 770	0.09 5 127

来源：2008 某省数据。

三、学生资助和大学成本的分布

这一部分主要讨论学生资助和大学成本在文理科、不同层次大学、大学和专业之间的分布，并将其和学生社会经济地位在其中的分布作比较。根据高等教育机构来考察资助、成本和社会经济地位的分布是很重要的，因为许多类型的资助首先是在大学层面进行分配，然后才由大学分配给单个的学生。而且，中国的学生在选定文科或理科后报考各个批次的大学和专业，他们只会被一所大学的一个专业录取。因此，考察资助和费用在文理科、不同层次大学、大学和专业之间的分布可以使学生在选择院校和专业时了解他们将会面对的学生资助机会和大学净费用。①

由于一些原因，特定类型的资助或资助总额可能与社会经济地位在文理科、不同层次大学、不同大学、不同专业之间的分布不匹配。正如前面所提到的，政策制定者和其他学生资助提供者（大学、银行和其他社会组织）很难确定社会经济地位在高等教育机构之间的相对分布。不同的提供者在向大学（或特定大学里的个人）提供资助时，其目的也不尽相同。

下文利用2008某省数据来描述文理科、不同层次大学、不同大学、不同专业之间的社会经济地位、资助和费用分布的实际模式。

（一）本科院校系统内部的社会经济地位分布

表3和表4对某省内学生社会经济地位在本科院校体系中的分布作了统计。文科学生的平均社会经济地位明显比理科学生的要高出一些（差0.21个标准差）②，一本院校学生的平均社会经济地位明显比二本院校的高一些（差0.25个标准差），三本院校学生的平均社会经济地位比一本院校和二本院校的都要高（分别差0.41个标准差和0.66个标准差）。就单个大学来说，一本院校中最具选择性院校学生的平均社会经济地位比次选择性院校要高出许多（稍高于1.2个标准差）；然而，一本的其他院校之间或其他层次内的大学之间，差别相当小。此外，经济学、法律、文学和管理专业学生的平均

① 净费用是用总费用减去除贷款以外的各种学生资助。

② 显著性检验是根据卡方检验和单因素方差分析来进行的。

社会经济地位比农业、教育、医学和理学专业学生的要高，但是在比较各个层次大学内的专业的时候，这个差距便会大幅度减小。

表3 不同层次大学文理科学生的平均社会经济地位

	文 科	理 科	合 计
一本院校	-.16	-.82	-.73
二本院校	-.91	-1.30	-1.20
三本院校	.07	.03	.05
合计	-.58	-.97	-.86

数据来源：2008 某省数据。

表4 不同层次大学不同专业学生的平均社会经济地位（包括文理科的学生）

	一本院校	二本院校	三本院校	合 计
经济学	.05	-.41	-.19	-.27
法律	-.35	-.48	-.28	-.46
教育	-.97	-1.48	-2.04	-1.41
文学	-.07	-1.14	.38	-.57
历史	-.35	-1.57	n/a	-1.36
理学	-.82	-1.63	-.07	-1.32
工程	-.83	-1.35	-.00	-.93
农业	-1.69	-1.74	n/a	-1.47
医学	-.24	-1.77	n/a	-1.61
管理	-.72	-.87	.05	-.60
所有专业	-.72	-1.20	.05	-.86

数据来源：2008 某省数据。

（二）文理科和不同层次大学中的学生资助分布

这里对文理科学生和不同层次大学学生之间获得不同类型资助的平均

机会以及这些资助的平均金额进行比较。总而言之，就读于某省本科院校的本省学生至少获得某些类型学生资助的几率相当高（61%）。文科（63%）和理科（59%）的差距，以及一本（67%）、二本（61%）和三本院校（50%）的差距在统计上比较显著。此外，有 26% 的学生会获得一种以上的资助。

国家助学金。理科学生比文科学生更容易获得国家助学金（43%，41%），这在一本和二本院校里尤为突出。然而，文理科的人均金额几乎是一样的（1 394 元，1 401 元）。

国家助学金的分配因大学层次不同而存在差异。与一本和二本院校的学生相比，三本院校学生获得国家助学金的机会少于一本和二本院校（39%，45%，42%），同时，人均获得的资助额也会少许多。相对来说，一本和二本院校的学生会有同等的机会获得同等金额的国家助学金。

从这里可以看出，国家助学金的分布更偏向于社会经济地位比较低的人群，如前文所述，这和政府政策目标是相一致的。例如，理科学生的社会经济地位比文科学生的要低一些，他们获得资助的几率就会高一些。此外，如同一本和二本院校之间获得资助的几率分布一样，其平均社会经济地位也极为相似。

国家奖学金/国家励志奖学金。文理科学生获得国家奖学金/国家励志奖学金的几率是一样的（6%），但是理科学生的人均资助额度要高许多（4 798 元，4 229 元）。这种模式和国家助学金模式类似，因为它也是根据科类和大学层次间的社会经济地位的分布而形成的。总之，政府资助和下文分析的三种非政府资助是不同的，因为它们的分布并不总是和不同层次大学间的社会经济地位的分布相一致。

大学资助。理科学生获得大学资助的比例（28.3%）比文科学生（24.8%）要高出许多。就获得这种资助的学生比例而言，一本院校（32%）比二本院校（27%）高许多，而二本院校比三本院校（18%）高许多。此外，一本院校中的人均大学资助额度（852 元）比二本院校（699 元）和三本院校（707 元）的要高[①]。

社会资助。社会资助仅仅覆盖 1.7% 的学生，但是人均资助额度却相当

① 无论是从文理科结合来看或是只从理科来看，情况都是如此。大学层次的不同对文理学生没有太大的影响。

高（2 410 元）。理科学生获得社会资助的比例是文科学生的 2 - 6 倍①。一本院校的学生获得社会资助的比例（4%）也比二本（1%）或三本院校（0%）的学生要高，而且一本院校的学生获得的人均资助额度（2 650 元）也比二本院校（1 541 元）的高许多。

助学贷款。总的来说，大概有 9% 的学生可获得贷款。理科学生（10%，文科学生 6%）和比较具有选择性的院校（一本、二本和三本院校分别为 15%、8% 和 1%）的学生更有可能获得贷款。贷款额度基本都是一样的，因为相关政策规定了范围。

（三）大学间不同类型学生资助的分布

在分析完主要类型的学生资助在文理科和不同层次大学之间的分布后，笔者将考察资助在单个大学的分布。通过控制学生社会经济地位这一变量，笔者特别研究了学生可能获得不同类型的学生资助在院校之间的区别，以及学生获得的平均额度②。为了达到这个目的，笔者使用了部分线性回归模型（partial linear regression），其中作为非参数成分的社会经济地位和大学虚拟变量都位于等式的右边[8][9]：

（1）Y = f（社会经济地位） + 大学虚拟变量 + 误差项

在上面的等式中，Y 可以是二分变量（获得资助 = 1，没有获得资助 = 0），也可以是连续变量（获得的资助金额），社会经济地位是连续指标，大学虚拟变量是代表各个大学的变量。

笔者将产出结果为“一个学生是否获得资助”的部分线性回归分别应用于五种主要类型的学生资助。在控制社会经济地位变量的情况下，只有一所大学的学生比省内一流大学（参照组）③ 的学生获得国家助学金的可能性

① 这是根据以“是否获得社会资助”为因变量、以“是否来自理科”为其中一个自变量构造的 logit 回归的结果，通过“是否来自理科”之估计系数的 95% 置信区间所得出的。

② 笔者通过非参数来控制社会经济地位，因为社会经济地位和获取资助学生资助之间的关系可能不是线性的（或者是明显的非线性函数）。比如，如果社会经济地位和获得资助学生资助之间的关系线是凹的，那么关于社会经济地位（SES）的资助线性回归会对最低水平社会经济地位（SES）和高水平社会经济地位（SES）的资助估计过高，对中等水平社会经济地位的资助估计过低。因此，如果一些大学拥有大量社会经济地位（SES）中等的学生，那么看起来这些大学获得的金额比他们应得的要少。

③ “省内一流大学”是指位于该省的最好的一所“985”高校。

要小很多，而 7 所大学的学生获得国家助学金的可能性要高很多。就国家奖学金/励志奖学金而言，13 所大学的学生比省内一流大学的学生获得资助的可能性要小许多，没有大学的学生具备更高的获得这类型资助的可能性。其他类型的资助（大学资助、社会资助和贷款）更为极端，30 所以上大学的学生比一流大学的学生获得资助的可能性要低。此结果表明，如果控制社会经济地位（SES）的话，那么一个学生获得国家助学金的机会与他所就读的特定大学之间几乎不存在任何关系。学生就读的大学与获得国家奖学金/励志奖学金的机会有很大关系，与获得大学资助、社会资助和贷款的机会的关系则更大。

笔者还将产出结果为“一个学生所获得的资助金额”的部分线性回归分别应用于五种主要类型的学生资助。在控制社会经济地位变量的情况下，大部分学校的人均资助额度比省内一流大学的要低许多。此外，这些学校的人均资助额度和一流大学人均资助额度在数目上相差很多：一流大学的学生人均获得的贷款比其他大学多出 600 – 1 500 元不等，人均获得的非贷款资助的总额多出 500 – 1 600 元。这样，如果控制社会经济地位变量的话，那么学生就读的特定大学和他所获得的学生资助金额有着很大的关系。

前文的发现都说明政府资助（特别是国家助学金）在文理科、大学层次和大学之间的分布与社会经济地位（SES）在文理科、大学层次和大学之间的分布联系紧密。相比之下，大学资助、社会资助和助学贷款在这些类别间的分布与社会经济地位的关系不大，而和其他因素的关系更大，比如院校选择性。

（四）总费用和净费用

由文理科、大学层次、大学和专业所决定的上大学总费用①是学生及其家庭最为关心的事情，而且可能会影响学生资助的分布。可以看出，每个大学层次之内，理科学生的平均总费用比文科学生的明显要高出许多（600 – 700 元左右）。同样，一本院校学生的平均总费用（5 618 元）比二本院校

① 总费用是根据某省不同大学和专业的年度官方学费一览表和学生自行报告的年度住宿费计算出来的。笔者并没有将学生自行报告的伙食费、学习材料费、交通费及娱乐费计算在内，因为这些费用多是根据学生的喜好决定的，而不是由学生所读的大学和专业类型所决定的（特别是因为样本中的所有大学都在同一个省）。

学生的（5 139 元）要高，而三本院校学生的平均总费用（10 397）比其他本科院校学生的都要高。

就专业方面的平均总费用而言，理学和工程专业是各层次本科院校中最昂贵的专业，而经济学和法律则属于各层次本科院校中最便宜的专业。医学同样是一本和二本院校中较为昂贵的专业，而管理则是二本和三本院校中较为便宜的专业。然而，如果按专业对所有本科院校学生的平均学费进行简单比较就会发现，更为昂贵的专业是经济学、管理和文学。这是因为三本院校中经济学、管理和文学专业的学生比例较大（三本院校学生的总费用较高）①。

关于由文理科、大学层次和专业所决定的平均大学净费用，总的来说，同类院校内，理科学生比文科学生花得费用要多（大约 500 - 600 元），尽管事实上他们的平均社会经济地位（SES）要低一些（前两类院校）②。一本、二本和三本院校学生的平均净费用也存在显著的差别（分别为 4 268 元、3 988 元、9 463 元）。不同专业的平均净费用情况大致和平均总费用的相同：各类院校的理学和工程专业是最昂贵的专业。这就意味着，和其他专业比起来（比如经济学），前两类院校中的某些专业（比如理学）的学生的平均社会经济地位较低，但是他们需要交纳较高的学费③。此外，在考虑学生资助的情况下，一流大学（其平均总费用比一本中其他大部分院校高 500 - 800 元）的费用和其他一本院校的不相上下。最后，和一流大学比起来，有两所大学的平均净费用要高，有两所大学的平均净费用要低。

最后，就文理科、各个大学层次而言，社会经济地位第 30 百分位数以下的学生（“低百分位数学生”）的平均净费用比第 70 百分位数以上的学生（“高百分位数学生”）的要低。就一本、二本和三本院校来说，理科的低百

① 净费用的情况也是如此。

② 这节提到的差别都具有统计意义。

③ 确切来说，在一本院校中，经济和文学专业的学生的平均净学费比理学、工程和管理专业学生的要少（大约 400 - 800 元），尽管他们的平均社会经济地位（SES）要高（.36 比 .47 标准差）。在二本院校中，经济和法律专业的学生拥有较高的平均社会经济地位（SES）（.61 比 .72 标准差），但是他们的平均净学费比医学和理学专业学生的要低（大概 400 - 1 000 元）。专业之间的这种平均净学费差距可归因于专业之间的平均总费用差距。也就是说，一本院校中，经济和文学专业的学生所获得的非贷款资助的平均额度（13 00 - 19 400 元）与理学（1 200 元）、工程（1 400 元）和管理（1 000 元）专业的学生所获得的相同，或是稍高一些。二本院校的经济和法律专业的学生获得的非贷款资助的平均额度（1 100 元）与医学（1 300 元）和理学（1 100 元）专业的学生所获得的也十分接近。

分位数学生的平均净费用和高百分位数学生的比起来分别少 1 300 元、800 元和 1 000 元；文科的低百分位数学生的平均净费用和高百分位数学生的比起来分别少 1 100 元、1 100 元和 1 400 元①。三类院校中理科专业的低百分位数学生获得的全部非贷款资助的平均额度分别为 2 200 元、1 700 元、1 600 元；文科专业的低百分位数学生获得的相应额度分别为 2 000 元、1 900 元、1 900 元。

因此，低百分位数学生会得到更多的资助，这样他们的净费用就会比高百分位数学生的低。换句话说，相对于社会经济地位高的学生，社会经济地位低的学生会得到额外的资助来支付学费。同时，值得注意的是，大约有 20% 的低百分位数学生得不到任何资助（贷款或非贷款资助），而 40% 的高百分位数学生却得到了一定类型的学生资助。

四、资助和个人

本部分将说明社会经济地位在多大程度上可以解释不同类型的学生资助在个人之间的分配。本部分还探讨了高考成绩、性别和党员等因素是否会影响学生资助的分布。

社会经济地位以外的学生特征会影响学生资助的分布是有原因的。首先，高考成绩反映了一个学生就读大学的选择性，前文的分析表明院校的选择性会影响资助的获得；其次，男女生不同地被筛选到文理科以及不同大学层次、大学和专业中，而如前文所示，学生在大学体系内的不同位置会影响他们获得资助的机会；最后，党员可能会影响到学生资助的获得。

首先，我们将探讨学生的社会经济地位在多大程度上会影响学生资助在本科院校体系之间的分布。接着，我们用高考成绩代替社会经济地位后再次进行了分析，以研究成绩对学生资助分布的影响程度（不考虑学生社会经济地位）②。

---

① 低百分位数学生和高百分位数学生获得的非贷款资助的平均总额之间的差别是相近的：一本、二本和三本院校理科的差别分别为 1 200 元、8 00 元、800 元；一本、二本和三本院校文科的差别分别为 1 100 元、1 000 元、1 200 元。

② 讨论社会经济地位的时候，笔者将文理科学生都考虑在内，而讨论高考成绩的时候，我们只选择了理科学生（文理科的考试是不同的）。事实上，社会经济地位的结果也得出了同样的解释，无论是考虑文理科还是只考虑理科。

基于获得或没有获得国家助学金与社会经济地位和考试成绩之间分别的萨默斯 D 的 95% 置信区间,① 可以看出，假定随机抽取一个获得国家助学金的学生和一个没有获得国家助学金的学生，那么获得资助的学生是社会经济地位高的可能性比是社会经济地位低的可能性要低 39% －44% （与未获得资助的学生相比）[10]。同样，获得国家助学金的学生成绩高的比例比成绩低的比例多 1% －8% （与未获得资助的学生相比）。换句话说，获得国家助学金的学生比起没有获得的学生来说，往往拥有较低的社会经济地位；同样，通常获得资助的学生的成绩比没有获得资助的学生的成绩略高。

国家奖学金/励志奖学金和社会经济地位（SES）的萨默斯 D 估计值在数值上比国家助学金要小，考试成绩的估计值同样拥有更大的置信区间。这说明，国家奖学金/励志奖学金的分布和社会经济地位负相关，但没有国家助学金与社会经济地位的相关程度高。而且，获得国家奖学金/励志奖学金的学生仅仅略有可能具有较高的成绩（当将某省当地的本科院校学生作为一个整体来考虑的时候）。

对其余类型的学生资助而言，该估计值各不相同。用不太精确的语言来说，如果将本科院校体系作为一个整体来看的话，那么社会经济地位和成绩和学生获得大学资助几乎没有什么关系。社会经济地位与获得社会资助呈低度负相关，而一个学生的考试成绩与获得社会资助呈高度正相关。最后，与没有获得助学贷款的学生相比，获得助学贷款的学生一般拥有较低的社会经济地位和较高的考试成绩。

为了进一步考察社会经济地位的不同成分对以上结果的影响程度，我们使用父母受教育程度虚拟变量、收入水平虚拟变量、户口类型虚拟变量对是否获得各类资助进行回归。可以看出，收入水平、父母的受教育程度和户口很明显与获得国家助学金和助学贷款的可能性呈负相关。收入水平和户口同样很明显与获得大学资助和国家奖学金/励志奖学金的可能性呈负相关。社会经济地位成分在很大程度上与社会资助的获取没有关系，但是极高收入水平类别里的学生获得社会资助的可能性很低。

接下来，笔者所讨论的重点是：在控制社会经济地位的情况下，其他因素是否会影响学生资助的分布，比如考试成绩、性别和党员。笔者所使用的

---

① 就两个变量 X 和 Y 来说，如果 X 是二分变量（1 = 获得资助，0 = 没有获得资助），Y1 是从获得援助（X = 1）和没有获得援助（X = 0）的学生总体中随机抽取出来的社会经济地位的个别值，那么萨默斯 D 值可以描述为 P（Y1 ＞ Y0）－P（Y0 ＞ Y1）（Newson，2001）。

是部分线性回归，将“是否获得资助”作为因变量，将社会经济地位作为非参数成分。将考试成绩、女性、党员作为线性协变量带入不同的回归方程。

在控制社会经济地位变量的情况下，高考成绩与获取国家奖学金/励志奖学金、大学资助、社会资助和助学贷款的可能性呈显著的正相关。在灵活控制社会经济地位变量的情况下，女生获得国家助学金、国家奖学金/励志奖学金和大学资助的可能性要高一些。最后，党员学生获得各类学生资助的可能性都更高。此外，女生指标的系数在估计值上很小，而涉及国家奖学金/励志奖学金和大学资助的时候，党员的系数非常大①。

下文将进行最后两项分析。首先，用社会经济地位和表明学生所就读大学的分类变量对是否获得资助进行非参数回归。将学生就读学校变量包括在内是基于如下事实：许多学生资助的分配是先在大学之间进行分配，然后由大学评定学生的家庭经济状况，并将资助分配给具体的个人。加入大学变量后，我们可以集中探讨大学学生资助工作人员的活动。其次，笔者依然使用了作为非参数成分的社会经济地位和其他如性别、成绩和党员一类的学生特征对是否获得特定类型资助进行部分线性回归——然而，这次还加入了大学虚拟变量。加入大学虚拟变量后，再次对大学学生资助工作人员在其大学内的行为进行集中研究。

非参数回归表明，一些类型的资助系统性地被分配给了大学内社会经济地位较低的学生，而另外一些类型的资助则不是如此。可以看出，大学将更多的国家助学金分配给了社会经济地位较低的学生，助学贷款同样被分配给了大学里社会经济地位较低的学生。相比之下，一些大学更多地将大学资助分配给了社会经济地位低的学生，而另外一些大学则更多地将大学资助分配给了社会经济地位高的学生。

关于结合了大学虚拟变量、社会经济地位和不同学生特征的部分线性回归的结果表明，学生的高考成绩与获得国家奖学金/励志奖学金的可能性之间有着更大的关系。这与下面的观念是一致的：决策者试图将这种类型的资助在大学间进行公平分配，但是在大学内部，成绩较高的学生会获得更多的奖学金。此外，就大学资助和助学贷款而言，考试成绩的系数在统计上不显著为零。这就确定了一个事实：大学资助的分布按照社会经济地位而言可能

① 笔者同样运行了线性回归，用代表父亲受教育程度、母亲受教育程度、收入类别和城镇/农村户口的虚拟变量取代了社会经济地位的指标。其结果基本与部分线性回归的结果类似，只除了一种情况：党员获得助学贷款的可能性不大。

是不公平的，因为许多较高选择性的大学拥有更多的事业费收入，而根据规定，大学须将事业费收入的一定比例用于学生资助。这也为另外一个观点提供了支持，即助学贷款的分配多基于院校的选择性（而不是基于学生在特定大学里的成绩）。加入大学虚拟变量以后，助学贷款回归中的党员系数变得无关紧要——这可能是因为党员和其他的大学相关特征是相关的。其他的考察结果在本质上和前文相同：在考虑了社会经济地位和大学之间差异的情况下，女生和党员更可能获得资助。

五、结　　论

本文研究发现政府学生资助在很大程度上都是按照政策制定者的目标进行分配的，也就是说，在高等教育体系内公平分配国家助学金和国家奖学金/励志奖学金，将国家助学金分配给大学中低收入家庭的学生，将国家奖学金/励志奖学金分配给大学中低收入家庭的能力高的学生。同时，本文发现其他类型的学生资助主要是面向较高选择性院校的学生，而较少面向低收入家庭的学生，比如大学资助、社会资助和助学贷款。此外，将大学学费固定在一定的水平也使得一本院校的学生比二本院校学生占优势。相比其他类型院校的学生，三本院校的学生似乎也承受着不成比例的重负。因此，如果要增加学生资助的公平性，须将更多的资助分配给低选择性二本院校和三本院校的学生。

本文还发现不同类型资助的分布不仅考虑了学生的社会经济地位和高考成绩，还考虑了其他因素，比如性别和党员。同时，本文的分析只是初步的探索，在未来的研究中可以更加细致地考察学生特征与获得资助之间的关系，通过结合更多的因素考察其影响资助获得的程度大小。

最后，除了探讨学生资助在院校和个人之间的分布之外，本文还描述了学生所面临的实际大学成本的基本轮廓。大学费用可能会成为社会经济地位低的学生（比如来自农村的学生）的一项重负。① 未来的大学生们，尤其是

① 一本的大学净费用（学费和住宿费减去非贷款学生资助）只占某省城镇家庭每年人均可支配收入的40%，却占农村家庭人均纯收入的160%。城镇家庭还能支付得起三本院校的平均大学净费用（大约是其每年人均可支配收入的90%），农村家庭则难以支付这样的费用（大约是其每年人均纯收入的360%）。

那些来自低收入背景的学生，很可能对上大学的实际费用一无所知。而知道文理科、不同层次大学和不同专业之间的平均净费用可以帮助学生估计未来上大学的费用和收益，以便在报考大学的时候作出更理性的选择。

参考文献

[1] 教育部，财政部. 关于认真做好高等学校家庭经济困难学生认定工作的指导意见（教财［2007］8 号）。

[2] [7] Yang Po. Who gets more financial aid in China A multilevel analysis [J]. International Journal of Educational Development, 2010, 30 (6).

[3] [6] Shen, Hong. The Political and Social Effects of Student Financial Aid. Presented at the Annual Conference of the Chinese Society for the Economics of Education. Shanghai, 2008.

[4] 李文利. 高等教育私人支出、家庭贡献与资助需求分析 [J]. 教育与经济，2006 (1): 14-17.

[5] Deaton, Angus, and Salman Zaidi. Guidelines for Constructing Consumption Aggregates for Welfare Analysis. LSMS Working Paper 135, The World Bank, 2002.

[8] Li, Qi & Jeffrey Scott Racine. Nonparametric Econometrics: Theory and Practice. Princeton University Press, 2006.

[9] Yatchew, Adonis. An Elementary Estimator of the Partial Linear Model. Economics Letters, 1997, 57 (2): 135-143.

[10] Newson, Roger. Somersd-Confidence Intervals for Nonparametric Statistics and their Differences. Stata Technical Bulletin, StataCorp LP, 2001, 10 (55).

市场还是政府

——美国学生贷款提供机制的重大调整

魏建国

（2010 年 4 月）

由于学生和家长无法提供有效的担保方式，使得学生贷款和普通商业贷款具有很大差别。商业银行的营利性诉求和学生贷款的公益性之间存在冲突。在这种情况下，政府就需要在学生贷款的提供机制中扮演一定的角色。是政府提供本金发放贷款还是通过一定机制鼓励商业银行发放贷款，成为各国政府面临的一个选择。如何妥当地处理市场和政府的关系也就成为学生贷款制度设计中面临的一个重大难题。美国联邦政府曾经运转两种学生贷款模式，一种是政府通过担保和补贴机制由私人金融机构提供本金并负责发放的联邦家庭教育贷款项目，一种是由联邦政府提供本金的直接贷款项目。2010 年 3 月 30 日，奥巴马总统签署了《卫生保健和教育协调法》（The Health Care and Education Reconciliation Act）。该法规定从 2010 年 7 月 1 日起将所有联邦学生贷款转为直接贷款项目，从此取消联邦家庭教育贷款项目。这一立法意味着美国学生贷款提供机制由过去的市场和政府并重向偏重政府的方向调整。这一调整对其他各国的学生贷款制度设计必将产生一定的启发意义。本文将对相关问题予以评述和讨论。下文共分三个部分：首先对《卫生保健和教育协调法》的出台过程予以描述；接着介绍这部法律涉及教育的主要内容；最后进行若干分析和讨论。

一、《卫生保健和教育协调法》的出台过程

值得注意的是，学生贷款和卫生保健出现在同一部法律中，这是什么原

因呢？难道卫生保健和教育之间真有许多内在的关联而必须在一部法律中予以规定吗？要解开这一疑惑，还须对《卫生保健和教育协调法》的出台过程有一个清晰的了解。

医疗和教育改革是奥巴马政府的优先考虑事项（Priorities），旨在提供全民医保的医疗改革更是各项之首。美国是发达国家中少有的没有提供全民医保的国家。奥巴马总统想完成其他多位总统百年未尽的事业。然而，欲扩大医保覆盖范围，必将要加大政府投入，增加纳税人负担；同时，相关措施也会影响保险公司、医院等机构的利益。因此，这项改革诉求在美国存在很大争议，民主党和共和党之间也存在重大分歧。

美国国会众参两院分别在去年 11 月和 12 月通过了各自的医改法案。众议院于 11 月通过了《可负担卫生保健法》（The Affordable Health Care for America Act），参议院于 12 月通过了《患者保护和可负担医疗法》（The Patient Protection and Affordable Care Act）。两院民主党人原计划通过立法程序形成最后的法案提交奥巴马总统签署。但参议院健康、教育、劳工与养老金委员会主席爱德华·M. 肯尼迪的去世以及今年 1 月民主党人在马萨诸塞州参议员补选中的失利，导致民主党失去了参议院的 60 票多数席位，从而无法阻止共和党通过所谓“阻碍议事程序”（Filibuster）来拖延医改法案在参议院通过。所谓阻碍议事程序是指通过无休止的辩论阻碍法案的通过，是西方国家议会运作中的一种惯常做法。

随后，民主党人决定启用“预算协调”程序（Budget Reconciliation）推进医改。这里有必要再简单介绍一下美国国会立法中的“预算协调”程序。预算协调程序是 1974 年《国会预算与节余控制法》（The Congressional Budget and Impoundment Control Act）提出的。和一般的国会立法程序相比，预算协调程序的突出特点是：通过预算协调程序的立法在参议院不受“阻碍议事程序”的限制，仅规定有 20 个小时的辩论时间，在表决前几乎不可能提出修改方案，在表决时简单多数通过即可。[1] 协调程序的最初目的是，允许国会在财政年度末能够迅速地通过法律，从而对收支水平进行微小的调整。然而，国会通常用预算协调程序去通过大规模的收支政策。预算协调程序成为推进改革措施的一个强有力的国会立法手段。在历史上，民主、共和两党都采用过这一立法程序。

由于在参议院丧失了 60 票多数，民主党人只能通过预算协调程序推进改革。他们选择首先表决通过参议院已经通过的医改版本，然后再通过预算协调程序对其予以修订。这样，关于医改的法律就由两部构成。

以上所提到的都是有关医疗改革的立法，与本文的重点——学生贷款改革并没有关系。其实学生贷款改革立法在同一时期也在紧锣密鼓地推进。2009 年 2 月 26 日，奥巴马总统发布了他的 2010 财政年度初步预算要求（Preliminary Fiscal Year 2010 Budget Request）。建议从 2010 年 7 月 1 日开始，不再给参加联邦家庭教育贷款项目的贷款机构提供补贴。教育部将雇用更多的贷款服务机构，将所有新的联邦担保学生贷款都转入直接贷款项目。[2] 2009 年 9 月众议院以 253 比 171 票通过了《学生资助和财政责任法》（The Student Aid and Fiscal Responsibility Act）。在众议院的学生贷款改革立法通过后，参议院并没有通过相应的法律。同时，前文已经提到，参议院的格局发生了变化，民主党人丧失了 60 票多数。学生贷款改革和医疗改革面临相同的命运。而预算协调程序在一个财政年度内只能被使用一次。在这种情况下，民主党人想把学生贷款改革法案打包进医疗改革法案，试图通过预算协调程序一并通过。民主党人急于将学生贷款改革打包通过，一方面是因为学生贷款改革一直以来也是奥巴马政府的优先考虑事项；另一方面，是因为美国面临中期选举，国会未来的状态并不确定，对于未来能否顺利地通过学生贷款改革法案，包括参议院健康、教育、劳工与养老金委员会主席汤姆·哈金和众议院教育与劳动委员会主席乔治·米勒在内的民主党人并没有把握。[3]

民主党人认为，将学生贷款和医疗改革打包通过预算协调程序表决，还有可能增加医疗改革法案通过的可能性。首先，根据法律要求，通过预算协调程序表决的法案，须满足缩减赤字的要求。而学生贷款法案的预算节余有助于整个协调法案缩减赤字，以使得整个法案足以满足预算协调程序的要求。其次，众议院民主党议员更支持《学生资助和财政责任法》，如果将卫生保健法案与其打包，将更有可能获得支持。去年支持学生资助法案的民主党议员要多于支持卫生保健法案的议员。而在参议院，即使有可能会丢掉几个中右民主党人的选票，但是还是能够保证获得法案通过所需的 51 票。[4] 当然，私人金融机构强烈反对学生贷款改革，它们花费巨额资金通过院外活动进行游说。最大的学生贷款机构赛利美（Sallie Mae）2008 年支出 320 万美元、2009 年支出 348 万美元用于院外活动，力图阻止学生贷款改革方案的通过。[5] 因此，如果两项改革打包推进，卫生保健改革除了已有的保险公司的反对外，也可能会遭到私人金融机构组织的院外活动人士的强烈反对。不过如果法案真的得以通过，则是一个巨大的成功。所以，从某种意义上而言，这次通过预算协调程序表决打包法案，对于奥巴马政府和民主党人而言无疑是一场赌博。

幸运的是，他们的赌博成功了！预算协调立法程序基本上按照民主党人预想的步骤展开。2010 年 3 月 21 日，众议院首先针对参议院去年通过的医疗改革法案进行表决，通过了《患者保护和可负担医疗法》；然后对包括医疗改革和学生贷款改革在内的预算协调法案进行表决，以 220 比 211 票通过了《卫生保健和教育协调法》。所有的 178 名共和党议员和 33 名民主党议员投票反对。《卫生保健和教育协调法》随后送交参议院表决。在参议院，法案面临共和党人的无数次修改，但由于预算协调程序的限制，大部分都失败了。有关佩尔助学金的两个条款因违反了预算协调规则而被进行非实质性的技术修正。3 月 25 日，参议院以 56 比 43 票表决通过，所有的共和党议员和 3 名民主党议员投票反对。经参议院修正的法案再次被打回众议院。在同一天稍后时间，众议院又以 220 比 207 票表决通过参议院修改的版本，送交总统签署。奥巴马总统于 2010 年 3 月 30 日签署该法。[6]

《卫生保健和教育协调法》的通过给奥巴马带来了其上任以来改革卫生保健和学生贷款的两次关键性的胜利。奥巴马在签署法案的讲话中指出，该法的通过是“自《退伍军人法》（G. I. Bill）通过以来高等教育领域最重要的投资”[7]；“卫生保健和教育是为美国经济和未来确立新的基础的两个支柱。《卫生保健和教育协调法》加上上周签署的法律（医疗改革的另一重要组成部分《患者保护和可负担医疗法》），我们最终完成了有意义的卫生保健系统的改革。这个法，加上过去一年我们采取的其他措施，我们最终完成了高等教育系统中的有意义的改革。这一周，我们可以恰当地宣称：关涉美国未来的基础和过去一年相比将更加稳固。”[8]

二、《卫生保健和教育协调法》有关教育的主要内容

《卫生保健和教育协调法》包括两大部分，第一部分为卫生保健，第二部分主要为教育方面的内容。教育方面的内容和众议院去年通过的《学生资助和财政责任法》基本一致。有关教育的主要规定是终止联邦家庭教育贷款项目，这一改革大约能产生 610 亿美元的节余，这些资金将被用于佩尔助学金及其他教育项目。这被称为是美国历史上在学生资助领域最大的单次投入，同时没有增加纳税人的负担。[9]具体而言：

1. 实行 100% 的联邦直接贷款项目

要求所有高等教育机构从 2010 年 7 月 1 日起从联邦家庭教育贷款项目转向联邦直接贷款项目。法律特别规定：终止联邦家庭教育贷款项目拨款；终止联邦贷款保险项目；终止联邦对缩减学生利息成本的支付；终止特殊补贴等。[10]

此外，为了实现学生贷款项目的顺利转型，法律规定特别提供对高等教育机构的援助。在 2010 财政年度给教育部长拨付 5 000 万美元用于为高等教育机构提供其从联邦家庭教育贷款项目向联邦直接贷款项目转型的技术支持、培训和财政援助等。另外，在直接贷款模式下，学生贷款将主要由高等教育机构和私人公司负责发放和回收，因此，为了给直接贷款项目提供服务，法律要求教育部长应与适格的符合各种条件的非营利服务机构签订合同。[10]

2. 提供更为合理的学生贷款偿还计划

大约三分之二的美国毕业生持有学生贷款，学生人均贷款额超过 2.3 万美元。[11]这一债务对那些选择较低收入的公共服务职业，以及经受失业、严重疾病、未获得学位等挫折的毕业生而言，更是沉重的负担。为了确保美国人能够负担他们的学生贷款偿还，《卫生保健和教育协调法》扩展了《大学成本降低与机会法》（The College Cost Reduction and Access Act）设立的基于收入的学生贷款偿还计划。法律规定，从 2014 年 7 月开始，封顶偿还计划的偿还额不能超过其可支配收入的 10% ，以替代目前的 15% 。而且，如果借款人保持依法偿还贷款，他们的贷款余额 20 年后将被豁免，以替代目前的 25 年。[10]如果他们从事公共服务工作，如教学、护理、军事服务等，将在 10 年后被豁免贷款余额。

3. 提高佩尔助学金

随着学费的不断上涨，佩尔助学金占学费的比例不断下降。为此，《大学成本降低与机会法》、《高等教育机会法》（Higher Education Opportunity Act）都规定要提高佩尔助学金的最高额度。自从 2008 以来，佩尔助学金项目通过混合方法得到资金支持：年度任意拨款（Discretionary Appropriation）和增量强制性拨款（Mandatory Funding）。《卫生保健和教育协调法》还是延续了这种混合方法。假定年度任意拨款继续提供基本的 4 860 美元，加上增量强制性拨款，佩尔助学金的最高额在 2011 年和 2012 年将为 5 550 美元，从 2013 年开始，将根据消费者物价指数进行年度调整。[10]

4. 支持为少数民族服务的高等教育机构

目前，许多大学和学院都正面临着多方面的挑战，如捐赠的缩减、州政府拨款的减少、设施的老化和成本的增加等。而为少数民族服务的高等教育机构受到的影响则更大。这些机构将近占所有学位授予机构的三分之一，招收 470 万少数民族大学生中的 60% 。它们招收了更高比例的中低收入学生。[11] 因此，《卫生保健和教育协调法》为历史上的黑人学院与大学和其他为少数民族服务的机构进行拨款。相关项目是 1965 年《高等教育法》设立的。项目在 2008 年和 2009 年都得到了 2. 55 亿美元的强制性拨款。该法延续了这一项目，在未来 10 年（2010－2019）的每一年都提供 2. 55 亿美元的强制性拨款，总计 25. 5 亿美元。[10]

5. 支持社区学院项目

作为美国高等教育系统最大的组成部分，社区学院招收了超过 600 万的学生，而且发展迅速。其突出的特点是：较低的学费、开放的入学政策、灵活的课程安排和便利的位置。社区学院对于那些成年的、工作的或需要补习课程的学生来说特别重要。社区学院和工商业界、政府合作提供适合经济需求的培训项目。[11]《卫生保健和教育协调法》为社区学院和职业培训补助金项目提供 20 亿美元（从 2011－2014 年每年 5 亿美元）。这个项目给地方学院提供拨款让其发展和改进教育或职业培训项目。法律还特别规定，确保每个州在每个财政年度得到不少于 0. 5% 的拨款资金。[10]

6. 支持学院机会挑战补助金项目

法律提供 7. 5 亿美元（从 2010－2014 年每年 1. 5 亿美元），继续为学院机会挑战补助金项目提供资金。该项目是由《大学成本降低与机会法》设立的。为每个州提供公式拨款以促进大学机会和完成项目。《大学成本降低与机会法》在 2008 年和 2009 年为该项目提供资金，之后该项目到期。《卫生保健和教育协调法》将保证该项目继续 5 年，并提高了年度拨款水平，从 0. 66 亿美元增加到 1. 5 亿美元。[10]

三、若干分析和讨论

(一) 美国学生贷款提供机制在市场和政府之间的取舍

美国此次学生贷款改革对我国的最大参考意义就在于其如何处理市场和政府之间的关系。在《卫生保健和教育协调法》通过之前，美国联邦政府主要负责举办两种学生贷款项目：联邦家庭教育贷款项目和联邦直接贷款项目。[12] 从两种联邦学生贷款项目的设立历史和发展过程可以探悉美国在学生贷款提供机制方面的探索。联邦家庭教育贷款项目是《高等教育法》第四章 B 部分授权设立的。在该贷款项目下，贷款本金由私人贷款机构提供，联邦政府为贷款机构因借款人拖欠所造成的损失进行担保。具体而言，贷款由私人贷款机构发放，州立或私立非营利的担保机构获得联邦提供的资金，在贷款管理的很多方面扮演主要角色。此外，联邦政府给贷款机构提供各种激励让它们向学生贷款项目投入资本。例如，为了保证私人资本能够持续地支持该贷款项目，联邦政府给私人贷款机构提供一个名为“特殊补助支付”(Special Allowance Payment) 的贷款补贴，对学生贷款与商业贷款之间的利率差进行弥补。这个贷款补贴和金融市场指数相联系，确保私人贷款机构在学生贷款方面的投资得到最低水平的回报。同时，联邦政府还帮助建立联邦家庭教育贷款项目的二级购买市场，保证了学生贷款资本的流动性。从上面的描述可以看出，联邦政府对私人贷款机构的各种激励加上担保机构对拖欠贷款的担保，使得私人贷款机构在办理学生贷款业务时有利可图，从而解决了私人金融机构营利性诉求与学生贷款公益性之间的冲突。政府与市场的关系在这些机制安排之下达到了平衡。

联邦直接学生贷款项目由《高等教育法》第四章 D 部分授权，克林顿在任总统时期设立，于 1994 年开始实施，旨在理顺学生贷款系统，并节约成本。设立联邦直接贷款项目原来的目的是为了逐渐扩张并代替联邦家庭教育贷款项目。联邦直接贷款项目提供的贷款类型和联邦家庭教育贷款项目一样，但是采用了不同的行政结构和资本来源。在联邦直接贷款项目下，联邦政府提供贷款本金，并由联邦政府拥有贷款债权。在具体操作上，学校作为直接贷款的发放者，或者贷款由为美国教育部工作的承包机构发放。教育部也雇用承包机构为该项贷款提供服务。虽然联邦直接贷款原来引进的目的是为了替代联邦教育贷款项目，但 1998 年修正的《高等教育法》删除了相关条款。于是，两个项目都得到法律授权，学生每年选择在其中一个项目下申请贷款。

两种学生贷款项目竞争并存的模式一度被人们认为是一种充分发挥市场功能，兼顾市场和政府优势的有效做法。[13] 在这种相互竞争的格局下，两种学生贷款模式的参与者相互竞争，使得学生贷款的成本保持在较低的水平。同时借款人也能够得到较好的服务，使得学生贷款拖欠率保持在较低的水平。从 20 世纪 90 年代以来，联邦学生贷款（包括直接贷款）的拖欠率基本上都保持了一个下降趋势。进入 21 世纪，大部分年份的学生贷款拖欠率仅在 5% 左右，2007 年略有提高，为 6.7% 。[14]

奥巴马总统上台后，鉴于参加联邦家庭教育贷款项目的私人贷款机构得到了过多的联邦补贴，主张取消该学生贷款项目。在奥巴马总统和其他民主党人的努力下，《卫生保健和教育协调法》得以通过，联邦家庭教育贷款项目随之退出历史舞台，从此所有的联邦学生贷款都将通过联邦直接贷款项目提供。对于这一改革，奥巴马政府认为可以为联邦政府节约巨额资金，从而将这部分资金用于支持佩尔助学金项目及其他教育项目，是一项巨大的国会立法胜利。但是，共和党方面并不这样认为，他们将奥巴马描述为急于国有化的社会主义者；将这项改革描述为联邦政府对学生贷款的“接管”，认为政府过多地介入了学生贷款业务。私人贷款机构也发出警告，认为学生将会失去私人贷款机构更有能力提供的个性化服务、更多的咨询、更多的贷款选择、避免贷款拖欠的各种会议等。这会造成学生更多地拖欠贷款。一些学院的学生资助管理人员也说，整齐划一的方案可能会损害学院和学生。贷款机构之间的竞争有助于得到好的价格和服务。[5]

值得注意的是，联邦政府并没有完全“接管”学生贷款业务。根据《卫生保健和教育协调法》，私人金融机构并没有被排除出学生贷款系统，他们可以竞争联邦学生贷款服务业务，这些服务可以保证借款人获得高质量的客户服务；同时还保存了工作机会。由此也可以看出，奥巴马政府在进行学生贷款项目改革时也注意到去尽量发挥市场机制的优势。

此次偏向政府的学生贷款提供机制改革的命运如何，还须等待时间的检验。尽管联邦政府为联邦家庭教育贷款项目支付了很高的补贴，但是联邦家庭教育贷款项目的参与者确实为借款人提供了许多个性化的偿还服务，在避免贷款拖欠方面发挥了重要的作用。前面已经提到，美国的联邦学生贷款的拖欠率多年来都保持在较低的水平。同时，两种贷款模式之间的竞争有助于降低整个贷款系统的运行成本。而学生贷款拖欠率和贷款系统运行成本的高低是决定一个学生贷款项目能否可持续发展的重要条件。改革后的联邦学生贷款能否继续保持较低的拖欠率；联邦政府既提供所有的贷款本金，同时还须为贷款服务机构支付费用，整个学生贷款项目能否保持较低的运行成本。这些都需要实践的进一步检验。

（二）其他方面的影响因素

对美国学生贷款提供机制改革的分析，除了对市场和政府关系的考量外，还有如下几个因素需要考虑。

1. 学生贷款丑闻

美国学生贷款领域丑闻的爆发对国家最高层下决心取消联邦家庭教育贷款项目具有一定的触发作用。最近几年，不断暴露的多起关于美国学生贷款的丑闻引起了人们的强烈关注。议会和州层面对学生贷款事务的调查，暴露出学生贷款项目中存在猖獗的利益冲突和缺乏职业道德的行为。特别是，私人贷款机构用贿赂和回扣得到学校的照顾。在大学成本继续飙升的时候，这些欺骗和贪婪破坏了联邦学生资助项目的可信度，也给学生、家庭和纳税人带来了损失。2007 年，众议院教育与劳动委员会主席乔治·米勒和参议院健康、教育、劳工与养老金委员会主席爱德华·M. 肯尼迪要求正式调查学校、政府官员和贷款公司之间的关系，旨在确保学生贷款项目以学生和家庭的最大利益运作。2006 年晚一段时期，纽约州司法部长（首席检察官）安德鲁 M. 库默开始了一个关于学校和学生贷款机构之间关系的调查。他的调查发现了许多高度可疑的行为和学校与贷款机构之间的关系。此外，调查表明，学生贷款丑闻不限于学校和贷款机构，监督学生贷款项目的教育官员也涉及其中。[15]

这些丑闻的爆发促成了 2007 年《大学成本降低与机会法》的通过。该法对联邦家庭教育贷款项目进行了改革，减少了对私人贷款机构的特殊补贴，也降低了联邦政府对拖欠贷款的担保份额。本次奥巴马政府完全取消联邦家庭教育贷款项目与这些丑闻也不无关系。

2. 佩尔助学金面临资金缺口压力

对数百万美国人而言，佩尔助学金是通向成功的阶梯；佩尔助学金项目成为美国社会重要的平衡器，在帮助中低收入学生完成大学学业方面具有重大的作用。最近发生的经济危机使得更多的中低收入学生回到学院和大学。需要指出的是，由于预算不足和需求的增加，如果没有额外资金的注入，2011 年佩尔助学金的最高额将会从目前的 5 350 美元下降到 2 150 美元。学生们将会看到其佩尔助学金额度减少近 60%，而 60 万学生将会完全失去助学金。[16] 与此同时，民主党政府的各种改革都需要大量的资金，从其他渠道为佩尔助学金项目筹集资金的难度必然加大。因此，从同属于联邦学生资助项目的联邦家庭教育贷款项目开刀就成为比较自然的一个选项。

3. 金融危机

在金融危机发生之前，联邦家庭教育贷款项目在两个联邦学生贷款项目中所占的份额远高于联邦直接贷款项目。根据每年新增加的学生贷款额统计，联邦家庭教育贷款项目一般都在 75% 以上。从 2005－2007 财政年度，相应的百分比分别为：77.4%、79.4%、80.4%。金融危机对联邦家庭教育贷款项目冲击很大。[17] 金融危机所导致的信贷市场混乱使得私人贷款机构在提供联邦家庭教育贷款项目的贷款本金时发生了困难。在信贷市场动荡的情况下，为了确保给学生提供持续的、不间断的联邦学生贷款，2008 年 5 月美国通过了《确保持续学生贷款机会法》(The Ensuring Continued Access to Student Loans Act)。该法授权教育部充当学生贷款二级市场的角色，要求教育部购买 2003 年 10 月 1 日之后发放的联邦家庭教育贷款债权，从而为私人贷款机构发放新的学生贷款提供贷款本金。[18] 这样造成的结果是，为联邦直接贷款提供本金，加上 2008 年金融危机时为私人贷款机构提供的购买贷款债权紧急援助，联邦政府在 2008－2009 学年度为联邦学生贷款提供了 88% 的资金支持。此外，尽管有了联邦支持，包括一些全国最大的机构在内的私人贷款机构都相继从联邦家庭教育贷款项目中退出。2008、2009 财政年度联邦家庭教育贷款项目的发放贷款额所占比例低于以往各年份，降到 76.5% 和 69.2%。与此形成对比的是，联邦直接贷款并未受到经济低迷的影响，继续为选择该项目的学校提供正常的服务。[19] 这些事实为民主党提供了反对联邦家庭教育贷款的有力依据。同时，《确保持续学生贷款机会法》提供的并不是一个永久性的解决方案，将于 2010 年 7 月到期。这样，金融危机压力下的联邦家庭教育贷款项目自然就被提上了立法议程。

4. 政治格局

美国当下特定的政治格局对《卫生保健和教育协调法》的通过具有决定性的作用。2006 年 11 月，民主党在中期选举中获胜，12 年来第一次掌控美国参众两院。2009 年 1 月 20 日，奥巴马正式宣誓就职美国第四十四任总统。就轮流执政的共和党和民主党的理念而言，前者更倾向于“自由”，而后者更倾向于“平等”。美国历史上很多重要的社会立法都是民主党人任总统时通过的。如 1935 年富兰克林 · 罗斯福总统签署的《社会保障法》奠定了美国社会保障体系的基础；而 1965 年林登 · 约翰逊政府成功推行了覆盖部分人群的联邦医疗补助计划。2006 年民主党人掌控国会后，就开始对已有的联邦学生资助制度进行改革，加大对佩尔助学金项目的支持力度，改革联邦家庭教育贷款项目。2007 年 9 月通过了《大学成本降低与机会法》；2008 年 7 月通过了《高等教育机会法》，对 1965 年制定的《高等教育法》进行重大修订。《卫生保健和教育协调法》的通过是上述立法的自然延伸，是民主党人整个联邦学生资助改革的一个重要组成部分。尽管因肯尼迪去世、共和党人当选参议员使得民主党人在参议院失去了 60 票多数，但最终还是通过预算协调程序使法案得以顺利通过。

值得注意的是，在通过该法的几次表决中，毫无例外，所有的共和党人在参议院和众议院都投了反对票。有共和党议员认为，将卫生保健和教育合并在一个法案中，“是一个没有必要的混乱，把两个法案合并在一起，更多的是民主党人的政治需要，而不是其他任何东西”[20]。需要指出的是，美国的议会制度和英国不同，议员并不需要和党派共进退。在此情况下，《卫生保健和教育协调法》表决中出现的这样一种泾渭分明的党派划界就显得异乎寻常了。这种状况也为民主党今后的执政提出了重大的挑战。

参考文献

[1] Federal Budget Reconciliation Process. http://febp.newamerica.net/background-analysis/federal-budget-reconciliation-process, 2010-03-25.

[2] Burd, Stephen. Obama's Bold Proposal. http://www.newamerica.net/blog/higher-ed-watch/2009/obamas-bold-proposal-10376, 2010-03-25.

[3] Herszenhorn, David M. Student Loan Reform to Wed Health Care Reform in Reconciliation

Ceremony. http：//community. livejournal. com/ontd_political/5611572. html，2010 – 03 – 25.

[4] For First Time in American History，All Americans Will Have Access to Affordable，Quality Health Care. http：//edlabor. house. gov/newsroom/education/higher-education/，2010 – 03 – 25.

[5] Lichtblau，Eric. Lobbying Imperils Overhaul of Student Loans. http：//www. nytimes. com/2010/02/05/us/politics/05loans. html? pagewanted = 1，2010 – 03 – 25.

[6] Health Care and Education Reconciliation Act of 2010. http：//en. wikipedia. org/wiki/Health_ Care_ and_ Education_ Reconciliation_ Act_ of_ 2010，2010 – 04 – 01.

[7] Baker，Peter，David M. Herszenhorn. Obama Signs Overhaul of Student Loan Program. http：//www. nytimes. com/2010/03/31/us/politics/31obama. html，2010 – 04 – 01.

[8] Lee，Jesse. A Great Battle Pitting the Interests of the Banks and Financial Institutions Against the Interest of Students. http：//www. whitehouse. gov/blog/2010/03/30/meaningful-progress-american-people，2010 – 04 – 01.

[9] House Passes Largest Investment in College Aid in U. S. History. http：//edlabor. house. gov/newsroom/education/higher-education/，2010 – 04 – 01.

[10] The Health Care and Education Reconciliation Act，Sec. 2201，2202，2204，2208，Sec. 2212，Sec. 2214，Sec. 2101，Sec. 2104，Sec. 1501，Sec. 2103.

[11] Making College More Affordable. http：//www. whitehouse. gov/issues/education/higher-education，2010 – 04 – 01.

[12] Stoll，Adam. The Administration of Federal Student Loan Programs：Background and Provisions. http：//projectonstudentdebt. org/files/pub/Admin% 20of% 20Student% 20Loans. pdf，2007 – 06 – 26.

[13] Galloway，F.，H. Wilson. Reframing the student loan costing debate：the benefits of competition，http：//www. educationalpolicy. org/pdf/loandebate. pdf，2007 – 06 – 26.

[14] National Student Loan Default Rates. http：//www2. ed. gov/offices/OSFAP/defaultmanagement/defaultrates. html，2010 – 04 – 05.

[15] http：//edworkforce. house. gov/publications/070424StudentLoanInvestigation. pdf，2007 – 10 – 01.

[16] Measure helps Students，Taxpayers，and American Workers. http：//edlabor. house. gov/newsroom/education/higher-education/，2010 – 04 – 01.

[17] CBO. Costs and Policy Options for Federal Student Loan Programs. www. cbo. gov/ftpdocs/110xx/doc11043/03 – 25 – StudentLoans. pdf /，2010 – 03 – 25.

[18] The Ensuring Continued Access to Student Loans Act，Sec. 7.

[19] Urging Colleges to Ensure Reliable Federal Student Loan. http：//edlabor. house. gov/

newsroom/education/higher-education/, 2010 - 03 - 25.

[20] Picket, Kerry. Democrats Gamble on Mixing Student Loans and Health Care. http://www.washingtontimes.com/weblogs/watercooler/2010/mar/11/democrats-gamble-mixing-student-loans-and-healthca/, 2010 - 03 - 25.

附录：

国务院关于建立健全普通本科高校高等职业学校和中等职业学校家庭经济困难学生资助政策体系的意见

国发〔2007〕13 号

各省、自治区、直辖市人民政府，国务院各部委、各直属机构：

为贯彻党的十六大和十六届三中、六中全会精神，切实解决家庭经济困难学生的就学问题，国务院决定，建立健全普通本科高校、高等职业学校和中等职业学校家庭经济困难学生资助政策体系（以下简称家庭经济困难学生资助政策体系）。现提出如下意见：

一、充分认识建立健全家庭经济困难学生资助政策体系的重大意义

党中央、国务院高度重视家庭经济困难学生的就学问题。近年来国家采取一系列措施，对农村义务教育阶段学生全部免除学杂费，并为家庭经济困难学生免费提供教科书、寄宿生补助生活费；对普通高等学校家庭经济困难学生设立国家助学奖学金，实施国家助学贷款政策；对中等职业学校家庭经济困难学生设立国家助学金等，取得了良好成效。

但是，我国家庭经济困难学生资助政策体系还不够完善，尤其是对普通本科高校、高等职业学校和中等职业学校家庭经济困难学生资助面偏窄、资助标准偏低的问题比较突出。建立健全家庭经济困难学生资助政策体系，使家庭经济困难学生能够上得起大学、接受职业教育，是实践“三个代表”重要思想、落实科学发展观、构建社会主义和谐社会的重要举措；是实施科教兴国和人才强国战略，优化教育结构，促进教育公平和社会公正的有效手段；是切实履行公共财政职能，推进基本公共服务均等化的必然要求。这是继全部免除农村义务教育阶段学生学杂费之后，促进教育公平的又一件大事，具有重大意义。

二、建立健全家庭经济困难学生资助政策体系的主要目标与基本原则

（一）建立健全家庭经济困难学生资助政策体系的主要目标是：按照

《中共中央关于构建社会主义和谐社会若干重大问题的决定》的有关要求，加大财政投入，落实各项助学政策，扩大受助学生比例，提高资助水平，从制度上基本解决家庭经济困难学生的就学问题。同时，进一步优化教育结构，维护教育公平，促进教育持续健康发展。

（二）建立健全家庭经济困难学生资助政策体系实行“加大财政投入、经费合理分担、政策导向明确、多元混合资助、各方责任清晰”的基本原则。

1. 加大财政投入。按照建立公共财政体制的要求，大幅度增加财政投入，建立以政府为主导的家庭经济困难学生资助政策体系。

2. 经费合理分担。国家励志奖学金和国家助学金由中央与地方按比例分担。中央对中西部地区给予倾斜。

3. 政策导向明确。在努力使家庭经济困难学生公平享有受教育机会的同时，鼓励学生刻苦学习，接受职业教育，学习国家最需要的专业，到艰苦地区基层单位就业；鼓励学校面向经济欠发达地区扩大招生规模。

4. 多元混合资助。统筹政府、社会等不同资助渠道，对家庭经济困难学生采取奖、贷、助、补、减等多种方式进行资助。

5. 各方责任清晰。中央与地方、各相关部门及学校明确分工、各司其职、落实责任、完善制度，操作办法简便易行，并接受社会各界群众监督，确保各项政策措施顺利实施。

三、建立健全家庭经济困难学生资助政策体系的主要内容

（一）完善国家奖学金制度。中央继续设立国家奖学金，用于奖励普通本科高校和高等职业学校全日制本专科在校生中特别优秀的学生，每年奖励5万名，奖励标准为每生每年8 000元，所需资金由中央负担。

中央与地方共同设立国家励志奖学金，用于奖励资助普通本科高校和高等职业学校全日制本专科在校生中品学兼优的家庭经济困难学生，资助面平均约占全国高校在校生的3%，资助标准为每生每年5 000元。国家励志奖学金适当向国家最需要的农林水地矿油核等专业的学生倾斜。

中央部门所属高校国家励志奖学金所需资金由中央负担。地方所属高校国家励志奖学金所需资金根据各地财力及生源状况由中央与地方按比例分担。其中，西部地区，不分生源，中央与地方分担比例为8∶2；中部地区，生源为西部地区的，中央与地方分担比例为8∶2，生源为其他地区的，中央与地方分担比例为6∶4；东部地区，生源为西部地区和中部地区的，中央与

地方分担比例分别为8∶2和6∶4，生源为东部地区的，中央与地方分担比例根据财力及生源状况等因素分省确定。人口较少民族家庭经济困难学生资助资金全部由中央负担。鼓励各地加大资助力度，超出中央核定总额部分的国家励志奖学金所需资金由中央给予适当补助。省（区、市）以下分担比例由各地根据中央确定的原则自行确定。

（二）完善国家助学金制度。中央与地方共同设立国家助学金，用于资助普通本科高校、高等职业学校全日制本专科在校生中家庭经济困难学生和中等职业学校所有全日制在校农村学生及城市家庭经济困难学生。

普通本科高校和高等职业学校。国家助学金资助面平均约占全国普通本科高校和高等职业学校在校生总数的20%。财政部、教育部根据生源情况、平均生活费用、院校类别等因素综合确定各省资助面。平均资助标准为每生每年2 000元，具体标准由各地根据实际情况在每生每年1 000－3 000元范围内确定，可以分为2－3档。

中等职业学校。国家助学金资助所有全日制在校农村学生和城市家庭经济困难学生。资助标准为每生每年1 500元，国家资助两年，第三年实行学生工学结合、顶岗实习。

国家助学金所需资金由中央与地方按照国家励志奖学金的资金分担办法共同承担。

有条件的地区可以试行运用教育券发放国家助学金的办法。

（三）进一步完善和落实国家助学贷款政策。大力开展生源地信用助学贷款。生源地信用助学贷款是国家助学贷款的重要组成部分，与国家助学贷款享有同等优惠政策。地方政府要高度重视，积极推动和鼓励金融机构开展相关工作。要进一步完善和落实现行国家助学贷款政策，制订与贷款风险和管理成本挂钩的国家助学贷款风险补偿金使用管理办法。相关金融机构要完善内部考核体系，采取更加积极有效措施，调动各级经办机构的积极性，确保应贷尽贷。

对普通本科高校和高等职业学校全日制本专科生，在校期间获得国家助学贷款、毕业后自愿到艰苦地区基层单位从事第一线工作且服务达到一定年限的，国家实行国家助学贷款代偿政策。

（四）从2007年起，对教育部直属师范大学新招收的师范生，实行免费教育。

（五）学校要按照国家有关规定从事业收入中足额提取一定比例的经费，用于学费减免、国家助学贷款风险补偿、勤工助学、校内无息借款、校内奖助学金和特殊困难补助等。

要进一步落实、完善鼓励捐资助学的相关优惠政策措施，充分发挥中国教育发展基金会等非营利组织的作用，积极引导和鼓励地方政府、企业和社会团体等面向各级各类学校设立奖学金、助学金。

普通高中以及普通高等学校全日制研究生的资助政策另行制定。

四、建立健全家庭经济困难学生资助政策体系的工作要求

普通本科高校、高等职业学校和中等职业学校家庭经济困难学生资助政策自 2007 年秋季开学起在全国实施。各地区、各有关部门和各学校要按照国务院的统一部署，周密安排，精心组织，扎扎实实地把这件惠及广大人民群众的大事抓好。

（一）加强组织领导。财政部、教育部等要密切配合，制订相关管理办法，指导、检查和督促地方开展工作。地方政府要建立相应的工作机制，在整合现有资源的基础上，建立健全学生资助管理机构，制订具体的管理办法，切实抓好落实。教育部门要将学校家庭经济困难学生资助工作情况纳入办学水平评估指标体系。各学校要把资助家庭经济困难学生作为工作重点，实行校长负责制，设立专门的助学管理机构，具体负责此项工作。

（二）确保资金落实。中央财政要足额安排、及时拨付应当负担的资金。省级人民政府要制订行政区域内具体的分担办法，完善省对下转移支付制度，确保行政区域内政府应当负担的资金落实到位。要切实加强助学资金管理，确保及时发放、专款专用。要加强监督检查，对于挤占挪用资金、弄虚作假套取资金等违法违规行为，要追究责任、严肃处理。

（三）规范收费管理。除国家另有规定外，今后五年各级各类学校的学费、住宿费标准不得高于 2006 年秋季相关标准。进一步严格收费立项、标准审批管理工作，规范学校收费行为，坚决制止乱收费。加大对服务性收费和代收费的监督力度，切实减轻学生及家长负担。绝不允许一边加大助学力度，一边擅自提高收费标准、擅自设立收费项目。要对教育收费实行严格的“收支两条线”管理，规范支出管理。

（四）加大宣传力度。各地区、各有关部门和各学校要通过多种形式开展宣传，使这项惠民政策家喻户晓、深入人心，使广大学生知晓受助的权利。

国务院

二〇〇七年五月十三日

第四篇

学前和职业教育财政专题

我国学前教育财政政策

——1978 年以来我国学前教育财政制度沿革

刘云波*

（2008 年 10 月）

引　言

改革开放近 30 年来，我国政府逐步意识到学前教育的重要性。2007 年，党的十七大报告指出，今后需要实现的战略目标是“优先发展教育，建设人力资源强国”，为实现这一目标需要加大财政对教育的投入与政策支持，鼓励社会力量兴办教育，其中，报告明确指出要“重视学前教育”这一任务。

但是，长期以来，我国学前教育经费处于严重不足的状态，不仅教育经费占 GDP 的比重过低，而且在总教育经费中的比重也非常低。同时，我国的企事业幼儿园面临着转制变革的难题，学前教育市场处于一种无序混乱的状态。因此，在建设和谐社会和倡导教育公平的大背景下，研究我国学前教育领域的财政政策和历史沿革无疑具有重要的现实意义。

学前教育的财政政策并不是孤立的，所以本文在开篇介绍我国学前教育

---

* 作者简介：刘云波，北京大学教育学院 2007 级硕士研究生，现为香港中文大学教育学院博士研究生。

的行政管理体制和学前教育的相关政策法规，以便更好地理解学前教育财政体系，再介绍学前教育财政体制和财政投入机制，最后作出评价。[①]

一、我国学前教育的行政管理体制

（一）“分级管理、条块分割”体制的形成

“文化大革命”期间，我国学前教育遭到全面破坏。动乱结束后，国家提出要积极发展学前教育的要求。1978 年，教育部恢复幼儿教育处，一些省市自治区也恢复了幼教管理机构，并配备了管理干部。

1979 年，在全国托幼工作会议的倡导下，国务院成立托幼工作领导小组及其办事机构，负责研究和实施有关托幼工作的规定，办事机构设在妇联，负责研究和贯彻有关托幼工作的方针、指示，制订事业发展规划等，并划分了有关部门的工作职责。各省市先后设立了托幼工作领导机构，形成了完整的由上而下的“统一领导，分级管理”的领导体制。

1982 年，我国国家机构改革时，全国托幼工作领导小组及其办事机构被撤销，但之后幼儿教育的工作任务一直未明确由哪个部门承担，因此造成各部门对学前教育工作的管理分工不清，职责不明，影响了学前教育事业的进一步发展。

1987 年，在国务院办公厅转发的《关于明确幼儿教育事业领导管理职责分工的请示》中，将学前教育归口教育部门管理，其他部门与之配合，以突出学前教育的教育性质，淡化其福利性质。在学前教育行政主管部门发生变化的同时，学前教育的财政体制也发生了变化，国家学前教育的经费分配权主要由原来各地的托幼办（很多地方归属妇联）负责改为由各地的教育部门负责，学前教育法规的立法和制定权力也相应发生了转移。

2003 年，国务院办公厅转发教育部门等单位的《关于幼儿教育改革与发展的指导意见》，进一步理顺了我国学前教育的行政管理体制，指出“坚持实行地方负责，分级管理和有关部门分工负责的幼儿教育管理体制；建立

① 政府制定政策法规时有时也用幼儿教育来指代学前教育，本文沿用这一说法，文中幼儿教育也即学前教育，二者指同一概念。

和完善政府领导统筹，教育部门主管，有关部门协调配合，社区内各类幼儿园和家长共同参与的幼儿教育管理机制。”

长久以来，我国学前教育的管理体系一直处于一种“条块分割、分级管理”的状态。这种管理结构的条块关系具体表现在：从纵向来看，我国学前教育实行以地方负责为主；从横向来看，我国学前教育当前实行的是由教育部门主管、其他部门分工合作的管理体制。

（二）学前教育行政管理体制的缺陷

在计划经济条件下，我国的这种以“条、块”为主的管理体制有利于多渠道筹集社会资金和物资办园，调动地方办学的积极性，普及学前教育。尽管如此，这种行政管理体制带给财政投入的不良影响仍然是比较明显的：国家拨付的有限的学前教育经费由妇联、教育、卫生和其他党政军多个部门下达，多个部门及其隶属机关之间调剂困难，学前教育资源被切割得比较零散，无法发挥规模效益，不利于国家统筹安排和管理；各层级部门办园条件和质量参差不齐，学前教育资源分配具有明显的不平衡性和差异性，由于地方政府承担学前教育的主要责任，教育公平的目标很难在全国范围内得到保障；各托幼机构的财权、物权、人事权和行政管理权归属不同部门单位，不符合“财权事权统一”的财政管理原则，等等。

而今，随着我国市场经济的发展和改革开放的逐步深化，学前教育的这种“分级管理、条块分割”行政管理体制正在渐渐丧失其原有的优势和先进性，显露出其僵化、不合时宜的一面。为更好地发展我国的学前教育事业，促进学前教育财政体系的完善，改进和优化我国学前教育的行政管理体制已经成为一种必然的趋势。

二、我国学前教育的法律规章和相关政策

（一）学前教育重要法规一览（1978年以后）

自从改革开放以来，我国颁布实施的有关学前教育的比较重要的法律法规如表1。

表1　我国学前教育的重要法规（1979－2007年）

1979年	《城市幼儿园工作条例（试行草案）》
1981年	《幼儿园教育纲要（试行草案）》
1983年	《关于发展农村幼儿教育的几点意见》
1987年	《全日制、寄宿制幼儿园编制标准（试行）》 《关于明确幼儿教育事业领导管理职责分工的请示的通知》
1988年	《关于加强幼儿教育工作的意见》
1990年	《幼儿园管理条例》
1991年	《关于改进和加强学前班管理的意见》
1995年	《关于企业办幼儿园的若干意见》
1996年	《幼儿园工作规程》
1997年	《全国幼儿教育事业"九五"发展目标实施意见》
2001年	《幼儿园教育指导纲要（试行）》 《中国儿童发展纲要（2001－2010年）》
2003年	《关于幼儿教育改革与发展的指导意见》
2007年	《关于加强民办学前教育机构管理工作的通知》

（二）存在的问题

我国目前学前教育立法层次偏低，现有相关的最高立法层次仅处于我国法律中的第四层次（部门规章），比较而言，义务教育、高等教育、职业教育等则有全国性的专门性法律。学前教育较低的法制地位不能很好地保障其发展，无法得到社会各方对学前教育发展的真正重视。

我国现有的学前教育法律和法规政策都没有触及到学前教育的一个关键方面——学前教育投入问题。到现在为止，我国的法律、法规关于学前教育的经费来源尚未有一个明确的规定。我国的学前教育经费一直以来是包含在义务教育经费之中的，没有单独的预算，长期以来中央财政没有专项经费用于学前教育，相应地，各省、市、县也少有或没有学前教育的专项经费。这在根本上使我国学前教育事业发展缺乏财力保障，严重制约了我国学前教育事业的发展。

我国现有的学前教育法律法规呈现出零散、不系统的特点。除《幼儿园管理条例》和《幼儿园工作规程》之外，涉及学前教育的法律法规大量地散见在其他法律法规中，十分不利于学前教育工作的开展。此外，我国学前教育的法规政策明显滞后于社会发展与改革进程，全国性的法规相对比较保守，个别地方政府制定的政策和采取的措施值得借鉴。

三、我国学前教育财政体制

（一）中央和地方责任的划分

1. 相关政策法规

1983年，教育部在《关于发展农村幼儿教育的几点意见》中就指出，"各级教育行政部门应根据财政部1980年制定的《国家预算收支科目》的规定，在地方教育事业经费中列幼儿教育专项。教育基建投资也应包括幼儿教育项目，以保证教育部门办园有计划地发展。在有条件的地方，地方财政还应对农村幼教事业给予适当补助。"这项措施对幼儿教育专项经费首次作出了规定，明确了幼儿教育在我国财政支出结构中的一席之地。

1988年5月，国务院办公厅转发国家教委、计委、财政部等联合起草的《关于加强幼儿教育工作的意见》，规定"地方各级人民政府应根据《中共中央关于教育体制改革的决定》中，教育经费要'两个增长'的精神，妥善安排幼儿教育所需经费；坚持实行'地方负责，分级管理'和各有关部门分工负责的原则。"这进一步明确了各级地方政府承担幼儿教育经费的责任。

2003年《关于幼儿教育改革与发展的指导意见》对我国各级政府和各部门的责任作出了更为具体的规定，这也是我国政府首次将幼儿教育的事权和财权进行明确分工，并对我国幼儿教育财政投资体制进行了调整。"地方各级人民政府要加强公办幼儿园建设，保证幼儿教育经费投入，全面提高保育、教育质量；地方各级人民政府要积极采取措施，加大对幼儿教育的投入，做到逐年增长。县级以上人民政府安排的财政性幼儿教育经费要保障公办幼儿园正常运转，保证教职工工资按时足额发放，保证示范性幼儿园建设和师资培训等业务活动正常进行，扶持和发展农村及老少边穷地区的幼儿教育事业。幼儿教育经费要专款专用，任何部门不得截留、挤占和挪用。乡

（镇）人民政府的财政预算也要安排发展幼儿教育的经费。”

2. 分析

从中央和地方责任划分的角度可以看出，我国实行的是地方分权的幼儿教育财政管理体制，中央一级政府没有专项幼儿教育财政经费，无法在全国范围内进行财政经费的转移活动，完全由地方政府自筹和自行安排幼儿教育财政经费。

根据蔡迎旗①在其博士论文中归纳的结论来看，“我国现有的幼儿教育财政投资体制实际上由主体部分和辅助部分两部分构成。其主体部分，是我国各级财政部门对教育部门划拨幼儿教育财政经费的路线及相关政策；其辅助部分，是我国其他非教育部门的各级财政部门划拨幼儿教育财政经费的路线及相关政策，即国家允许其他非教育部门，各机关、部队、企事业单位以职工福利形式资助其附属托幼机构。目前，随着社会各界社会化和市场化改革的逐步推进，我国幼儿教育财政投资的辅助部分正面临全线崩溃的危机。”图 1 是这一体系的简单说明。

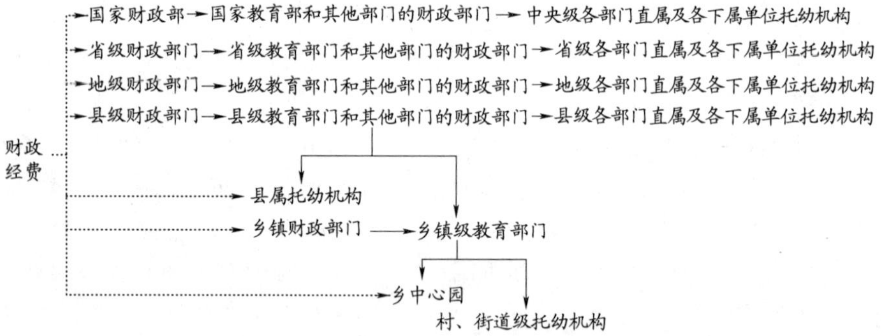

图 1　我国当前幼儿教育财政资金划拨路线示意图

蔡迎旗总结了现存的幼儿财政投入体制的几点缺陷，摘录如下②。

第一，幼儿教育资金不能实现自由流动。在中央、省、地、县四级财政部门之间一般没有幼儿教育财政经费的纵向转移支付关系和活动，同级的各财政部门之间、不同部门的财政机构之间也缺乏横向联系。尽管各部门内部

① 蔡迎旗．幼儿教育财政投入与政策［M］．北京：教育科学出版社，2007：6.

② 同①，193.

和有的区县之内，县（区）级与乡镇和村财政之间存在财政经费的转移活动，但这种向下的纵向转移数额微小。

第二，财政资金分散，不能实现资源的有效整合。安排国家拨付的有限的幼儿教育经费由妇联、教育、卫生和其他党政军多个部门“条条”下达，多个条条之间调剂困难，幼儿教育资源被条块分割、部门占有。

第三，影响幼儿教育的公平和平稳发展。在这种高度分散的投资体制下，由于幼儿教育资源分配具有明显的不平衡性和差异性，使得各地、各类托幼机构的办学条件和质量参差不齐。

我国在实行“分税制”以后，中央和地方的财政相对独立。幼儿教育又归属地方负责，从中央财政得到的财政支持极少，只能依靠地方财政的投入，中央对幼儿教育的经费保障问题鞭长莫及。中央和地方财政之间的分离，使得各地对幼儿教育的投入差异悬殊，这从现行的教育实践就可以看出，个别先进地区已经将学前教育经费纳入了财政预算，导致幼儿教育的财政经费投入在各地区之间严重不公平，而财政资金在同级地区之间缺乏横向转移的途径。幼儿教育经费投入的横纵割裂以及由此产生的地区间不均衡发展是目前亟待解决的问题之一。

（二）幼儿教育经费的筹集（公私责任划分）

1. 不同办学主体的幼儿园数量的变化

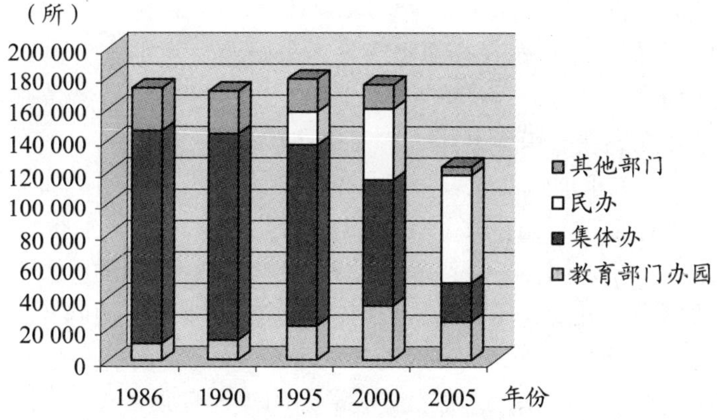

图 2　1986－2005 年不同办学主体的幼儿园数量

从图 2 中可以看出，1986 – 2005 年间，我国幼儿园的办学主体发生了很大变化。教育部门办园的数量先是不断升高，在 2000 – 2001 年左右达到顶峰后逐步走低；其他部门办园和集体办园的数量一直持续降低，20 年间分别缩减到原来的五分之一左右；而民办幼儿园则经历了从无到有、从少到多的过程，2005 年，民办幼儿园的数量已超过当年幼儿园总数的一半。值得注意的是，城乡集体办园中有相当一部分应当属于民办园，并且社会上还存在大批未注册的民办园。所以，实际上民办园的数量非常可观，民办园的迅速发展应当引起政府的重视和关注。

2. 相关政策法规

改革开放以来，我国一直坚持动员和依靠社会各方面的力量，多渠道、多形式地发展我国幼儿教育。随着市场经济力量的逐步壮大，我国幼儿教育财政投入体制呈现出多元化的特点。

（1）依靠社会力量多渠道办园

1979 年 7 月，经中央和国务院批准，教育部、卫生部、全国妇联等 5 部门联合召开全国托幼工作会议，会议提出坚持“两条腿走路”的方针，恢复、发展、调整、提高各类托幼机构；在资金筹集方面，要坚持国家、集体、社会和个人一起上的原则。多元化的幼儿教育投资体制得以恢复和强化。

为满足城乡对幼儿教育事业发展的巨大需求，我国一直鼓励利用非政府力量创办托幼机构。1983 年，教育部发布了《关于农村幼儿教育的几点意见》，指出：“发展幼儿教育必须坚持‘两条腿走路’的方针。农村应以群众集体办园为主，充分调动社（乡）、队（村）的积极性；县镇则应大力提倡机关、厂矿企事业、街道办园，并支持群众个人办园。”

1988 年，《关于加强幼儿教育工作的意见》提出，要动员和依靠社会各方面力量，通过多种渠道、多种形式发展幼儿教育事业，主张“继续调动企业、事业、机关、团体、部队、学校等单位举办幼儿园的积极性，可采取单独举办或联合举办幼儿园的形式，解决其职工子女的入园问题；并鼓励有条件的幼儿园向社会开放，吸收附近居民子女入园。”对各种性质的幼儿园的经费筹措的制度安排是，“城镇街道举办的集体性质的幼儿园（班），应实行合理收费，独立核算，自负盈亏。根据中共中央、国务院的有关规定，地方人民政府可酌情对其开办、添置大型设备及房屋修缮等开支，从地方财政的自筹经费中给予适当补助。乡、村举办的集体性质幼儿园（班），其经费由举办单位自筹解决，并可按有关规定适当向家长收费。”

1997 年，国家教委颁发的《全国幼儿教育事业“九五”发展目标实施意见》指出要动员社会力量办园，在国家“九五”期间发展幼儿教育的措施中也明确提出要动员社会力量办园，并认为，“幼儿教育事业具有很强的地方性和群众性，发展这项事业必须由地方政府统一领导，坚持国家、集体和公民个人一起办的方针，按照‘地方负责，分级管理和有关部门分工负责’的原则，在地方政府举办幼儿园的同时，仍应积极鼓励和大力支持企事业单位、社会团体、街道居委会，农村乡、镇和村委会，公民个人举办幼儿园或捐资助园。”对民办园要按照“积极鼓励，大力支持，正确引导，加强管理”的方针，加强对民办园的管理，探索民办幼儿园的发展机制。

2003 年，国务院办公厅转发教育部等部门（单位）的《关于幼儿教育改革与发展的指导意见》的通知，指出“积极鼓励和提倡社会各方面力量采取多种形式举办幼儿园。社会力量举办的幼儿园，在审批注册、分类定级、教师培训、职称评定、表彰奖励等方面与公办幼儿园具有同等地位。”至此，从法规的角度考虑，社会力量办园已经能够取得与公办园同等的地位。

（2）企业办园改革：公退民进

在社会主义市场经济体制改革进程中，国有企业纷纷改制，国家机关、事业单位进行改革调整，作为单位集体福利发展起来的附属幼儿园面临着转制难题。截至 1994 年底，企业办园在园幼儿 326 万人，约占全国在园幼儿总数的 12.4%。

1995 年 9 月，国家教委、民政部、建设部等多部委联合发出了《关于企业办幼儿园的若干意见》，指出“改革现行幼儿园收费制度，鼓励企业幼儿园向社会开放，逐步改变幼儿园经费由企业全部包揽的做法，提高企业办园的效益；有条件的企业应继续办好幼儿园；对于部分确不具备独立办园条件和具备了分离幼儿园条件的企业，本着平稳过渡的原则，可在政府统筹下，将所办的幼儿园交给当地教育行政部门规划，以多种形式继续办好，或由社区办，或由具备条件的团体、个人承办。”

为纠正企事业单位幼儿园在转制中出现的各种问题，2003 年，《关于幼儿教育改革与发展的指导意见》对企事业单位幼儿园转制又提出更具体的规定："企事业单位转制后，可以继续举办幼儿园，也可将企事业单位办园资产整体无偿划拨，移交当地教育部门统筹管理；要通过实施联办、承办、国有民办等办园体制改革，提高办园效益和活力。实施办园体制改革要保证国有资产不流失，保育、教育质量不下降，广大幼儿教师合法权益受到保障、整体素质得到提高。"国家对企事业单位幼儿园转制的规定对其他机关园、集体制幼儿园也有一定的引导作用，我国许多机关园和集体制幼儿园也基本上按照该思路进行改革。

(3) 成本分担：向幼儿及家长收费

在计划经济时代，幼儿教育的福利性质色彩比较浓，各机关及企事业单位的幼儿园一般是减、免学费，或者对幼儿及家长收取较低水平的费用，只是一种象征性收费。在这一时期，个人承担的幼儿教育成本所占比例很小。

改革开放以后，在市场经济的冲击之下，权利与义务关系对等，各级各类幼儿园的收费标准逐步放开。

1988 年的《关于加强幼儿教育工作的意见》明确规定，"养育子女是儿童家长依照法律规定应尽的社会义务，幼儿教育不属义务教育，家长送子女入园理应负担一定的保育、教育费用。各地应在调查研究的基础上，制订各类幼儿园的收费标准。收费标准由教育部门本着取之于民，用之于民的原则，兼顾实际需要和家长的经济承受能力，提出意见，经同级物价部门核定。"

1996 年国家教委颁布了《幼儿园工作章程》，规定："任何组织和个人举办幼儿园不得以营利为目的。幼儿园不得以培养幼儿某种专项技能为由，另外收取费用；亦不得以幼儿表演为手段，进行以营利为目的的活动。"

2003 年的《关于幼儿教育改革与发展的指导意见》对此作出更为明确的规定，"国务院教育部门会同财政部门和价格主管部门，按照不以营利为目的的原则，制订幼儿园（班）收费管理办法。省、自治区、直辖市教育部门根据生均培养成本、当地经济发展水平、居民承受能力等情况提出对本地区公办幼儿园（班）最高和最低收费标准的意见，经同级财政部门和价格主管部门审核报省级人民政府批准后执行；民办幼儿园（班）要按照国家有关规定，根据办学成本合理确定收费标准，报有关部门备案并公示。"

根据上面的政策规定可知，我国幼儿园的收费项目和标准主要由省、县级政府确定，因各地的经济发展水平等因素多有不同，我国幼儿园的收费情况各地差异很大，幼儿家长负担的比例也不尽相同。

四、我国学前教育财政投入机制

从我国幼儿教育财政投入制度的政策和历史沿革来看，我国主要实行的是供给方财政投入机制，即主要对各类托幼机构提供财政支持，几乎不存在针对幼儿及其家长的需求方财政资助。

（一）供给方财政投入

在我国，一般用财政性学前教育经费来指各级政府的财政支出中用于学前教育的经费，还包括用于学前教育的教育附加费。这些费用一般由财政或税务部门转拨给教育主管部门，然后由教育行政部门根据需要按照一定的比例划出用于学前教育的经费，并把这些经费分配到各个幼儿园和学前教育部门。目前，我国地方政府几乎不存在对民办园的财政投入，对其只起管理和引导的作用，财政性学前经费一般只分配给公立幼儿园。

1. 对公办园的财政投入

在计划经济时代，从政府财政支出的角度看，幼儿教育财政支出有四种不同的分配方式：一是政府和事业单位，按照中央规定的人员编制和供给标准开支，列支在政府和事业单位的经费中；二是企业，用给企业“合理留利”的方式，给企业留下等于某一社会平均利润率的计划利润①；三是对街道，通过民政渠道加以投入；四是对农村大队，采取集体兴办的方式，未纳入国家统一分配体系。而城市的街道办事处和农村的村办幼儿园（或学前班）实质上是社会捐集资办学，经费不属于财政预算内拨款，二者办园的性质应当属于公办民助。并且，城市街道办事处、乡（镇）基本没有财权，幼儿教育投资主要靠居民个人。所以政府直接财政拨款支持的主要是政府和事业单位兴办的幼儿园。

改革开放以后，财政性学前教育经费在公办幼儿园之间分配得愈加不均衡，表现在：

（1）在地区之间分配不均，幼儿教育财政投入明显向城市倾斜，轻视

① 吴敬琏．当代中国经济改革［M］．上海：上海远东出版社，2004：250.

农村学前教育。在市区，财政性学前教育经费一般由区教育局负责分配；在农村，一般由镇一级的教育主管单位负责分配。

（2）在幼教机构之间实行倾斜性分配体制。我国地方政府的幼儿教育专项经费的大部分投入给教办园，部分机关园和农村乡镇中心幼儿园只能得到少量经费投入。

幼儿教育财政投入明显地偏向城市、偏向教办园，呈现出“扶强而不助弱”的特点。这种倾斜性分配体制造成了一小部分设备先进的幼儿园和一大批相对比较落后的幼儿园并存的局面，引发越来越多的社会不满。

2. 对民办幼儿园的财政投入

表2 2006年我国各级民办教育基本情况

	学校数（所）	百分比（%）	在校生数（人）	百分比（%）
民办幼儿园	75 426	80.91	7 756 871	33.54
民办小学	6 161	6.61	4 120 907	17.82
民办中等教育	10 366	11.12	8 447 424	36.52
民办高等教育	1 272	1.36	2 804 982	12.13
合计	93 225		23 130 184	

数据来源：2006年中国教育统计年鉴。

从上表可以看出，我国民办幼儿园在我国民办教育事业中占据重要的地位，2006年社会中有各种民办托幼机构75 426所，占到整个民办机构的绝大部分，并且民办幼儿园的在园人数占到整个民办教育机构中学生总数的三分之一。民办学前教育在现实中已经成为一股不可忽视的力量。

2002年我国颁布的《中华人民共和国民办教育促进法》为我国政府财政支持民办幼儿园提供了法律依据，它专门在第七章规定了政府对民办教育的扶持与奖励政策，具体内容如下。

（1）县级以上各级人民政府可以设立专项资金，用于资助民办学校的发展，奖励和表彰有突出贡献的集体和个人。

（2）县级以上各级人民政府可以采取经费资助，出租、转让闲置的国有资产等措施对民办学校予以扶持。

（3）民办学校享受国家规定的税收优惠政策。

（4）民办学校依照国家有关法律、法规，可以接受公民、法人或者其他组织的捐赠。

(5) 国家鼓励金融机构运用信贷手段，支持民办教育事业的发展。

(6) 新建、扩建民办学校，人民政府应当按照公益事业用地及建设的有关规定给予优惠。

(7) 民办学校在扣除办学成本、预留发展基金以及按照国家有关规定提取其他的必需的费用后，出资人可以从办学结余中取得合理回报。

2004 年，我国又发布了《中华人民共和国民办教育促进法实施条例》，针对 2002 年提出的一些政策作出了更为具体、更为明确的规定，比如：

(1) 县级以上人民政府可以根据本行政区域的具体情况，设立民办教育发展专项资金。民办教育发展专项资金由财政部门负责管理，由教育行政部门或者劳动和社会保障行政部门报同级财政部门批准后使用。

(2) 捐资举办的民办学校和出资人不要求取得合理回报的民办学校，依法享受与公办学校同等的税收及其他优惠政策。

(3) 在西部地区、边远贫困地区和少数民族地区举办的民办学校申请贷款用于学校自身发展的，享受国家相关的信贷优惠政策。

至此，我国已经从法律的角度疏通了政府设立专项资金资助民办学校、利用国家经费和其他资源扶持民办教育的渠道，而民办学校也可以依法享受税收优惠政策、接受捐赠、获得相关信贷支持、取得合理回报的权利。

如前文所述，目前在我国不存在政府对民办幼儿园的财政性经费拨款。在我国公办幼儿园财政经费尚且如此紧张、分配不均衡的条件下，民办幼儿园要想获得政府的资金扶助，还有很长的一段路要走。

(二) 需求方财政投入机制

目前，在我国的教育财政体系内，还没有设立幼儿奖贷学金项目，但全国各地有一些零星的幼儿入学的财政资助项目和政策。一些地方相继制定了面向低收入家庭、特殊儿童、流动人口的幼儿教育专项资助政策。

2004 年秋起，浙江省宁波市的镇海区对澥浦镇 500 多名适龄幼儿发放每人 360 元的幼儿教育券。所需资金由镇政府承担 60%，镇海区教育局承担 40%。家长拿到教育券后，可以自由选择到该镇被评为宁波市三星级以上的幼儿园中兑换等值的保育费使用，然后幼儿园凭该券到区镇兑换等值的教育补贴。该教育券不但可以在镇中心幼儿园使用，也可在按布局要求设立的达到“宁波市农村示范性幼儿园评估标准”的社会力量兴办的幼儿园中使用。

2007 年，杭州市政府发布了《关于进一步加快学前教育改革与发展的若干政策意见（试行）》，指出“建立低保家庭和困难家庭子女入园教育资助券制度，其资助金额不低于同等级公办幼儿园保育费的 50%，并统一纳入中小学教育资助券专项资金。”

2007 年，锡林郭勒盟教育局和财政局联合出台了《锡林郭勒盟蒙古语授课学前教育补助暂行办法》，从 2008 年起在盟内学校、公办幼儿园或经当地教育局审批的民办幼儿园接受蒙古语授课学前教育的幼儿均可享受“两免”（免保育费、免管理费）补助。补助资金由盟、旗两级财政共同承担，将以每人每学年 700 元为基数给予补助，盟级的补助资金重点向经济发展相对滞后、财力状况相对薄弱的地区倾斜。2008 年全盟将投入补助资金 226.5 万元，全盟约 3 200 多名蒙古语授课学前教育儿童受益。

从 2008 年起，辽宁省政府加大了对学前教育的投入力度，不仅设立学前教育专项经费，还通过实行“教育券”制度，对贫困家庭孩子入园接受学前教育给予适当补助，确保学前教育快速发展。

在我国香港，从 2007 年开始，政府每年拿出 30 多亿元人民币，用于发放学前教育券资助幼儿，减轻家长财政负担。家长可凭兑现教育券获得学费资助，2007、2008 学年的学费资助额为 1 万元。资助额将逐步增至 2011、2012 学年的 1.6 万元。在学前教育券计划下，家长须缴付的学费为幼稚园收取学费与政府资助额的差额。

总之，我国幼儿入学补助形式一般是服务与实物补助、减免学费和发行教育券种，形式单一，没有相互组合，只在局部地区有出现，数量比较少，不能发挥整体优势。近年来，我国对学前教育逐步开始重视起来，各地政府为减轻幼儿家长的负担，对幼儿家长的资助政策才稍有发展。

五、对我国学前教育财政政策的简单评价

（一）我国幼儿教育经费投入不足

改革开放以来，虽然我国学前教育经费总量一直在增长，但数量非常有限。2004 年，全国学前教育总经费才首次超过 100 亿元。学前教育经费占 GDP 的比重一直在 0.06% 左右。而 2004 年，OECD 国家的学前教育经费支

出占 GDP 比重的平均水平是0.5%。通过国际比较，我国学前教育经费支出的绝对数量是远远不够的。

表 3 1998 - 2005 年我国学前教育经费投入情况 （亿元）

年份	全国教育总经费	其中学前教育经费	国家财政性学前教育经费	其中预算内学前教育经费	学前教育经费占教育总经费比重	学前教育经费占 GDP 比重
1998	2 949.06	39.99	24.22	21.94	1.36%	0.05%
1999	3 349.04	45.54	27.54	25.21	1.36%	0.06%
2000	3 849.08	51.63	31.00	28.86	1.34%	0.06%
2001	4 637.66	60.28	36.39	34.68	1.30%	0.06%
2002	5 480.03	67.58	41.64	39.73	1.23%	0.06%
2003	6 208.27	74.26	46.24	44.12	1.20%	0.06%
2004	7 242.60	87.52	54.50	51.97	1.21%	0.06%
2005	8 418.84	104.55	65.72	62.08	1.24%	0.06%

数据来源：1998 - 2005 年中国教育统计年鉴。

进一步和其他教育阶段相比，学前教育经费在总教育经费中所占的比重一直非常低，在 1998 - 2005 年间学前教育支出占总教育支出的比例徘徊在 1.2% - 1.36% 之间。我国学前教育经费在总的教育经费支出结构中处于最低水平，地位低下，面临着被边缘化的危险，尚未引起政府足够的重视。

（二）我国幼教经费分配不均

首先，缺乏对非公办幼儿园的投入。根据前面的数据可以知道，我国民办幼儿园发展迅速，已经占据整个学前教育市场的半壁江山以上，承担起普及幼儿教育、服务大众的主要任务。可是，到现在为止，我国还没有对民办幼儿园的相关财政政策和实践。对非公办幼儿园发展的规范和引导工作也不到位。

其次，幼教经费在公办幼儿园内分配失衡。在幼儿教育经费总量有限的情况下，幼儿教育的大部分资金都集中在有限的教育部门办园上，建造了一批示范园，有限的资金并没有得到充分有效的利用。2001 年，中央教科所的王化敏、周亚君对十四省市的研究发现，国家预算内财政经费分配不公平，近70%的财政拨款主要用于城市和县镇的教育部门与政府办园（占全部幼儿园数目的30%），而占70%的集体办幼儿园、企业办幼儿园得到的财政支持却很少。不公平的经费分配造成了不同类型、不同地区幼儿园发展极不平衡。

（三）我国幼儿教育经费缺乏制度保障

如前所述，我国尚未有一部真正意义上的学前教育法律出台，对学前教育财政投入方面也未有明确的规定。中央财政对各类教育都有专项经费，唯独没有学前教育专项经费，地方政府沿袭了这一做法。由于我国学前教育经费一直被包含在中小学教育经费中，义务教育是各级政府工作的重中之重，在其教育经费面临总量不足的情况下，许多地方的学前教育经费面临削减甚至被砍掉的危险。各地学前教育经费的支出因此带有很强的随意性和不稳定性，幼儿教育经费的有和无、多与少往往由地方政府的重视程度以及当地幼教干部的努力程度和办事能力来决定。①

现今，在我国个别地区的一些比较先进的做法，为未来建立学前教育经费投入保障机制指出了一条道路。例如，2007年，杭州市政府明确规定②，将学前教育事业经费列入财政预算，规定了其所占同级教育经费的比例并做到逐年增长，同时每年安排500万元的学前教育专项经费；绍兴市也设立了学前教育专项经费，按人均5 000元的标准对市级和越城区非在编幼儿教师进行专项补助；2008年，山东威海市确立了学期教育专项经费用于幼儿园教师的专业培训。地方政府所采取的这些积极的尝试，为今后政府从中央层面上设立财政资助制度保障学前教育经费投入，提供了经验和启示。

此外，关于我国学前教育财政政策和制度，还有一些不尽如人意的地方。比如，我国广大农村地区的学前教育一直比较落后，政府财政支持远远不够，政策缺位；在企业改制、机关重组的过程中，企业办幼儿园产权不清晰，地方政府并没有给予相应的资金扶持和政策引导，导致学前教育市场发展无序，最终损害幼儿及家长的利益；我国对学前教育的财政资助渠道单

① 方钧君，基于教育券思想的政府投资幼儿教育政策研究，中国博士学位论文全文数据库，2007-07-13。

② 见杭政办〔2007〕16号《关于进一步加快学前教育改革与发展的若干政策意见（试行）》。

一，缺乏对幼儿及家庭的资助等。

参考文献

[1] 方钧君．基于教育券思想的政府投资幼儿教育政策研究［DB］．中国博士学位论文全文数据库．2007 – 07 – 13.
[2] 徐雨虹．新制度经济学视角下的我国学前教育投资制度研究［DB］．中国博士学位论文全文数据库．2007 – 07 – 13.
[3] 史慧中．中华人民共和国幼儿教育 50 年大事记［J］．幼儿教育，2000(1)：14 – 17.
[4] 蔡迎旗，冯晓霞．我国幼儿教育财政体制的沿革与创新［J］．事业发展与管理，2006（1）：34.
[5] 曾晓东，李志强．转型期我国幼儿教育的财政问题［J］．幼儿教育，2005（4）：4 – 6.
[6] 吴敬琏．当代中国经济改革［M］．上海：上海远东出版社，2004：250.
[7] 蔡迎旗．幼儿教育财政投入与政策［M］．北京：教育科学出版社，2007（6）.

OECD 国家学前教育的财政体制、资金提供机制

刘云波　董　原*

（2008 年 10 月）

一、前　　言

学前教育是基础教育的起始阶段，是个体一生发展的奠基阶段。德国著名学前教育学家福禄培尔曾说：“如果我们看不到人类发展的这一神圣和自然的起点，我们将看不到人类发展的方向。”大量经济学分析表明，幼儿教育对促进幼儿个体发展、解放妇女劳动力和增进家庭幸福、缩小贫富差距、维护社会稳定与发展乃至提升综合国力等都具有明显的积极意义。OECD 会议报告曾将“儿童早期教育与保育”称为“从投资中获益最多的教育阶段”。正因为如此，近年来世界各国纷纷发动各种力量发展幼儿与学前教育。

我国是人口大国，0－6 岁的婴幼儿多达 1.4 亿，占世界同龄儿童总数的五分之一。研究借鉴其他国家发展儿童早期教育的经验，对促进我国学前教育的改革以及指导我国学前教育理论和实践的发展具有重要的意义。

根据国际教育标准分类法（ISCED），学前教育属于第 0 层次的教育（ISCED level 0），是有组织地对儿童进行指导的最初阶段。国际通用的概念 Early Childhood Education and Care（ECEC）包括 0－6 岁的所有学龄前儿童①。由于学前教育阶段自身独特的性质，使得学前教育不同于其他任何一

---

* 作者简介：董原，北京大学教育学院 2007 级硕士研究生。

① 如无特殊说明，本文中的学前教育就指的是处于 0－6 岁的学前教育阶段。

种教育阶段，它通常包括“教育”（education）和“照看”（care）两种服务功能，本文在介绍时将侧重介绍其中的教育服务系统。

本文将主要利用“Education at a Glance 2007 - OECD Indicators”以及OECD 在线数据库中的有关资料，总结 OECD 国家学前教育在财政体制和资金提供机制等方面的主要特点，同时对一些比较典型的国家进行比较分析。

二、OECD 国家学前教育的财政体制

（一）学前教育的总体投入较低

总体来说，各国在学前教育上的支出都不超过 GDP 的 1%，与其他水平的教育支出相比很少。由图 1 可直观地看出，除了德国、英国、匈牙利等少数几个国家之外，各国在各级教育机构的支出上，学前教育阶段的生均支出低于或远远低于初等、中等和第三级教育等其他各级教育阶段的水平。需要注意的是，这种情况的出现并不是由于儿童学前教育的成本相对较低，比如在奥地利、挪威和芬兰等国家，儿童学前教育一般来说都是全天性的服务，因而学前教育的成本会更高一些。所以，如果对学前教育投入过低，不可避免地会对学前服务机构职工的工资及其地位产生不利影响，同时也对学前服务的质量产生不利影响。此外，有专家指出，对儿童学前阶段的投资比其他任何阶段的投资对人的学习潜力都有更为意义深远和长期的影响。①

基于此，一些之前在学前教育上公共投资相对较低的国家，如韩国、爱尔兰、葡萄牙、荷兰等，近年来显著地加大了其在学前教育上的投资。例如，1996 - 2004 年间，葡萄牙在学前教育上的预算增加了 1 倍，而韩国则增加了 2 倍。而一些对疾速增长的需求没有做好准备的国家政府则试图依靠市场来迅速地提高服务供给。对于这种选择，OECD 以往的经验显示，虽然市场可以快速地提供服务，但是服务质量的保证还必须依靠政府大量的财力投入和高度关注。

然而，OECD 各国教育机构上的支出在学前教育阶段往往有显著的差异。由表 1 可知，澳大利亚和韩国的学前教育占 GDP 的 0.1%，而匈牙利占了 0.8%，最多的丹麦和合伙经济体以色列则占了 GDP 的 0.9%。但实际

---

① Starting Strong II: Early Childhood Education and Care, OECD, 2006.

初等教育 = 100

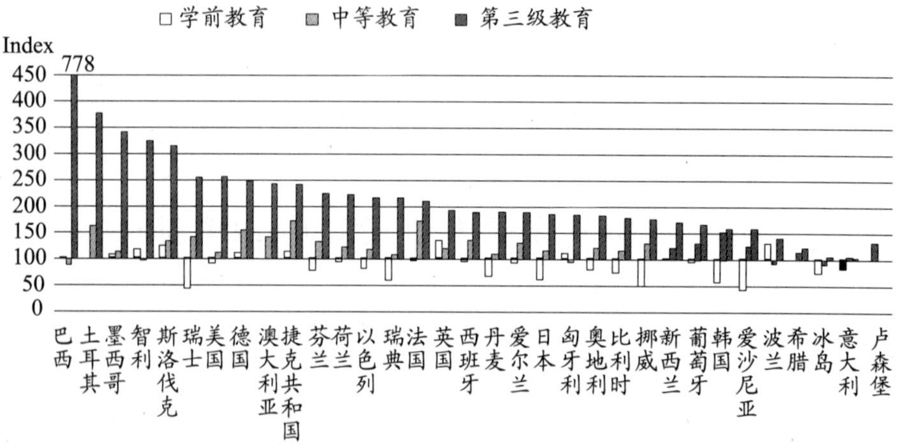

来源：OECD，Education at a Glance 2007.

图 1　生均教育支出——与初等教育相比（2004）

上，这种差异并不具备较高的可比性。首先，向 OECD 提供数据的各个国家在对“学前教育”的定义上有所差异。比如，OECD 发布的《2007 年教育概览》中的数据称，法国学前教育的生均年支出为 4 938 美元，英国为 7 924 美元，瑞典为 4 417 美元。但是，了解这些国家的学前教育服务的人可能会自然地指出，瑞典的生均支出被严重地低估了。瑞典的生师比明显低于其他国家，50% 的早期教育（1－6 岁）的员工拥有大学教育程度，而且他们的工作时间也远比英国和法国长。其次，学前教育支出上的差距还可以由幼年儿童的参与率来解释，但是有时候也会受到学前教育私人提供程度的影响。比如说，在爱尔兰，早期儿童教育大多由私人机构提供，而这不包括在爱尔兰官方数据中。此外，高质量的学前教育并不是只由这些教育机构来提供，还经常有一些非正式组织的参与。

表 1　各级教育支出占 GDP 的百分比（2004）

	学前教育	初等、中等、后中等非第三级教育	第三级教育	所有层级的教育
澳大利亚	0.1	4.2	1.6	5.9
奥地利	0.5	3.7	1.2	5.4

续表

	学前教育	初等、中等、后中等非第三级教育	第三级教育	所有层级的教育
比利时	0.6	4.1	1.2	6.1
捷克	0.5	3.2	1.1	4.9
丹麦	0.9	4.3	1.8	7.2
芬兰	0.4	3.9	1.8	6.1
法国	0.7	4.1	1.3	6.1
德国	0.5	3.5	1.1	5.2
匈牙利	0.8	3.5	1.1	5.6
冰岛	0.7	5.4	1.2	8.0
意大利	0.5	3.4	0.9	4.9
日本	0.2	2.9	1.3	4.8
韩国	0.1	4.4	2.3	7.2
墨西哥	0.7	4.3	1.3	6.4
荷兰	0.4	3.4	1.3	5.1
新西兰	0.3	5.0	1.4	6.9
挪威	0.3	4.2	1.4	6.2
波兰	0.6	3.8	1.5	6.0
葡萄牙	0.4	3.8	1.0	5.4
斯洛伐克	0.5	3.0	1.1	4.8
西班牙	0.6	3.0	1.2	4.7
瑞典	0.5	4.5	1.8	6.7
瑞士	0.2	4.5	1.6	6.2
英国	0.4	4.4	1.1	5.9
美国	0.4	4.1	2.9	7.4
巴西	0.3	2.9	0.7	3.9
智利	0.5	3.8	2.0	6.4
爱沙尼亚	0.3	3.7	0.9	4.9

续表

	学前教育	初等、中等、后中等非第三级教育	第三级教育	所有层级的教育
以色列	0.9	4.7	1.9	8.3
俄国	0.5	2.0	0.7	3.6
斯洛文尼亚	0.6	4.3	1.4	6.3
OECD 平均	0.5	3.8	1.4	5.8
欧盟 19 国平均	0.5	3.6	1.3	5.4

来源：OECD，Education at a Glance 2007.

（二）学前教育的公私支出

关于教育系统中各参与者之间成本的分配问题，是 OECD 各国广泛争论的话题之一。正如 OECD 在发布的《2007 年教育概览》中指出的，随着越来越多的服务提供者进入到教育的领域中，现在各国政府都在动员更多的资源来为教育买单，以求扩大公众的教育选择机会，减少科层制对教育系统的限制，并试图促进成本—收益分配体系更加公平。因此，虽然公共投入依然在教育投入中占据着十分重要的地位，但私人支出正在变得越来越重要。

由表 2 可以看出，1995 - 2004 年间，除了匈牙利、爱尔兰、西班牙等少数几个国家之外，大多数国家的公共支出与私人支出之比逐步降低。例如，葡萄牙对各级教育机构的支出中，公共支出与私人支出之比从 1995 年的 165.7 下降到 2004 年的 39.0，私人支出从 0.6% 上升到 2.5% 。

表 2　公共与私人教育支出之比（1995，2004）（%）

		2004 年			1995 年		
	2004 - 1995 差值	公共支出	私人支出	公共/私人	公共支出	私人支出	公共/私人
澳大利亚	-1.0	73.0	27.0	2.7	78.9	21.1	3.7
奥地利	-1.3	92.8	7.2	12.9	93.4	6.6	14.2
比利时	m	94.3	5.7	16.5	m	m	m

续表

		2004 年			1995 年		
	2004 – 1995 差值	公共支出	私人支出	公共/私人	公共支出	私人支出	公共/私人
捷克	-0.1	87.3	12.7	6.9	87.5	12.5	7.0
丹麦	-5.8	95.6	4.4	21.7	96.5	3.5	27.6
芬兰	-5.0	97.9	2.1	46.6	98.1	1.9	51.6
法国	m	91.2	8.8	10.4	m	m	m
德国	0.0	82.3	17.7	4.6	82.3	17.7	4.6
希腊	m	95.3	4.7	20.3	m	m	m
匈牙利	1.7	90.7	9.3	9.8	89.0	11.0	8.1
冰岛	m	90.6	9.4	9.6	m	m	m
爱尔兰	4.3	92.9	7.1	13.1	89.8	10.2	8.8
意大利	m	90.4	9.6	9.4	m	m	m
日本	-0.2	74.2	25.8	2.9	75.5	24.5	3.1
韩国	m	60.5	39.5	1.5	m	m	m
墨西哥	-0.6	80.5	19.5	4.1	82.6	17.4	4.7
荷兰	-0.1	90.1	9.9	9.1	90.2	9.8	9.2
新西兰	m	80.7	19.3	4.2	m	m	m
波兰	m	90.1	9.9	9.1	m	m	m
葡萄牙	-126.7	97.5	2.5	39.0	99.4	0.6	165.7
斯洛伐克	-29.5	84.0	16.0	5.3	97.2	2.8	34.7
西班牙	1.4	87.1	12.9	6.8	84.2	15.8	5.3
瑞典	-25.5	97.0	3.0	32.3	98.3	1.7	57.8
土耳其	m	92.6	7.4	12.5	m	m	m
英国	-1.7	83.9	16.1	5.2	87.3	12.7	6.9
美国	-0.3	68.4	31.6	2.2	71.0	29.0	2.4
OECD 平均	m	87.0	13.0	6.7	~	~	m

续表

		2004 年			1995 年		
	2004 - 1995 差值	公共支出	私人支出	公共/私人	公共支出	私人支出	公共/私人
欧盟 19 国平均	m	91.1	8.9	10.2	~	~	m
智利	-0.2	51.6	48.4	1.1	56.4	43.6	1.3
以色列	-0.9	76.4	23.6	3.2	80.5	19.5	4.1
斯洛文尼亚	m	86.3	13.7	6.3	m	m	m

来源：OECD，Education at a Glance 2007.

注：m，数据不可得；~，均值与其他教育层级不可比。

在学前教育领域内，全额或几乎全额的公共投入相对少见，在 OECD 各国的教育总支出中，平均私人支出已从 2003 年的 18.5% 增长到 2007 年的 20%，私人支出的重要性比其他所有教育水平加起来都高。由表 3 可知，除了法国、匈牙利、意大利、荷兰、英国、美国等少数几个国家外，其他国家的学前教育投资中，私人支出所占的比例均比所有教育水平中私人支出所占的比例高；而在小学到大学前的教育支出中，私人支出所占的比例往往低于所有教育水平的比例。可见，学前教育中的私人支出比例明显较高。尽管在学前教育阶段，绝大多数国家中公共支出仍然是总支出中最为重要的一部分，但是私人支出比在其他各级教育中起了更加重要的作用。然而，学前教育支出中私人支出所占的比例在不同的国家存在很大的不同，如法国、荷兰均低于 5%，澳大利亚、奥地利、德国、冰岛、新西兰和智利略高于 25%，而日本占 50%，韩国高达 62.1%（见表 3）。

表 3　各级教育公共与私人支出的比例（2004）（%）

国　家	学前教育				初等、中等、后中等非第三级教育		所有层级的教育	
	公共资金	家庭支出	其他私人实体支出	总私人资金	公共资金	总私人资金	公共资金	总私人资金
澳大利亚	69.3	30.0	0.7	30.7	83.2	16.8	73.0	27.0
奥地利	70.0	13.9	16.1	30.0	95.3	4.7	92.8	7.2
澳大利亚	69.3	30.0	0.7	30.7	83.2	16.8	73.0	27.0

续表

国　家	学前教育				初等、中等、后中等非第三级教育		所有层级的教育	
	公共资金	家庭支出	其他私人实体支出	总私人资金	公共资金	总私人资金	公共资金	总私人资金
捷克	87.3	9.3	3.3	12.7	88.6	11.4	87.3	12.7
丹麦	81.1	18.9	n	18.9	97.8	2.2	95.6	4.4
芬兰	91.1	x (4)	x (4)	8.9	99.2	0.8	97.9	2.1
法国	95.8	4.2	n	4.2	92.7	7.3	91.2	8.8
德国	71.8	x (4)	x (4)	28.2	81.9	18.1	82.3	17.7
匈牙利	93.9	4.3	1.8	6.1	94.7	5.3	90.7	9.3
冰岛	64.9	35.1	m	35.1	96.5	3.5	90.6	9.4
意大利	90.8	9.2	n	9.2	96.1	3.9	90.4	9.6
日本	50.0	43.1	6.8	50.0	91.3	8.7	74.2	25.8
韩国	37.9	59.6	2.5	62.1	79.5	20.5	60.5	39.5
墨西哥	80.5	19.4	0.1	19.5	83.4	16.6	80.5	19.5
荷兰	96.2	0.6	3.1	3.8	94.1	5.9	90.1	9.9
新西兰	57.6	34.9	7.5	42.4	87.5	12.5	80.7	19.3
挪威	86.3	13.7	m	13.7	m	m	m	m
波兰	87.1	12.9	m	12.9	97.6	2.4	90.1	9.9
斯洛伐克	79.0	19.9	1.1	21.0	85.1	14.9	84.0	16.0
西班牙	82.5	17.5	m	17.5	92.5	7.5	87.1	12.9
英国	94.9	5.1	n	5.1	86.6	13.4	83.9	16.1
美国	75.4	x (4)	x (4)	24.6	91.3	8.7	68.4	31.6
智利	66.2	33.7	0.1	33.8	68.9	31.1	51.6	48.4
以色列	77.2	20.7	2.1	22.8	91.9	8.1	76.4	23.6
斯洛文尼亚	81.1	18.9	0.1	18.9	90.4	9.6	86.3	13.7
EU19 平均	87.9	~	~	12.1	93.7	6.3	91.1	8.9
OECD 平均	80.0	~	~	20.0	91.8	8.3	87.0	13.0

来源：OECD，Education at a Glance 2007.

注：m，数据不可得；n，数据可忽略或为零；

x (4)，数据包括在此表的第 4 列；

~，均值与其他教育层级不可比。

（三）OECD 主要国家学前教育的财政支出类型

根据公共支出与私人支出所占比例的不同，可以把 OECD 主要国家的学前教育财政支出结构分为三类。

1. 以公共支出为主

在芬兰、法国、荷兰、英国等国家，政府是学前教育成本的主要承担者，公共支出占学前教育支出的 90% 以上，而在社会福利保障非常完善的瑞典，学前教育支出则完全由政府负担。

在瑞典，学前教育已在 1996 年被纳入正规教育体系，其管理部门也由国家卫生与社会福利部转为教育与科学部。从 1998 年起由《教育法》代替《社会服务法》指导儿童的教育工作。在这种财政支出结构下，政府对幼年儿童的生活和学习提供了全方位的经济支持，使选择不同教养方式的儿童能得到大致相同的财政补助，为儿童构筑了完善的社会保障网。

在法国，学前教育的大多数经费（如教师工资）由国家政府的教育部提供。2003 年，学前教育的生均花费为 4 040 欧元，这与小学教育 4 320 欧元的生均花费基本相同。[①]在以往的 20 年的时间里，法国的学前教育与小学教育的支出差距在不断地减少。

2. 公共与私人支出并重

在美国、澳大利亚、奥地利等国家，学前教育中的公共支出一般占学前教育总支出的 70% 左右。政府公共支出虽然依然是整个学前教育支出中的主要部分，但是私人部门对学前教育的作用明显加大，政府与社会、市场共同创建和支撑起了整个国家的学前教育体系。

在美国，学前教育总经费的 41% 由联邦和州政府按比例承担。其中联邦政府承担 27%，主要用于转移支付和改善贫困，维持全联邦范围内的幼儿教育公平；地方政府出资 14%，作为配套补充资金，并履行具体的幼儿教育管理职责。此外，政府积极与民间合作，在民间资金的基础上，政府的财政投资更多地用于扶贫济困。

---

① OECD Country Note：Early Childhood Education and Care Policy in France，2004.

3. 以私人支出为主

日本和韩国的学前教育公共支出分别占学前教育总支出的 50% 和 37.9%，远远低于上述欧美国家的比例，是一种典型的以市场和社会投入为主的财政支出结构。

在这类国家中，政府对学前教育的财政投入占国民生产总值的比例一般较小，如日本的学前教育总支出占 GDP 的 0.2%，韩国占 0.1%，所以政府比较注意利用民间资金创办托幼机构。例如，在韩国，2002 年公立幼儿教育机构仅占 6.1%，私立的占 93.9%，公立幼儿教育体系只是起补充和维持稳定的作用。国家少量的财政资金绝大部分被投入到公立托幼机构中，并部分采用市场运行机制进行投资，而对私立托幼机构和就读其中的幼儿直接补助很少。

以上三种教育财政支出结构，从第一种到第三种，政府公共支出在学前教育总支出中所占的份额越来越少，民间资本逐步占据主导。财政拨款的制度保障性逐渐减弱，越来越强调补偿性。同时，政府对幼儿教育的管制减弱，而市场的支配力渐强。不过这种划分并不是绝对的，因为各个国家的幼儿教育财政支出结构往往具有混合的特征。

（四）影响学前教育财政体制的主要因素

目前，各国政府在学前教育的财政体制上存在着较多差异，这是与学前教育的特殊性和各国政府对家庭与教育所采取的政策，以及其文化、经济、政治、社会情况等因素密切相关的。

1. 学前教育的特殊性

与其他教育阶段相比较，由于学前教育涉及幼儿的看护工作、育儿分工等，在制定学前教育政策时往往会涉及其他一些方面的因素，比如，学前教育政策与家庭政策以及妇女解放密切相关。Alan Siaroff 对 OECD 的 23 个国家的家庭福利数据和女性劳动的数据进行了对比研究后，将它们分成为 4 组。其中，北欧四国作为高福利国家，女性就业率高，政府在很大程度上承担了育儿的工作，所以学前教育就相对发达和完善，如上文所述的瑞典。

表4　Alan Siaroff 对家庭福利和女性劳动的国家分类

代表国家	家庭福利	女性就业	育儿工作
芬兰、瑞典、丹麦、挪威等社会民主主义福利国家	家庭福利指标高	女性就业率高，女性完全雇用	育儿工作由国家承担
美国、英国、新西兰、加拿大、澳大利亚等自由主义福利国家	家庭福利政策并不完善	女性就业率较高	国家把育儿的责任推卸给家庭和市场
法国、比利时、奥地利、荷兰、卢森堡、德国	家庭福利指标高	女性的就业率低，不保护女性就业	政府的政策围绕着女性承担家务和育儿的家庭责任而定
冰岛、爱尔兰、葡萄牙、意大利、希腊、西班牙、瑞士、日本	家庭福利指标低	女性就业率低	育儿的责任更多地留给了家庭和市场

此外，由于学前教育涉及了幼儿看护习俗、家庭育儿观念等文化上的因素，所以各个国家间的学前教育政策难免有所差异。比如说，欧洲国家传统上在家中照看幼儿。除了丹麦以外的所有欧洲国家，大多数3岁以下幼儿以私人方式被照看，如让祖母照看，寄放在有资格者的家庭中，或在幼儿家中雇保姆照看。而丹麦由于其国家特点和历史因素等，家庭不习惯以私人方式照顾幼儿。所以，丹麦对幼小儿童的公共托幼服务非常健全且优质，由国家支持的幼儿照看机构很发达，学前教育支出高达GDP的0.9%，而其他OECD各国均不超过1%（见表1）。丹麦约50%的3岁以下幼儿被接收在这些机构里。而在其他国家（如德国、西班牙、爱尔兰、意大利、荷兰、葡萄牙、英国、美国），这种公共机构的接收率非常低，仅有2%－6%的3岁以下幼儿有机会被接收到这些机构。

欧美国家与亚洲国家之间巨大的文化差异，也使这些地区间的国家教育财政体制有较大的差异。从对学前教育的财政支出上看，日本和韩国的公共支出分别占学前教育总支出的50%和37.9%（见表3），远远低于欧美国家的比例，是一种典型的以市场和社会投入为主的财政支出结构。此外，国家民族所具有的民族特性，也会对其国家的教育财政体制带来一定的影响。比如说，在日本民族中等级制度森严，强调“各得其所，各安其分”，在家庭以及人际关系中，年龄、辈分、性别、阶级决定着适当的行为；在政治、宗教、军队、产业等各个领域中，也都有十分周到的等级划分（鲁思·本尼迪克特，《菊与刀》）。这也为带有等级色彩的私立教育在日本盛行提供了文化背景。在日本，私立幼儿园是整个幼儿教育的主体。截至 2003 年，私立幼儿园有 8 389 所，在园幼儿 139. 3 万人，分别占全国幼儿园总数、在园幼儿总数的 59. 2% 和 79. 1% 。公立幼儿教育体系只是起着补充和维持稳定的作用。

2. 国家政治经济体制

各国教育财政体制的形成从根本上说取决于各国的政治经济体制及由此决定的教育管理体制。比如，实行联邦制的美国和奥地利，教育财政实施的是分权式的管理；实行中央集权制的法国，教育财政实施的是集中型管理。

美国作为联邦制的政体，实行行政分权管理。美国的教育部没有直接领导教育的能力，只能通过立法和拨款将联邦教育政策渗透到各类学校中去，教育权归州政府所有。在学前教育领域，联邦政府承担学前教育总经费的 27% ，主要职责是制定特定保教项目的政策与目标，维持全联邦范围内的幼儿教育公平；州政府和各地方政府各承担 14% ，扮演着学前儿童保育和教育政策实际执行者的角色。

在奥地利，市政府在学前教育的投资中占了最大份额，大约有 60% －70% 的花费由市政府预算来负责①。市政府的资金一部分来自联邦政府和州政府的转移支付，一部分来自 10% 的税收收入（详见图 2）。州政府（LGs）为学前教育提供 15% －25% 的投资。除了接受联邦政府的转移支付外，州政府还有 9. 3% 的自主税收收入。州政府给市政府提供一般转移支付，并负责支付 ECEC 正式员工的工资。联邦政府只为学前教育提供转移支付。

法国为共和制政体，实行中央集权制。这在教育财政体制上体现得尤为明显。法国的教育部与美国明显不同，它是法国政府最大的一个部，权限非常广泛，是对全国教育进行全面直接领导的中央权力机构。法国的地方教育财政机构组织严密，完全受教育部垂直领导和监督。国家教育部对地方和学校处理一般事项的操作过程与具体方法都有相应的规定，可以说“学校每

---

① Starting Strong：Early Childhood Education and Care Policy，Country Note for Austria. OECD，2006.

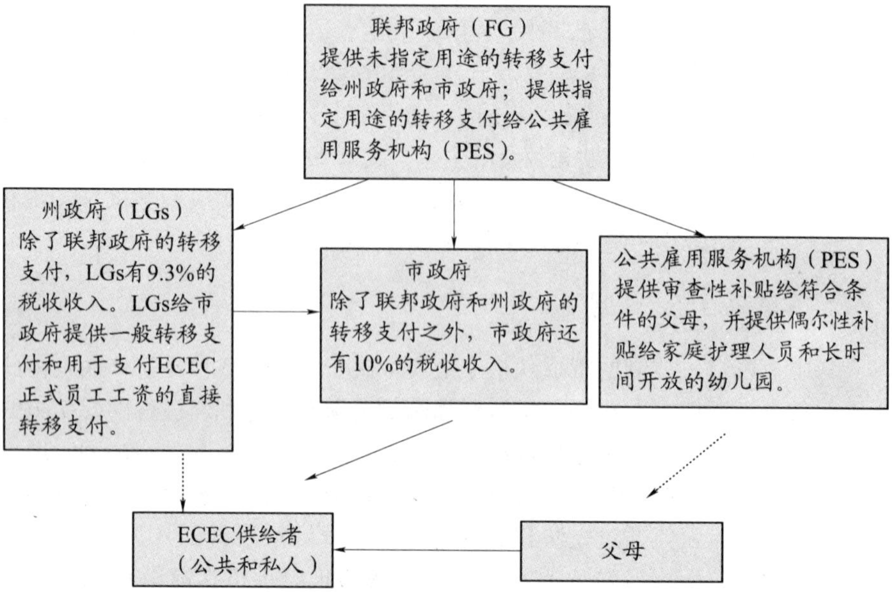

图 2　奥地利学前教育资金流程图（2003）

一分钟的活动内容都由国家教育部具体规定”。在法国，学前教育的大多数经费（如教师工资）由国家政府的教育部提供。

3. 经济发展水平因素

国家的财政体制受到国家的经济发展水平的制约。随着国家经济条件的变化，国家的财政管理体制也在相应地进行调整。因此，同一国家在不同的经济发展阶段会产生不同的教育财政体制；不同国家间经济发展水平的不同，也会对其教育财政体制产生影响。在经济发展水平相对较低、政府的财政能力较为有限的时期，政府对于学前教育的关注程度往往较低，对学前教育的财政支出极为有限，并且各级政府对学前教育的责任划分也不明确。而随着经济发展水平的提高，国家对学前教育的关注程度会有所上升。

此外，随着经济的发展和经济环境的变化，越来越多的服务提供者进入到教育的领域中，这也会使政府对教育所承担的财政责任有所变化。如今各国政府都在动员更多的资源来为教育买单，以求扩大公众的教育选择机会，并试图促进成本—收益分配体系更加公平。因此，虽然公共投入依然在教育投入中占据着十分重要的地位，但私人支出正在变得越来越重要。根据OECD 2007 年的数据，1995 – 2004 年间，除了匈牙利、爱尔兰、西班牙等少数几个国家之外，大多数国家的公共支出与私人支出之比都逐步降低（见表 2）。

三、学前教育的资金提供机制

从国际视野的角度出发，大体上，OECD 各国的学前教育财政投入机制可以分为两类：即供给方财政投入机制和需求方财政投入机制。

（一）供给方的财政投入机制

政府向学前教育的供给者——托幼机构提供财政支持时，又可以根据托幼机构的公私性质简单划分成两种类别：对公办托幼机构进行财政支持和对私立托幼机构进行财政支持。实际上，这是政府对学前教育这一公共产品采取直接提供和委托供给两种方式的政策表现形式。

1. 对公办托幼机构的财政投入

在 OECD 国家中，公办学前教育体系基本上占到各国和地区学前教育规模的一半左右（韩国除外），大多数欧洲国家占到 60% – 70% 以上[①]。各国主要依靠征收教育税来维持公共教育，保证公共教育（包括公共学前教育）的正常、健康发展。许多国家的私人办园没有或很少能获得财政支持，但对公办园给予财政支持是各国政府对学前教育进行财政投入的公认通道，以提供价格低廉甚至是免费的公办学前教育，比如前文提到的瑞典等国。

出于教育公平的考虑，这些国家的公办教育机构，或者数量多、规模大，向全民提供普及性的公共学前教育服务，或者数量少，只为少数社会底层家庭提供价格低廉、甚至免费的公共学前教育服务，实现社会补偿目标。

在这些公办或契约性质的服务机构中，政府（中央、州或地方）直接向提供者拨款，资金数额与所服务的幼儿数目相联系。这些供给方的财政支

① Gordon Cleveland, Michael Krashinsky. Financing ECEC Services in OECD Countries. [EB/OL].

持通常采取经营补贴、教师工资（或工资津贴）、设施设备的补贴、幼儿服务的额外或专项教育需求补充、教学质量提高补贴或其他公共教育目标。

此外，许多国家对学前教育的财政拨款部分采用幼儿资助项目的方式。OECD 国家中，许多经费有限的项目拨款、转移支付都部分或全部采用公共学前教育服务项目形式，即不把经费直接投到某一具体的幼儿园或幼儿身上，而是用于某一区域范围内学前教育管理改革、师资培训、课程开发、信息服务、社区服务、幼儿家长指导等，可以广泛地惠及幼儿和幼儿家庭、社区、幼儿园的各种活动中。例如，1999 年英国开始在 60 个地区开展“确保开端”项目（Sure Start），该方案强调在尊重家庭文化背景的基础上，帮助家庭营造良好的家庭教育环境，政府雇用幼儿保育和教育的专业工作者为家庭提供的服务主要包括：家访咨询、帮助家长理解和支持幼儿的游戏、分享儿童保育和教育的经验、提供初步的社区健康服务、为有特殊需要的儿童和家长提供支持。“确保开端”项目在实施 3 年后已经获得了 5.4 亿英镑的资金支持。

2. 对私立托幼机构的财政投入

世界各国对私立幼儿园直接的财政拨款项目比较少，即使有些财政拨款，数额也都不大。在 OECD 提供学前教育财政信息的 19 个国家中，只有少数几个国家对私立幼儿园提供直接的财政资助。这些国家的一些具体操作方法可以供我们参考。

OECD 主要国家对私立托幼机构的财政投入

新西兰为给私立幼儿园提供普遍的财政资助和增进质量，设立了私立学前教育服务的财政资助项目。申请的资格是得到许可或特许的学前教育服务机构每天开放 6 小时，每周开放 30 小时者可得到最高资助：必须提供年度审计报告包括经营性和非营利性幼儿园。依提供的学前教育服务的种类、质量等级和入学儿童的年龄，按公式计算每一所私立幼教机构所得补助数额。按 1997 年标准，小于 2 岁的幼儿，每幼儿每小时补助 4.84 新西兰元；2 岁以上，每幼儿每小时 2.43 新西兰元；幼儿园每一儿童每小时补助 3.24 新西兰元。高质学前教育可再追加 11%。

英国为 3 - 4 岁儿童提供免费教育场所项目，包括对私立托幼机构的财政资助。地方当局直接拨款给各种学前教育服务的提供者，使其能提供免费教育场所。而学前教育服务供给者必须达到一定的条件，如提供基础课程。资助标准由各地方当局根据实际情况确定一定比率，每个幼儿约 416 英镑。英国的另一项私立托幼机构的财政资助是年幼儿童看护补助。资助的对象是私立机构，资助的标准每一年由地方当局审核。目的包括为适龄儿童提供免费的学前教育服务，保证教育质量，提高 4 岁儿童入园率。该项目计划 2001 - 2004 年共提供 56 100 万英镑。

美国政府在资助方面对任何类型的幼儿园采取一视同仁的态度，但各州都规定，只有经过注册，领到办学执照，非营利性的私立幼儿园才可享受到免税待遇。美国联邦和各州的宪法、法律还严格限制私立幼儿园的资助上不能有任何宗教目的。

从以上几个国家的政策，我们可以得出下面的几点结论。

首先，政府对私立幼儿园财政补助的出发点在于私立幼儿园分担了政府的部分职责，提供了公共服务项目，其目的是保证不同类型幼儿园之间和就读不同类型的幼儿之间享受学前教育财政经费的公平①；

其次，享受财政补助的幼儿园必须达到一定标准，接受政府的资格审查和监督，完成政府交付的任务，达到标准方可获得补贴，这样，政府间接控制了质量，维护了幼儿的利益，实现了公共财政的目的；

第三，政府要在保证对公办幼儿园的财政投入的前提下对私立幼儿园提供财政资助，形式以项目投资为主，运用市场机制提供经费，以保证财政经费的使用效率；OECD 各国的普遍做法是采取优惠性财政政策，而不是直接提供财政拨款。

3. 小结

从理论上讲，在学前教育服务供给的问题上，政府决定资助公办托幼机构还是私立托幼机构是一个比较复杂的问题，这取决于政府在直接供给的效率问题和委托供给所产生的代理问题之间进行权衡。“在经济学领域，当公

① 蔡迎旗．学前教育财政投入与政策［M］．北京：教育科学出版社，2007：160.

司面临是由自己生产还是购买产品的决策时，要考虑的核心问题是‘交易成本’的大小。当该公司在生产技术方面具有优势时，它会选择自己生产；而当其生产成本上升时，它则会与其他生产者签订合约，购买该产品。从信息的角度看，当不确定性较小且对所购买产品的质量较容易鉴别时，通常采取购买的方式；当不确定性因素很大，契约的监控成本较高时，则采用自己生产的方式。”① “交易成本”的概念为我们研究政府对公私托幼机构的资助政策提供了一个分析角度。

但从各国学前教育发展的历史和实践来看，政府对公办托幼机构的资助总是优先于对私立托幼机构的资助，并且对公办托幼机构的资金投入远高于对私立托幼机构的资金投入，当然，这与公私托幼机构各自不同的机构性质、办学主体和办学目标等密切相关。

（二）需求方的财政投入机制

1. 政府对幼儿及其家庭资助的项目和类型

政府对幼儿及家庭的资助最初是以现金的形式实现的，但随着幼儿教育的发展和政府政策的逐步完善，政府对幼儿及家庭的资助渠道日益多样化，一般有现金、服务和实物形式、教育券、税费减免和规制等形式。

OECD 许多国家，尤其是北欧福利国家，一般对幼儿及其家庭补助不仅品种多，而且数量足，体现了国家与社会共养共教幼儿和支持幼儿家庭的基本理念。

比利时的税费返还：如果孩子父母工作，可以按收入税收的返还，最多每天可退 331 比利时法郎（9 美元）以用于充抵学费；如果没有工作，每年至多可返还 1.1 万比利时法郎（299 美元）；

丹麦的自由选择计划：由地方政府根据适龄儿童数量决定助学金的规模。数额不能超过法律规定的孩子父母在私人机构花费的 70% 和该地区最廉价的托幼机构的净办学成本的 85%。在申请补助的条件上，孩子必须就读私立日间托幼机构，必须在年满 24 周后接受私立机构教育，直至进入学前班学习为止；

① 曾晓东，张丽娟．OECD 国家早期教育与服务财政支出研究［J］．比较教育研究，2007（11）：54.

韩国的低收入家庭幼儿教育补贴计划：2004 年，韩国出台政策规定，未满 5 岁幼儿的城市家庭或双胞胎子女家庭（一家四口者），每月平均收入低于 318 万韩元，以及农渔村家庭（也是一家四口者）每月平均收入低于 353 万韩元者，都能获得 15.8 万韩元的教育补贴。

英国的提供幼儿家长假期计划：为了使家长有更多的时间和孩子在一起，保证家庭生活的质量与健康，英国政府延长了妇女带薪产假（从 14 周增至 18 周，可望延长至 40 周）和第一次为有 5 岁以下幼儿的家长设立了父亲可以使用的父母假（13 周的不带薪假期，低收入的家长可以申请额外津贴以贴补减少的收入）。

还有西班牙的学前教育券实验、芬兰的私立看护津贴、法国的双亲工作家庭日托补助协议、澳大利亚的国家儿童看护津贴等，此处不一一列举。仅从儿童学费减免情况出发，OECD 国家的儿童教育和看护补助项目可以分为以下几类。

表 5　OECD 国家 3 – 6 岁儿童教育和看护学费减免情况①

国　别	全　免	减免部分学费	低收入、多子女和特殊家庭减免	部分时段免费	部分托幼机构和教育服务减免
澳大利亚		√	√		√
比利时		√		√	√
加拿大		√			√
丹麦		√	√		√
芬兰		√			√
法国				√	√
意大利					√
卢森堡				√	√
荷兰		√	√		√

① See the table 4. Gordon Cleveland and Michael Krashinsky University of Toromonto at Scarborough, Financing ECEC Services in OECD Countries. OECD data. 2003 – 01 – 30：76 – 89.

续表

国　别	全　免	减免部分学费	低收入、多子女和特殊家庭减免	部分时段免费	部分托幼机构和教育服务减免
挪威		√	√		√
葡萄牙			√	√	
瑞典				√	√
英国		√	√	√	√
美国			√	√	√

从表 5 可以看出，在 OECD 国家中，没有任何一个国家能为 3－6 岁幼儿提供无条件的、全免费的教育和看护。家长也要为幼儿接受社会教育和看护承担相应的费用是各国普遍的做法。在这 14 个国家中，选择全免学费、部分减免学费、低收入多子女和特殊家庭儿童学费减免、部分时段学费减免、部分托幼机构和服务减免学费的频率分别为 0∶8∶7∶7∶13，在这 14 个国家中普及的百分率分别为 0、57%、50%、50%、93%。

2. 小结

根据前面介绍的各国对幼儿及其家庭的补助政策，可以归纳出以下结论①。

第一，儿童补助的目的是支持儿童接受较正规的、社会的托幼教育服务，而不是满足儿童生活和保健需要。基于此，对儿童补助的范围一般定位于社会中低收入阶层，即部分弱势儿童，普遍发放补助的品种极少。

第二，补助的金额比较灵活，视儿童需要而定。采取“积极歧视”的原则，考虑儿童父母的工作收入、子女个数和托幼机构的收费水平等多种因素，制订幼儿补贴数额，家庭和个人条件较好的幼儿一般不能或只得到较少的补助。同时，家长适当承担部分比例的学费也是各国比较一致的做法。

第三，对幼儿及其家庭的补助一般可以分为税费返还（或抵扣）和现金补助两类。采用前一种补助形式的国家占据绝大多数。这反映了 OECD 国家儿童福利和儿童入学资助改革的共同趋势：既要给儿童及其家庭提供经济保障，又要奖勤罚懒，防止儿童父母形成依赖心理和懒惰习惯。当然，这个

① 参考蔡迎旗．学前教育财政投入与政策［M］．北京：教育科学出版社，2007：181.

政策将对儿童的入学补贴与父母的工作状况和收入状况联系在一起，父母有工作且收入较高的家庭，可以申请得到较多的税费返还或抵扣，从教育公平的角度出发，颇有争议。

第四，各种补助组合使用。一般 OECD 国家将普及性幼儿补助和有选择的补偿性幼儿补助搭配使用，或者将服务于不同目的的不同品种的幼儿补助混合，或者将同一品种的补助设置定额部分和机动部分。

（三）需求方 VS 供给方

政府到底是应当把资金直接投入到托幼机构，还是间接地补贴给幼儿和家庭，通过市场来进行运作？哪一种财政的投入机制会更有效率？哪一种会进一步促进教育公平的实现？

1. 从现实中幼儿所处的年龄阶段来比较

（1）对于 3 岁以上幼儿的资助

各个国家对教育机构中 3 岁以上幼儿的资助政策比较相似。供给方财政投入是主要实行的机制，公共财政体系在这部分占主导地位。这些托幼教育机构主要是由中央、州或地方政府来直接提供的，或者依赖于政府的非公办或私人组织，它们从政府得到 50% 以上的资助，并同意按照政府的监管政策或具体的规章制度提供服务。

（2）对于小于 3 岁的幼儿的资助

对于小于 3 岁的幼儿来说，供给方财政投入和需求方财政投入或二者的结合是主要采用的形式。总的来说，自由经济体国家和其他国家是有差别的。在前者中（澳大利亚、加拿大、爱尔兰、韩国、荷兰、英国和美国）倾向于采用向家庭提供资助的形式，这是其财政投入的主要形式，比如现金、教育券、税费抵扣等。相反，欧洲大陆国家采用需求方的财政投入机制，直接向教育服务机构拨款，作为其财政资助的主要形式。

2. 从教育效率和教育公平出发来比较

根据 OECD 国家的报告①，至少是目前，根据各国的经验来看，由政府

① Starting Strong II：Early Childhood Education and Care. Paris：OECD，2006. OECD Online service：112 – 118.

管理的供给方财政投入机制比需求方财政投入机制能够产生更加均衡的教育公平，覆盖更多的幼儿数目（1－6岁）。通过市场机制运作（需求方财政投入）会带来更多的不公平，可能的原因在于私人供给的弱监管性、家庭日常看护的优势、私人供给者不愿雇用充足的和条件合格的员工。另外一个可能的原因是，这种补贴家长的需求方投入机制刚出现，对于市场提供幼儿服务中出现的各种问题缺乏相关的管理经验。

总之，OECD的报告指明，在大多数国家中，公共财政对托幼机构的直接拨款与需求方财政供给机制相比，可以带来更有效率的管理，更有利于扩大受资助的规模，促进全民素质的提高，更有效地推动教师的培训和促进幼儿在入学机会上的进一步平等。2004年瑞典ECEC体系的一份评估报告也证实了这一点，报告指出学前教育质量的分化是由于管理控制权由中央政府下放到地方政府或儿童家长手中引起的。中央的直接拨款和专项拨款保证了政府对学前教育有更多直接管理和控制的权力，而项目资助体系（需求方财政投入机制）并没有指定资金的用途，它是由地方政府决定资助哪些项目及如何投资，并把选择的权利交到儿童家长手中，从而削弱了政府的管理权（Bjorklund，2004）。

具体而言，一般来说各国政府都采用供给方财政投入机制，在某些国家内通过向家长收费作为补充，以提供托幼机构的运营成本和人员工资（后者占到ECEC服务实际成本的70%）。在公共管理体系中，政府对托幼机构的服务水平有一定的监管标准，如办学规模和教师上岗条件都必须符合中央或地方的监管标准和规章制度。托幼机构在接受政府监管的同时，还要接受中央或地方管理部门的支持或公共儿童机构的指导。因此，托幼机构规划的越有效率、教师培训保持的越连贯，就越有可能达到政府规定的基准，获得政府的资助，这样托幼机构的服务质量也得到了保证，这是供给方财政投入机制的贡献之一。尽管如此，由于学前教育是比较典型的劳动密集型服务，当前对供给方财政投入机制的一个主要的批评是通过直接资助机构提供学前教育与服务的成本比较高。

近几年来，OECD国家的学前教育向自由市场经济转化有所发展，降低了公共财政的支出，给家长更多的选择和管理权。教育券和对家庭的补贴比直接向机构拨款更受欢迎，人们预期家长购买学前教育服务会促进私人幼儿园的开办、新机制的引进会使得学前教育市场更有竞争性，而这一切都会降低政府的成本。与此同时，政府对私人提供的托幼机构的监管放松了，如在生师比和教师的上岗条件上。从某种程度而言，如果资金配置的权力从政府的手中转移，由基本的市场规律所决定，那么消费者将会获得更多的信息，也使得托幼机构面临更多的竞争，从而会产生更低成本的公平。①不可避免地，在现实实践中，这可能会促使一批收费低廉、但服务质量较差的托幼机构涌现出来，在这些机构中，政府无法通过财政拨款等手段对其教育质量和服务标准进行有效地控制和管理。需求方财政投入机制在实践中产生的另外一个问题是，儿童家长是否能够获取充足的有关托幼机构服务水平的信息，以作出合理的选择。因为信息总是不对称的，并且儿童家长也无法承受高昂的信息搜寻成本。

3. 小结

不论是供给方财政投入还是需求方财政投入，政府的宗旨都是为了保证向所有最需要学前教育服务的儿童提供入学机会。根据 20 个 OECD 国家的总结报告可以知道，如果没有政府对学前教育的政策、对托幼机构和管理方面的重大投入，家庭负担学前教育的承受能力和学期教育的质量很有可能遭到冲击和破坏，这不仅适用于公办托幼机构，也适用于合法设立的私立机构。没有政府对全体托幼机构持续地资助（直接向机构资助或间接地向家庭补贴）和公共监管，ECEC 服务注定杂乱无序，质量严重下降。这势必与学前教育体系的主要宗旨背道而驰，即为所有儿童提供合格的看护、发展和学习，尤其提升处于劣势地位的儿童的入学机会。总之，政府在决定对儿童提供基本福利时，首先需要根据自己国家的传统和现实情况，在提供家庭补贴还是进行机构供给之间作出选择；其次根据学前教育的公平、效率和充足性三原则，确定自己想要提供的何种质量、何种标准的学前教育。总之，不论选择了哪种财政投入机制，儿童的权益始终应当成为首要的指导方针。

参考文献

[1] OECD. Early childhood education and care policy: proposal for a thematic review-DEELSA/ED (98) 2, Paris: OECD, 1998.

[2] OECD. Starting Strong: early childhood education and care, Paris: OECD, 2001.

[3] OECD. Education Policy Analysis, Chapter I: Strengthening early childhood programs: a

① 但也有研究提出了相反的观点，加拿大一项关于政府对家庭提供“母亲喂养补贴”的研究（Gordon & Krashinsky, 2003）表明，从长远来看，对家庭进行资助的成本可能并不一定低于通过机构提供早期教育与服务的成本。

policy framework, Paris: OECD, 2002.
[4] OECD. OECD Country Note: Early Childhood Education and Care Policy in Canada. Paris: OECD, 2003.
[5] OECD. OECD Country Note: Early Childhood Education and Care Policy in France. Paris: OECD, 2004.
[6] OECD. OECD Country Note: Early Childhood Education and Care Policy in Austria. Paris: OECD, 2006.
[7] OECD, Education at a Glance, Paris: OECD, 2007.
[8] Cleveland, G. and Krashinsky, M. Starting Strong: Financing ECEC Services in OECD Countries. Paris: OECD, 2003.

关于中等职业教育发展状况的田野调查报告

宋映泉

（2007年11月）

一、研究背景与过程

北京大学中国教育财政科学研究所“中等职业教育发展状况和国家中等职业教育助学金政策”课题组于2007年10月14－18日赴X省Y地区进行了调研。为了尽可能全面了解该地区中等职业学校发展状况，课题组采用了多种研究方法对9所学校进行了重点调研，包括：发放问卷（学生问卷近3 000份、教师问卷近200份、学校问卷9份）、访谈（校长、教师、学生访谈，街头随访，与有关教育部门领导座谈）以及查阅地方政策文件等。

课题组设计的三种问卷旨在从不同角度获取该地区中等职业教育发展以及国家中职学校学生助学金政策实施的情况。学生问卷包括个人及家庭基本信息、费用支出及奖助学金信息、就读原因及教学质量与就业前景三个部分；教师问卷包括个人信息、工作待遇、招生/教学质量/学生就业前景、学生学费及奖助学金四个部分；学校问卷包括学校基本情况、教师情况、学生基本情况、学校财务情况、招生/教学质量/教学管理/学生就业、奖助学金及其他七个部分。

二、主要发现和讨论

1. 关于招生及竞争情况

在所有调研学校，“生源大战”普遍被认为是目前最困扰学校管理者和教师的问题。1998－1999年中等职业学校分配制度全面改革，彻底改变了中等职业学校过去计划经济时代坐等生源的局面。2000－2001年，几乎所有的中职学校都遭遇了“招生大滑坡”。在某校，1998年招生数为1 100人，2000年锐减到200人，2001年只恢复到400人。在另一所学校，1999年计划招生800人，结果只招到300人左右，2000－2002年间，每年也只能招到300－500人。

生源是中等职业学校的生命线。根据课题组对各校的访谈，中等职业学校激烈的“生源市场竞争”自2003年前后就开始了。为了赢得生源，学校纷纷使用多种多样的竞争手段。除了传统的发放招生简章外，与中学校长、班主任、乡（镇）长、熟人、亲戚、朋友联系请求推荐学生生源，给教师分配必须完成的招生任务，组织专业招生人员，多次招生甚至常年招生，使用招生中介等种种手段应运而生。由于招生竞争愈发激烈，招生成本越来越高。据课题组调研的有关中职学校校长估计，每招1个学生，平均成本在1 000元左右，那么招生2 500人，招生成本就在250万左右。一些学校为了奖励招生老师，对每招1个学生规定有明确的奖励。如在B校，学校根据生源地，为招生老师提供每生800元、900元、1 000元三类奖励。该校招生最多的某老师据说今年招了400人左右，如按平均900元/生计算，这位老师经手的招生经费在36万元左右。

由于激烈的招生竞争，目前中等职业学校招生已经基本没有门槛和标准。在每所调研的学校，学生来源都越来越多样化，退伍军人、大龄社会青年（有的只相当于小学毕业程度）、高中毕业生等都成为中等职业学校学生中的组成部分。中等职业学校基本处于“开门办学”状态。有差不多9%的学生上过高中，5%的学生已经高中毕业，大约9%的学生有“半年以上的工作经历”，20%左右的学生没有参加中考，近一半（46.4%）的学生根本没有填报志愿书，25%的学生被其他中职学校录取。

Y区可以说是中职招生生源大战中的“胜利者”。从生源地的省份分布看，86% 的学生来自本省，14% 左右的学生来自外省。从统计分析看，只有22% 的学生来自本地区，其余 78% 皆来自本省其他地区（64%）和外省（14%）。该数据与公布的官方数据基本吻合，这说明本次抽样调查具有较好的代表性和典型性。

2. 关于教学质量

没有证据表明中等职业学校的生源竞争促进了良性的教学质量竞争，而在各个学校跨越性的规模扩张情况下，教学质量没有得到充分关注的情形令人担忧。只有不到一半（44%）的学生“对学校教学质量感到满意”，只有不到一半（48.5%）的学生表示“在学校学到了有用的知识和实用的技术”。有近四成（37.7%）的学生表示“如果重新选择，他们不会选择中职”，有近一半（48.5%）的学生表示“如果重新选择，不会选择目前所在的中职学校”，有 80% 的学生表示对将来就业的问题“有些担忧”或者“十分担忧”，有差不多三分之一的学生（31.8%）曾经考虑过“退学或辍学”。

表 1　您是否满意这里的教学质量？

	人数（人）	百分比（%）	有效百分比（%）	累积百分比（%）
A. 非常满意	114	4.5	4.8	4.8
B. 满意	817	32.1	34.4	39.2
C. 一般，不好说	1 215	47.7	51.2	90.4
D. 不满意	121	4.7	5.1	95.5
E. 非常不满意	107	4.2	4.5	100
合计	2 374	93.2	100	
系统缺失	174	6.8		
总计	2 548	100		

表 2　在这所学校，您是否学到了有用的知识和实用的技术？

	人数（人）	百分比（%）	有效百分比（%）	累积百分比（%）
是	1 153	45.3	48.5	48.5
否	230	9.0	9.7	58.1

续表

	人数（人）	百分比（%）	有效百分比（%）	累积百分比（%）
不好说	996	39.1	41.9	100
合计	2 379	93.4	100	
系统缺失	169	6.6		
总计	2 548	100		

表3 对于毕业后的就业问题，您感到怎样？

	人数（人）	百分比（%）	有效百分比（%）	累积百分比（%）
A. 十分担心	470	18.4	19.7	19.7
B. 有点担心	1 176	46.2	49.4	69.1
C. 无所谓	96	3.8	4.0	73.2
D. 不担心	231	9.1	9.7	82.9
E. 很有信心	408	16.0	17.1	100
合计	2 381	93.4	100	
系统缺失	167	6.6		
总计	2 548	100		

表4 如果重新选择，您是否还会选择中职？

	人数（人）	百分比（%）	有效百分比（%）	累积百分比（%）
会	1 480	58.1	62.3	62.3
不会	896	35.2	37.7	100
合计	2 376	93.2	100	
缺失值	172	6.8		
总计	2 548	100		

表5 如果重新选择，您是否还会选择这所中职？

	人数（人）	百分比（%）	有效百分比（%）	累积百分比（%）
会	1 219	47.8	51.5	51.5
不会	1 148	45.1	48.5	100
合计	2 367	92.9	100	
缺失值	181	7.1		
总计	2 548	100		

表6 您是否考虑过退学？

	人数（人）	百分比（%）	有效百分比（%）	累积百分比（%）
是	767	30.1	31.8	31.8
否	1 642	64.4	68.2	100
合计	2 409	94.5	100	
缺失值	139	5.5		
总计	2 548	100		

3. 中职学生、教师及学校“地位”的现状

就中职学生的家庭背景来看，他们多来自“三低一多”家庭（父母教育程度较低、父母职业地位低下、家庭收入水平较低、多子女的农村户口家庭）。调查结果显示：80% - 90% 学生的父母只是初中或小学毕业；80% - 90% 学生的父母为农民或农民工；80% 以上的家庭年收入在 1 万元以下，也就是说，80% 以上的家庭月平均收入不足 900 元；75% 以上的家庭有两个以上的孩子，近九成（88.8%）为农村户口。从选择就读中职学校的原因来看，“希望学到有用的可以赖以谋生的技能”（67%）、“学习成绩不够好不愿上高中”（41%）是最重要的原因，其次是“家庭经济情况”（35%）和“中职就业前景好”（30%）。

课题组发现，中职教师对目前收入水平满意度低、工作成就感低。超过一半（52.5%）的教师对自己的收入不满意，近一半（47.5%）的教师没有成就感，近三成（27.5%）的教师不喜欢自己目前的工作，60% 的教师

“不愿意把自己的孩子送到自己任教的中职学校上学”。

课题组还发现，无论学生、教师还是校长都希望“向上的”社会流动。学生大多数都很有上进心，渴望进一步发展和深造。80% 的学生表示他们希望将来能上大学，94% 的学生表示他们“希望将来能进一步深造”。由于自我认可度低下，90% 以上的教师、100% 的学校领导希望他们所在的中职学校将来能“升格为大专”。

4. 中职学生“家庭人均收入”分布及有关费用的粗略估计

根据学生问卷中 2006 年家庭年收入数据及家庭人口数，我们粗略估算了中职学生“家庭人均年收入”的分布情况。表 7 中，我们着重提出了几个重要的界点，结果发现有 61% 的中职学生其家庭人均年收入低于 1 000 元。如果按照《中国发展报告》课题组对贫困线的界定，这 61% 的人属于贫困线以下。有 91% 的家庭人均年收入低于 5 000 元。

表 7　中职学生“家庭人均收入”分布

家庭人均年收入（元）	低于 1 000	低于 2 000	低于 3 000	低于 4 000	低于 5 000
在样本中占百分比（%）	61	79	84	88	91

表 8　中职学生主要支出项目估算

费用类型	学费（元/年）	住宿费（元/年）	伙食费（元/月）	交通费（元/月）
费用均值	2 250	460	267	50

关于费用支出情况，中职学生交纳的平均学费为 2 250 元/年、住宿费为 460 元/年、伙食费为 267 元/月、交通费为 50 元/月。由这些数据，我们大体可以估算一个中职学生的开销在 5 000 – 6 000 元/年。如此计算，国家助学金 1 500 元/年的资助额度对一些特别贫困家庭的孩子而言还是杯水车薪。

三、初步的政策建议

基于上述调研结论和发现，我们提出如下建议。

首先，在招生方面，我们注意到“灵活的招生方式”、“组织专人”等是中等职业学校“招生制胜”的重要手段，甚至“招生中介”也在中等职业教育市场发挥了信息提供的作用。对于杜绝“招生中介”一刀切的政策需要慎重，否则，这个地区中职教育的蓬勃发展可能会受到抑制。

其次，必须将改善中等职业教育的办学质量作为最重要的问题来抓。我国后义务教育阶段的各级各类学校所习惯的“严进宽出”做法备受诟病，而在这次调研的学校中，实际上出现了“宽进宽出”的改变迹象。在“开门办学”的情况下，学生平均的学术素质下降，学生教育和社会背景更加多元化，部分学生在行为纪律方面的问题更加突出，在强调就业率的大背景下，重视实际技能培养而忽视文化基础课的现象十分普遍。不少教师反映，教学质量下滑是他们最为关注和“痛苦”的问题。

为此，课题组建议，应该加大力度，集中解决目前出现的这些质量问题，否则将从根本上影响国家助学金政策的教育效应乃至社会效应。我国应该更加广泛地借鉴国际经验，从制度上和办学模式上进行深入扎实的改革，而不要流于那些传统且无效的形式。第一，切实建立“因人而异、因材施教”的制度，特别是建立补习教育制度。可以仿效美国“开放办学”的典型——社区学院的做法，在学生入学伊始就进行学生学力和知识基础的测试，根据测试成绩将学生分班，进行补习教育。对部分课程可以试行统一测试学生达标情况的制度。第二，政府应该加强对各个专业的文化基础课、专业基础课、实习实验等课程设置要求落实情况的监管。第三，政府应该建立动态的教育教学质量监管信息系统，特别应该将学生用人单位的评价和毕业生的评价作为主要组成部分，该信息系统应该向全社会开放。

最后，有必要强调的是，由于调研时间仓促，本次调研存在不少缺陷。一是调研范围有限，不能轻易地把在 Y 区的调研发现推广到其他省份；二是在调研内容上，课题组对乡镇、中学和学生家长的调研还不够充分。另外，我们对所调研学校的教学质量方面的关注还很不够。

职业技术教育与培训的提供及财政问题

——国际经验

毕建宏*

（2008 年 5 月）

一、职业技术教育的需求与供给

1. 经济发展阶段及相应的职业技术教育需求

教育与培训与经济增长阶段有着密切的关联，因为不同的经济发展阶段对技能和知识有着不同的需求。需要指出的是，不同的经济增长阶段并非完全独立，事实上，一国经济通常处于不同经济发展阶段的混合或组合状态。

处于以第一产业为主导的要素驱动型经济发展阶段的国家，主要经济活动是从事自然资源开发，通过劳动密集型生产活动制造出低增值产品，其竞争力来自于低工资和低生产成本带来的价格优势，从而能够轻易地打入国外市场。处于这个发展阶段的国家并不需要大量地投资于技术教育与职业培训。普及基础教育、发展低水平职业技能以及培养服从纪律的工作习惯是教育和培训的重点。

处于以第二产业为主导的投资驱动型经济发展阶段的国家，主要经济特征是制造业出口和外包服务出口，生产主要集中于高增值商品和服务。该发展阶段对技能、特别是对高水平技能的需求不断增长，而对简单劳动力或具有低生产技能的工人和手工业者的需求相应减少。教育和培训的重点是普及中等教育，深化职业与技术教育——特别是中学后技术人员程度的教育，通

* 作者简介：毕建宏，北京大学中国教育财政科学研究所科研助理。

过终身学习来提高劳动者的技能，技能发展范围扩及团队合作、沟通交流、解决问题等技能的提高。

处于以第三产业为主导的创新驱动型经济发展阶段的国家，所面临的主要经济挑战是如何提高新技术创新率、适应率以及商业化率，从而生产出处于全球技术前沿的创新产品和服务。这个阶段的教育和培训的重心落在尖端高等教育上——特别是工程学专业领域的科学和技术教育，普通教育中高比率的以科学为基础的学习，以及结合高等教育和创新企业的强有力的研发部门。基于就业市场对技能的极大需求，这个阶段为特定岗位进行的培训绝大部分都可以通过私有部门提供，或者由企业提供，或者由私有培训机构提供（受培训者支付培训费）。

对于从计划经济向市场经济转型的国家来说，它们还面临着不同的经济和职业教育挑战：进行市场经济体制改革，采取积极的劳动力政策促进劳动力在不同部门之间的流动等。在计划经济中，技术教育与职业培训一般都太过于专业化，培训机构往往只与一家大型企业有关联，其学员所受的培训也仅仅是为了能从事这一家企业的某项特定的岗位工作。基于这些特征，技术教育与职业培训改革的重点是：对培训机构进行调整，发展私人培训市场，使公共培训机构更关注成本和产出绩效；并且，对以往提供的高度单一的专业课程进行改革，调整教育培训内容，使其以市场为导向。另外，对于那些在产业结构调整中的失业人群进行再培训也是一项重要工作。

职业技术教育和培训与经济增长之间的关系可能并不是线性的。当经济摆脱了对农业和制造业的依赖而转向服务业的时候，对职业技术教育和培训的实际需求就会下降。每一个国家都必须按照自身的发展程度和对技能的需求来决定必要的职业教育与培训所应该发展的程度，并须在普通教育和职业教育的规模上达致平衡。

2. 职业技术教育的公共与私人供给

基于日本以外的其他亚洲国家的经验，政府必须在发展职业教育和培训中发挥主导作用。政府在职业技术培训中可以发挥两种职能：政府直接提供培训项目和政府提供资助。在市场失灵的情况下，出于公平的考虑，政府对培训给予资助是正当的，但只有在私人培训供给比较弱，或者政府提供培训证明是便捷有效时，政府提供培训才是合理的。

和公共培训相比，非政府培训有许多优点。它们更关注效率（因而成本较低），能更充分地利用设备，并且与劳动力市场有更紧密的联系。拓宽渠道，将私人资本引入培训，可以有效增加培训供给，并减轻政府在职业技术培训方面的财政压力。然而，私人培训也有其局限：最重要的问题是其质量参差不齐；营利性的培训机构集中于资本投入相对低的技术领域（例如秘书/商业、计算机、语言），它们依赖公共机构的兼职老师；许多私人培训机构集中于大城市，农村地区的人很少有培训机会。不过，一些非营利性培训供给，也可以帮助扶持弱势群体和处境不利群体，以服务于社会公平目标。

一方面，政府在政策上应确保规则制度框架对私人培训资本准入或扩张不设置不合理障碍，以增加私人培训的提供。可以采取的激励措施是：为其管理者和教师提供公共在职培训项目，提供部分津贴、税收优惠或贷款担保等。另一方面，基于对亚洲国家的考察发现，除日本外，其他亚洲国家的私人培训机构都很难保证培训标准和质量，而对澳大利亚的职业教育培训市场化改革的评估也表明，大部分培训机构都因更重视效率问题以及市场化运作而导致了培训质量下降。因此，在鼓励发展私人培训和引入市场竞争之外，政府还要格外重视培训的质量和绩效，对其进行严格的监管。

企业培训是私人培训供给中很重要的一部分。企业的培训对于提高员工的技能和能力、提高企业的生产力非常重要，但企业可能出于多种原因不愿对员工进行充分培训：在一般劳动力市场，存在着充分竞争，企业可以随时找到可替代的劳动力资源；在竞争不充分的劳动力市场，企业培训出的有特殊技能的员工随时会被其他公司猎取；另外可能还存在政府对培训的资助力度不够等问题。与小企业相比，大企业提供的培训更多，以出口为导向的企业和外资企业也比其他企业提供更多的培训。政府激励企业提供员工培训最经常使用的三种方法是：直接提供公共补贴、税收资助和企业税收减免。

3. 职业技术教育供给与需求平衡

技能发展的基本问题是怎样最大限度地平衡劳动力市场的供给和需求。如果需求没能得到满足，技能将成为阻碍增长和发展的瓶颈。如果供应过量，将会导致失业和稀缺资源的浪费。职业技术教育供给与需求的平衡，可以尝试通过以下努力来实现。

（1）提高培训机构的自治权以及雇主在培训中的参与和决策权；

（2）根据教育培训产出、市场绩效来分配培训资金；

（3）分析市场就业趋势，对毕业生劳动力市场参与情况进行追踪调查；向公众及时有效传播就业趋势信息；

（4）提高职业技术教育的供给弹性。在职业和技术性项目之外，还可以包括跨职业的一般性技能培训，以及从狭窄的就业前培训转向包括继续成人职业培训的多元化培训项目等。

二、职业技术教育与培训的类型

以培训发生地为基础，可以将职业技术教育与培训分为三种类型：在正规教育体系内的学校进行的培训；在学校体系之外的非正规培训中心进行的培训；以及在企业进行的培训。

1. 以学校为基础的职业教育和培训

（1）综合高中或者多元化的中等教育

职业技能可以在中等学校尤其是被称为综合或者多元化中等学校中进行培训，如美国和瑞典。这种制度的优点在于，在中等教育阶段，让所有的学生都在一起学习。通过改革普通学校课程，加入职业准备课程，目的是让毕业生能够在劳动力市场上更有竞争力。这是一种比较昂贵的中等教育方式，因为它需要专门的设备、特定的器材和对教师的特殊培训。在大多数情况下，此类课程并没有使毕业生在劳动力市场上具有优势。在很多国家它同样也被证明是很难实行的。

（2）职业技术学校

在许多低收入的国家中，占支配地位的技能培养模式主要是以学校为基础的。在法国模式中，职业教育主要在中等职业或技术学校进行。这些学校有两个目标：为学生从事技术职业工作做好准备，满足那些不想接受长期学术教育的学生的需要。职业技术学校的两个主要缺陷在于课程僵化、脱离劳动力市场需求。尽管如此，在一些工业化速度较快的亚洲国家和地区，譬如韩国和中国台北，这种方法还是有一些成功的例子。

在以学校为基础的职业教育和培训的形式下，有学者和世界银行的研究都指出，职业教育不应该被看作是安置那些在基础教育中表现较差的学生的“低等之路”，从而加剧教育体系内的不平等和相互隔阂。这就不仅要求提供高质量的职业教育和培训，还要考虑普通教育和职业教育的结合，将职业教育与高等教育有效地联系起来，从而提高其毕业生质量，使其能够更好地进入劳动力市场，并且让学生有更多、更广泛的可选择的教育和培训机会，提高职业教育在整个教育体系中的地位、在社会上的吸引力和声誉。

2. 非正规的培训中心

（1）职业培训机构（技术培训机构）

这种类型的机构一般由劳动部门或者社区发展部门进行管理，处于学校系统之外。优点是，它可以集中于一个目标——工作培训，并且从理论上讲，与学校相比能够更迅速地根据劳动力市场的变化而更改培训项目。

（2）拉美模式

各种各样的培训中心由独立于教育系统之外的自治培训机构进行运作，它们通过在其管理机构中吸纳强有力的雇主代表而与工业体系建立了紧密的联系，更重要的是，培训中心的资金建立在由雇主支付的工资税的基础上（大概 1%）——培训税提供了财政稳定性以及长期的规划平台，这些组织特点可以保证提供高质量的培训，并且能够对劳动力市场的变化作出强有力的灵活的反应。

3. 以企业为基础的培训或非正规培训

（1）由正规企业部门进行的培训

① 德国模式

德国的技能培训体系，即著名的“双元学徒制”是将下面两种基本培训模式结合在一起的：以培训中心为基础的培训和以企业为基础的培训。此制度难以移植到其他文化环境中，它需要手工职业具有很高的声望，并且要求雇主协会、工会和行政部门有着紧密的合作。

② 日本模式

日本技能培训体系的特点在于由大公司为其员工慷慨提供终身在职培训。培训课程不只是针对工人的直接和明确的需求，目的是培养忠诚、遵守纪律、有灵活性并且多才多艺的员工。大公司的在职培训和终身雇用承诺是相辅相成的，因此，这一体系的劳动力流动不大。但是，小型和中型公司并不能为他们的工人提供如此充分的培训，因此它们需要依靠以学校为基础的培训。

（2）传统的（不受管制的）学徒培训

培训主要通过观察和模仿师傅来进行。有时，雇主会得到培训费用，学徒需要以提供工作或者减少工资的方式来获得培训。

三、职业技术教育的财政问题

职业技术教育的一个重要方面就是它的财政支持。根据其特征——需要先进的机器设备和基础设施、需要经常对教师进行培训以跟上技术的发展变化，职业技术教育的成本通常要比普通教育高得多，因此需要强大的政策支持和充足的资源。而一些亚洲发展中国家、欧盟新成员国以及候选国家的职业教育项目都无法得到充足的公共资金。目前，即使在东亚国家，用于职业教育的公共支出也不高。韩国仅仅将教育总预算的 5.7% 用于职业教育，新加坡的这一比率为 4.5%，中国大陆和中国香港只有 3% 左右。总而言之，和发达国家相比，这些比例是非常低的。许多经合组织（OECD）成员国将教育总支出的 11% –18% 用于发展职业教育。

政府应该为职业教育提供充足的资源。欧盟新成员国和候选国家在资金拨付中兴起的第一种趋势是引入了生均拨款计划——一次性生均拨款，以标准成本为基础，考虑学科和参与学生的类型（例如，全日制学生、夜校学生、远程教育学生、有特殊需求的学生）的差别。另外，罗马尼亚以生均成本为基础的资金拨付制度中除了考虑学科因素外，还考虑了教育水平以及学校地理位置的不同并给予不同系数。第二种趋势是将公共资金分配权下放到地方或地区当局，罗马尼亚的资金拨付体系将不同类别的支出在不同层级的政府部门之间进行分配。但是分级财政承担的方法可能遇到的一个问题是，地方或地区当局没有足够的资源来满足学校预算需求。

在提供公共资金外，政府可以采取有效措施，动员私人资源投入到技能培训中去。这些资源包括：雇主缴纳的工资税；由企业或者受培训者和其家人所交纳的学费和其他费用；社区支持和捐助；以及私人培训提供的扩张。欧盟新成员国以及候选国家的一些职业教育与培训学校还通过出售其车间工厂的产品、服务以及成人培训活动，或者出租场地与房屋来自筹资金。

但不能期望这些补充性资金可以完全替代公共资金，尤其在需要考虑社会公平问题的领域。而且，对于那些自筹资金来源的学校，要注意的是不能让这些生产和创收活动冲击其教学和培训目标。对于政府来说，重要的是要建立一整套资金筹措策略，将这些资源结合在一起，创建一个公共资金和私人资金相混合的技能发展体系。

政府财政分配机制有可能成为一种强有力的手段，使培训体系更加以市场为导向，并且更加有效。这些机制包括：

1. 引入竞争机制，为所有培训机构提供平等竞争培训资金的机会，以降低成本，提高效益；

2. 扩大成本分担，增加消费者在培训质量方面的利益，增加对培训相关性和成本效率的需求；

3. 采取培训券方式，促进多样化的培训供给，为受培训者提供更多的选择，增加培训的适切性，降低竞争成本；

4. 使用预算标准和绩效标准，促使人们更加关注培训的产出问题，尤其是对公共培训机构加强激励和问责；

5. 资助标准可以建立在以下几类指标基础上：投入指标，如招收的受培训者数量；产出指标，如课程的完成率；结果指标，如受培训者的工作安置情况。

四、经验借鉴

综合以上研究结果，对于我国职业技术教育与培训的发展，可以提供如下几点借鉴。

1. 要根据国家和经济社会发展的需求来决定必要的职业教育与培训应该发展的程度，并要注意平衡普通教育和职业教育的规模。我国目前还处在经济转型期，区域间发展不平衡，经济发展形态因而呈现出多个发展阶段并存的特征。因此，应尽量避免“一刀切”的职业技术教育政策导向，而应该因地、因时制宜，根据不同的需求提供多种形式的职业技术教育和培训项目。

2. 政府应该在职业技术教育与培训发展中起主导作用，并引导和鼓励私人资本的参与。一方面，在市场失灵的领域，基于社会公平的考虑，政府应该根据不同类型的职业技术教育和培训需要直接提供或购买职业技术教育和培训；另一方面，政府应该为职业教育提供充足的资源，在提供公共资金之外，政府还要在政策上通过税收等方式鼓励私人资本进入职业技术培训市场，增加职业技术教育与培训的供给。与此同时，政府要对私人提供的培训质量加强监管。

3. 综合考虑多种职业技术教育与培训类型，将学校、企业和其他自治培训机构结合起来，发挥不同培训机构的优势。对于正规教育体系内的学校所提供的职业技术教育来说，尤为需要注意的是，除了要保证提供高质量的职业教育与培训外，还要走职业教育与普通教育结合之路，为学生提供更多的受教育机会。

参考文献

[1] Fiscal Efficiency and Vocational Education in the EU8 Countries. 2006, World Bank.

[2] Jean-Raymond Masson, Financing Vocational Education and Training in the EU New Member States and Candidate Countries Recent Trends and Challenges, European Training Foundation, 2005.

[3] Improving Technical Education and Vocational Training Strategies for Asia, Asian Development Bank, 2004.

[4] Jandhyala B G Tilak, Vocational Education and Training in Asia, National Institute of Educational Planning and Administration.

[5] Funding and financing vocational education and training research readings Edited by Katrina Ball, National Centre for Vocational Education Research (NCVER), 2005.

建立以雇主为导向的职业技术教育体系

钟未平*

（2010 年 5 月）

20 世纪 80－90 年代以来，在日益激烈的全球竞争下，很多发达国家的职业技术教育体系因不能满足行业对于技术类劳动力的需求而饱受批评。为了应对这一危机，各国政府都开始改革自己的职业技术教育体系，陆续出台了新的职业技术教育法，以推进改革进程。总的来说，职业技术教育体系改革的目标就是从过去的以供给为导向转变为以需求为导向，加大社会各相关利益者对于职业技术教育的参与。

随着改革的深入，各国纷纷认识到，建立以需求为导向的职业技术教育体系的关键在于加大雇主的参与（employer engagement）。只有雇主强有力的参与，以需求为导向的职业技术教育体系才能真正具有发展的活力和动力，才能够满足社会经济发展所需要的不断变革的技术要求。因此，一些国家甚至提出要建立以雇主为导向的职业技术教育体系（employer-led VET system）。

为了提高雇主的参与，很多国家都建立起了由不同行业雇主参与或组成的行业机构（Sectoral and Occupation-based Approaches to Skills）或者类似的部门，然后由这些行业机构承担沟通雇主对于技术的需求与职业技术教育培训的供给的服务功能。如英国的行业技能委员会（Sector Skills Councils）、澳大利亚的行业技能委员会（Industry Skills Councils）、新西兰的行业培训组织（Industry Training Organizations）和荷兰的知识中心（Knowledge Centres）。

本文主要讨论建立了行业机构或者类似部门的国家是如何促进雇主参与

---

* 作者简介：钟未平，北京大学中国教育财政科学研究所科研助理。

作用的，雇主是否有效地发挥了其参与作用，以及雇主的不同参与效果对于建立以需求为导向的职业技术教育体系有什么影响。

一、雇主参与职业技术教育的模式[1]

一般来说，雇主参与职业技术教育的方式可以大致分为四种模式。

（一）雇主参与式（又可以细分为两种类型）

雇主参与式可细分为两种类型：雇主自愿参与和法定雇主参与。

1. 雇主自愿参与

即雇主为职业技术教育体系输入其所需的技术信息，扮演咨询对象的角色，代表国家是英国、澳大利亚、加拿大、新西兰。

主要办法就是建立一些行业机构（这些机构都有政府背景或者是由政府提供资金支持的），由这些行业部门推动雇主参与职业技术教育。通过建立良好的对话沟通机制，了解雇主的需求和某行业技术的未来发展趋势，其目的是增强雇主对于职业技术教育培训的重视，促使雇主加大对职业技术教育的资金支持。

以英国行业技能委员会（SSCs）为例。英国有25个行业机构，它们的总代表是行业技能发展机构（Sector Skills Development Agency，SSDA）。SSCs陆续成立于本世纪（其前身是国民培训组织，National Training Organisations），其定位是促进满足社会经济、行业发展的技术需求的职业技术教育体系的建立，构筑雇主、工会和政府之间的合作平台。SSCs对雇主的权利责任要求如下[2]：

雇主有权制定职业技术教育培训的计划、教学内容和提供方式，以满足自己所在行业技术发展的要求。同时，雇主应当积极提供符合行业发展要求的技术，增进职业学校、学院和大学以及培训机构对这些新技术的认识，帮助教育机构为学员提供这样的技术教育课程。雇主还应当加大对职业技术教育的投资。

为此，SSCs的理事会往往有某行业的龙头企业的代表参与，或者SSCs指定某些企业的代表作为其理事会成员。SSCs在制定本行业机构发展战略和发展目标时，需要和董事会的雇主、其他利益相关者共同商议，以实现以下目标[3]：

（1）缩小职业技术教育和企业需求之间的技术差距，解决技术类劳动力短缺问题；

（2）提高职业技术教育的效率，提高职业技术教育部门的绩效；

（3）为本行业的从业人员提供均等的提高自身技术水平的机会；

（4）改进教育的供给机制，涉及学徒制、高等教育机构和国家职业标准制定等领域。

另外，为了加强雇主在职业技术教育体系中的力量和声音，SSCs 会与雇主共同制订本行业的行业技能协议（Sector Skills Agreements，SSAs）。SSAs 体现了雇主的需求和雇主期望公共财政资金用于哪些职业技术教育项目，即用雇主的需求来修订职业技术教育体系的供给。

2. 法定雇主参与

即以法律明确规定的形式，要求企业为职业技术教育提供技术支持和财政支持，例如南非、法国、加拿大的魁北克。这些国家或地区征收法定的培训税，以设立相应的行业机构。

以南非为例。根据 1998 年通过的《技术发展法》的规定，南非向雇主强制征收培训税（2000 年，该税征收标准是工资的 1%，每年平均税收收入为 19 亿英镑）以用于 25 家行业教育与培训机构（Sector Education and Training Authorities，SETAs），鼓励雇主参与职业技术教育和终身教育，还成立了全国技能基金（National Skills Fund，NSF），为国家优先发展的职业技术项目提供资助。其中，SETAs 的作用是：

（1）组织和征收本行业各企业的培训税，其中 80% 用于 SETAs 支持职业技术教育和职业培训的发展，20% 上缴 NSF；

（2）制订本行业的技术发展规划和战略；

（3）根据国家资格证书框架（National Qualifications Framework，NQF）的要求，发展、促进、监管、审批本行业的学徒培训项目；

（4）帮助企业发展自己的培训场地、制订培训计划；

（5）为本行业未来技术需求提供支持；

（6）作为 NSF 的分支机构。

雇主参与本行业 SETAs 的主要途径也是成为 SETAs 理事会的成员（法律规定 SETAs 理事会成员大多数都应当由企业代表组成）。雇主可以通过参与本行业 SETAs 的一些职业技术教育方面的活动，如提供实习场地、提供技术支持等，获得本企业所缴纳培训税的 70% 的返还。但是在实际运作中，很多雇主都自愿提供培训服务，而不要求 70% 的税收返还，所以很多 SETAs 都有资金剩余，这些资金当然也都流向了公立的职业技术教育机构。虽然这招致很多人对 SETAs 的透明性和资金使用效率的批评，但不可否认的是，SETAs 使用这些资金帮助了很多弱势群体，如妇女、黑人，使他们有更多的机会参与到职业技术教育培训中来。

（二）雇主模范模式（Employer-modelled Approach），代表国家是新加坡

自 1993 年以来，新加坡就利用行业内的模范企业提供更为广泛的培训，以促进整个行业的技术发展。在政府主导下，各行业的优秀企业制定了一个在职培训和实习方案，具体内容就是描述某行业最佳企业的一系列重要技术工作的标准，以及通过培训员工如何能最好地完成这些工作。新加坡的职业培训就是根据这些方案进行的。虽然其他企业可以不理会这些方案，根据自己的目标和工种制订自己的计划。但是，新加坡政府希望其他公司可以通过学习本行业最佳企业的做法，重视最佳企业的培训方案，提高自身的培训质量，进而促进整个行业技术水平的提高。

作为激励，凡是和最佳企业培训方案一致的职业培训项目，只要经过评估和鉴定，获得全国技能鉴定系统（National Skills Recognition System，NSRS）的资格认定，就成为有资质的培训提供者，可以获得技能发展基金（Skill Development Fund，SDF）提供的 1% 的成本补偿金，而不论这个培训是提供给本企业员工还是其他企业员工。

在这样的体系中，雇主的作用如下：

（1）优秀企业可作为本行业其他企业的模范，为其他企业提供培训和实习机会；

（2）通过学习优秀企业，其他企业可以更好地利用自身的培训资源；

（3）为了支持该职业技术教育体系，缴纳 SDF 税。该税收针对的是那些招收最低收入工人的企业，就是说，这是一项惩罚性的税收。那些雇用低技能、进而只需要支付低工资的雇主，应该花钱支持职业技术教育培训。

实际上，雇主们非常愿意参与优秀企业的培训项目，因为这样可以学习到这些企业是如何培训雇员、如何提高技能的。从政府的角度来看，这种培训方

式有助于提高整个行业的国际竞争力。但是，问题是，如果优秀企业不够开放，不愿意和其他企业分享自己的职业技术教育资源，该体系就会出现困难。

（三）雇主拥有模式：代表地区是香港，英国也有类似的机构

即由雇主协会或者雇主代表机构提供资金支持，以满足本行业、本企业职业技术教育培训的需求，这些协会或机构与国家建立的全国性的、跨行业的行业机构、职业技术教育体系关系较少。代表机构就是香港的行业培训协会（Industry Training Associations，ITAs）。根据 20 世纪 70 年代港督政府的《行业培训法》，香港一些核心行业成立了各自的 ITAs，其目的是为了保证核心行业的雇主为职业培训提供资金支持。但是，当时的法律并不是强制性的，所以香港的 ITAs 是真正的企业自己设立的机构，这也是 ITAs 和雇主之间联系紧密的原因。以建筑业培训协会（Construction Industry Training Association，CITA）为例。CITA 支持和执行香港建筑协会（Hong Kong Construction Association，HKCA）关于技术和未来产业发展方向的政策，可以说 CITA 就像是 HKCA 的技术分部或培训部门（实际上，所有的 ITAs 只执行本行业协会关于技术需求的政策）。CITA 的具体作用如下：

（1）与行业协会一同制定和设立本行业的技术培训标准；

（2）经营本行业的培训中心；

（3）设计和提供以需求为导向的培训项目，满足行业对技术雇员的需求，提供符合行业未来发展方向的培训；

（4）评估、考核以及鉴定学员是否合格；

（5）为参加 CITA 培训的学员提供实习场所；

（6）征收本行业的培训税，以用于本机构的运营。

实际上，因为 ITA 和行业协会是紧密相连的，ITA 的作用、功能和职业技术教育的内容设计也都会根据行业协会的要求而不断变化。ITA 的经费来源于法定向雇主征收的培训税，征税标准因行业不同而不同。在建筑领域，CITA 的征收标准就是根据企业签订合同总价的 0.4%（平均每年 7.2 万英镑）。在制衣行业，该征税标准是出口商品总价的 1%，由海关部门负责征收，再转交制衣行业的 ITA。这使得 ITA 的经费高低与本行业的兴衰紧密相连。

在一些国家，如英国，政府还会为这样的机构提供资金，以支持国家政策认为重要的行业部门的技术发展。

（四）雇主驱动模式

1. 雇主驱动的公立职业技术教育体系

代表国家是荷兰。在荷兰，雇主就是整个公立职业技术教育体系的起点、过程和终点。很多研究者认为，只有荷兰的模式才是真正的雇主主导下的职业技术教育体系。这样一种体系对于中国目前以公立为主的职业技术教育体系的改革有很多借鉴意义，因此将在后文进行了详细论述。

2. 雇主驱动的合作型职业技术教育体系

代表国家是美国。和其他国家不同，美国没有成立全国统一的行业机构体系，其职业技术教育和培训的提供是地方性的。如 2003 年的高增长行业培训计划（High Job Growth Training Initiative，HJGTI），该项目是一个雇主导向的培训项目，用于支持 12 个未来 10 年中将成为经济增长点的核心行业的职业培训。对于 83 个 HJGTI 合作伙伴而言，只要满足 7 个行业相关的维度——这 7 个维度分别是：通道（招募年轻工人）、转变（来自衰落行业的工人）、能力模型、中学后教育的可选择培训（包括学徒项目、国家培训中心）、保持力和小企业——就可以符合美国劳工部的要求并获得它的批准和资金支持。但是公共资金只提供最初的启动经费，以后运营资金依赖于合作者的投入，其中包括雇主的投入。以汽车行业的 HJGTI 为例，该 HJGTI 由社区学校、雇主、雇主协会、技术供应联合会、工作中心以及其他关键利益者组成，其中雇主发挥了重要的作用。汽车行业拥有一个劳动力解决方案论坛，由 80 个资深人力资源副总裁组成，以解决该行业劳动力需求的核心事务和建立恰当的伙伴关系，如每年花费 HJGTI 90 万美元的资金用于“提升全美汽车行业标准”。汽车行业的雇主们还会设定该行业合作型职业技术教育所要达到的目标，当然为此他们需要提供相应的资金，其中包括提供 211 万美元用于雇员关于车辆和零部件工作必需技术的培训。

然而，容纳了若干行业机构在内的职业技术教育体系，是否就变成了一个以雇主为导向的职业技术教育体系，仍旧值得怀疑。很多国家打着“雇主参与”的旗号，实际上建立的却是“政府主导的职业技术教育体系”。英国的行业技能发展机构（SSDA）定义了五种雇主参与职业技术教育的行为[4]：

（1）雇主参与 SSCs 的战略制定和发展工作；
（2）雇主参与技术教育内容和资格评定的设计；
（3）雇主参与技术教育内容和资格评定的实施过程；
（4）雇主参与职业技术教育和劳动力市场的研究和信息收集；
（5）通过沟通交流参与职业技术教育。

但是，只停留在定义层面是没有意义的，关键要看事实上雇主是否参与了这些活动，对于各种活动的参与程度有多高，这些都有待研究。英国 2005 年的《雇主调查》显示，只有 27% 的雇主明确知道存在行业技能委员会这样的机构，平均只有 14% 的雇主曾经和行业技能委员会有过联系[5]。英国从 20 世纪 80 年代开始建立以需求为导向的职业技术教育体系，90 年代就明确提出了雇主参与的重大意义，有着庞大的 SSCs 体系（25 个 SSCs），但实践效果仍然不尽如人意。这说明，要真正建立起以雇主为导向的职业技术教育体系，还需要做很多工作。

二、荷兰模式——以雇主为导向的公立职业技术教育体系[6]

有研究认为，通过一系列具有实质意义的财政支持和制度安排，荷兰的职业技术教育体系是最为彻底的、真正的以雇主为导向的职业技术教育体系。

（一）新职业技术教育法案的出台

和许多发达国家一样，荷兰企业对于教育体系不能满足日新月异的技术需求严重不满，要求改革职业技术教育的呼声一浪高过一浪[7]。在这一背景下，1984 年，荷兰政府试图在不改变现有职业技术教育框架的前提下，新成立两类机构——the Wagner Commission 和 Sector-specific National Bodies，以应对这一压力。这两类新增机构的目的是加强教育行政部门和雇员、雇主、职业学校以及行业机构之间的沟通联系，发展新的工作体系和培训、教育包。这些方法和当时世界上其他很多国家，如英国、澳大利亚等没有什么区别，但是成效并不大。随着时间的推移，人们逐渐放弃了这些所谓的新工作体系和培训、教育包[8]。1989 年，Wagner Commission 被“Rauwenhoff

Commission”替代[9]。这次改革唯一有价值的是“社会各利益相关者的合作”和“责任分担”的理念的确立，并成为后期职业技术教育体系改革的舆论背景。终于，在行业协会和雇主的推动下，1996 年荷兰通过了新的《成人和职业技术教育法》（WEB），以法律的形式规定了职业技术教育体系中各利益团体的作用和责任。其主要特点如下[10]：

（1）新的职业技术教育体系应该有各类学习通道，并且不同学习通道之间是连贯的、灵活的，与行业企业需要的技术和工作是有关联的。

（2）达到浪费最小化，即及时更新技术教学内容，抛弃落后的、不符合社会经济发展需求的技术，这也要求资格认定必须是简便的、宽口径的、灵活的、随时变化的并适用于工作需求的。

（3）行业企业界对职业技术教育的技术和培训内容具有实质的影响力。

（4）建立新的制度体系，以适应雇主导向的职业技术教育体系要求。

后两个特点对于荷兰职业技术教育的发展是至关重要的。实际上，新的职业技术教育法为荷兰建立了一个全新的职业技术教育体系。这个体系是由雇主通过行业机构（称为“知识中心”，Knowledge Centres）来驱动职业技术教育符合雇主的需求。通过这种以雇主为导向的制度安排，职业技术教育体系中分别以学校和工作为基础的要素之间形成了紧密结合，进而通过以能力为基础的资格认证结构被广泛认可和接受。

（二）新职业技术教育体系中各利益相关者的作用[11]

WEB 法详细规定了新体系下各利益相关者所应发挥的重要作用，尤其是知识中心的核心作用，主要包括：

（1）各行业必须成立相应的“知识中心”，用于确立本行业的职业技能要求（胜任本行业工作的基础性要求）。知识中心提供合格的基于实际工作背景的培训基地，并促进受训人员的就业。知识中心的首要目标是设定职业技能培训知识体系，这种知识体系将主导所有的职业技术教育和培训，以联系雇主所需要的技能和普通技术学校所教授的知识，从而在专业技能需求和公共职业技术教育之间架起一座桥梁。

（2）在“社会伙伴”中（其中包括雇主和雇员），雇主对确立行业技能体系具有更重要的作用，对于上述知识中心确立其培训内容和进行资质认证具有更大的影响。知识中心在职业技术教育和培训方面发挥推动作用，并确立职业培训主要的学习内容。知识中心的这一作用是有效率的行业机构的一个特点（后文就这一点还将展开讨论）。由雇主高度参与和承担主要责任的知识中心在荷兰职业技术教育体系中起着核心作用。否则，雇主的参与不过是旧体制的附属品。

（3）新的职业技术教育体系同时也得到了其他机构的有力支持，其中包括改革后的职业技术教育学院。例如，教育和劳动力市场咨询机构（ACOA）应确保知识中心所建议的培训和资质认证能够契合社会经济发展的需求（即所谓的“宏观效能”标准），确保资质不重复，并能够遵循通用的标准。此外，新制度将数百所本地培训学院合并到了43所区域性培训学院中，以提供更加集中和有效的职业培训，由这些合并后的学院来进行“基于正规学校”的职业技术教育。

不过，这些学院也接收那些已经在工作中获得了实际技能的学徒，帮助他们获得理论知识。所有的学生（包括在职的和全日制的）都必须达到知识中心所要求达到的职业技能标准。正如荷兰职业技术教育委员会（MBO，它是所有职业技术教育学院的主管部门）规定的那样：“知识中心规定‘做什么’，而我们规定‘怎么做’。”这已经构成了荷兰高效的职业技术教育体系的另一个鲜明特征，即职业技术教育学院只被设定来完成知识中心所要求的职业技能培训，而不是任何政府部门设定的“教育目标”。因而，荷兰的职业技术教育委员会（MBO）就根据现有的17个知识中心的情况，相应地设立了17个课程组。

在荷兰的新职业技术教育体系的设计中，以及在WEB法所规定的各利益相关者的关系中，值得关注的另一个特点是它有助于产生“激励”。一般而言，一个有效的激励机制至少能产生两个重要的结果。首先，如何利用公共投资来克服“市场失灵”，即让大多数的雇主愿意成为“职业技术教育体系的一员”；其次，应当让雇主在职业技术教育体系中发挥领导作用。在荷兰，行业培训财政资金是“流向”知识中心（后面会详细论述财政资金安排的制度设计）的，这样就避免了因为雇主看不到参与职业技术教育体系的效果而使新的制度安排变得“无效”。正如一所知识中心的负责人所说：“事实上能让雇主参与到知识中心的工作中来，靠的是让知识中心掌握职业培训资金的流向。只有让知识中心拥有了一定的资源，并有通过调配资源分配的方式来满足雇主所需的权力，那么，雇主就没有理由不参与到职业技术教育体系中来。”

只有这样，雇主才会渴望参与知识中心的工作，以帮助建立符合企业需要的职业资格所需要完成的学习和培训要求，并在他们的企业中提供实习场地。同样，知识中心也有激励去提高其培训技术水平，从而保证职业资格认定的时效性。

（三）职业技能资格认证结构

荷兰的职业技术教育体系是由知识中心（由各种社会利益群体构成，例如雇主和工会）来驱动并展开工作的。资格认证在不同的利益相关者之间起着关键的作用。因为，如果资格认证的技术不是雇主们所需要的，或者说职业培训的内容是雇员在实际工作中用不上的，那没有人会热衷于参与到职业技术教育中来。因此，有必要分析一下究竟是什么促使雇主们积极参与到“资格认证体系”的工作中来，而不甘心留在“体系之外”。

1. 新的资格认证体系

从实际中看，新的资质体系包括两个鲜明的特征。首先，新的资格认证设计体现了雇主的要求，其目的是通过对持证人员技能的认可，来加强其受聘时对雇主的吸引力；其次，新证书有助于提高各个行业培训的“标准化程度”，公共和私立职业技术教育机构可以根据统一的资格认证框架来提供培训项目。在不考虑培训地点和方式的情况下，这样一个统一的标准有其实际的效益。尽管这一特点不是荷兰职业培训体系所特有的，但是它对实现WEB 法的目标起着重要的作用，即具有充分的弹性和包容性。

荷兰的职业技术教育培训资质证书分为四个等级，即 1 级（助理培训）、2 级（基础职业培训）、3 级（职业培训）和 4 级（中层管理人员培训）。为获得这些资质，职业技术教育受训人员有两种选择：一是基于工作经验的学徒（BBL），二是基于学校的学员（BOL）。

基于工作经验的学徒的重要特征是受训人员（学徒）和主管部门认定的雇主之间有合同关系，这些受训人员可以得到雇主提供的最低工资。他们 80% 的时间用于工作并接受工作培训，另外 20% 的时间在学校接受教育。法律规定这些受训人员至少要有 60% 的时间用于接受企业的实地培训。

基于学校的学员（BOL）不必签署雇用合同，他们在某一区域性培训学院拥有学籍。他们每周有 1 天在企业实习。只有经过知识中心认可的雇主（那些可以培训学徒的雇主）才能为这些学员提供实习机会。因此，基于学校的学员在企业中度过的时间至少要占到他们总的学习时间的 20%，最多占到 60%，在企业实习过程中，学员一方面接受实际培训，另一方面可以获得少量实习津贴（但不是工资）。

近年的学徒主要是年轻人，尽管其平均年龄有上升趋势，但这两种选择对年龄都没有法律上的限制。而且不论选择哪种培训方式，只要符合资格认证的要求，WEB 法都同样承认其资质。

2. 灵活性和满足需要

这种基于工作和基于学校的培训办法在满足学员的意愿、并保证培训效果方面具有优势。此外，与 1996 年之前相比，这种培训办法还具有其他一些优点。如这套办法使得荷兰的职业培训体系能够适应经济形势的变化。在经济疲软时，只有少数雇主能够提供培训报酬，这种双轨制体系就允许年轻人更偏重于基于学校的培训，因为在经济疲软和失业率较高时，学校可以提供大量学习机会，反之亦然。因此，这样的职业培训体系能够不受经济形势的影响。当然，有人会争辩说基于学校的学习和基于工厂的培训之间是有差异的。但是，毋庸置疑的是，这两种培训方式各具优势，可以满足不同的受训人员的需要。

近期的职业培训特别强调灵活性，以及满足地区性要求。在这方面，荷兰的职业培训体系也有其优势。例如，为了满足雇主在地域和行业方面的需要，地区职业学院（ROCs）有权调整最多可达 20% 的课程来满足地域性雇主的需要。荷兰南部和北部地区的劳动力市场有着很大的不同，所以南北部的雇主对雇员也有着不同的职业技能要求。例如，在以轻工业为主的地区，雇主们对培训的要求和传统工业区的情况就完全不同。

地区职业学院（ROCs）也提供岗位经验和继续教育职业培训。例如，为了让员工接受特殊的培训，雇主可以与知识中心联系，后者可以考虑在行业标准之外增加特殊的培训。知识中心也可以考虑公司和雇员的培训需要，安排某一所学院来提供特殊的培训课程，但是要完全由雇主提供资金。

荷兰方面的经验实际上反映了两种对立的发展趋势。一方面，在资质认证标准化方面作了大量的努力（例如，在课程设计中应用相同的“能力模式”）以便打开资质认证的方便之门；另一方面，提供了不同的培训途径和灵活的培训课程，来满足雇主和雇员不同的需要。这些办法有助于提高职业技术教育受训人员的雇用率。

3. 通过资格认证联结不同的利益相关者[12]

WEB 法要求职业培训体系能够实现三项重要功能：（1）将行业技术需

求和职业技术教育相挂钩；（2）调控职业技术教育和培训的产出（包括数量和质量）；（3）理顺雇主、学员和职业技术教育培训机构（ACOA，1997）之间的“关系”。

提高雇主参与职业技术教育的三个非常重要的方面包括：（1）职业技术教育的培训内容结构；（2）职业技术教育体系的权力结构；（3）激励和所有权结构。

权力结构和培训内容

对知识中心来说，它本身就是由雇主和工会组成的。这就意味着，在雇主和工会（员工代表）的参与下，知识中心可以明确适当的职业培训目标（包括培训等级和培训数量）。培训技能内容的确认也将得到各参与方的支持。研究表明，雇主非常认真地履行了其职责，因为他们知道他们的参与将为区域性培训学院的学员们提供荷兰职业技术教育和培训的标准。这一点对于提高培训人员的就业率非常关键。虽然其他国家的职业培训体系中也体现了雇主参与，但是，如果知识中心不能有效地在资格认证和资金方面影响（或者决定）职业技术教育和培训的结果，雇主们将既不会在知识中心理事会的层面、也不会在顾客（接受职业技术教育体系培训的学员）的层面“加入”到培训体系中来。荷兰的职业培训法可以确保知识中心对雇主们有足够的“吸引力”，让他们在不同的层面上成为培训体系中的一员，包括成为知识中心的理事会成员，决定职业技术教育培训的内容以及资格认证体系的设计、决定职业技术教育财政资金的流向等。

相比之下，在其他多数的职业技术教育和培训制度中，职业技术培训内容以及学院职业技术教育和培训方面的公共资金的去留，都取决于政治考虑和经研究发现的所谓雇主们的“反馈”。而另一些职业技术教育和培训体系的决定权出于其他更为明显的需要，例如，考虑所要获得证书的等级。比较而言，在荷兰的职业技术教育体系中，因为知识中心就有权设定有关职业技能培训的类型、等级和培训数量（被称为“实现目标建议书”），所以雇主对公共投入的使用就有更大的发言权和影响力（参见后文对知识中心的讨论）。针对不同行业，“实现目标建议书”的推行具有强制性，并对职业技能层级和受训人员的数量和质量具有实际影响力。

上述讨论说明，在荷兰的职业技术教育体系中，按照法律规定，知识中心的“权力”可以确保其能够影响行业培训的发展。知识中心成为一个真正的发挥作用的驱动力，推动荷兰职业技术教育体系的不断发展。在荷兰之外，新西兰是唯一采用类似授权模式的国家。

激励/所有权结构

知识中心负责制定职业培训的标准和资质认证条件，并得到资助以维持此类标准。知识中心拥有很大权力，并有激励去维持其证书的效力，接受评价（由雇主和雇员来评价）并不断更新其培训标准。这只是荷兰职业技术教育改革、建立以雇主为导向的一个例子。实际上，由于可以决定公共教育资金的流向，知识中心有极大的激励去采取各种方式，持续促进职业技术教育符合企业行业技能发展的需要（参见“资金”部分的讨论）。一般来说，职业技术教育和培训资金通过三种途径实现开支，每一种途径和行业机构都有不同程度的牵涉：（1）直接通过行业机构（例如荷兰和新西兰）；（2）通过学员（例如澳大利亚）；（3）通过学院或者公共培训计划（例如其他大多数的国家）。显然，只有第一种办法使得行业机构具有最强的导向作用，让雇主更容易参与其中，从而提高雇主的参与率和受训人员的雇用率。

这样，雇主得到激励，会认真参与到职业技术教育培训中，从而有助于抵消市场失灵带来的影响。例如，作为对新的和现有的雇员提供培训的激励，那些得到认可的雇主（由知识中心认可）可以通过税收返还获得相当于受训人员工资 15% 的补偿。这种办法经常被视为让雇主能够积极参与培训的重要激励。这样就产生了一个正向的和强化的循环。雇主首先提供了工作和培训的机会，其中反映了工厂对技术雇员的需求。这些需求经过国家的投资，被转化成为具有资质的技术雇员。雇主经授权（由知识中心授权）成为学徒岗位和实习场地的提供者，他们得到补贴来从事培训工作（他们原来已经在做此项工作）。事实上，这些补贴可以抵消雇主们担心为同行业竞争对手培训雇员的恐惧感，激励他们的“责任心”。如果大多数雇主都能够参与到这一培训体系中来，就可以形成一个公平竞争的效果，从而使市场失灵的不利影响最小化。

对职业技术教育学院来说，他们渴望学生获得良好的和持续性的实践工作经验，这也是 WEB 法的主题思想——让职业技术教育和培训与工作环境相联系。因为学院的教学成就通常通过就业率来评估，区域性职业技术教育学院提供给学员的学习内容应当是符合社会需求、受到雇主认可的。这也促进职业技术教育学院和知识中心密切合作，以便寻找最好的企业实习机会、学员未来就业机会，让学生们得到良好的实际岗位培训经验。毕竟单独依靠学校是不可能为学生提供有价值的实际工作经验的，这样也促进了学院参与到新的职业培训体系中来。相反，其他大多数国家的职业培训体系没有这些优点，他们无法让学院和行业机构建立起密切的合作关系。

4. 知识中心的作用

回顾了知识中心在职业技术教育体系中的领导地位后，还需要考察一下知识中心到底怎样做才能激发雇主参与的兴趣。2009 年，荷兰根据经济部门分类建立了 17 个知识中心（与 1996 年相比，2009 年知识中心的数目减少了，这是因为要保证资格认证结构足够灵活和便利，知识中心的覆盖范围变大了）。

知识中心的一个最重要的任务，是为以能力为中心的资格认证体系设计培训包。它的第二个法定作用跟这些资格认证的结果有关，即“目标的实现”。通过自己的研究单位或者其他伞状组织如“Colo”的帮助，知识中心还被委托介绍自己的培训包，并分析、总结、评估其他社会合作者的执行情况。对这些信息的分析是针对每一个资格认证的总括性看法，分析的结果将影响 VET 资金的分配。

除了资格认证外，知识中心还承担其他任务。实际上，与荷兰境外的其他行业体系相比，荷兰的知识中心也许承担着最为广泛的职责。下列任务是知识中心的法定职责[13]：

（1）协调并推动行业培训；

（2）通过提供就业机会吸引新人加入本行业；

（3）提供通过认证的实习场所；

（4）为企业管理人员提供培训教材和培训课程；

（5）作为培训质量监控者，监督企业培训实习的质量，为地区职业技术教育学院提供考试（在某些行业）。

资格认证体系是知识中心所有其他职责中最为重要的起点。每年，知识中心都必须将他们的相关建议提交给教育、文化和科学部，并详细说明他们负责的资格认证框架下职业学院和其受训人员所要达到的目标（即受训人员的数量和质量）。这些建议需要由教育和劳动力市场咨询机构（ACOA）进行审查。ACOA 会对所建议的目标进行详细的考察，以确保行业建议之间不发生冲突，实现所谓的“宏观效率”，即将资格认证体系与整个社会需求而不仅仅是与单个行业相匹配。

这些建议一经“批准”，教育、文化和科学部就将为各类资格认证和目标提供资金支持。资格认证将在职业资格注册中心（Central Register of Vocational Qualifications，CREBO）进行登记。不过，被批准仅仅是知识中心所承担其他职责的第一步。例如，对于围绕工作进行的培训，知识中心需要确保有足够数量的合格的实习场所，以便开展能达到预定标准的职业技术教育，并能提供学徒培训项目。如有必要，知识中心可能需要寻找新的实习地点，确保雇主符合适当的监督和培训标准。同样地，对于围绕学校开展的正规教育，知识中心需要通过其伞状组织（对于知识中心，其伞状组织是Colo；对于地区性学院，其伞状组织是 BMO Raad）与各种地区性学院进行联络。

伞状组织代表知识中心向教育、文化和科学部作出陈述，协调各个行业机构的资格认定和建议。Colo 的这种“伞状”作用使得其拥有跨行业的“核心能力”，在制定跨行业发展计划中起核心作用。此外，Colo 从各个知识中心获得职业需求、职位空缺、职业发展趋势和技能需求方面的跨行业劳动力市场信息，并将这些信息公布在网上。这是荷兰职业技术教育体系非常有价值的一个特点。因为大多数行业机构就像是一个“粮仓”，这使得它们缺乏处理跨行业事务和调整整个劳动力市场的能力。最大的一个问题是，某些行业实际上在招收和培训同样技能的学员（例如，技术人员和初级工程师）。

因而，除了培训外，知识中心与 Colo 还一同试图通过简便性和灵活性的方式促进技能培训效果最大化。Colo 认为，“工作的实质就是匹配——将学习者与工作空缺匹配，与资格匹配，将求职者与职位空缺匹配，与新的技能匹配”。Colo 在获取丰富的跨行业劳动力市场信息和预测方面的作用对知识中心和整个职业技术教育体系的有效性具有重要意义。

5. 地区培训学院的作用

前面特别强调了知识中心在学院获得支持方面起到的先导作用。下面将具体考察这对学院意味着什么。

为了集中 WEB 法规定的行业支持，并解决不同的地区技能需求，1996 年 WEB 法实施后，全国 400 多个职业培训学院合并起来组建成了 43 个大型地区职业学院和另外 13 个专业培训机构（例如，农业机构）。

按照 WEB 法，地区培训学院有两个非常重要的任务。第一，为在校学生进行职业咨询（雇主为围绕工作的学徒培训履行类似的职责）；第二，为基于学校的教育和基于企业培训的两类学生提供学习计划。为实现这两点，和知识中心一样，学院也需要向教育部递交有关学习计划的建议。虽然有由知识中心设计，经教育、文化和科学部批准的资格认证构成了地区职业学院提出计划建议的框架，但是学院却被强制要求提供相关资格认定框架的学习计划。实际上，在提出建议时，学院需要权衡知识中心的资格目标和本地区经济发展所需的当地资格需求之间的竞争性压力，还要考虑学习者自身的需要。不过，总的来说，制度安排是要求地区职业学院主要支持17个知识中心的工作，而不论它提供的是围绕学校的培训还是围绕企业的培训。

与其他行业体系的VET学院相比，地区职业学院的自主性可能少一些，总体上它们受知识中心的工作和行业需求的引导。在评估行业机构的“宏观效率”时，Borghans和Heijke认为，“地区培训学院严格地受到领导部门（知识中心）决策的约束，很大程度上受工商业意愿的指引”[14]。

6. 资金安排

本节将重点介绍知识中心的各种收入来源。因为，除非行业机构得到足够的资金支持，否则其有效性将受到严重影响。而且行业机构如果资金不足，效率不高，雇主不太可能有兴趣参与他们的工作。

与其他国家的行业机构相比，荷兰知识中心的资金非常充裕。它主要有以下四大资金来源：

（1）知识中心根据其开发、维护的资格认证标准或资质数量得到报酬支付。不过，自从引入了以能力为基础的制度后，资质数量已从200个增加到700个。随着最近灵活性被提上日程，700多个资质预计将减少到300－400个左右。这对知识中心可能会有财政上的影响。[15]

（2）知识中心承担的一个职责是对有能力提供基于工作的培训（学徒训练）、并有资格开展这项任务的雇主进行认证。对于没有资格的企业，知识中心将为他们培训所需的监督人员和指导人员。为此，知识中心将按照其认证的公司的数量获得报酬。有些知识中心还给一小部分荷兰境外的公司提供认证，以便于这些企业开展部分围绕工作进行的培训，例如，旅游、饭店和零售。不过，它们对这些海外企业的认证得不到资金支持，虽然这增强了知识中心学徒培训项目的吸引力。在过去几年，大约有16.7万家公司得到了培训认证。[16]

（3）知识中心受委托为它们所代表的行业招聘学员，并按照招聘培训学员的人数得到报酬。2007年荷兰对所有的知识中心的培训活动提供的政府核心资金数额为28.7亿欧元左右，其中每名VET学生平均支出6 600欧元，知识中心得到了9 800万欧元。因为资金数额与培训活动的数量挂钩，单个知识中心可能得到的收入会是它们其他行业部门同行的好几倍。例如，

“零售和批发知识中心”在2007年得到了1 700万欧元资金，是“肉食加工知识中心”的数倍。后者培训的学生人数为2 000人，而“零售和批发知识中心”的学生人数为4.4万人。[17]

（4）知识中心还可以从项目和研究中得到额外的收入，这些项目包括对体系内的其他利益相关者提供服务。例如，知识中心可以整理有关它们行业和劳动力市场的各种数据，这些信息可以帮助地区职业学院了解哪些培训计划最有可能带来就业，以及某些地区技能紧缺的状况。有些知识中心还定期就行业的消长和最新动态展开雇主调查。

在其法定职责权限范围内，知识中心有相对的自主权，可以按照它们认为合适的任何方式使用自有资金。当然，知识中心也必须接受财务审计，要证明它们的资金使用达到了预期目标。

作为全国性谈判的一部分（应该是国家征收用于资助职业技术教育的税），某些行业的社会契约本身就包含由雇主支付行业培训资金的协议，征收标准是工资的一定百分比（从0.2% -0.5%不等）。该基金也由知识中心进行管理。实际上，这是一项为了进行定期行业培训活动而在政府资金之外收取的培训税。例如，当金属行业工人短缺时，这笔资金就可以用来开展一项短期集中式培训课程，课程由地区职业学院提供，目的是对失业人员进行培训，让他们能够在金属制造行业工作。

在此，我们可以看到，有许多资金分配受到知识中心工作的层次和质量的影响。换句话说，知识中心可以通过在诸如资质、职业技术教育培训人数、工作场所认证等领域做好工作来影响自己的活动层次，扩大业务，增加影响力。最有效的知识中心应该能够把所有这些职能整合在一起，而荷兰的资金支持机制是帮助知识中心实现这一点的关键。这与其他体系形成了鲜明的对比，例如，有些体系的资金是针对一些非常窄的目标，如资格认证目标。此外，荷兰的案例似乎说明，如果把这些作用很好地整合起来，行业机构就会给用户（包括雇主和学习者）带来更多的价值。

（四）小结

总之，荷兰以知识中心为核心的职业技术教育体系表明，除了建立一些雇主参与的行业机构外，还有很多工作要做，例如，资格认证、设定资金支持结构、权力结构等。雇主参与的程度，将依赖于上述各个要素如何与其他要素整合起来。

同时荷兰的案例提供的教训是：大多数国家职业技术教育体系改革通常的做法是，给旧的要素增加新的要素。以英国为例，当它想实行一项“以雇主为导向”的 VET 制度时，就在以“学习和技能委员会”（LSC）主导的“以供应为导向”结构中增加一项 SSCs 的制度安排。但是研究发现，这两类机构的理念基本上互相对立，结果是以雇主为导向的职业技术教育体系无法真正建立起来。因而，荷兰的经验告诉我们，重要的是，通过改革来从根本上重新思考 VET 体系内的各个组件的运作方式。为了完成从“以供给为导向的”职业技术教育体系向“以雇主为导向的”职业技术教育体系的转变，需要对整个制度安排进行彻底变革，这涵盖制度安排、资金分配和权力结构等多个方面。

当然，这不是说荷兰新的职业技术教育体系不存在问题。实际上，由于荷兰的职业技术教育改革主要致力于建立以雇主为主导的行业机构，而对于建立职业技术教育和通识教育之间的衔接却鲜有行动。原因很简单，因为不同的利益群体参与职业技术教育的动机很不相同。对于雇主而言，他们关心的是这个职业技术教育体系能否培训出足够的合格雇员，以满足他们提高生产效率的追求；对于雇员而言，提高个人的技术水平只是手段，目的是增加收入、提高工作满意度和安全感；雇主协会希望通过雇员培训技能的提升和改进，进而改造行业的工作流程；而工会则希望能够增加雇员的自主性，进而增强工会的影响力。这些不同利益体的博弈结果未必符合教育学认定的规律。而且，在荷兰体系中，雇主的影响力显然远远大于其他利益者。也许，由于历史上荷兰是“双元制”职业技术教育体系，这可能会给雇主的行动带来一些传统的、历史的和文化背景方面的限制，进而提高其他利益群体的作用。但是，即使在澳大利亚这种“雇主自愿参与”的模式下，研究者也发现教师只是被动参与者，他们在整个职业技术教育体系中的作用受到了限制和压抑[18]。

参考文献

[1] Raddon, A. and Sung, J. The role of employers in sectoral skills development: international approaches. Working Paper No 49, Centre for Labour Market Studies, University of Leicester, Leicester, 2006.

Sung, J., Raddon, A. and Ashton, D. N. A Comparative Assessment of International Policy Approaches to Skills Leading to the Development of Policy Recommendations for the UK. Research Report for the Sector Skills Development Agency, Wath-Upon-Dearne,

UK, 2005.

[2] SSDA (2005) Welcome to the Skills for Business Network, http: //www. ssda. org. uk/ssda/default. aspx? page = 2, accessed July 2005.

[3] DfES. Skills: Getting on in Business, Getting on at Work Part 1. London: HMSO, 2005.

[4] Payne, J. Sector Skills Councils and employer engagement-delivering the "employerled" skills agenda in England, Journal of Education and Work, 2008, 21 (2): 93 - 113.
Sector Skills Development Agency (SSDA). Employer Engagement Action Planning Guidance (Astrid Flowers Ltd & Simpson Consulting Ltd). Wath-upon-Dearne: SSDA, 2007.

[5] Sector Skills Development Agency (SSDA). Skills for Business Network 2005: Survey of Employers, Research Report No. 18, Wath-upon-Dearne: Sector Skills Development Agency, 2006.

[6] Sung, J. Vocational education and training and employer engagement: an industry-led sectoral system in the Netherlands, International Journal of Training and Development, 2010: 16 - 31.

[7] Berryman, S. E. and Bailey, T. R. The Double Helix of Education and the Economy, New York: Columbia University Press, 1992.

[8] Nieuwenhuis, A. F. M.. Beroepsgerichte Leerplanontwikkeling [M] //W. J. Nijhof, H. A. M. Franssen, W. Th. G. J. Hoeben and R. G. M. Wolbert. Handboek Curriculum: modellen, theorieën, technologieën. Amsterdam/Lisse: Swets en Zeitlinger, 1993: 175 - 90.

[9] Mulder, M. and Tjepkema, S. International briefing-training and development in the Netherlands [J]. International Journal of Training and Development, 1999, 3 (1): 63 - 73.

[10] Nijhof, W. J. The process of shaping a responsive VET system: a reconstruction [M] // W. J. Nijhof and W. van Esch. Unravelling Policy, Power, Process and Performance: The Formative Evaluation of the Dutch Adult and Vocational Education Act. s-Hertogenbosch: CINOP, 2004: 15 - 38.

[11] Borghans, B. and Heijke, H. Promoting the macro-efficiency of vocational education [M] //W. J. Nijhof and W. van Esch. Unravelling Policy, Power, Process and Performance: The Formative Evaluation of the Dutch Adult and Vocational Education Act. s-Hertogenbosch: CINOP, 2004: 76 - 96.

[12] Brandsma, J. The effectiveness of the qualification structure [M] //W. J. Nijhof and W. van Esch. Unravelling Policy, Power, Process and Performance, The Formative Evaluation of the Cully, M. (2005) Employer-provided Training Findings from Case Studies. National Centre for Vocational Education Research, Adelaide: NCVER, 2004.

[13] Sung, J. , Raddon, A. and Ashton, D. Skills Abroad: A Comparative Assessment of International Sector Skills Policies and the Implications for the UK. Wath-upon-Dearne: Sector Skills Development Agency, 2006.

[14] Borghans, B. and Heijke, H. Promoting the macro-efficiency of vocational education [M] //W. J. Nijhof and W. van Esch. Unravelling Policy, Power, Process and Performance: The Formative Evaluation of the Dutch Adult and Vocational Education Act. s-Hertogenbosch: CINOP, 2004: 76 – 96.

[15] van Esch, W. Looking ahead — Recent developments in Dutch VET Policy [M] //W. J. Nijhof and W. van Esch. Unravelling Policy, Power, Process and Performance: The Formative Evaluation of the Dutch Adult and Vocational Education Act. s-Hertogenbosch: CINOP, 2004: 245 – 52.

[16] Ministry of Education, Culture and Science (MinOCW). Adult and Vocational Education, Movements and Success Rates. Available at http: //www. minocw. nl/english/figures2003/060. html (accessed 10 November 2005).

[17] Ministry of Education, Culture and Science (MinOCW). Key Figures: 2003 – 2007. Den Haag: OCW, 2008.

[18] Smith, E. A review of twenty years of competency-based training in the Australian vocational education and training system, International Journal of Training and Development, 2010: 54 – 64.

附录：

《国家中长期教育改革和发展规划纲要（2010－2020年）》摘选

第三章　学 前 教 育

（五）基本普及学前教育。学前教育对幼儿身心健康、习惯养成、智力发展具有重要意义。遵循幼儿身心发展规律，坚持科学保教方法，保障幼儿快乐健康成长。积极发展学前教育，到2020年，普及学前一年教育，基本普及学前两年教育，有条件的地区普及学前三年教育。重视0至3岁婴幼儿教育。

（六）明确政府职责。把发展学前教育纳入城镇、社会主义新农村建设规划。建立政府主导、社会参与、公办民办并举的办园体制。大力发展公办幼儿园，积极扶持民办幼儿园。加大政府投入，完善成本合理分担机制，对家庭经济困难幼儿入园给予补助。加强学前教育管理，规范办园行为。制定学前教育办园标准，建立幼儿园准入制度。完善幼儿园收费管理办法。严格执行幼儿教师资格标准，切实加强幼儿教师培养培训，提高幼儿教师队伍整体素质，依法落实幼儿教师地位和待遇。教育行政部门加强对学前教育的宏观指导和管理，相关部门履行各自职责，充分调动各方面力量发展学前教育。

（七）重点发展农村学前教育。努力提高农村学前教育普及程度。着力保证留守儿童入园。采取多种形式扩大农村学前教育资源，改扩建、新建幼儿园，充分利用中小学布局调整富余的校舍和教师举办幼儿园（班）。发挥乡镇中心幼儿园对村幼儿园的示范指导作用。支持贫困地区发展学前教育。

第六章 职业教育

（十四）大力发展职业教育。发展职业教育是推动经济发展、促进就业、改善民生、解决“三农”问题的重要途径，是缓解劳动力供求结构矛盾的关键环节，必须摆在更加突出的位置。职业教育要面向人人、面向社会，着力培养学生的职业道德、职业技能和就业创业能力。到2020年，形成适应经济发展方式转变和产业结构调整要求、体现终身教育理念、中等和高等职业教育协调发展的现代职业教育体系，满足人民群众接受职业教育的需求，满足经济社会对高素质劳动者和技能型人才的需要。

政府切实履行发展职业教育的职责。把职业教育纳入经济社会发展和产业发展规划，促使职业教育规模、专业设置与经济社会发展需求相适应。统筹中等职业教育与高等职业教育发展。健全多渠道投入机制，加大职业教育投入。

把提高质量作为重点。以服务为宗旨，以就业为导向，推进教育教学改革。实行工学结合、校企合作、顶岗实习的人才培养模式。坚持学校教育与职业培训并举，全日制与非全日制并重。制定职业学校基本办学标准。加强“双师型”教师队伍和实训基地建设，提升职业教育基础能力。建立健全技能型人才到职业学校从教的制度。完善符合职业教育特点的教师资格标准和专业技术职务（职称）评聘办法。建立健全职业教育质量保障体系，吸收企业参加教育质量评估。开展职业技能竞赛。

（十五）调动行业企业的积极性。建立健全政府主导、行业指导、企业参与的办学机制，制定促进校企合作办学法规，推进校企合作制度化。鼓励行业组织、企业举办职业学校，鼓励委托职业学校进行职工培训。制定优惠政策，鼓励企业接收学生实习实训和教师实践，鼓励企业加大对职业教育的投入。

（十六）加快发展面向农村的职业教育。把加强职业教育作为服务社会主义新农村建设的重要内容。加强基础教育、职业教育和成人教育统筹，促进农科教结合。强化省、市（地）级政府发展农村职业教育的责任，扩大农村职业教育培训覆盖面，根据需要办好县级职教中心。强化职业教育资源的统筹协调和综合利用，推进城乡、区域合作，增强服务“三农”能力。加强涉农专业建设，加大培养适应农业和农村发展需要的专业人才力度。支持各级各类学校积极参与培养有文化、懂技术、会经营的新型农民，开展进城务工人员、农村劳动力转移培训。逐步实施农村新成长劳动力免费劳动预备制培训。

（十七）增强职业教育吸引力。完善职业教育支持政策。逐步实行中等职业教育免费制度，完善家庭经济困难学生资助政策。改革招生和教学模式。积极推进学历证书和职业资格证书“双证书”制度，推进职业学校专业课程内容和职业标准相衔接。完善就业准入制度，执行“先培训、后就业”、“先培训、后上岗”的规定。制定退役士兵接受职业教育培训的办法。建立健全职业教育课程衔接体系。鼓励毕业生在职继续学习，完善职业学校毕业生直接升学制度，拓宽毕业生继续学习渠道。提高技能型人才的社会地位和待遇。加大对有突出贡献高技能人才的宣传表彰力度，形成行行出状元的良好社会氛围。

第五篇

其　他

加大教育财政投入需完善相关体制与机制

王　蓉

（2008 年 5 月）

1993 年中共中央、国务院正式印发的《中国教育改革和发展纲要》明确提出：“逐步提高国家财政性教育经费支出占国民生产总值的比例，在本世纪末达到 4%”（后简称“4% 政策目标”）。1994 年颁布实施的《教育法》也对此作出了相应的规定。在过去几年中，关于“4% 政策目标”的相关讨论和争论已经高度敏感化和情绪化。然而迄今为止，对于“4% 政策目标”未能落实的原因、对这一目标的执行机制和落实路径等问题尚缺乏严谨和深入的研究与分析。本文试图初步分析影响和约束加大教育财政投入的因素，并就进一步加速加大教育财政投入提出初步的政策建议。

一、影响和约束加大教育财政投入的因素分析

（一）政府的财政能力及相关的体制安排对于教育财政投入总量及其增长有着至关重要的影响

根据统计，全国财政预算内教育经费从 1993 年的 644 亿元增长到 2006 年的 5 796 亿元，财政性教育经费从 1993 年的 868 亿元增长到 2006 年的 6 348 亿元，财政性教育经费占 GDP 的比重从 1993 年的 2.51% 上升到 2006 年的 3.01%。根据世界银行的统计数据，高收入国家的公共教育经费占 GDP 比重的平均值是 5.73%（2002 年），中高收入国家的该平均值是 4.64%（2002 年），中低收入国家为 3.52%（2002 年），而低收入国家的该

平均值是3.17%（2000年）。[1]在不考虑统计口径可比性问题的前提下，我国的该比例不仅低于经济水平相仿的一些发展中国家，而且也低于低收入和中低收入国家的平均值。

但是，根据公共教育支出占政府支出比例这一指标，在不考虑统计口径可比性问题的前提下，我国目前不仅高于英、法、德、日、美、意等发达国家，而且也高于印度、巴西等发展中国家。我国教育支出占财政支出的比重超过15%（2004年为15.68%），而上述发达国家除了美国外都在10%－13%之间（2000－2003年），印度为10.74%（2003年），巴西为10.86%（2002年）。[2]

从国际比较分析的角度看，我国目前政府财政收入较低是影响公共教育投入的重要因素。2006年我国财政收入占GDP的比重达到18.38%。而根据OECD（经济合作组织）2006年数据，欧元区国家的政府财政收入占GDP比重平均为45%，日本、韩国和美国也都在30%以上。更进一步的定量分析表明，以政府财政收入占GDP比例衡量的国家财政汲取能力是重要的影响公共教育投入水平的因素。在其他因素相同的情况下，政府财政收入占GDP比例越高的国家，公共教育支出占GDP比例越高。这也说明，教育财政体制内生于各国的公共财政体制，公共教育投入的增长以国家总体财力的增长为基础。

值得关注的是，从历史角度看，财政性教育经费占GDP的比例、财政收入占GDP的比例、财政支出中教育所占比例在我国并不具有简单的线性累加性，而是在各个历史阶段随着财政体制调整等因素而大幅度波动。我国财政收入占GDP比例在1978年为31%，1985年为22.23%，后来一路下降到1995年的10.27%的低谷，然后才逐步上升。相应地，虽然1978年国家财政（不含债务）用于教育支出的比例仅为6.69%，但是财政性教育经费占GDP比例在当时已经达到2.60%；而1985年教育支出占财政支出（不含债务）比例仅为11.32%，而财政性教育经费占GDP比例达到2.93%。之后财政性教育经费占GDP比例也一路下降，与财政收入占GDP比例同时在1995年降到了低谷，当时该比例为2.41%，然后持续上升至2004年的3.27%。后因GDP数据上调，这一比重相应调整为2.79%。[3][4][5]

在当前的形势下，近期内财政收入的增长、财政支出结构的调整和相关体制的改革对于落实“4%政策目标”有着至关重要的影响。

值得指出的是，未来必须将更高比例的财政收入用于教育，才能在近期实现“4%政策目标”。1978年到2004年，我国财政预算内教育经费年平均增长率达16.35%，远远高于财政支出的年平均增长率（13.25%），也超过卫生（14.84%）、抚恤和社会福利支出（13.95%）等方面的年均增长率。因此落实“4%政策目标”意味着财政支出结构要进行进一步偏重教育的调整，而这种调整需要更加强大和坚决的政治意愿为基础。

另一方面，从国际比较的角度看，我国公共教育经费筹集方式较为单一。虽然自20世纪80年代开始，我国在教育领域就开始了多渠道筹集教育经费的实践，但是总体而言，主要还是依靠一般性财政拨款，再辅之教育费附加、地方教育费附加和地方教育基金，而缺乏教育类税种，也缺乏彩票、债券等其他国家普遍采用的筹集教育资金的方式。[6]

根据有关分析，2004年我国政府非税收入规模大约为10 524亿元，相当于同期全国财政收入的39.8%。[7]有学者认为，大量的非税收入具有一般性财政收入的特征，特别是国有土地出让金收入、国有资本投资收益、国有资源（资产）有偿使用收入、罚没收入等。国有资源（资产、资本）类收益既然其取得依据都是“国有”，那么其使用的范围也应该具有一般性；而罚没收入是因公民违反法律、法规、规章而向国家缴纳的费用，是为了惩罚当事人对整个公共法律秩序的破坏，因此，其使用范围也应具有一般性。而由于历史的原因及各种现实条件的限制，目前这些资金尚不能统筹使用。[6]因此做大教育投入总盘子的可能性还在于可否建立新型的多元化筹资机制，特别是在改革我国非税收入管理体制的前提下，进一步加大教育财政投入。

（二）政府管理体制和财政分权体制对于落实“4%政策目标”具有重要的影响

我国基础教育目前实施简称“以县为主”的管理体制；普通高等教育院校中除了100多所央属高校外，其构成主体是由地方政府管理的大量地方院校。从宏观角度讲，我国大量的教育事权归属地方政府，地方政府的财政支出行为对于全国的公共教育投入总量和调整态势具有关键的影响。但是在我国的政府管理体制和财政分权体制中，实行一级政府一级预算的制度，各级人大具有预算的最后审批权；上级政府除了转移支付制度和其他行政措施，并没有直接调整下级政府财政预算的权限。而地方政府可能在追求经济增长目标的过程中为了吸引流动性的资本而竞相投入基础设施的建设，为了扩大财源而直接进入生产建设领域，从而压缩公共服务的支出规模，导致公共服务的供给不足。

实证分析表明，地方政府的教育财政行为受到多个复杂因素的影响。研究者采用中国31个省、自治区、直辖市2000－2004年的数据，使用两个变量来刻画各地区财政的教育支出：一个是各地区的教育事业费支出占财政总支出的比例，另一个是各地区的教育事业费支出占地区生产总值的比例。前者刻画了各地区财政在教育上的投入力度，称之为财政教育支出比例；后者称之为公共教育投入比例。研究结果发现，经济发展水平、所有制结构、产业结构等因素对于财政教育支出比例和公共教育投入比例都具有重要的影响。特别应当指出，在其他条件相同的情况下，经济越落后的省区，其财政教育支出比例与公共教育投入比例越高。[8]这一研究说明，必须审慎对待简单的、采用“一刀切”的方式将“4%政策目标”分解到各级地方政府的建议。我国财政分权体制的现状使得下一步的政策设计十分具有挑战性。对于全国来说，教育资金严重短缺的仍然是中西部地区，而财力较为丰沛的是东部地区。即使要求教育财政努力程度较低的东部地区加大投入，这种改变还是不能从根本上解决全国视野下的突出问题。

除了客观因素的影响，对于促使地方政府加大公共教育支出的努力，在我国的政府管理体制内，目前尚缺乏有效的来自横向和纵向的执行和问责机制。所谓横向和纵向，即指地方政府具有两个系统的利益导向：在纵向上它们是垂直管理系统的低层分支机构和层级，这个层级一路往上就是中央政府；在横向上地方政府要对其辖区内的民众负责。当前，在纵向上，上级政府对下级财政行为的监督和问责受到了“一级政府一级预算”的制度制约，而地方公共教育投入方面的作为尚没有被充分和有效地纳入地方政府政绩考核的指标体系。在横向上，地方人大虽然在事后监督方面发挥了越来越大的作用，但是在事前的决策过程中，特别是在通过地方政府预算机制落实公共政策目标这一环节中，发挥的影响力还十分有限。

二、在现实约束下，落实“4%政策目标”需要采取近期和中长期的策略

在近期内，在没有相关的财政体制和其他宏观体制改革的现实约束下，可采取围绕具体的教育制度建设推行过渡性的改革方案。2005年12月进行的“农村义务教育经费保障机制改革”，即代表了这样一种在狭缝中前行的过渡性改革的理念。该改革按照“明确各级责任、中央地方共担、加大财

政投入、提高保障水平、分步组织实施”的原则，将农村义务教育全面纳入财政保障范围，逐步增加财政投入。其核心理念是，按照具体的教育制度建设任务，也即“农村义务教育经费保障机制改革”，以加大中央投入为引子和主导力量，调动各级政府同时加大教育投入，建立中央和地方分项目、按比例分担的增加经费机制。

这一改革以“增量”改革的方式，没有触动基本的教育事权划分，没有力图调整地方政府的存量支出结构，但是硬性明确了各级政府对于具体的制度建设任务的财政责任，同时采取了大口径教育专项转移支付的方式，而非一般性转移支付的方式，有效规避了前文所述的各级政府财政激励兼容的问题。

但是，“农村义务教育经费保障机制改革”这种过渡性方案也存有弊端。特别是如果持续和长期沿用这类改革方案的话，将可能导致教育财政投入的发动力更加向中央集中，所有重要教育制度建设项目将需要以增加中央投入为引子，分割地方政府统筹兼顾的能力，搁置了彻底改变地方政府财政行为的横向制度建设，最终仍将遭遇地方政府财力和支出结构问题带来的挑战。同时，中央财政担负更多责任将可能带来更加严重的中央微观管理的倾向，进而导致效率损失。与此同时，如果此类过渡性方案用于处理涉及根本性的教育管理事权划分的问题——例如，教师的配置和收入问题——则有可能导致教育事权的混淆。

因此，从长期来看，我国落实“4%政策目标”及其他增长目标需要彻底解决三个问题：第一是进一步明确各级各类教育财政中的政府责任，清晰划分政府和市场的责任边界；第二是加速扩大教育财源；第三是促使各级地方政府调整财政支出结构、加大包括教育投入的民生投入。相应的制度建设包括建立新型的多元化筹资机制、建立各级地方政府落实相关投入目标的执行和问责机制以及建立和完善教育财政转移支付制度。但是，这些制度建设任务受到更加宏观层面的财政体制和政府管理体制问题的约束，其可行性受到更加复杂的因素影响。

需要指出的是，正如“4%政策目标”一样，虽然我国大量的教育事权归属地方政府，但是多个核心的教育发展决策均政出中央，决策过程采用由上至下的方式，缺乏包括不同利益相关者和涉及的主要行动主体（例如各级地方政府）的由下而上的充分的参与论证过程，缺乏针对这些不同行动主体的操作性的行动和激励方案。这是值得反思的问题之一。

三、完善进一步加大教育财政投入的制度设计

我国进一步加大教育财政投入十分必要。第一，在当前的宏观背景下，前期教育发展依赖的各类“非公共投入”财源呈现减少和枯竭的趋势，导致后义务教育阶段的各级各类学校普遍出现财政可持续性困难。第二，在学前教育和后义务教育阶段我国“上学难、上学贵”问题仍然十分突出。根据分析，2004 年普通高校的生均学费与 2005 年农民人均纯收入的比值达到 105%，在中部地区达到 110%，西部地区达到 130%；而生均学费与城市居民人均可支配收入的比值也达到 33%，远远高于其他国家的相应比例。在义务教育阶段，广大民众对于更高质量的教育服务的需求没有得到充分的满足，以流动子女入学难为标志的教育公平性问题仍然十分突出。第三，加大教育财政投入是当前我国新的经济和社会发展历史阶段的要求，是新的教育发展历史阶段的要求。

针对近期教育财政制度建设的任务，初步的政策建议是：

1. 对于高中阶段教育，应因地制宜地制订高中阶段学校结构调整目标，加大财政投入力度，调整经费来源格局，全面降低高中学费制度，减轻民众教育负担。制定各类学校的办学条件标准，以专项资金为主改善学校办学条件。

2. 对于义务教育，增加教育投入应主要围绕以下制度建设来进行：

（1）应加速完善我国义务教育阶段的教师制度建设，加速义务教育均衡发展。应建立和完善教师职业制度，建立教师轮岗制度，设立贫困偏远学校教师的岗位津贴。将教师工资、津贴补贴全面纳入财政预算，完善教师医疗、养老和住房等社会保障。

（2）更加彻底地贯彻教育公平原则，更好地解决流动子女入学问题，改革常规性的事业性经费拨款机制，特别是在中小学按照学生数拨款的转移支付中，更加重视纵向公平因素，侧重支持弱势群体学生集中的学校。

（3）以省为单位制定义务教育阶段学校办学条件规范化制度，推动各省各地区加大投入力度，对于低于办学规范化标准的薄弱学校集中使用新增经费，限期改造，逐步实现义务教育阶段中小学校办学条件基本均衡。

（4）改革和完善义务教育督导和质量保障制度，将均衡发展和教育公平的理念进一步落实到对于整个教育系统和个别学校办学绩效的评估过程中。

参考文献

[1] 岳昌君．“十一五”期间我国教育发展经费需求和供给预测．北京大学中国教育财政科学研究所工作论文，2006.

[2] 根据 IMF 数据测算．

[3] 国家统计局编．2006 年中国统计年鉴［Z］．http：//www. stats. gov. cn/tjsj/ndsj/2006/indexch. htm，表 8 - 1.

[4] 中国教育与人力资源问题报告课题组．中国教育与人力资源问题报告：从人口大国迈向人力资源强国［R］．北京：高等教育出版社，2003：562 - 563.

[5] 楼继伟主编．新中国五十年财政统计［G］．北京：经济科学出版社，2000：150 - 151.

[6] 魏建国．教育类税及教育非税收入研究报告．北京大学中国教育财政科学研究所工作论文，2007.

[7] 苑广睿．加强我国政府非税收入管理的政策取向［J］．地方财政研究，2006（11）.

[8] 王蓉，杨建芳．中国地方政府教育财政投入行为分析．北京大学中国教育财政科学研究所工作论文，2008.

关于《国家中长期教育改革和发展规划纲要》提纲（草稿）的一些意见

王　蓉

（2009 年 3 月）

一、关于“序言”

第一，十七大报告中明确指出：“优先发展教育，建设人力资源强国。教育是民族振兴的基石，教育公平是社会公平的重要基础。”而且，十七大报告将教育放在以改善民生为重点的社会建设的首要位置。对比来说，《国家中长期教育改革和发展规划纲要》提纲草稿（后简称《草稿》）非常明显地忽视了两点：首先是没有提“教育公平是社会公平的重要基础”，其次是没有充分地从民生和社会建设角度来谈教育的重要战略地位。这种忽视是非常令人困惑的。

这种忽视是不应该发生的。这不只是因为与十七大报告的不一致，还是因为在这种忽视下，经济功能主义——也就是人力资源观点——就更加强烈地主导了对于新阶段教育改革发展的立足点和着眼点的分析和判断，导致“以人为本”的发展理念和关于我国当前社会经济发展的阶段性特点的全局把握不能贯穿在这一重要的文件当中。

我们认同这样的观点，就是改革开放三十年来我国实现了社会发展阶段的历史性变化，主要表现为我国开始从以解决温饱为主要目标的生存型社会进入到以人的发展为目标的发展型社会。人对于自身发展的需求越来越强烈，对于自身发展的需求开始成为社会最首要、最基本的需求，在人的自身发展中教育和健康是最基本的要素。政府的核心任务从保障人的基本生存条件转变为保障人的基本发展权利。[①] 这应该是考虑新阶段教育改革发展的立足点和着眼点不可或缺的组成部分。

第二，文中对于教育不适应新形势的原因的剖析不够全面，即“教育优先发展战略地位没有完全落实，部分地区政府未把发展教育同发展经济很好地结合起来；财政性教育投入严重不足，法定财政教育经费增长未能完全到位，经费筹措体制仍不健全；政府对不同类别教育、公办与民办教育、学校与社会教育统筹不够；教育思想、内容和方法尚未根本转变，公共教育资源共享缺乏有效机制。总之，教育体制亟待改革，教育水平亟待提高，教育投入亟待增加。”教育不适应新形势的原因既有外因也有内因。此处对于外因的剖析没有能“跳出教育看教育”。

第三，本段中提到我国“教育发展达到中等收入国家平均水平”，相关的基本事实依据需要再审核。根据最新统计（世界银行），我国目前的教育事业发展程度基本相当于中低收入国家的平均水平，而不是中等收入国家的平均水平。实际上，中低收入国家与中高收入国家的差距主要在于后义务教育的普及与规模，高中教育的毛入学率两者分别为 54% 和 81%，第三级教育的毛入学率两者分别为 23% 和 40%。这个问题不能忽视，因为从这个角度来说，在未来的 10 - 20 年我国教育发展的核心任务可能是达到中高收入国家的平均水平，即高中阶段教育毛入学率应提高至 80% 左右，高等教育毛入学率应达到 40% 左右。

表 1　不同经济发展水平国家的教育发展水平

	高收入国家	中高收入国家	中低收入国家	低收入国家
初等教育毛入学率（%）	101	110	112	101
初中教育毛入学率（%）	103	99	92	57
中等教育毛入学率（%）	101	90	73	45
高中教育毛入学率（%）	99	81	54	34
中等教育净入学率（%）	91	76	68	39
第三级教育毛入学率（%）	67	40	23	8

数据来源：世界银行 EdStats 数据库最新数据，但各平均值指标实为 2005 年数据。

① 引自北京大学中国教育财政科学研究所于 2008 年 12 月 30 日在北京大学举办“公共财政支持教育体制改革——重温《中共中央关于教育体制改革的决定》”的座谈会中迟福林教授的发言。

二、关于“教育投入体制机制建设”

关于教育投入体制与机制建设，最为重要的是要凸显总体设计的原则。《纲要》应该体现对于教育投入政策的总体设计，这应该分为四个层次的问题。

第一是要明确加大投入的原则，要明确政府在教育投入方面的主要责任，具体来说就是：“根据各级各类教育事业改革和发展的要求，不断加大政府对于教育的财政投入。各级政府要依照法律规定，确保教育财政拨款预算和决算达到法定增长要求。坚持将教育支出列为公共财政支出重点领域，保证财政教育拨款增幅明显高于财政经常性收入增长幅度。”

此处原文是“提高教育拨款占财政支出比例。进一步调整财政支出结构，将教育支出列为公共财政支出重点领域”。实际上，在过去一段时期内，教育财政支出增幅远远高于其他社会服务领域的支出，这已经显示了教育作为公共财政支出重点的地位，因此改为“坚持将教育支出列为公共财政支出重点领域”更加准确。

第二是要根据中长期教育事业的发展规划，科学确定教育投入的结构，要明确政府投入的重点方面和主要环节，优化支出结构。例如，应该坚持义务教育重中之重的地位，坚持将新增投入投向农村义务教育、进一步提高义务教育的公平性。应该加大职业技术教育投入，逐步在农村实施免费的中等职业教育。其次是为提高高等教育质量奠定更加牢固的财政保障基础。

第三是要明确完善各级各类教育的财政体制的基本思路。义务教育应全部纳入公共财政保证范围，逐步提高经费保障水平。非义务教育应以政府投入为主、建立新型的多元化筹资机制，进一步激励全社会为教育发展增加投入。

在完善教育财政体制的总体框架之下，应该明确建立和完善符合中国国情的教育财政转移制度的原则，可以酌情提出“在现行公共财政体制下，中央和省级政府应加速加大教育投入”，建议删除“中央和省级政府加大教育专项转移支付力度”的说法。理由是：针对教育的转移支付制度的改革和完善必须符合国家对于政府间财政体系改革的整体思路。

第四是要把教育财政机制体系自身的全面改革和完善放到重要地位上来。我国当前的教育财政机制体系自身是不发育、不完善的。这确实和我国教育经费的基础薄弱有关，但是也与有关部门动辄以专项和项目方式使用以及配置资金的事实有关。这种做法实际上阻滞了教育财政机制体系自身的改革。

笔者建议：(1) 要以完善各级各类学校的基本运转经费的相关制度为基础，将大幅提高基本运转经费的保障水平作为加大教育投入的重点。为此应考虑分层次、分类型的教育的特点；在每一层级/类型教育当中，还要更加深入地考虑学校的职能分类、办学成本、办学水平和绩效导向等问题。再其次才是通过项目和专项的方式支持党中央和国务院提出的阶段性教育重大目标的实现或解决阶段性重大教育的问题。(2) 使用灵活多样的教育财政机制达到教育发展的公平和效率目标。值得注意的是，OECD 国家相当高比例的公共教育支出是通过直接性的给予私立教育机构的支出和非直接性的给予私人部门的转移支付的机制支出的。对于所有层级的教育，OECD 国家这两者比例的平均值为 15.4%；对于第三级教育，这一比例更高达 26%。这一发现也说明，我国教育财政机制的不发育有可能反过来影响了教育财政投入的进一步增长。

教育类税及教育非税收入研究

魏建国

（2006 年 10 月）

教育类税及教育非税收入在教育筹资机制中扮演着重要的角色。教育类税主要包括教育税和其他教育类税。教育税是以“教育税”或“教育××税”命名予以征收，专门用于教育的税种；而其他教育类税并不直接以教育税命名，但是也专门或主要用于教育支出。关于非税收入，有广义和狭义之分，前者包括了政府债务收入，而后者不包括，本文取广义说。在构建和谐社会的进程中，教育是优先发展的重要领域之一，而加大政府投入是加快教育事业发展的重要手段。在这一现实背景下，借鉴国际经验，拓宽公共教育经费的筹集渠道，就显得很有必要。

一、考察国外教育类税及教育非税收入的启示

通过相关的国别考察，可以得出如下几点启示。

1. 教育类税和教育非税收入是各国扩展公共教育筹资渠道的重要方式。

2. 一些国家都有专门用于教育或主要用于教育的税种。有的国家开征了专门的教育税，如韩国和印度。韩国制定了专门的《教育税法》，规定其目的是为了提高教育质量，确保扩充教育规模所需的财源。教育税的纳税人包括：从事银行和保险业务的人；缴纳特别消费税的纳税人；缴纳运输税的纳税人；缴纳酒税的纳税人。[①] 印度《财政法》规定对征收消费税的商品、进口商品以及应税服务征收教育税（Education Cess），用于实现政府承诺，

---

① See at http：//unpanl. un. org/intradoc/groups/public/documents/APCITY/UNPAN025843. pdf.

为基础教育提供财政支持。[①] 美国和加拿大的个别州和省也开征了教育税。加拿大的阿尔伯达省向居民和非居民的财产征收教育财产税，然后将其分配给学区。马尼托巴省开征教育支持课征（the Education Support Levy），专门用于教育目的。诺瓦斯克舍省开征市政教育税，税率由省每年确定。魁北克省也征收教育税。安大略省的教育税税率由省确定，由市政当局负责征收，然后将教育税收入直接分配给各学区。美国阿拉巴马州经地方公民投票决定，允许征收地方（县）教育税（学校财产税）；密歇根州和印地安那州也开征州教育财产税。[②]

美国以财产税作为地方政府支持教育的主要财源，[③] 此外，还开征了诸多名目繁多的支持教育的税种，以应对教育事业发展中出现的各种资金需求。将各州开征的相关税种集中起来，主要有：特许权与许可证税、烟草税、娱乐税、酒精饮料税、啤酒税、车辆税、销售税附加税、地方选择销售税、赌博税、香烟税、机动车特许税、金融机构税、所得税附加税、机动车税、旅馆税、销售和使用税、个人所得税、房地产交易税、酒税、企业林税、铁矿石生产税、销售税、保险公司保险费税、机动车税、特许权税、地方学校支持税、房地产遗产税、县销售税、矿物税、县抵押税、私人原木税、职业税、商业使用和占有税、房地产转让税、人头税、商业特许税、职业特许税、商人税、诉讼税、混合饮料税、酒精税、公司所得税、机动车燃料税、购买和使用税、学校建筑税等。[④]

3. 重视土地及其他资源（林业、矿业等）收益对教育的支持。举例而言，美国亚利桑那州唯一指定用于学区的州收入为来源于州公共土地的收入。爱达荷州除了财产税以外最重要的其他收入是公立学校捐赠基金（收入来自于租金、出租州土地和类似资源的收入）。蒙大拿州的学校信托土地收入和利息是专门针对公立教育均等化的重要州财源。新墨西哥州的经常性学校基金由永久学校基金所得和土地所得构成；州学费基金专门用于支持公立学校，该基金的首要来源是出租学校土地所得。俄勒冈州的其他收入

---

① See at http：//indiabudget. nic. in/ub2004 －05/fb/bill6. pdf.

②④ See National Center for Education Statistics, Public School Finance Programs of the United States and Canada：1998 －1999, NCES2001 －309.

③ 筹集地方收入用于支持学校始自 19 世纪早期。在当时，99% 的地方税就采取了财产税的形式。目前，除了四个州以外，98% 或更多的地方收入还是来自财产税。和销售税或所得税相对，财产税继续成为用于教育的首要地方财政收入。See Samid Hussainwith et al. , School Finance：Investing in Student Learning, University of Delaware, 2000.

包括：原木收入、国有林收费（学区得到25%）、县森林信托收入等。怀俄明州宪法规定用于学校目的的其他收入中包括联邦矿物特许费。俄勒冈州的公立小学基金来自第16、36块土地经营收入。[①] 每个在阿拉巴马州登记的矿物出租都要征州矿物出租文档税，该税的35%专门归县公立学校基金。16个位于明尼苏达东北部的学区获得铁矿石生产税收入。北达科他州额外的地方收入主要是矿物税。科罗拉多州的非税收入主要包括：出售和出租学校土地、学区分享的由州集中征收的年度联邦矿物出租收入。[②]

4. 债券成为一些国家（如美国、加拿大、日本等）支持学校资本项目的重要方式，但是也规定了相当严格的条件，注重风险控制，这和相关国家发达的法治状况是相适应的。以美国为例，发行的债券种类通常为一般义务债券（General Obligation Bond），发行前需要经过公民投票表决，不同的州对表决的要求不同；在批准发行债券的同时，一般也要批准为开征特定的税种建立基金，用于偿还该债券的本息；债券一般有最长期限限制和累计发行数额的限制。举例而言，爱达荷州要求60%多数选民投票表决通过，地方学区才能发行债券，债券最长期限是20年。明尼苏达州学区发行的债券累计不得超过位于其辖区应税财产市场价值的10%。缅因州所有债券发行必须得到公民投票批准。密西西比州学区被授权发行以资本改进为目的的债券，债券发行累计不得超过辖区内应税财产评估价值的15%；发行债券前须经过公民投票表决，必须得到60%有资格选举人的支持。通过表决，密苏里州的学区可以发行债券，累计总额不得超过辖区内应税财产评估价值的15%。蒙大拿州学区的一般义务债券必须针对特定的资本项目，须经过特定县学区绝对多数表决通过，债券必须在批准之后的6年内发行，累计不得超过辖区内财产评估价值的15%。新罕布什尔州学区发行债券须经学区会议上三分之二多数通过。北达科他州学区发行的债券累计不得超过辖区内财产评估价值的10%。弗吉尼亚州的县、市和镇有权发行一般义务债券用于公立学校的建设，市和镇发行一般义务债券不需要公民投票，县发行债券须经过公民投票表决获得批准。西弗吉尼亚州地方发行的债券不能超过34年。

---

① 该基金于1859年通过俄勒冈州宪法规定得以设立，当时联邦政府将每个镇区的第16、36块土地赠给州政府用于支持公立学校。这些土地的收入成为公立小学基金的本金，通过本金获得的收入每年向学区分配两次。

② See National Center for Education Statistics, Public School Finance Programs of the United States and Canada: 1998 - 1999, NCES2001 - 309.

值得注意的是，密歇根地方学区通过决定，就可以发行债券，不需要投票表决。不过，这些债券必须通过已有的税收收入来偿还。①

5. 彩票成为许多国家（如美国、加拿大、澳大利亚、英国、爱尔兰等）筹集教育资金的一个可选方式，主要起到一个补充财源的作用。特别值得注意的是，美国的彩票收入在教育公共投入中扮演着积极的角色。自 1964 年新罕布什尔州发行教育彩票以来，截至 2005 年 6 月，美国已有 41 个州，加上哥伦比亚特区，通过发行彩票筹集收入。其中，有 11 个州（加利福尼亚州、伊利诺伊州、密歇根州、新罕布什尔州、新墨西哥州、纽约州、俄亥俄州、南卡罗来那州、田纳西州、佛罗里达、佐治亚州）发行的彩票专门用于教育，其中有些州发行的彩票就直接被称作教育彩票，相关立法也被称作教育彩票法。从发行开始年份到 2005 年，加利福尼亚州的彩票收入累计 171 亿多美元，佛罗里达州为 152 亿多美元，纽约州则高达 270 亿多美元。有 16 个州（亚利桑那州、科罗拉多州、爱达荷州、印第安那州、肯塔基州、路易斯安那州、密苏里州、蒙大拿州、内布拉斯加州、新泽西州、俄勒冈州、得克萨斯州、佛蒙特州、弗吉尼亚州、华盛顿州、西弗吉尼亚州）的彩票收入部分指定用于教育。有 11 个州（康涅狄格州、特拉华州、爱荷华州、堪萨斯州、缅因州、马里兰州、马萨诸塞州、明尼苏达州、北达科他州、罗德岛、南达科他州）和哥伦比亚特区的彩票收入全部或部分进入一般性财政收入，这样也有可能用于支持教育。宾夕法尼亚州和威斯康星州的彩票收入用于其他支出，与教育无关。② 由此可知，美国彩票收入有很大一部分是用于支持教育的。同时，相关法律一般都规定，彩票收入是对已有教育资金的补充，而不是替代。

6. 注重资金的统筹使用。前面已经提到，各国支持教育的公共经费筹集渠道相当多，非常重视各种方式的综合运用，以实现对教育经费的充足提供。对整个财政资金的统筹使用也是一个重要的做法，如美国的怀俄明州，除了传统的收入来源支持外，州的各种其他收入都用于补充教育账户，如高速公路基金和水利发展账户。

① See National Center for Education Statistics, Public School Finance Programs of the United States and Canada：1998 - 1999, NCES2001 - 309.

② See at http：//www. naspl. org/benefits. html.

二、我国的教育类税及教育非税收入现状分析

通过参照国外在教育类税及教育非税收入方面的做法，审视我国的现状，可以发现目前存在的一些问题。

1. 国家财政性教育经费筹集方式尚比较单一。虽然自 20 世纪 80 年代开始，我国在教育领域就开始了多渠道筹集教育经费的实践，但是通过和国外的相关做法相对照就可以发现，我国的国家财政性教育经费筹集方式还是显得比较单一。从总体上而言，主要还是依靠一般性财政拨款，再加上各级政府征收的用于教育的各种税费，企业办学教育经费①，以及校办产业、勤工俭学和社会服务收入用于教育的经费②，缺乏教育类税种，也缺乏教育彩票、债券等其他筹集资金的方式，同时又有大量财政性收入游离于一般性财政收入之外。

2. 缺乏教育类税种。前面提到的国家要么有专门的教育税，要么有专门用于教育或主要用于教育的财产税、销售税等诸多税种，这样，就有相对比较稳定的财政收入来支持教育事业。而我国目前的税收体系中缺乏教育类税种，既没有以“教育税”命名的教育税，也没有专门用于教育或主要用于教育的其他教育类税种。值得注意的是，1994 年实行“分税制”财政体制改革之后，由于税收收入向省级以上政府上移，而地方税收体系很不健全，造成基层地方政府财政困难，使得没有稳定而充足的税收收入支持包括教育在内的地方公共服务的提供。

3. 已有教育非税收入存在的问题。我国目前开征的教育非税收入主要包括：教育费附加（《中国教育经费统计年鉴》称之为“城市教育费附加”）、地方教育附加和地方教育基金，这些收入形式都被纳入《政府收支分类科目》规定的科目。过去征收的其他用于教育的收费包括：投资方向调节税教育费附加和按职工工资的一定比例征收的教育费，以及征收用于教

---

① 随着学校和企业脱钩，这笔经费将越来越少。

② 根据《财政部、国家税务总局关于教育税收政策的通知》（财税［2004］39 号）的规定，财政部、国家税务总局《关于企业所得税若干优惠政策的通知》［（94）财税字第001 号］第八条第一款和第三款关于校办企业从事生产经营的所得免征所得税的规定予以取消。这样，将校办产业、勤工俭学和社会服务收入列入国家财政性教育经费的理由就不存在了。这部分经费在性质上将不再是国家财政性教育经费，而应列入学校的事业收入。

育的旅馆床位附加费、社会集团购买专控商品附加费、宴席税费等。随着相关税种的停征或取消，相应的教育附加费也将消失。[①] 此外，随着农村税费改革和我国义务教育管理体制改革的推进，我国原来征收的农村教育事业费附加已退出历史舞台。

现行的教育费附加以各单位和个人实际缴纳的增值税、营业税和消费税的税额为计征依据，教育费附加率为 3%，分别与增值税、营业税、消费税同时缴纳，由税务机关负责征收。[②] 从计征依据、附加率、征收机关等方面来看，教育费附加虽名为“费”，但实际上更像“税”。教育费附加的以上三个要素和税收的计税依据、税率、征收机关（税务机关）相对应。从实质内容上而言，教育费附加的征收具有普遍性，而和一般根据受益原则征收的“费”相区别。因此，有必要将其转变为税收，以符合其本来的面目，做到名实相符。

地方教育附加一般也是以增值税、营业税和消费税的税额为计征依据，但各地的附加率并不相同，例如，浙江省是 2%[③]，江苏省和内蒙古自治区为 1%[④]。也由税务机关负责征收。地方教育附加在性质上和教育费附加类似。同时，针对增值税、营业税和消费税税额，既征教育费附加，又征地方教育附加，有重复征（税）的嫌疑。因此，有必要将其与教育费附加进行整合，一并予以改革。

关于地方教育基金，根据江苏省的相关办法[⑤]，凡在江苏省境内的国家机关、社会团体、事业单位在职人员，各类内资企业的在职职工，“三资”企业的中方在职职工，个体工商户以及其他有工资收入的个人均按规定的标准缴纳地方教育基金。可以看出，这种地方教育基金，其征收对象为工资性收入，和个人所得税的征税对象类似，征收也具有普遍性，具有“税”的特征。因此，可以考虑和上面的教育费附加、地方教育附加一并予以调整。

此外，对于教育费附加，根据国家税务总局《关于外商投资企业和外

① 如宴席税、固定资产投资方向调节税等都已停征。

② 参见《国务院关于修改〈征收教育费附加的暂行规定〉的决定》(2005)（国务院令第 448 号)。

③ 参见浙江省政府《关于开征地方教育附加的通知》（浙政发〔2006〕31 号)。

④ 参见《江苏省教育费附加、地方教育附加和地方教育基金征收使用管理办法》（苏政办发〔2003〕130 号)；《内蒙古自治区地方教育附加征收使用管理办法》（内政字［2005］255 号)。

⑤ 参见《江苏省教育费附加、地方教育附加和地方教育基金征收使用管理办法》（苏政办发〔2003〕130 号)。

国企业暂不征收城市维护建设税和教育费附加的通知》[①]，对外商投资企业和外国企业是否开征城市维护建设税和教育费附加，应按照国务院“将要”下发的通知执行，在国务院没有明确规定之前，暂不征收。而从国家税务总局的相关通知发布至今已有 10 多年，国务院仍没有下发相关通知。对地方教育附加，各地做法并不一致，如浙江省和江苏省对包括外商投资企业和外国企业在内的所有缴纳增值税、营业税和消费税的单位和个人都征收地方教育附加，而内蒙古自治区则对“三资企业”暂不征收地方教育附加。加入 WTO 后，在整个税收体系实现内外统一（如企业所得税两税合并、房产税的统一征收）的大背景下，这种做法应该予以改变。[②]

值得注意的是，除了教育费附加（教育费附加滞纳金、罚款收入）、地方教育附加、地方教育基金外，目前的教育非税收入还包括了其他的教育非税收入形式，称作“教育行政事业性收费收入”，其中包括的主要项目有：义务教育杂费、义务教育借读费、普通高中学费、普通高中住宿费、中等职业学校学费、中等职业学校住宿费、高等学校学费、高等学校住宿费、高等学校委托培养费等。[③] 而学杂费、住宿费等收费是私人承担教育成本的一种方式，代表私人对教育的投入，是相关学校的收入，将其列为非税收入，作为政府财政收入的组成部分，是不适当的。

4. 大量的土地及资源（资本、资产）类收入游离于一般性财政收入之外，不能统筹使用，分散了国家财政实力，使国家无法安排更多的资金投入教育。而前面的考察表明，土地和资源类收益是支持教育的重要收入来源。

相关的非税收入主要包括：政府性基金收入中的国有土地使用权出让金收入；专项收入中的矿产资源补偿费收入、铀产品出售收入、探矿权和采矿权使用费及价款收入；国有资本投资收益；国有资源（资产）有偿使用收入，包括海域使用金收入、场地和矿区使用费收入、特种矿产品出售收入、专项储备物资销售收入、非经营性国有资产出租收入、出租车经营权有偿出让和转让收入、其他国有资源（资产）有偿使用收入等。[④]从中可以看到，这些收入具有一般性财政收入的特征，把这些收入纳入一般性财政收入具有充分依据：国有资源（资产、资本）类收益既然其取得依据都是“国有”，

---

① 国税发〔1994〕第 38 号。

② 《国家教育事业发展“十一五”规划纲要》提到，“研究并适时出台对外商投资企业按照国民待遇原则征收教育费附加的有关政策”。

③④ 参见《2007 年政府收支分类科目》。

那么其使用的范围也应该具有一般性。但由于历史的原因及各种现实条件的限制，目前这些资金尚不能统筹使用。

5. 缺乏教育债券、彩票等其他资金筹集方式。前面的研究表明，彩票和债券是各国普遍使用的公共教育经费筹集方式。而在我国，学者们虽早已提出通过发行教育彩票和债券募集资金投入教育，但在实践中一直没有得以实行。

三、我国公共教育经费筹集方式展望

参考国外的有益经验，针对我国在相关领域存在的问题，以下对我国公共教育经费的筹集方式做一些初步的展望。

1. 树立公共教育经费筹集方式多元化的思路。我国教育事业的发展还需要大量的经费投入，在政府投入方面，除了增加一般性财政拨款之外，还应该通过其他筹集方式增加公共教育投入，同时也应该整合固有财力结构增加公共教育投入。

2. 重视教育类税收，为教育事业提供比较稳定的财政支持。教育类税包括教育税和其他教育类税收。鉴于我国教育经费短缺的现状，很多专家、学者都建议开征教育税，为教育事业筹集教育经费。笔者认为，想完全凭借开征教育税为教育事业筹集经费是不现实的，前面的分析表明，全世界真正开征教育税的国家并不多，韩国和印度也不是仅通过教育税为教育提供财政支持的，当然教育税在为教育提供补充财源方面也能发挥一定作用。我国可以在教育费附加的基础上，开征教育税。通过计算可以得出，从 1996 年到 2005 年，城市教育费附加占国家财政性教育经费的百分比依次为：4.57%、4.56%、4.49%、4.35%、4.18%、4.14%、4.03%、4.03%、4.29%、4.85%。[①] 直观看起来，比例都保持在 4% 以上，具有一定的稳定性。这说明现行教育费附加的计征依据具有稳定性，而稳定性对一个税种的开征和持续发展是十分关键的。因此，未来的教育税可以考虑以增值税、营业税和消费税的税额为计税依据。教育税应被设定为专门针对教育事业发展的目的税，原则上应为地方税种[②]。对于税率，在中央政府规定的幅度范围内，地

---

① 根据相关年度《中国教育经费统计年鉴》提供的数据计算。

② 对于铁道部门、商业银行、保险公司等汇总缴纳营业税的单位集中缴纳的教育税，划为中央政府收入，税率由中央政府确定。

方政府可以根据本地教育事业的发展需要自主决定。在纳税人方面，应取消教育费附加、地方教育附加对内外资企业区别对待的做法，对所有缴纳增值税、营业税和消费税的单位和个人统一征收教育税。

地方教育附加收入和地方教育基金收入属于政府性基金收入。政府性基金是我国政府在财力不足的情况下采取的一种临时性筹资措施，在性质上属于准税收，随着公共财政体制的健全和完善，应逐步加以限制和规范。① 前面也提到，两者实际上也都具有税收的性质。因此，有必要把地方教育附加和地方教育基金整合到将要开征的教育税之中。开征教育税后，其他的类似附加费都应该取消或禁止。

除了在教育费附加、地方教育附加等教育非税收入基础上开征教育税外，还应该重视其他教育类税收。考虑到我国目前地方税收体系十分薄弱的现状，应该着力培育地方主体税种，从而使得地方政府具有支持教育事业发展的相应收入来源。财产税是很多国家地方政府的主体税种，也是其支持教育事业的主要收入来源。《中共中央关于完善社会主义市场经济体制若干问题的决定》② 特别提到："实施城镇建设税费改革，条件具备时对不动产开征统一规范的物业税，相应取消有关收费。"这里提到的物业税就是财产税的一种。未来可以考虑在现有房产税的基础上开征物业税。物业税应为地方税。在税率方面，应在中央政府控制的幅度范围内，地方政府具有一定的决定权，从而使得该税成为促使地方政府之间相互竞争、进而提供高质量的包括教育在内的地方公共服务的一种机制。

3. 统筹使用土地及其他资源（资产、资本）类收益等非税收入，增加公共教育投入。前面列举的土地及其他资源（资产、资本）类收益等非税收入在本质上属于一般性财政收入，应该选择适当的时机将其纳入一般性财政收入，从而扩大国家财政可支配的资金范围，进而也有可能增加对教育领域的公共投入。在短期内尚不能完全纳入一般性财政收入的情况下，考虑到教育是政府所提供的最重要的公共服务之一，也应该扩大相关收入的专项使用范围，将教育列入其中。

此外，对于不纳入一般性财政收入的其他非税收入，也存在一个统筹使用的问题。如前面提到的美国怀俄明州，除了传统的收入来源支持外，州的

① 参见苑广睿："加强我国政府非税收入管理的政策取向"，《地方财政研究》，2006 年第 11 期。

② 2003 年 10 月 14 日中国共产党第十六届中央委员会第三次全体会议通过。

其他各种收入都用于补充教育账户，如高速公路基金和水利发展账户。这种做法很值得我们学习，对于有些专项资金账户年度资金有累积的，可以考虑用于支持其他公共投入不足的领域，从而实现公共资金的统筹使用，增加财政资金的使用效益。

4. 发行教育债券，解决教育资本性支出。发行教育债券是各国筹集资本性项目资金的重要方式。资本性支出和经常性支出有所不同，资本性支出具有阶段性，同时数额巨大。在政府经常性财政收入有限的情况下，很有必要通过发行债券解决资本项目资金缺口，再用来年的税收收入逐年偿还债券的本息。我国目前虽然政府没有专门为教育发展发行债券，但是学校，包括从义务教育阶段的学校到高等教育阶段的学校，都程度不同地负担债务。有的学校的债务负担还相当大，已经对学校的运转造成了一定的影响。学校债务的产生是异常复杂的。但是换一个角度思考问题，如果当时不由相关的学校借债，而是由相关级次的政府通过发行债券筹集资金，再用于学校基础设施等方面的建设，或许效果会更好。我国学校债务存在的现实也说明通过发行债券的方式解决资本性支出具有潜在的需求。根据我国《预算法》的规定，我国地方政府无权发行债券。可以考虑在适当时机修改《预算法》，授权一定层级的地方政府发行债券，这样，各级政府就可以发行专门针对从义务教育到高等教育各个教育层次学校的基础设施建设等方面的债券，从而增加公共教育经费投入。

5. 发行教育彩票，资助家庭经济困难学生。发行教育彩票在我国不存在法律和道德上的障碍，福利彩票和体育彩票的发行在实践中已取得了良好的效果。我国也有必要借鉴国外的做法，并基于发行福利彩票和体育彩票的实践经验，发行教育彩票。值得注意的是，陕西、江苏、广西、广东、安徽、浙江、甘肃、湖南、河南、四川、江西、新疆等地已经开展了用福利彩票公益金资助家庭经济困难学生的项目。中国福利彩票发行管理中心还设立了专项“福彩助学金”。这说明将彩票与教育相结合是具有现实需要的。可以效仿福利彩票在助学方面的成功做法，进一步扩大学生资助面和资助力度，通过发行专门的教育彩票募集资金，用于设立家庭经济困难学生资助基金，和我国已有的学生资助体系相配合，从而解决目前家庭经济困难学生上学难的问题，进而支持国家教育事业的发展。同时，将彩票发行和学生资助这一极具公益性的宗旨相结合，有利于形成教育彩票公益金与教育彩票市场良性互动的发展机制，能够最大限度地发挥教育彩票的社会效益。关于彩票公益金在各级政府之间的分配问题，为了充分调动地方政府支持彩票发行的积极性，2005 年以来，彩票公益金在中央与地方之间按 50∶50 进行分配。[1]对于地方政府取得的部分收入，省级政府一般在地方各级政府之间再作进一步的分配。对于教育彩票公益金在各级政府间的分配，也可以考虑采取类似做法。各级政府可以根据自己所承担的教育职责的不同设立针对不同教育阶段家庭经济困难学生的资助基金。

① 参见《财政部关于调整彩票公益金分配政策的通知》（财综函［2006］7 号）。

通过税收优惠减轻学生和家庭教育负担的可行性分析

魏建国

（2007年7月）

自从2007年国务院关于学生资助的重要政策发布后，我国的学生资助状况有了根本性的改观，家庭经济困难学生上学难的问题在很大程度上得到了缓解。值得关注的是，除了那些家庭经济状况特别困难、一般困难的学生之外，对于那些经济状况稍好但是在负担教育费用方面也存在一定困难的学生和家庭，是不是也要给予一定的帮助？对这一问题的思考联系到我国宏观经济的发展就更有意义。目前，内需不足是影响经济发展的一个重要因素，而老百姓对现实或未来的教育、医疗等社会负担的忧虑影响了其当下的消费决策。就教育负担而言，能不能建立一定的机制（如税收优惠）让老百姓减轻这种忧虑？助学金、奖学金、助学贷款等方式是对学生的直接资助，而税收优惠则是一种间接资助手段。许多国家都通过税收优惠的方式减轻学生和家庭的教育负担。《欧盟2005年国家概览调查报告》指出：在初等教育层级，有14个国家提供税收抵免；在初级中等教育层级，有15个国家提供税收抵免；在高级中等教育层级，有15个国家提供税收抵免；在后中等非第三级教育层级，有16个国家提供税收抵免；而在高等教育层级，有更多的国家提供税收抵免。下文将特别对美国的教育税收优惠予以介绍，并在分析我国个人所得税法相关规定的基础上，对通过税收优惠减轻学生和家庭教育负担的可行性做一探讨。

一、美国的教育税收优惠

美国税法规定了一系列有关个人教育费用负担方面的税收优惠，最主要的包括：美国机会税收抵免（the American opportunity credit）、希望税收抵免（the hope credit）、终身学习税收抵免（the lifetime learning credit）和学杂费扣除（deduction）。其他的还有：符合规定条件的奖学金、佩尔助学金及其他基于需求的助学金免税；学生贷款利息扣除；教育储蓄免税；教育储蓄债券计划税收优惠；雇主提供教育资助税收优惠；与工作相关教育的交易扣除等。① 下文将对一些主要的教育税收优惠方式予以简要介绍。

1. 美国机会税收抵免

税收抵免指的是直接减少应纳所得税的税额，即把一定的费用直接从应纳所得税额中减去。一个适格学生在纳税年度最多可抵免 2 500 美元。具体的计算方法为：一个适格学生支付的适格教育费用的第一个 2 000 美元的 100%，该生支付的另外一个 2 000 美元的 25%。抵免限额的多少与纳税人的收入有关。40% 的美国机会税收抵免可以获得退税。退税意味着，如果抵免的部分超过该纳税人的应纳税额，超过部分就可以退还给纳税人。

美国机会税收抵免的条件要求是：（1）仅限于完成第一个四年制后中等教育（必须是为了完成一个学士学位或其他被认可的教育证书）；（2）学生没有毒品方面的重罪记录；（3）适格的费用为学杂费，即支付适格的高等教育费用；（4）美国机会税收抵免的年度最大额度为 2 500 美元乘以适格的学生人数；（5）适格学生是纳税人本人、其配偶或其抚养人；（6）在 2009 年选择不申报希望税收抵免；（7）调整的毛收入低于 90 000 美元（合并报税的情况下为 180 000 美元）。

不允许重复享受教育税收优惠利益：具体来说，对每一个学生而言，只能选择其中的一个税收抵免。比如，如果在 2009 年纳税申报表中为一个孩子选择了美国机会税收抵免，就不能为同一个孩子申报 2009 年的终身学习税收抵免。如果在同一年度支付超过一个学生的符合规定的教育费用，可以基于每个学生选择美国机会税收抵免和终身学习税收抵免。也就是说，可以为一个学生申报美国机会税收抵免，在同一年度为另一个学生申报终身学习税收抵免。然而，不能在同一年度为一个学生申报美国机会税收抵免，为另一个学生申报希望税收抵免。如果想申报这些抵免中的一个，必须针对所有适格的学生申报相同的税收抵免（美国机会税收抵免或希望税收抵免）。这

---

① Internal Revenue Service (Department of the Treasury), Tax Benefits for Education, Publication 970, Cat. NO. 25221V.

里的条件要求不限制申报终身学习税收抵免。

此外，不允许：在同一年为同一个正在申请学杂费减免的学生申报美国机会税收抵免；为同一笔教育费用申报美国机会税收抵免和终身学习税收抵免；为同一笔费用申报美国机会税收抵免，而该费用被用于计算 Coverdell 教育储蓄的免税部分；基于某教育费用申报抵免，但是该费用是由免税的教育资助，如奖学金、助学金或雇主提供的资助支付的。

2. 希望税收抵免

对大多数纳税人而言，新的美国机会税收抵免替代了希望税收抵免。然而，一个更大额的希望税收抵免（最高额 3 600 美元）给予满足特定要求的中西部受灾地区。值得注意的是，希望税收抵免是非退税的。这意味着：可以把应纳税额减少到零，但是抵免额超过应纳税额的部分不退给纳税人。

申报希望税收抵免的条件是：至少一个学生在中西部教育机构学习；在同一年度不为任何学生申报美国机会税收抵免；2009 年调整的毛收入低于 60 000 美元（合并申报为 120 000 美元）；抵免最高限额为一个学生 1 800 美元，如果在中西部受灾地区则为 3 600 美元；学生须正在完成学士学位或其他被认可的教育证书的学习；学生没有毒品重罪记录。

和前面的美国机会税收抵免一样，不能重复享受相关的教育税收优惠利益。

3. 终身学习税收抵免

最高抵免限额为每个纳税申报 2 000 美元（如果一个学生在中西部受灾地区学习则为 4 000 美元）；调整的毛收入限额：合并申报为 120 000 美元，单个申报为 60 000 美元；和美国机会税收抵免不同，终身学习税收抵免也是非退税的；与美国机会税收抵免和希望税收抵免不同，终身学习税收抵免并不要求学生必须从事为取得学位或被认可的教育证书的学习；此外，不做毒品重罪记录方面的限制。

与前面的美国机会税收抵免和希望税收抵免一样，不能重复享受相关的教育税收优惠利益。

4. 学杂费扣除

税法上的扣除和抵免不同，抵免是把相关费用直接从应纳税额中减去，而扣除是把相关费用从应纳所得额中减去，然后再乘以适用税率，得到最后的应纳税额。

学杂费扣除的最高额为 4 000 美元。其他条件要求包括：学生（本人、配偶或其抚养人）在一个适格的教育机构注册；学杂费为适格的后中等教育机构所要求的费用，但是不包括个人的生活或家庭方面的费用，如食宿费；调整的毛收入额不超过 80 000 美元（合并申报为 160 000 美元）；同一年度针对同一学生不能申报美国机会税收抵免、希望税收抵免或终身学习税收抵免。

此外，不能重复享受其他相关的教育税收优惠。

5. 学生贷款利息扣除

如果纳税人调整的毛收入额低于 75 000 美元（合并申报为 150 000 美元），对用于高等教育的学生贷款利息允许一个特殊扣除。2009 年，可以从应纳所得额中扣除 2 500 美元。扣除的条件要求是：针对本人、配偶、抚养人的学生贷款；须在一个学位项目中至少半职（half-time）学习；须是完全为了支付适格的教育费用而取得的贷款，不能是来自于某个特定的个人或从雇主计划获得的贷款。

对于同一笔费用，不能重复享受扣除。

6. 教育储蓄账户利息免税

Coverdell 教育储蓄账户利息免税是联邦政府设立的项目，是为支付未来适格的高等教育费用或中小学教育费用设立的信托账户。在账户建立的时候，指定的受益人必须不满 18 岁或者是一个有特殊需求的受益人。建立账户资格为：任何个人调整的毛收入额低于 110 000 美元（合并申报为 220 000 美元）。储蓄限额为：每年每个受益人 2 000 美元；不限制受益人人数。只要提款的时候用于教育费用（包括中小学），该资产收益就免税。

除了联邦层面的教育储蓄项目外，在州一级，几乎每个州都提供有税收优惠的储蓄计划。

教育储蓄免税计划须与美国机会税收抵免、希望税收抵免和终身学习税收抵免相协调，相关税收利益不能重复享受。

7. 教育储蓄债券计划

一般而言，对于美国储蓄债券利息需要征税。但是，如果为本人、配偶、其抚养人支付适格的教育费用，该债券利息将不被计入所得。条件是：

个人调整的毛收入额低于 84 950 美元（合并申报为 134 900 美元）；债券持有人须满 24 岁。

8. 雇主提供的教育资助税收优惠

如果在某个教育资助项目下得到了来自雇主的教育资助，每年可以将不超过 5 250 美元的此类待遇排除出个人所得税额。

9. 与工作相关教育的交易扣除（business deduction）

可以将合规的与工作相关的教育成本作为交易费用扣除。收入限额为：个人不超过调整的毛收入额 83 400 美元，合并申报为 166 800 美元。

表 1　美国主要教育税收优惠简介

	美国机会抵免	希望抵免	终身学习抵免	学杂费扣除
税收待遇	税收抵免，40% 抵免可以退税（不超过 1 000 美元）	税收抵免，不可退税	税收抵免，不可退税	扣除费用
年度限额	每个学生 2 500 美元	每个学生 1 800 美元（如果一个学生在中西部受灾地区则为 3 600 美元）	每个纳税申报 2 000 美元（如果一个学生在中西部受灾地区则为 4 000 美元）	4 000 美元
教育层级	第一个四年制后中等教育	第一个两年制后中等教育	本科、研究生教育；获得或提高工作技能的课程	本科、研究生教育
收入限制	个人申报 90 000 美元；合并申报 180 000 美元	个人申报 60 000 美元；合并申报 120 000 美元	个人申报 60 000 美元；合并申报 120 000 美元	个人申报 80 000 美元；合并申报 160 000 美元

二、我国个人所得税法的相关规定

税收抵免（tax credit）和课税扣除（tax deduction）是税收优惠的两种重要形式。我国税法也有类似规定。关于税收抵免，《个人所得税法》第七条规定，纳税义务人从中国境外取得的所得，准予其在应纳税额中扣除已在境外缴纳的个人所得税税额，但扣除额不得超过该纳税义务人境外所得依照本法规定计算的应纳税额。关于课税扣除，《个人所得税法》第六条规定，工资、薪金所得，以每月收入额减除费用2 000元后的余额，为应纳税所得额；此外，对个体工商户的生产、经营所得、对企事业单位的承包经营、承租经营所得、劳务报酬所得、稿酬所得、特许权使用费所得、财产租赁所得、财产转让所得等的扣除费用标准做了规定。同时规定，个人将其所得对教育事业和其他公益事业捐赠的部分，按照国务院有关规定从应纳税所得中扣除。

从上述相关规定可以看出，我国的税收抵免主要是针对涉外税收而言的，与前文提到的教育费用抵免没有关系。在课税扣除方面，就个人所得税法的一般理论而言，课税扣除包括两类扣除：一般费用扣除和生计扣除。前者是指在对个人所得税进行征税前对个人获取相关所得所耗费的成本和费用进行的扣除；而后者是从保障和提高个人具备进行社会生产或再生产能力的角度出发，认为对个人所得进行征税应在不损害个人基本生活需要的前提下进行，从而对教育、医疗、赡养等方面的生计费用予以扣除。我国现行税法只有一般费用扣除，而没有生计扣除，因此也就不存在前文所提到的美国的类似做法。

三、我国现阶段通过税收优惠减轻学生和家庭教育负担的可行性

个人所得税在调节居民收入和筹集财政收入方面都有重要作用。当前，居民收入差距拉大成为全社会共同关注的议题，衡量贫富差距水平的基尼系数早已突破警戒值。在这种背景下，我国的《个人所得税法》正面临重大修改。对于该法如何修改，也是仁者见仁，智者见智，意见不一。在此，我

们从减轻学生和家庭教育负担的角度讨论个人所得税法的修改。能否通过税收优惠机制减轻人们的教育费用负担，从而减轻支出压力，将更多的支出用于消费，振兴国家的内需？从理论上来说，前述美国税法采取的各种税收优惠手段我国都可以采用；但是，这些税收优惠措施的实现与一系列制度建设、技术保障是联系在一起的。因此，要在我国引入针对教育费用的税收抵免、课税扣除等税收优惠，须在制度上、技术上有一系列配套措施。

1. 适当的所得税制。个人所得税税制共有三种：分类所得税制、综合所得税制和混合所得税制。分类所得税制是针对各类不同的所得分别征税；综合所得税制是将所有类型的所得放在一起统一征税；混合所得税制是对前两种税制的综合。我国目前实行的是分类所得税制，对工资、薪金所得、劳务报酬所得、财产转让所得、股息、利息所得等分别征税，分别规定费用扣除标准和所适用的税率。在分类所得税制下，个人所得税以代扣代缴为主要缴纳方式，个人不同来源的收入是由不同的代扣代缴机构实现纳税的。在这种情况下，要实行教育费用的税收抵免和课税扣除具有一定的难度。纳税人是向哪个代扣代缴机构或税务机关去申报或主张税收抵免或课税扣除呢？而每一种类型的收入费用扣除标准和适用税率都不同，纳税人可以自由选择吗？因此，要实行教育费用方面的税收优惠措施，所得税制的调整是必须先要完成的一项任务。

2. 完善的收集个人或家庭收入的信息系统。税收抵免和课税扣除的具体实现都须依赖于完善的信息系统：（1）税收抵免和课税扣除是旨在促进公平的制度设计，因此在制度设计时必然要对个人或家庭收入有一定的限制。如果没有收入的限制，就可能导致更为不公平的结果。（2）税收抵免和课税扣除需要和一定的退税制度相结合，这样对低收入群体才是公平的，而这种退税也须依赖于掌握个人或家庭收入状况的信息系统。（3）教育税收抵免和课税扣除需要和助学金、奖学金等助学手段实现有效的协调，防止重复享受，而这也需要相关单位之间进行有效的信息沟通。

后　记

《中国教育财政政策咨询报告（2005—2010）》一书汇集了北京大学中国教育财政科学研究所成立五年来为政府部门提交的一系列政策咨询报告，涉及义务教育财政、高等教育预算拨款制度、高等教育学生资助体系建设、学前和职业教育财政等领域。

从2010年9月初开始组稿到2011年2月正式出书，该书的出版历时半年，在结构编排与文字内容上，中间作了多次调整与修改。特别是，作为本书的主编，我和建国老师主要负责内容设计与文稿的选编，而大量繁琐、耗时的编辑工作实际上是由我们的同事毕建宏老师完成的，她应该是为本书投入时间最多的人，在此表示深深的谢意。另外，借助本书的出版，还要向那些曾经在调研过程中给予我们诸多帮助的教育、财政部门的一线工作者表示感谢，没有他们的大力支持，这些报告是无法完成的。

最后，感谢教育科学出版社刘明堂老师为本书的出版所做的大量细致的编辑工作。

王　蓉

2011年2月于北大燕园

责任编辑　刘明堂
版式设计　贾艳凤
责任校对　曲凤玲
责任印制　曲凤玲

图书在版编目（CIP）数据

中国教育财政政策咨询报告：2005～2010／王蓉主编．—北京：教育科学出版社，2011.2
（北京大学中国教育财政科学研究所教育财政理论与实践研究丛书）
ISBN 978－7－5041－5273－2

Ⅰ.①中…　Ⅱ.①王…　Ⅲ.①教育经费－财政政策－研究报告－中国－2005～2010　Ⅳ.①G526.7

中国版本图书馆 CIP 数据核字（2010）第 200972 号

出版发行	教育科学出版社		
社　址	北京·朝阳区安慧北里安园甲 9 号	市场部电话	010－64989009
邮　编	100101	编辑部电话	010－64989419
传　真	010－64891796	网　址	http://www.esph.com.cn

经　销	各地新华书店		
制　作	国民灰色图文中心		
印　刷	保定市中画美凯印刷有限公司		
开　本	169 毫米×239 毫米　16 开	版　次	2011 年 2 月第 1 版
印　张	31.5	印　次	2011 年 2 月第 1 次印刷
字　数	536 千	定　价	68.00 元